La Primera Epístola de Pedro

La Primera Epístola de Pedro

Peter H. Davids

editorial clie

EDITORIAL CLIE
C/ Ferrocarril, 8
08232 VILADECAVALLS
(Barcelona) ESPAÑA
E-mail: libros@clie.es
http://www.clie.es

Publicado originalmente en inglés bajo el título
The First Epistle of Peter
© 1990 by Wm.B. Eerdmans Publishing Co.

© 2004 por Editorial CLIE para esta edición en
castellano

Director de la colección: Dr. Matt Williams

Traducción: Dorcas González Bataller

Equipo editorial (revisión y corrección):
Nelson Araujo Ozuna
Anabel Fernández Ortiz
Dorcas González Bataller

Diseño de cubierta: Ismael López Medel

LA PRIMERA EPÍSTOLA DE PEDRO
Peter H. Davids
ISBN: 978-84-8267-435-3
Clasifíquese: 275 - Comentarios del N.T. Epístolas de Pedro
CTC: 01-02-0275-05
Referencia: 224585

Impreso en USA / *Printed in USA*

A dos hombres que reflejan
parte de la preocupación pastoral de 1ª Pedro
F. F. Bruce
y Ernst Schrupp

COLECCIÓN TEOLÓGICA CONTEMPORÁNEA:
libros publicados

Estudios bíblicos

Michael J. Wilkins & J.P. Moreland (editores), *Jesús bajo sospecha*, Colección Teológica Contemporánea vol. 4, 2003.

F.F. Bruce, *Comentario de la Epístola a los Gálatas*, Colección Teológica Contemporánea vol. 7, 2004.

Peter H. Davids, *La Primera Epístola de Pedro*, Colección Teológica Contemporánea vol. 10, 2004.

Estudios teológicos

Richard Bauckham, *Dios Crucificado: Monoteísmo y Cristología en el Nuevo Testamento*, Colección Teológica Contemporánea vol. 6, 2003.

G.E. Ladd, *Teología del Nuevo Testamento*, Colección Teológica Contemporánea vol. 2, 2003.

Leon Morris, *Jesús es el Cristo: Estudios sobre la Teología Joánica*, Colección Teológica Contemporánea vol. 5, 2003.

N.T. Wright, *El verdadero pensamiento de Pablo*, Colección Teológica Contemporánea vol. 1, 2002.

Clark H. Pinnock, *Revelación bíblica: el fundamento de la teología cristiana* Colección Teológica Contemporánea vol. 8, 2004.

Estudios ministeriales

Michael Green & Alister McGrath, *¿Cómo llegar a ellos? Defendamos y comuniquemos la fe cristiana a los no creyentes*, Colección Teológica Contemporánea vol. 3, 2003.

Wayne. A. Grudem, ed., *¿Son vigentes los dones milagrosos? Cuatro puntos de vista*, Colección Teológica Contemporánea vol. 9, 2004.

Índice

Presentación de la
Colección Teológica Contemporánea

Cualquier estudiante de la Biblia sabe que hoy en día la literatura cristiana evangélica en lengua castellana aún tiene muchos huecos que cubrir. En consecuencia, los creyentes españoles muchas veces no cuentan con las herramientas necesarias para tratar el texto bíblico, para conocer el contexto teológico de la Biblia, y para reflexionar sobre cómo aplicar todo lo anterior en el transcurrir de la vida cristiana.

Esta convicción fue el principio de un sueño: la "Colección Teológica Contemporánea." Necesitamos más y mejores libros para formar a nuestros estudiantes y pastores para su ministerio. Y no solo en el campo bíblico y teológico, sino también en el práctico –si es que se puede distinguir entre lo teológico y lo práctico–, pues nuestra experiencia nos dice que por práctica que sea una teología, no aportará ningún beneficio a la Iglesia si no es una teología correcta.

Sería magnífico contar con el tiempo y los expertos necesarios para escribir libros sobre las áreas que aún faltan por cubrir. Pero como éste no es un proyecto viable por el momento, hemos decidido traducir una serie de libros escritos originalmente en inglés.

Queremos destacar que además de trabajar en la traducción de estos libros, en muchos de ellos hemos añadido preguntas de estudio al final de cada capítulo para ayudar a que tanto alumnos como profesores de seminarios bíblicos, como el público en general, descubran cuáles son las enseñanzas básicas, puedan estudiar de manera más profunda, y puedan reflexionar de forma actual y relevante sobre las aplicaciones de los temas tratados. También hemos añadido en la mayoría de los libros una bibliografía en castellano, para facilitar la tarea de un estudio más profundo del tema en cuestión.

En esta "Colección Teológica Contemporánea," el lector encontrará una variedad de autores y tradiciones evangélicos de reconocida trayectoria. Algunos de ellos ya son conocidos en el mundo de habla hispana (como F.F. Bruce, G.E. Ladd y L.L. Morris). Otros no tanto, ya que aún no han sido traducidos a nuestra lengua (como N.T. Wright y R. Bauckham); no obstante, son mundialmente conocidos por su experiencia y conocimiento.

Todos los autores elegidos son de una seriedad rigurosa y tratan los diferentes temas de una forma profunda y comprometida. Así, todos los libros son el reflejo de los objetivos que esta colección se ha propuesto:

1. Traducir y publicar buena literatura evangélica para pastores, profesores y estudiantes de la Biblia.
2. Publicar libros especializados en las áreas donde hay una mayor escasez.

La "Colección Teológica Contemporánea" es una serie de estudios bíblicos y teológicos dirigida a pastores, líderes de iglesia, profesores y estudiantes de seminarios e institutos bíblicos, y creyentes en general, interesados en el estudio serio de la Biblia. La colección se dividirá en tres áreas:

Estudios bíblicos
Estudios teológicos
Estudios ministeriales

Esperamos que estos libros sean una aportación muy positiva para el mundo de habla hispana, tal como lo han sido para el mundo anglófono y que, como consecuencia, los cristianos –bien formados en Biblia y en Teología– impactemos al mundo con el fin de que Dios, y solo Dios, reciba toda la gloria.

Queremos expresar nuestro agradecimiento a los que han hecho que esta colección sea una realidad, a través de sus donativos y oraciones. "Tu Padre... te recompensará".

Dr. Matthew C. Williams
Editor de la Colección Teológica Contemporánea
Profesor en IBSTE (Barcelona) y Talbot School of Theology
(Los Angeles, CA., EEUU)
Williams@bsab.com

Lista de títulos

A continuación presentamos los títulos de los libros que publicaremos, DM, en los próximos tres años, y la temática de las publicaciones donde queda pendiente asignar un libro de texto. Es posible que haya algún cambio, según las obras que publiquen otras editoriales, y según también las necesidades de los pastores y de los estudiantes de la Biblia. Pero el lector puede estar seguro de que vamos a continuar en esta línea, interesándonos por libros evangélicos serios y de peso.

Estudios bíblicos

Jesús

Michael J. Wilkins & J.P. Moreland (editores), *Jesús bajo sospecha* Terrassa: CLIE, Colección Teológica Contemporánea, vol. 4, 2003. Una defensa de la historicidad de Jesús, realizada por una serie de expertos evangélicos en respuesta a "El Seminario de Jesús," un grupo que declara que el Nuevo Testamento no es fiable y que Jesús fue tan solo un ser humano normal.

Robert H. Stein, *Jesús, el Mesías: Un Estudio de la Vida de Cristo* Downers Grove, IL; Leicester, England: InterVarsity Press, 1996 *[Jesus the Messiah: A Survey of the Life of Christ]*. Hoy en día hay muchos escritores que están adaptando el personaje y la historia de Jesús a las demandas de la era en la que vivimos. Este libro establece un diálogo con esos escritores, presentado al Jesús bíblico. Además, nos ofrece un estudio tanto de las enseñanzas como de los acontecimientos importantes de la vida de Jesús. Stein enseña Nuevo Testamento en Bethel Theological Seminary, St. Paul, Minnesota, EE.UU. Es autor de varios libros sobre Jesús, y ha tratado el tema de las parábolas y el problema sinóptico, entre otros.

Juan

Leon Morris, *Comentario del Evangelio de Juan [Commentary on John]*, 2nd edition, New International Commentary on the New Testament. Grand Rapids, MI: Wm. B. Eerdmans Publishers, 1995. Los comentarios de esta serie, *New International Commentary on the New Testament*, están considerados en el mundo anglófono como unos de los comentarios más serios y recomendables. Analizan el texto de forma detallada, deteniéndose a considerar temas contextuales y exegéticos, y el sentido general del texto.

Romanos

Douglas J. Moo, *Comentario de Romanos [Commentary on Romans]* New International Commentary on the New Testament. Grand Rapids, MI: Wm. B. Eerdmans Publishers, 1996. Moo es profesor de Nuevo Testamento en Wheaton College. Los comentarios de esta serie, *International Commentary on the New Testament*, están considerados en el mundo anglófono como unos de los comentarios más serios y recomendables. Analizan el texto de forma detallada, deteniéndose a considerar temas contextuales y exegéticos, y el sentido general del texto.

Gálatas

F.F. Bruce, *Comentario de la Epístola a los Gálatas*, Terrassa: CLIE, Colección Teológica Contemporánea, vol. 7, 2003.

Filipenses

Gordon Fee, *Comentario de Filipenses [Commentary on Philippians]*, New International Commentary on the New Testament. Grand Rapids, MI: Wm. B. Eerdmans Publishers, 1995. Los comentarios de esta serie, *New International Commentary on the New Testament*, están considerados en el mundo anglófono como unos de los comentarios más serios y recomendables. Analizan el texto de forma detallada, deteniéndose a considerar temas contextuales y exegéticos, y el sentido general del texto.

Pastorales

Leon Morris, *1 & 2 Tesalonicenses [1 & 2 Thessalonians]*, rev. ed., New International Commentary on the New Testament. Grand Rapids, MI: Wm. B. Eerdmans Publishers, 1991. Los comentarios de esta serie, *International Commentary on the New Testament*, están considerados en el mundo anglófono como unos de los comentarios más serios y recomendables. Analizan el texto de forma detallada, deteniéndose a considerar temas contextuales y exegéticos, y el sentido general del texto.

Primera de Pedro

Peter H. Davids, *La Primera Epístola de Pedro [The First Epistle of Peter]*, New International Commentary on the New Testament.

Grand Rapids, MI: Wm. B. Eerdmans Publishers, 1990. Los comentarios de esta serie, *New International Commentary on the New Testament*, están considerados en el mundo anglófono como unos de los comentarios más serios y recomendables. Analizan el texto de forma detallada, deteniéndose a considerar temas contextuales y exegéticos, y el sentido general del texto. Davids enseña Nuevo Testamento en Regent College, Vancouver, Canadá.

Apocalipsis

Robert H. Mounce, *El Libro del Apocalipsis [The Book of Revelation]*, rev.ed., New International Commentary on the New Testament. Grand Rapids, MI: Wm. B. Eerdmans Publishers, 1998. Los comentarios de esta serie, *New International Commentary on the New Testament*, están considerados en el mundo anglófono como unos de los comentarios más serios y recomendables. Analizan el texto de forma detallada, deteniéndose a considerar temas contextuales y exegéticos, y el sentido general del texto. Mounce es presidente emérito de Whitworth College, Spokane, Washington, EE.UU., y en la actualidad es pastor de Christ Community Church en Walnut Creek, California.

Estudios teológicos

Cristología

Richard Bauckham, *Dios Crucificado: Monoteísmo y Cristología en el Nuevo Testamento*, Terrassa: CLIE, Colección Teológica Contemporánea, vol. 6, 2003. Bauckham, profesor de Nuevo Testamento en St. Mary's College de la Universidad de St. Andrews, Escocia, conocido por sus estudios sobre el contexto de los Hechos, por su exégesis del Apocalipsis, de 2ª de Pedro y de Santiago, explica en esta obra la información contextual necesaria para comprender la cosmovisión monoteísta judía, demostrando que la idea de Jesús como Dios era perfectamente reconciliable con tal visión.

Teología del Nuevo Testamento

G.E. Ladd, *Teología del Nuevo Testamento*, Terrassa: CLIE, Colección Teológica Contemporánea, vol. 2, 2003. Ladd era profesor de Nuevo Testamento y Teología en Fuller Theological Seminary (EE.UU.); es conocido en el mundo de habla hispana por sus libros *Creo en la resurrección de Jesús, Crítica del Nuevo Testamento, Evangelio del Reino* y *Apocalipsis de Juan: Un comentario*. Presenta en esta obra una teología completa y erudita de todo el Nuevo Testamento.

Teología Joánica

Leon Morris, *Jesús es el Cristo: Estudios sobre la Teología Joánica* Terrassa: CLIE, Colección Teológica Contemporánea, vol. 5, 2003. Morris es muy conocido por los muchos comentarios que ha escrito, pero sobre todo por el comentario de Juan de la serie *New International Commentary of the New Testament*. Morris también es el autor de *en la Revelación, Las cartas a los Tesalonicenses, El Apocalipsis qué murió Jesús?*, y *El salario del pecado*.

Teología Paulina

N.T. Wright, *El verdadero pensamiento de Pablo*, Terrassa: CLIE, Colección Teológica Contemporánea, vol. 1, 2002. Una respuesta a aquellos que dicen que Pablo comenzó una religión diferente a la de Jesús. Se trata de una excelente introducción a la teología paulina y a la "nueva perspectiva" del estudio paulino, que propone que Pablo luchó contra el exclusivismo judío y no tanto contra el legalismo.

Teología Sistemática

Millard Erickson, *Teología sistemática [Christian Theology]* 2nd edition, Grand Rapids: Baker, 1998. Durante quince años esta teología sistemática de Millard Erickson ha sido utilizada en muchos lugares como una introducción muy completa. Ahora se ha revisado este clásico teniendo en cuenta los cambios teológicos, al igual que los muchos cambios intelectuales, políticos, económicos y sociales.

Teología Sistemática: Revelación/Inspiración

Clark H. Pinnock, *Revelación bíblica: el fundamento de la teología cristiana,* Prefacio de J.I. Packer, Terrassa: CLIE, Colección Teológica Contemporánea, vol. 8, 2004. Aunque conocemos los cambios teológicos de Pinnock en estos últimos años, este libro, de una etapa anterior, es una defensa evangélica de la infalibilidad y veracidad de las Escrituras.

Estudios ministeriales

Apologética/Evangelización

Michael Green & Alister McGrath, *¿Cómo llegar a ellos? Defendamos y comuniquemos la fe cristiana a los no creyentes*, Terrassa: CLIE, Colección Teológica Contemporánea, vol. 3, 2003. Esta obra explora la evangelización y la apologética en el mundo postmoderno en el que nos ha tocado vivir, escrito por expertos en evangelización y Teología.

Dones/Pneumatología

Wayne. A. Grudem, ed., *¿Son vigentes los dones milagrosos? Cuatro puntos de vista*, Terrassa: CLIE, Colección Teológica Contemporánea, vol. 9, 2004. Este libro pertenece a una serie que se dedica a exponer las diferentes posiciones que hay sobre diversos temas. Esta obra nos ofrece los argumentos de la perspectiva cesacionista, abierta pero cautelosa, la de la Tercera Ola, y la del movimiento carismático; cada una de ellas acompañadas de los comentarios y la crítica de las perspectivas opuestas.

Soteriología

J. Matthew Pinson, ed., *Cuatro puntos de vista sobre la Seguridad de la Salvación [Four Views on Eternal Security]*, Grand Rapids: Zondervan, 2002. ¿Puede alguien perder la salvación? ¿Cómo presentan las Escrituras la compleja interacción entre la Gracia y el Libre albedrío? Este libro pertenece a una serie que se dedica a exponer las diferentes posiciones que hay sobre diversos temas. En él encontraremos los argumentos de la perspectiva del calvinismo clásico, la del calvinismo moderado, la del arminianismo reformado, y la del arminianismo wesleyano; todas ellas acompañadas de los comentarios y la crítica de las posiciones opuestas.

Mujeres en la Iglesia

Bonnidell Clouse & Robert G. Clouse, eds., *Mujeres en el ministerio. Cuatro puntos de vista [Women in Ministry: Four Views]* Downers Grove: IVP, 1989. Este libro pertenece a una serie que se dedica a exponer las diferentes posiciones que hay sobre diversos temas. Esta obra nos ofrece los argumentos de la perspectiva tradicional, la del liderazgo masculino, la del ministerio plural, y la de la aproximación igualitaria; todas ellas acompañadas de los comentarios y la crítica de las perspectivas opuestas.

Vida cristiana

Dallas Willard, *Renueva tu Corazón: Sé como Cristo [Renovation of the Heart: Putting on the Character of Christ]*, Colorado Springs: NavPress, 2002. No "nacemos de nuevo" para seguir siendo como antes. Pero: ¿Cuántas veces, al mirar a nuestro alrededor, nos decepcionamos al ver la poca madurez espiritual de muchos creyentes? Tenemos una buena noticia: es posible crecer espiritualmente, deshacerse de hábitos pecaminosos, y parecerse cada vez más a Cristo. Este *bestseller* nos cuenta cómo transformar nuestro corazón, para que cada elemento de nuestro ser esté en armonía con el reino de Dios.

Prefacio del editor

Cuando realizamos el plan original de la serie *New International Commentary on the New Testament* decidimos dedicar un volumen a las dos epístolas de Pedro y a la epístola de Judas. Y así se lo encargamos al Dr. N. B. Stonehouse antes de su muerte en 1962.

No obstante, diversos imprevistos hicieron imposible que la obra se completara tal como habíamos planeado. Por fin, en 1981, el Dr. Peter H. Davids aceptó nuestra invitación a retomar esta labor, y este volumen constituye la primera entrega de mano de este académico a quien estamos muy agradecidos. Según iba escribiendo, nos dimos cuenta de que era mejor publicar dos volúmenes, uno dedicado a 1ª Pedro, y otro, a 2ª Pedro y Judas. Para el segundo volumen el Dr. Davids contará con la colaboración de Robert L. Webb.

El Dr. Davids lleva años dedicado a la exégesis del Nuevo Testamento: ha impartido esa asignatura en Wiedenest Bible School, Alemania, en Trinity Episcopal School of Ministry, EE.UU., y en Regent College, Canadá. En 1982 se publicó su comentario de la epístola de Santiago en la serie *New International Greek Testament Commentary*. Esta obra, que tuvo mucho éxito, estaba basada en su tesis doctoral «Temas de carácter judaico en la Epístola de Santiago» defendida en la Universidad de Manchester en 1974.

El comentario del Dr. Davids es bastante novedoso. No pasa por alto las cuestiones introductorias –fecha, autoría, contexto– y desarrolla la teología y la aplicación práctica de la epístola de tal forma que queda patente que está al día tanto de los debates académicos más recientes como de los anteriores. A la vez, es capaz de pensar de forma original y constructiva sobre los diferentes temas que aparecen en la epístola, y presentar sus pensamientos de forma clara y convincente. Para mí fue un placer leer este comentario antes de que fuera publicado; me alegra pensar que, ahora que sale a la luz, muchos otros podrán disfrutar de él.

F. F. Bruce

Prefacio del autor

El objetivo del autor de la primera epístola de Pedro es animar a un grupo de cristianos a los que probablemente no ha visto nunca. Usa su posición para extender esa muestra de apoyo y así unir a la Iglesia. Es, pues, un ejemplo de la labor apostólica.

Con esta idea en mente quiero dedicar este volumen a dos figuras apostólicas con las que he tenido el privilegio de trabajar. En primer lugar, al maestro F. F. Bruce, editor de esta serie. Esta dedicatoria no se debe solo a mi gratitud por el apoyo que me ha otorgado, sino a que ha sido un ejemplo y modelo para cientos de estudiantes y académicos evangélicos a través de organizaciones como *Tyndale Fellowship for Biblical Research*. Creo sinceramente que el estudio bíblico-teológico evangélico de hoy no sería lo mismo sin su valiosísima aportación.

La segunda persona a la que quiero dedicar esta obra es Ernst Schrupp, anterior director del Missionhaus Bibelschule Wiedenest en Bergneustadt, Alemania. Sacrificó su obra académica y sus raíces religiosas para ser el primer líder del equivalente a los GBU en Alemania (Studentenmission Deutschland). Más tarde, después de heredar el cargo de Erich Sauer, convirtió Wiedenest en una agencia misionera y se convirtió en una figura clave de la Alianza Evangélica Alemana, en la que trabajó duro para conseguir que las diferentes denominaciones trabajaran de forma conjunta. Es de él de quien aprendí a trabajar "allianzweise".

Estos dos hombres han sabido organizarse –independientemente de su profesión y denominación –para tener como objetivos principales extender, animar, apoyar y unir al Cuerpo de Cristo. Esa lucha les ha supuesto un sacrificio. Pero ha valido la pena, porque han sido innovadores y mucha gente ha seguido sus pasos, avanzando por el camino que ellos abrieron. Además, no solo han hecho un trabajo apostólico, sino que tienen la misma esperanza y la misma fe que el apóstol Pedro.

* * *

En enero de 1981, el editor me devolvió mi comentario de Santiago revisado (que incluía una petición para que tuviera en cuenta otro comentario que acababa de ser publicado) y así estaba yo, inmerso en esa absorbente tarea cuando recibí una carta de F. F. Bruce, en la que me invitaba a escribir un comentario de 1ª Pedro, 2ª Pedro, y Judas. Mientras preparaba el comentario de Santiago me había dado cuenta de lo parecida que era esa carta en muchos aspectos a la primera epístola de Pedro (y del debate existente sobre la dependencia literaria); así que dejando a un lado mi cansancio (y quizá también la precaución), acepté la invitación, sobre todo porque iba a tomarme un año sabático en el curso 82-83. Calculé que en cinco años podría haber completado esa tarea.

En los tres años siguientes me mudé y cambié de trabajo tres veces. Durante el año sabático escribí mucho, pero el trabajo de 1ª Pedro siempre estaba al final de la lista, aunque, todo hay que decirlo, este comentario fue la primera obra que empecé a escribir usando un ordenador. A la vez, las experiencias vividas en el transcurso de esos años me acercaron más a la preocupación pastoral que encontramos en 1ª Pedro e incluso al dolor que sufrieron los destinatarios de la carta. Así, tuve la oportunidad de profundizar en la carta, más que si hubiera trabajado en ella según el organigrama que yo mismo me había trazado.

En los años siguientes tuve que realizar varios cambios en el alcance y en la forma del proyecto. Habían salido nuevos comentarios de 1ª Pedro de la pluma de N. Brox, Wayne Grudem y J. R. Michaels. Otra publicación que me ayudó a mejorar el planteamiento de este volumen fue el comentario de Gordon Fee de 1ª Corintios, ofreciéndome además un modelo del arte de comentar que no había visto anteriormente. Durante ese tiempo también varios estudiantes del *Trinity Episcopal School for Ministry* de Pensilvania me ayudaron con el trabajo bibliográfico, trabajo actualizado en *Regent College*, Canadá, por Robert L. Webb, a quien tuve el privilegio de supervisar mientras realizaba su tesis. Fue precisamente esa tesis la que me ayudó a documentarme en cuanto al pensamiento apocalíptico de 1ª Pedro. Webb ha tomado el relevo y va a encargarse de los comentarios de 2ª Pedro y Judas. Sin toda esta colaboración habría tardado mucho más de los ocho años que necesité para escribir este comentario. Otros dos estudiantes de doctorado, John Wilson y Minho Song, realizaron una última actualización de la bibliografía.

También quiero dar las gracias a muchas otras personas que me han apoyado. F. F. Bruce no solo me invitó a escribir esta obra y soportó todos mis retrasos, sino que también me ofreció una ayuda incalculable con sus sugerencias y excelente trabajo editorial Austin Avenue Chapel, Coquitlam, British Columbia, Canadá, que me empleó durante casi todo el periodo en el que estuve escribiendo este comentario, y me apoyó mucho en mi esfuerzo. Sé que las iglesias en general aún no están acostumbradas a apoyar el ministerio de la producción literaria, así que mi deseo es que esta visión aumente. ¡Amén! Y, por descontado, estoy enormemente agradecido a los editores de Eerdmans porque no solo aceptaron con frustración la tardanza con la que entregué mi manuscrito, sino que además ¡lo convirtieron en un libro! Por último, también le debo mucho a mi familia, que aceptó toda las compras que tuve que hacer, como el ordenador y diversos programas, y también compartió no solo los momentos de alegría, sino los momentos de frustración.

Pero sobre todo estoy agradecido porque puedo tener esa esperanza viva de la que Pedro habla. Esa esperanza es la que me ha iluminado en este largo camino, y le pido a Dios que este comentario sirva para que algunos lectores puedan conocerla de forma más clara y para que otros puedan comunicarla de forma más profunda.

Peter H. Davids
Pentecostés 1989
Port Moody, British Columbia, Canadá

Abreviaturas

I. PUBLICACIONES PERIÓDICAS Y SERIES MONOGRÁFICAS

AB	Anchor Bible
AlEvLKZ	*Allgemeine Evangelisch-Lutherische Kirchenzeitung*
AmiDuCl	*Ami du clergé*
AnalBib	Analecta biblica
AnJaBI	*Annals of the Japan Biblical Institute*
Ant	*Antonianum*
ARW	*Archiv für Religionswissenschaft*
ASNU	Acta Seminarii Neotestamentici Upsaliensis
AsSeign	*Assemblées du Seigneur*
ATANT	Abhandlungen zur Theologie des Alten and Neuen Testaments
ATR	*Anglican Theological Review*
AtSetB	*Atti della settimana biblica*
AusBR	*Australian Biblical Review*
AusCathRec	*Australasian Catholic Record*
AUSemSt	*Andrews University Seminary Studies*
BAGD	Bauer, W., *A Greek-English Lexicon of the New Testament and Other Early Christian Literature.* 2nd ed. Trans. W. F. Arndt and F. W. Gingrich. Chicago: University of Chicago Press, 1979
BDF	Funk, R. W., *A Greek Grammar of the New Testament and Other Early Christian Literature.* Trans. and ed. F. Blass and A. Debrunner. Chicago: University of Chicago Press, 1961
BETL	Bibliotheca Ephemeridum Theologicarum Lovaniensium

Bib	*Biblica*
BibK	*Bibel und Kirche*
BibLeb	*Bibel und Leben*
BibMan	*Bibliskt Manadshafte*
BibOr	*Bibbia e Oriente*
BibSac	*Bibliotheca Sacra*
BibToday	*Bible Today*
BibTr	*Bible Translator*
BNTC	Black's New Testament Commentaries
BS	*Biblische Studien*
BTB	*Biblical Theology Bulletin*
BVC	*Bible et vie chrétienne*
BWANT	Beiträge zur Wissenchaft vom alten und neuen Testament
BZ	*Biblische Zeitschrift*
BZNW	Beihefte zur *Zeitschrift für die neutestamentliche Wissenschaft*
CBC	Cambridge Bible Commentary
CBQ	*Catholic Biblical Quarterly*
ClassJr	*Classical Journal*
ClerMon	*Clergy Monthly*
CGT	Cambridge Greek Testament
ChQuRev	*Church Quarterly Review*
ChrT	*Christianity Today*
CollTheol	*Collectanea Theologica*
CornVia	*Communio Viatorum*
ConJ	*Concordia Journal*
CTM	*Concordia Theological Monthly*
CultBib	*Cultura Bíblica*
DanTTs	*Dansk Teologisk Tidsskrift*
DBSup	*Dictionnaire de la Bible, Supplément*
DNTT	Brown, C., ed., *The New International Dictionary of New Testament Theology.* Grand Rapids: Zondervan, 1967-71
DocLif	*Doctrine and Life*
DTC	*Dictionnaire de théologie catholique*
EcR	*Ecumenical Review*
EHNT	Exegetisches Handbuch zum Neuen Testament

EKKNT	Evangelish-katholischer Kommentar zum Neuen Testament
EphThL	*Ephemerides Theologicae Lovanienses*
ErbAuf	*Erbe und Auftrag*
ErfTSt	*Erfurter theologische Studien*
EspV	*Esprit et Vie*
EstBíb	*Estudios Bíblicos*
Eter	*Eternity*
ETR	*Études Théologiques et Religieuses*
EvQ	*Evangelical Quarterly*
EvT	*Evangelische Theologie*
ExB	Expositor's Bible
Exp	*Expositor*
ExpT	*Expository Times*
FreibTSt	Freiburger theologische Studien
GerefThT	*Gereformeerd Theologisch Tijdschrift*
Greg	*Gregorianum*
HartfQ	*Hartford Quarterly*
HTKNT	Herders theologischer Kommentar zum Neuen Testament
HTR	*Harvard Theological Review*
IB	*Interpreter's Bible*
ICC	International Critical Commentary
IDB	*Interpreter's Dictionary of the Bible*
Interp	*Interpretation*
JBL	*Journal of Biblical Literature*
JBC	*Jerome Biblical Commentary*
JETS	*Journal of the Evangelical Theological Society*
JRelS	*Journal of Religious Studies*
JSNT	*Journal for the Study of the New Testament*
JSOT	*Journal for the Study of the Old Testament*
JSS	*Journal of Semitic Studies*
JTS	*Journal of Theological Studies*
KerD	*Kergyma and Dogma*
LifeSpir	*Life of the Spirit*
LTJ	*Lutheran Theological Journal*
LumVit	*Lumen Vitae*
MeyerK	H. A. W. Meyer, Kritisch-exegetischer Kommentar über das Neue Testament

MTZ	*Münchener theologische Zeitschrift*
MuslimW	*Muslim World*
NCB	New Century Bible
NedTTs	*Nederlands Theologisch Tijdschrift*
Neot	*Neotestamentica*
NGTT	*Nederduitse Gereformeerde Teologiese Tydskrif*
NieuweB	*Nieuwe Bijdragen*
NieuweTS	*Nieuwe theologische Studiën*
NorTT	*Norsk Teologisk Tidsskrift*
NovT	*Novum Testamentum*
NovTSup	*Novum Testamentum, Supplement*
NRT	*Nouvelle Revue Théologique*
NTAbhand	Neutestamentliche Abhandlungen
NTD	Das Neue Testament Deutsch
NTS	*New Testament Studies*
OBK	Olshausens Commentar über sämtliche Schriften des Neuen Testaments
ParLi	*Paroisse et liturgie*
ParOr	*Parole de l'Orient*
PC	Proclamation Commentaries
PSTJ	*Perkins School of Theology Journal*
PW	A. Pauly and G. Wissowa, *Real-Enzyklopädie der klassischen-Altertumswissenschaft*
RA	*Revue d'assyriologie et d'archeologie orientale*
RB	*Revue Biblique*
RE	*Real-enzyklopädie für protestantische Theologie und Kirche*
RechSR	*Recherches de science religieuse*
ResQ	*Restoration Quarterly*
Revista	*Revista biblica*
RHistR	*Revue de l'histoire des religions*
RHPR	*Revue d'histoire et de philosophie religieuses*
RivLasall	*Rivista Lasall*
RNT	Regensburger neues Testament
RuchBibLit	*Ruch Biblijny i Liturgiczny*
RVV	Religionsgeschichtliche Vesuche and Vorarbeiten
SacDoc	*Sacra Doctrina*
Sap	*Sapienza*
SBLMS	Society of Biblical Literature Monograph Series

SBS	Stuttgarter Bibelstudien
SBT	Studies in Biblical Theology
SciEcc	*Sciences ecclésiastiques*
SE	*Studia Evangelica*
SEA	*Svensk exegetisk årsbok*
SJT	*Scottish Journal of Theology*
Spfdr	*The Springfielder*
ST	Studia Theologica
StMiss	*Studia Missionalia*
StMor	*Studia Moralia*
SUNT	Studien zur Umwelt des Neuen Testaments
SWJT	*Southwestern Journal of Theology*
TC	Tyndale New Testament Commentary
TDNT	Kittel, G., and Friedrich, G., eds., *Theological Dictionary of the New Testament.* Trans. and ed. G. W. Bromiley. Grand Rapids: Wm. B. Eerdmans, 1964-74.
TeolEspir	*Teología Espiritual*
Th	*Theology*
ThD	*Theology Digest*
ThQ	*Theologische Quartalschrift*
TLit	*Theologische Literaturzeitung*
TSK	*Theologische Studien and Kritiken*
TT	*Teologisk Tidsskrift*
TTKi	*Tidsskrift for Teologi og Kirke*
TToday	*Theology Today*
TTZ	*Trierer theologische Zeitschrift*
TynBul	*Tyndale Bulletin*
TZ	*Theologische Zeitschrift*
UnaSanc	*Una Sancta*
VerDom	*Verbum Domini*
WC	Westminster Commentaries
Wor	*Worship*
ZBK	Zürcher Bibelkommentare
ZKNT	Zahn's Kommentar zum Neuen Testament
ZMissW	*Zeitschrift für Missionswissenschaft and Religionswissenschaft*
ZNW	*Zeitschrift für die neutestamentliche Wissenschaft*
ZWT	*Zeitschrift für wissenschaftliche Theologie*

II. FUENTES JUDÍAS, PATRÍSTICAS Y CLÁSICAS

A. LITERATURA RABÍNICA

Abreviaturas rabínicas generales

R.   rabino (como título)
Rabí   R. Judá ha-Nasi

Midrashim (Comentarios)

Gen.   R. Génesis Rabbah

Literatura talmúdica

b.   Talmud babilónico
m.   Misná
Aboth   Aboth de los Padres
Ker.   Kerithoth
Sanh.   Sanedrín
Yeb.   Yebamoth

Targumim (paráfrasis o traducciones arameas)

Onk.   Onkelos

B. MANUSCRITOS DEL MAR MUERTO

CD   Documento Cairo-Damasco de la Geniza del Cairo
6QD   Documento de Damasco de Qumrán, Cueva 6
4Qflor   El Florilegium (cadena de escrituras) de Qumrán,
                       Cueva 4
1QGenApoc   El Apocrifón de Génesis de Qumrán, Cueva 1
1QH   Los Himnos de Gratitud de Qumrán, Cueva 1
1QM   El Manuscrito de la Guerra de Qumrán, Cueva 1
1QpHab   El Comentario de Habacuc de Qumrán, Cueva 1
4QpHos   El Comentario de Oseas de Qumrán, Cueva 4
4QPs37   El Comentario del Salmo 37 de Qumrán, Cueva 4
4QpIsa^d El cuarto manuscrito del Comentario de Isaías de
                       Qumrán, Cueva 4
4QpNah   El Comentario de Nahum de Qumrán, Cueva 4

| 1QS | El Manual de Disciplina de la Comunidad de Qumrán, Cueva 1 |

C. LITERATURA JUDÍA HELENISTA

Josefo	Flavio Josefo (*ca.* 37-97 dC)
A.	*Antigüedades de los judíos*
c. Ap.	*Contra Apión*
G.	Guerras de los judíos
Filón	Filón de Alejandría (*ca.* 50aC-45dC)
De Ebr.	*De Ebrietate*
De Mut. Nom.	*De Mutatione Nominum*
De Somn.	*De Somniis*
De Virt.	*De Virtutibus*
Flacc.	*In Flaccum*
Legatio	*Legatio ad Gaium*
Quod Omnis Probus	*Quod Omnis Probus Liber Sit*
Vita Mosis	*De Vita Mosis*

D. LITERATURA CLÁSICA LATINA Y GRIEGA

Aristóteles	Aristóteles (*ca.* 384-322aC)
Et. Nic.	*Ética a Nicómaco*
Corp. Herm.	*Corpus Hermeticum*
Dión Casio	Dión Casio (siglo II-III dC)
Hist.	*Historia*
Epicteto	Epicteto (*ca.* 55-135dC)
Dis.	*Discursos*
Enchir.	*Enchiridion*
Herodoto	Herodoto (*ca.* 484-425aC)
Hist.	*Historia*
Isócrates	Isócrates (*ca.* 436-338aC)
Epist.	*Epistolae*
Luciano	Luciano de Samosata (*ca.* Siglo II dC)
Alex.	*Alejandro*
Pereg. Mort.	*De peregrini morte*

Menandro	Menandro (*ca.* 342-293aC)
Frag.	*Fragment*
Mith. Lit.	Liturgia Mitras
Papyrus Oxy.	*"Papiro Oxyrhynchus"*, ed. P. Grenfell, A. S. Hunt, *et al.*, 1898–.
Platón	Platón *(ca.* 427-347aC)
Alcib.	*Alcibiades*
Apol.	*Apología*
Gorg.	*Gorgias*
Leg.	*Leges (Leyes)*
Pol.	*Político*
Resp.	*Republica (La República)*
Plinio	Plinio el Joven *(ca.* 61-112dC)
Epist.	*Epístolas*
Plutarco	Plutarco *(ca.* 50-120dC)
Consol.	*Consolatio ad Uxorem*
Mor.	*Moralia*
Praec. Conj.	*Conjugalia Praecepta*
Séneca	Annaeus Séneca
De Ben.	*De Beneficiis*
Strabo	Estrabón *(ca.* 63aC–21dC)
Geog.	*Geografía*
Suetonio	Cayo Suetonio *(ca.* 69-121dC)
Nero	*Nerón*
Tácito	Cornelio Tácito *(ca.* 55-120dC)
An.	*Anales*
Nerón	*Nerón*
Teles	Teles el Filósofo (siglo III aC)
Tucídides	Tucídides (*ca.* 460-396aC)
Hist.	*Historia de la Guerra del Peloponeso*
Jenofonte	Jenofonte *(ca.* 430-354dC)
Mem.	*Memorabilia*

E. LITERATURA PATRÍSTICA

Apost. Const.	*Constituciones Apostólicas*
Padres apostólicos	
Barn.	Bernabé o Epístola de Bernabé

1 Clem.	1 Clemente
2 Clem.	2 Clemente
Did.	*Didakhē*, o Enseñanza de los Doce Apóstoles
Hermas	El pastor de Hermas
Man.	*Mardate* o Mandamiento
Sim.	*Similitude* o Parábola
Vis.	*Vision*
San Agustín	San Agustín
Conf.	*Confesiones*
Cipriano	Cipriano
Test.	*Testimonia*
Cirilo	Cirilo de Jerusalén
Cat. Myst.	*Catechesis Mystagogica*
Epifanio	Epifanio de Constantia (*ca.* 315-403dC)
Anacor.	*Anacoratus*
Haer.	Contra todas las herejías
Ep. Diog.	*Epístola a Diognetus*
Eusebio	Eusebio de Cesarea (*ca.* 260-340dC)
Hist. Ecl..	*Historia Eclesiástica*
Praep. Ev.	*Praeparatio Evangelica*
Hipólito	Hipólito (ca. 170-236dC)
AT	*Tradición Apostólica*
Ignacio	Ignacio de Antioquía (*ca.* 35-110dC)
Ef.	*Carta a los Efesios*
Magn.	*Carta a los de Magnesia*
Fild.	*Carta a los de Filadelfia*
Pol.	*Carta a Policarpo*
Rom.	*Carta a los Romanos*
Esmirn.	*Carta a los de Esmirna*
Ireneo	Ireneo de Lyon (*ca.* 140-202dC)
Adv. Haer.	*Adversus Haereses*
San Jerónimo	San Jerónimo (ca. 342-420dc)
Epist.	*Epístolas*
Justino	Justino Mártir (*ca.* 100-165dC)
Apol.	*Apologías*
Dial.	*Diálogo con Trifón*
Mart. Pol.	Martirio de Policarpo

Orígenes	Orígenes (ca. 185-254dC)
C. Cels.	*Contra Celsum*
Pas. Perp. y Fel.	Pasión de Perpetua y Felicitas
Policarpo	Policarpo
Fil.	*A los Filipenses*
Tertuliano	Tertuliano (*ca.* 160-220dC)
Scorp.	*Scorpiacae*

III. LITERATURA BÍBLICA, APÓCRIFA Y PSEUDOAPÓCRIFA

A. ANTIGUO TESTAMENTO

Gn.	Génesis
Éx.	Éxodo
Lv.	Levítico
Núm.	Números
Dt.	Deuteronomio
Js.	Josué
Jue.	Jueces
1 S.	1º Samuel
2 S.	2º Samuel
1 Cr.	1º Crónicas
2 Cr.	2º Crónicas
Neh.	Nehemías
Est.	Ester
Sal.	Salmos
Prov.	Proverbios
Ecl.	Eclesiastés
Cnt.	Cantar de los Cantares
Is.	Isaías
Jer.	Jeremías
Lm.	Lamentaciones
Ez.	Ezequiel
Dn.	Daniel
Os.	Oseas
Abd.	Abdías
Jon.	Jonás

Mi.	Miqueas
Nah.	Nahum
Hab.	Habacuc
Sof.	Sofonías
Hag.	Hageo
Zac.	Zacarías
Mal.	Malaquías

B. NUEVO TESTAMENTO

Mt.	Mateo
Ro.	Romanos
1 Co.	1ª Corintios
2 Co.	2ª Corintios
Gá.	Gálatas
Ef.	Efesios
Fil.	Filipenses
Col.	Colosenses
1 Ts.	1ª Tesalonicenses
2 Ts.	2ª Tesalonicenses
1 Ti.	1ª Timoteo
2 Ti.	2ª Timoteo
Tit.	Tito
Flm.	Filemón
He.	Hebreos
Stgo.	Santiago
1 P.	1ª Pedro
2 P.	2ª Pedro
Apoc.	Apocalipsis

C. APÓCRIFOS

Bar.	Baruc
1 Esd.	1º Esdras
2 Esd.	2º Esdras
Jdt.	Judit
1 Mac.	1º Macabeos

2 Mac.   2° Macabeos
Sir.   Eclesiástico o la Sabiduría de Jesús hijo de Sirac
Tob.   Tobías
Sab.   Sabiduría de Salomón

D. PSEUDOAPÓCRIFOS

2 Apoc. Bar.   El Segundo (o Apocalpsis siríaco de Baruc)
Asc. Isa.   Ascensión de Isaías
1 Enoc   Etiópico o 1° Enoc
2 Enoc   Eslavo o 2° Enoc
Jos. y As.   José y Asenat
Jub.
3 Mac.   3° Macabeos
4 Mac.   4° Macabeos
Sal. Sal.   Salmos de Salomón
Sib. Or.   Oráculos Sibilinos
Test.   Testamento, especialmente los Testamentos de los
                Doces Patriarcas
   Test. Benjamín   Testamento de Benjamín
   Test. Judá   Testamento de Judá
   Test. Leví   Testamento de Leví
   Test. Neftalí   Testamento de Neftalí
   Test. Rubén   Testamento de Rubén
   Test. Moisés   Testamento de Moisés

IV. OTRAS ABREVIATURAS

c.   contra
ca.   alrededor de
cf.   *confer*, comparar
col.   columna
ed.   edición, editor
p.ej.   por ejemplo
et al.   *et alii*, y otros
s.   versículo siguiente o siguientes

LXX	Septuaginta o traducción griega más importante del Antiguo Testamento
NASN	New American Standard Version
NEB	New English Version
Nestle[26] o Nestle-Aland[26]	E. Nestle y K. Aland, eds., *Novum Testamentum Graece*. Ed. 26. Stuttgart: Deutsche Bibelstifung, 1979.
NVI	Nueva Versión Internacional
n.s.	nueva serie
NT	Nuevo Testamento
AT	Antiguo Testamento
repr.	reimpreso
RSV	Revised Standard Version
ser.	serie
trans.	traducido
UBS[3]	K. Aland *et al.*, eds. *The Greek New Testament*. Ed. 3. NY/Londres/Edimburgo/Ámsterdam/Stuttgart: United Bible Societies, 1975
v.o vrs.	versículo/s

LA PRIMERA EPÍSTOLA
DE PEDRO

Introducción

I. La importancia de 1ª Pedro

La primera epístola de Pedro es una pieza del Nuevo Testamento de importancia teológica, y con mucho que decir sobre el cuidado pastoral. Desafortunadamente, la Iglesia a veces la ha marginado (aunque no tanto como a las epístolas de Santiago, de Judas o la segunda de Pedro) ya que, desde la Reforma, las epístolas paulinas han ocupado el escenario principal, y la investigación del Nuevo Testamento en los últimos años se ha centrado en los Evangelios Sinópticos y en el corpus joánico. Es una pena, pues creo que 1ª Pedro es un libro de suma relevancia siempre que la Iglesia esté sufriendo. (Y, si creemos que Jesús y Pablo tenían razón, una iglesia fiel siempre sufrirá). Además, esta obra es un ejemplo de cómo la Iglesia primitiva aplicaba las enseñanzas de Jesús y del Antiguo Testamento a las preocupaciones y necesidades del momento, por lo que es un modelo para la iglesia actual de cómo acercarse a las Escrituras. Finalmente, contiene una perspectiva muy útil sobre el estilo de vida cristiana, y en una era en la que ya no está tan claro qué queremos decir por "vivir de una forma cristiana", sería de necios pasar por alto las enseñanzas que aquí encontramos. Por todo lo dicho, estoy encantado de ver el creciente interés por 1ª Pedro (reflejado en la bibliografía), ya que revela que cada vez somos más conscientes de la importancia de este libro. Así, nos acercamos a él con ganas de realizar un trabajo serio, y empezaremos viendo algunos aspectos introductorios del estudio de esta epístola.

Lo que sigue a continuación es una introducción breve, pues es un resumen del comentario en sí. En el comentario desarrollaremos los argumentos presentados y hablaremos de las evidencias con más detalle; en esta sección simplemente uniremos los diferentes argumentos en un todo más sistemático.

II. Autoría

La autoría de 1ª Pedro ha sido un tema de discusión desde el comienzo de la investigación crítica. Por un lado, el autor se identifica claramente al principio como "Pedro, apóstol de Jesucristo". Aparte de eso, en la epístola encontramos muy pocas notas de información biográfica, a diferencia de lo que ocurre en 2ª Pedro, donde podemos contar con algunos apuntes autobiográficos. Tenemos la imagen del pastor de 1ª Pedro 2:25 (cf. 1 P. 5:2), que algunos han comparado con Juan 21:15-17, y otra referencia cuando el autor se llama a sí mismo "testigo de los padecimientos de Cristo" y "anciano como [los ancianos entre los lectores]" (1 P. 5:1); no obstante, estas dos características son muy generales y se podrían aplicar a muchas personas de la iglesia primitiva. Además, el libro de los Hechos parece distinguir, al menos, entre apóstoles y ancianos, así que 1ª Pedro 5:1 podría interpretarse de las dos formas. También encontramos la referencia a Marcos y, supuestamente, a la iglesia en Roma (1 P. 5:13). La tradición siempre ha relacionado este nombre con el de Juan Marcos, el que acompañó a Pablo (Hch. 12:25), afirmando que luego acompañó a Pedro y escribió, usando información que éste le dio, el Evangelio según Marcos. Entonces, quizá no sea mera coincidencia que cuando el ángel le sacó de la cárcel, Pedro se dirigiera a la casa de la madre de Marcos (Hch. 12:12). No obstante, aunque ésta es una teoría interesante y posible, en este libro encontramos muy pocas evidencias que apunten a la autoría del mismo. La única con la que podemos contar es la afirmación de 1:1.

Por otro lado, diremos que han aparecido muchas teorías y argumentos en contra de la autoría de Pedro. En primer lugar, se habla de la extraordinaria calidad del griego que esta epístola presenta; de hecho, es una de las obras mejor escritas del Nuevo Testamento. Sabemos que Pedro hablaba griego, pero ¿sería capaz un pescador de Galilea de escribir unas frases tan bien coordinadas y tan bellas? Una persona así, dando por sentado que sabía leer y escribir, ¿habría aprendido a leer y escribir griego?[1]. ¿Hay alguna razón para pensar que Pedro estudió griego durante muchos años, consiguiendo escribir con un estilo mejor que el de Pablo? Además, si escribió así de bien en su primera epístola, ¿por qué no lo hizo cuando escribió la segunda? La persona que hay

---

[1] Es posible que Pedro hubiera asistido a las clases de la sinagoga, pero allí enseñaban a leer y a escribir hebreo, no griego. Y si le hubieran enseñado griego, unas clases así no hubieran sido suficientes para alcanzar ese estilo tan perfecto que encontramos en la epístola.

detrás de la pésima redacción de 2ª Pedro no puede ser la misma que escribió 1 Pedro.

En segundo lugar, tenemos la cuestión de los paulismos. No es necesario abrir una brecha entre Pedro y Pablo y argumentar que es imposible que se pusieran de acuerdo, como hizo la Escuela de Tübingen bajo F. C. Baur. No es difícil darse cuenta de que el contacto entre ellos fue muy escaso, y que sus misiones eran muy diferentes (al menos, según Pablo en Gá. 2), tanto, que no es normal que en 1ª Pedro encontremos una y otra vez expresiones típicamente paulinas, sobre todo siendo que en 2ª Pedro apenas aparecen. Cierto es que algún material como la frase encadenada de 1ª Pedro 1:6-7 o el *Haustafeln* de 2:13-3:7 debía de ser propiedad común de las iglesias cristianas primitivas; pero es imposible que todas las ideas y calcos de Pablo que saltan a la vista con una simple lectura rápida de la epístola fueran también de propiedad común (y en comparación con otros libros del NT, 1ª Pedro contiene una cantidad muy elevada de dichas ideas y calcos). Pensemos que si hubieran sido de propiedad común, Jerusalén habría aceptado a Pablo y no le hubiera considerado polémico ni controvertido (Ro. 15:31). Es difícil explicar este uso del lenguaje paulino, especialmente porque sabemos que Pedro no necesitaba apoyarse en Pablo para defender su apostolado.

En último lugar, se nos plantea la siguiente pregunta: ¿cómo llegó Pedro a tener contacto con los cristianos de las provincias que se mencionan en 1ª Pedro 1:1 de las cuales, al menos una, Galacia, era territorio de Pablo? El libro de los Hechos sitúa a Pedro en Judea y Samaria, aunque es probable que también visitara su tierra natal, Galilea. Pablo dice que Pedro visitó Siria (Gá. 2:11). La tradición también asocia a Pedro con Roma, donde se dice que fue ejecutado, y un viaje a la capital del Imperio explicaría la presencia de los compañeros de Pedro en Corinto (1 Co. 1:12). Pero aunque tenemos que admitir que sabemos muy poco acerca de los movimientos de Pedro después de Hechos 15 (es decir, aprox. el año 49 dC), y que parece ser que no estaba en Jerusalén en el tiempo que se cubre en Hechos 21 (aprox. 56-57 dC), y que en catorce años (partiendo de que lo mataron en el 64 dC) una persona puede viajar mucho, uno cuestiona la posibilidad de que Pedro tuviera un contacto tan directo y duradero con Asia Menor, siendo que era principalmente la zona de Pablo.

Sin embargo, estas cuestiones no pueden obligarnos a concluir que Pedro no es el autor de esta epístola, y que el autor elige firmar con el nombre del apóstol galileo. Si estamos ante un obra tan paulina, que además está dirigida a una audiencia tan paulina, ¿por qué el autor no utilizó "Pablo" como pseudónimo? Después de todo, Pablo, a diferencia de Pedro, era conocido por su producción literaria epistolar. Además, muchos de los eruditos que rechazan que Pedro es el autor de 1ª Pedro son los mismos que dicen que las epístolas pastorales y otros escritos de Pablo también son de otro autor, que decidió firmar con el nombre de Pablo. Si usar el pseudónimo de "Pablo" era tan común, como 1ª Pedro tiene un tono tan paulino uno tiene que justificar por qué un autor así no atribuiría su obra a Pablo.

Podríamos dudar, incluso, de que Pedro conociera los escritos de Pablo. Es cierto que hay paralelos entre 1ª Pedro 2:11-3:7 y otros *Haustafeln* códigos de convivencia en Efesios 5:18-6:9, Colosenses 3:18-4:6 y Romanos 13:1-4[2]. También encontramos referencias comunes a algunos textos bíblicos como Isaías 28:16 en combinación con 8:14 (Ro. 9:33; 1 P. 2:8). Además, Pablo y 1ª Pedro contienen listas de pecados muy similares (Ro. 13:13; 1 P. 4:3). Finalmente, 1ª Pedro 3:8-9 y 4:7-11 da consejos similares a los que encontramos en Romanos 12, y Romanos 5:3-5 usa la misma frase encadenada de 1ª Pedro 1:6-7. Todo esto es innegable. Sin embargo, diremos, en primer lugar, que podemos encontrar paralelos en otros lugares. Por ejemplo, Santiago 1:2-4 usa la misma frase encadenada que encontramos en 1ª Pedro y en Romanos 8 y, de hecho, es un paralelo más exacto que el de Romanos, y Santiago 4:6-7, al igual que 1ª Pedro 5:5-6, cita Proverbios 3:34 (y 1 P. 1:23-24 y Stgo. 1:10-11 aluden a Is. 40:6-9). En segundo lugar, todos estos paralelos formaban parte de la forma literaria tradicional y se ubican dentro de categorías como pasajes veterotestamentarios útiles, catálogos de ética, listas de pecados, por lo que es lógico pensar que en la Iglesia se usaban con mucha frecuencia. Incluso entonces, la mayoría de estos fragmentos tradicionales se aplicaban de forma diferente en 1ª Pedro y en Pablo. Si nos centramos en los paralelos verbales con los textos paulinos, descubrimos que solo podemos citar alguna frase aislada, y aún así acabamos viendo que, si los leemos en contexto, no son unos paralelos demasiado impresionantes[3]. De ahí que podamos concluir que aunque no afirmemos que nuestro autor nunca

---

[2] El pasaje de Romanos contiene solo el honor debido a las autoridades, tema que no aparece en los otros dos pasajes paulinos. Efesios y Colosenses hablan de los hijos y los padres, cuestión que no aparece en 1ª Pedro.

[3] Por ejemplo, J. R. Michaels, *1Peter* (Word Biblical Commentary 49) (Waco, TX, 1988), p. 44, cita 1 Pedro 4:6 (a lo cual podemos añadir 3:18 y 4:5) y Romanos 14:9, porque tienen «un estilo y una estructura» similar, aunque la similitud radica en que hablan de la muerte y la vida de Cristo, y coinciden en el uso de alguna palabra (pero aún así no puede concluirse que tengan en común la misma unidad sintáctica).

leyera Romanos u otras obras paulinas, tampoco hay evidencias significativas de que sí las leyera.

Quizá nunca sepamos las respuestas a todas estas preguntas, ni logremos tener un cuadro de 1ª Pedro más claro del que ahora tenemos. Pero la referencia a Silvano en 5:12 puede ser la mejor pista, ya que sea probablemente la misma persona que Pablo menciona en 2ª Corintios 1:19, 1ª Tesalonicenses 1:1 y 2ª Tesalonicenses 1:1. Si es cierto que Pedro estaba en Roma, es fácil que oyera sobre persecuciones en provincias y en zonas a las nunca había ido. Puede que entonces Pedro estuviera en la cárcel, o que fuera consciente de que estaban a punto de prenderle. Es posible que recibiera noticias a través de Silvano y sus contactos. Fuera como fuera, la carta sugiere que autorizó a Silvano para que escribiera en su nombre (ver el comentario de 5:13)[4].

No sabemos cuál es el grado de implicación que Pedro podría haber tenido en la redacción de esta epístola. Por ejemplo, si estaba en la cárcel, quizá no tuvo la misma libertad que Pablo para recibir visitas (recordemos que Pablo tuvo el privilegio de cumplir condena en una casa alquilada [Hch. 28:16, 30]). Quizá, movido por la compasión y su llamamiento apostólico, lo único que pudo hacer fue pedirle a Silvano que escribiera una carta animando a aquel grupo de cristianos que, según las noticias que le llegaban, estaba sufriendo mucho, y mencionó concretamente a los cristianos en Roma como Marcos, cuyos nombres supuestamente tendrían algún significado para los creyentes de Asia Menor. Puede que le diera instrucciones detalladas sobre qué aspectos incluir en la carta, y que luego la revisara (e incluso que añadiera el párrafo final, como era la costumbre griega, 2 Ts. 3:17). También cabe la posibilidad de que le diera muy pocas instrucciones y que nunca llegara a revisarla. Pero la carta se escribió con el estilo con que Silvano estaba acostumbrado a escribir, es decir, el de Pablo. Se escribió incluyendo el pensamiento y la enseñanza de Pedro, y se firmó como si Pedro mismo la hubiera escrito.

Está claro que esta reconstrucción no es más que una hipótesis, un intento de explicar los datos que tenemos sobre la autoría de esta epístola. Pero no se puede demostrar. No obstante, tampoco puede demostrarse que Pedro no sea el autor de 1ª Pedro. Lo que más nos importa, ahora que nos

---

[4] Si al leer 5:13 interpretamos que Silvano fue el escritor de la epístola, y no solo el que la llevó, incluso si no estuviéramos en lo cierto, no hay razón para pensar que Pedro no usara la ayuda de otro escriba cristiano. La hipótesis de la existencia de un escriba no depende de que Silvano lo fuera o no.

adentraremos en el comentario de esta obra neotestamentaria, es que años después, la Iglesia, al analizar esta epístola, vio en ella la huella del Espíritu de Dios, independientemente de quién fuera el instrumento que usó, por lo que la incluyó entre los documentos que serían el canon de la fe y serían adecuados para leerse en la Iglesia en toda época y situación[5].

III. Destinatarios

La ubicación de los destinatarios de esta epístola aparece claramente en 1:1: «a los elegidos de Dios... en Ponto, Galacia, Capadocia, Asia y Bitinia». Es decir, los cristianos que vivían en el cuadrante noroeste de Asia Menor que bordea el Mar Muerto, una zona en la cual, según Lucas, a Pablo no le fue permitido evangelizar (Hch. 16:6-10). Pablo había establecido iglesias en la zona sur de Galacia y más tarde también en la zona occidental de la provincia de Asia. No sabemos quién fue el primero en predicar el Evangelio allí, ni cuándo ocurrió (a menos que consideremos que 2:9 es una pista), y no tenemos ninguna información de que Pedro viajara a aquella zona. Es posible que los colaboradores de Pablo llegaran hasta allí, y que las noticias le llegaran a Pedro a través de Silvano (1 P. 5:12), o que Pedro mismo fuera allí entre el año 50 dC (Hechos 15, la última referencia a que Pedro estaba en Jerusalén) y el 64 dC (la presunta fecha de su muerte en Roma). Pero nunca sabremos a ciencia cierta la respuesta a estas preguntas sobre el origen de las iglesias y la naturaleza de la relación que tenían con Pedro.

Es interesante que el autor menciona las provincias en el orden que seguiría un mensajero que tuviera que ir a todas ellas[6]. Si desembarcaba

---

[5] Ya se conocía en el año 96 dC, ya que probablemente Clemente aluda a ella en 1 Clem. (1 Clem. 4:8 y 1 P. 3:6; 8:1 y 1:11; 16:17 y 2:21; 30:2 y 5:5, 49:5 y 4:8; 57:1 y 5:1-5; 59:2 y 2:9; cf. E. G. Selwyn, *The First Epistle of St. Peter* [Londres, 1947], p. 37), y Policarpo hace referencia a ella sin lugar a dudas (p. ej. *Fil.* 1:3 y 1 P. 1:18, 12; 2:1 y 1:13, 21; 2:2 y 3:9; 8:1-2 y 2:22-24; 10:2-3 y 2:12, 4:14 y 5:5). Eusebio dice que Papías usó 1ª Pedro (*Hist. Ecl.* 3.39.17). Ya a mediados del siglo II (Ireneo, *Adv. Haer.* 4.9.2; 4.16.5; 5.7.2) no hay duda alguna sobre si se usaba o no, ya que desde aquel momento 1ª Pedro aparece en las obras de un buen número de los Padres de la Iglesia, y no se comenta ninguna duda sobre su canonicidad (cf. Eusebio, *Hist. Ecl.* 3.25.2). Ver también C. Bigg, *A Critical and Exegetical Commentary on the Epistles of St. Peter and St. Jude* (Edimburgo, 1901), p. 7-15. El manuscrito más antiguo de 1ª Pedro es el papiro Bodmer p72, de siglo III o principios del IV, que también contiene 2ª Pedro y Santiago.

[6] Ver C. J. Hemer, "The Address of 1 Peter", *ExpT* 89 (1977-78), 239-43, donde encontrará información más detallada sobre esta ruta.

en Ponto en la costa del Mar Negro, por ejemplo en Sinope o Amiso, viajaría hacia el Sudeste, adentrándose en Galacia y luego en Capadocia, luego giraría hacia el Oeste, pasando de nuevo por una parte de Galacia para adentrarse en Asia (dependiendo de lo lejos que tuviera que ir dirección Sur, el mensajero iría a través de la zona paulina de Galacia, incluyendo Antioquía de Pisidia, o por la zona del Norte, pasando por Ancira), a continuación iría hacia el Norte a Bitinia, yendo por mar desde Nicomedia, Heraclea o Amastris, o quizá viajando por Calcedonia cruzando el estrecho del Bósforo de vuelta hacia Roma. Aunque éste es un viaje muy largo, si tenemos en mente los viajes de Pablo y sus colaboradores, no es más de lo que hacían algunos cristianos (p. ej., el segundo y el tercer viaje de Pablo). Otro detalle a tener en cuenta es que era un viaje a las regiones apartadas del Imperio, es decir, que la carta estaba dirigida a unos destinatarios que no formaban parte de los principales centros del mundo romano.

Quizá lo más inusual de los cristianos a los que Pedro escribe es que eran, en su mayoría, gentiles, como vemos en 1:14, 1:18, 2:9-10, 2:25, 3:6 y 4:3-4 (2:25 y 3:6 son menos claros que los otros cuatro pasajes, en los que sería muy difícil que se estuviera refiriendo a judíos)[7]. ¿No dice Pablo que la misión de Pedro era entre los judíos y la suya entre los gentiles (Gá. 2:6-10)? Aún así, Pedro aparece en la iglesia mixta de Antioquía en Gálatas 2:11, y puede que se tomara a pecho la lección que Pablo le intenta enseñar ahí. Como Pablo también evangelizaba en las sinagogas, vemos que tampoco se tomaba su misión a los gentiles como algo exclusivo. Fuera como fuera, lo más lógico es pensar que Pedro sabía de aquellas iglesias a través de un interme-

---

[7] Quizá lo más inusual de esta carta es que no menciona a judíos de raza, ni tampoco la tensión entre judíos y gentiles, que era la principal preocupación de Pablo. Pedro, de forma natural aplica a sus lectores epítetos que pertenecían a Israel (p. ej. 2:9) y también se apropia de los héroes del AT. ¿De dónde viene esto? J. H. Elliott, *A Home for the Homeless* [Philadelphia, 1981], p. 80-81, sugiere que los judíos eran uno de los grupos persecutores, pero la única evidencia válida de las que presenta es 1 P. 2:4, 7-8. De modo que una situación así, ¿no habría suscitado polémica en contra de los judíos? Del mismo modo, la teoría de J. R. Michaels, *1 Peter*, p. 49-55, que presenta a Pedro en relación con los judíos, no cuenta con suficientes evidencias. Pedro es consciente de que está escribiendo a una iglesia mayoritariamente gentil (es decir, es posible que no fuera exclusivamente gentil, que hubiera algún judío de raza), pero a la vez, la forma en la que se apropia de las promesas del Antiguo Testamento es tan natural –debido bien a su trasfondo étnico, bien a la costumbre– que, en la carta, en ningún momento hay muestras de un uso inapropiado o de una tensión apologética (como en Barn. 4 y 6), o de expresiones que pudieran extrañar a los lectores. Si el autor llegó a pensar alguna vez en estas cuestiones, en esta epístola no dejó ninguna huella de ello.

diario (podría tratarse, incluso, de Juan Marcos, si el Marcos de 5:13 es la misma persona que 2 Ti. sitúa cerca de Éfeso). La zona en la que estaban aquellas iglesias sería más adelante escenario de una persecución local, durante el período de Trajano y del procónsul Plinio, el Joven (111-112 dC) y, dadas las experiencias de Pablo y el incidente recogido en Apocalipsis 2:23 (aunque probablemente sea posterior a 1ª Pedro), seguro que ése no fue el primer ataque a los cristianos. En una situación así, pues, sería normal que un líder cristiano tuviera el deseo de animar a apoyar a un grupo de cristianos que estaba pasando por una situación difícil, aunque no los conociera, del mismo modo que Pablo recogió una ofrenda para la iglesia en Jerusalén, a la que apenas conocía[8]

IV. Fecha y lugar de composición

Si Clemente en el año 96 dC ya menciona esta epístola, obligatoriamente tiene que ser anterior a esa fecha[9]. Esto implica, como ya se verá en el comentario, que las persecuciones a las que se hace referencia no son persecuciones oficiales ordenadas por el Emperador, como ocurriría más tarde bajo el mandato de Trajano; más bien se está haciendo referencia a la discriminación y el abuso local, que se daba con o sin la aprobación del Emperador. Las cartas de Plinio dejan ver que la situación con la que está tratando no es nueva, sino que se ha estado dando durante algún tiempo, y que la iniciativa de denunciar a los cristianos no ha venido del gobierno sino del odio popular hacia los cristianos (*Epist.* 10.96-97).

Por otro lado, si Pedro estaba vivo cuando se escribió esta epístola, ésta no puede ser posterior al 64-66 dC, si aceptamos la supuesta fecha en que el apóstol murió como mártir[10]. Hay pocas probabilidades de

---

[8] Aunque Pablo tenía otros motivos para realizar esta colecta aparte de la caridad, dice en 1 Co. 16 y 2 Co. 8-9 que la razón principal que le movió a recogerla fue la pobreza que estaba afectando a los cristianos de la capital.

[9] Por ejemplo, W. G. Kümmel, *Einleitung in das Neue Testament* [Heidelberg, 1964], p. 310, la fecha entre el 90 y el 95, aunque H. Koester, *Introduction to the New Testament* [Philadelphia, 1982], p. 294, cree que esta fecha no es más que una alternativa a otra más probable, el 112 dC, cuando tuvo lugar la persecución de Trajano.

[10] Aceptamos que Nerón asesinó a Pedro después del incendio de Roma, en julio del año 64 dC. Desde el incendio hasta la ejecución de Pedro y Pablo pudo pasar un año aproximadamente, pero sin duda alguna tuvo que ser antes de junio del año 69, ya que esa es la fecha en la que Nerón fue asesinado. Ver F. F. Bruce, *New Testament History* (Garden City, NY, 1969), pp. 399-410.

que esta obra sea mucho anterior a esta fecha, ya que la presencia de Silvano en Roma apunta a que tuvo que ser después de la llegada de Pablo. De hecho, la relación entre Silvano y Pedro sugiere que Pablo ya había sido ejecutado[11].

Así, vemos que cuando queremos fechar esta obra, no tiene sentido pensar en una fecha antes del año 62 dC, ni una después del 96 dC. Si uno cree que el autor no es Pedro, o que Pedro aún seguía vivo después del año 68 dC, cualquier fecha dentro de ese margen le parecerá válida. Sin embargo, si como nosotros defendemos, Silvano fue el escriba que puso por escrito lo que Pedro le indicó (ya fuera antes o después de su muerte), entonces el margen se reduce a los años comprendidos entre el 64 y el 68. El contenido de la obra concuerda con este período, ya que no encontramos en la epístola evidencias del legalismo que aparece en obras más tardías como *El Pastor* de Hermas o la *Didakh* [12]. Nos gustaría poder dar una fecha concreta, pero en vista de los datos que tenemos, ésta es toda la precisión a la que podemos aspirar.

V. Género literario, incluyendo las teorías litúrgicas y catequéticas

Durante algún tiempo los eruditos han apuntado a que el material que encontramos en 1ª Pedro se trata más bien de la enseñanza cristiana básica, y no tanto de una instrucción avanzada que da por sentado el

---

[11] Si leemos 5:13 es evidente que el autor dice haber escrito la epístola desde Roma, porque, tal como veremos en el comentario, "Babilonia" es una clara referencia a Roma, indicando que los cristianos veían la capital del Imperio como un lugar de exilio.

[12] J. R. Michaels, *1 Peter*, p. 63, argumenta que el término "Babilonia" no se aplicaba a la ciudad de Roma hasta después del año 70 dC; a partir de entonces pasó a ser de uso común. También argumenta que el concepto de "iglesia de Roma" como una única congregación concuerda mejor con Clem. 1:1 que con Romanos o Hebreos y sus reuniones en casas particulares. Sin embargo, "la iglesia de Dios que está en Corinto" (1 Co. 1:2) estaba constituida por grupos que se reunían en las casas, y se habla de ella como si fuera una sola iglesia. Del mismo modo, aparte de las epístolas paulinas (y Pablo nunca usa el término Babilonia), hay muy pocas o ninguna pieza literaria judía o cristiana de antes del año 70 dC que dé a este término un significado específico. Finalmente, la actitud hacia el Estado que encontramos en 1 P. 2:13-17 es casi idéntica a la de Pablo (Ro. 13:1-7) y muy diferente a la del Apocalipsis, que fue escrito en el tiempo en que el Imperio Romano ya perseguía a la Iglesia. La falta de conocimiento de que el gobierno podía llegar a perseguirles puede significar dos cosas: que se usaron materiales de la Tradición, o que estamos hablando de una persecución de antes de la época de Nerón.

dominio (o quizá la perversión) de lo fundamental, que es lo que encontramos en las epístolas paulinas. A raíz de esta creencia aparecieron dos teorías referentes a esta primera epístola de Pedro. La primera dice que es un documento catequético adaptado al género epistolar[13]. La segunda, que dicha catequesis es concretamente de una homilía bautismal, y algunos creen que incluso pueden identificar el sentido que tiene que todo esto tenga que ver con el Bautismo[14]

Estas teorías pueden parecer interesantes, pero en general no se han podido confirmar. Es cierto que en 1ª Pedro hay mucho material catequético. Con solo mirar el *Haustafeln* en 2:13-3:7 y sus paralelos en Efesios y Colosenses nos daremos cuenta de que 1ª Pedro recoge tradiciones didácticas y parenéticas que eran muy comunes. De hecho, es sorprendente descubrir que gran parte del material de Pedro puede clasificarse bajo esas categorías. Pero aunque es cierto que usa muchos temas y estructuras provinentes de la tradición, el autor los usa para sus propios propósitos. Es decir, esta epístola no es un catecismo sistemático. Ni siquiera su *Haustafeln* es una repetición de la forma que Pablo usa, sino que es una cuidadosa adaptación de una tradición a una situación de sufrimiento.

De igual forma, aunque 1ª Pedro menciona el Bautismo o el papel del agua en varios lugares (sobre todo en 3:18-22), y aunque contiene elementos de la Himnología, los intentos de defender que esta obra se basa en una homilía bautismal o una liturgia bautismal (término que en aquella época sería un anacronismo) son muy poco convincentes.

Boismard, por ejemplo, cree que 1ª Pedro 1:3-5, 2:22-25, 3:18-22 y 5:5-9 constituyen los cuatro himnos[15]. Pero 1:3-5 es una parte integral de la forma epistolar cristiana, la bendición inicial o agradecimiento, y 2:22-25 toma prestada su cadencia y lenguaje de Isaías 53:4-12 (fragmento poético). Cuando llegamos a 5:5-9 encontramos varios elementos de la tradición, como el uso de Proverbios 3:34, pero eso no lo convierte en un texto hímnico. El único fragmento que presenta una estructura lo suficientemente equilibrada para poder decir que está basado en un himno es 3:18-22, y solo si eliminamos porciones im-

---

[13] P. Carrington, *The Primitive Christian Catechism* [Cambridge, 1940], es el representante más conocido que defiende esta posición en el mundo anglosajón; cf. E. G. Selwyn, *The First Epistle of St. Peter,* p. 17-19, y "Essay II", pp. 363-466.

[14] M.-É. Boismard, *Quatre hymnes baptismales dans la première épître de Pierre* [Paris, 1961], que sigue a una serie de artículos que escribió en la década de los 50.

[15] M.-É. Boismard, *Quatres hymnes baptismales.*

portantes del pasaje porque son producto de la pluma del autor[16]
Cuando uno compara estos fragmentos con otros del Nuevo Testamento
que claramente pueden clasificarse como himnos, como Juan 1:13,
Filipenses 2:6-11; 1ª Timoteo 3:16 o Apocalipsis (que incluye en el
texto himnos a los cuales ya llama *himnos*), y puede apreciar la cadencia, el paralelismo y, en algunas ocasiones, el ritmo, el contraste es
evidente. Así, aunque es posible que 1ª Pedro cite porciones de himnos,
se trata de fragmentos tan alejados ya de su origen que la hipótesis
hímnica tiene muy poco que aportar a la interpretación de la epístola.

Las teorías catequéticas son un poco más útiles. Selwyn esquematiza
todo el catecismo de la siguiente manera:

(i)	Bautismo: su base y naturaleza
(ii)	La vida nueva: su renuncia
(iii)	La vida nueva: su fe y adoración
(iv)	La vida nueva: sus valores y deberes sociales
	(a) Catechumen virtues
	(b) Orden y unidad de la Iglesia
	(c) El Código social[17]

La utilidad de este análisis consiste en que muestra que había un
número de temas tradicionales y que en todas las secciones de la iglesia
primitiva se usaban de forma similar. Esto incluye el uso de textos del
AT, proverbios, y en algunos incluso frases incompletas. Desafortunadamente, este catecismo no aparece como un todo en ningún lugar del
Nuevo Testamento, sino que se trata de la unión de una selección de
pasajes, los cuales contienen un tema que aparece en varios lugares del
NT. Normalmente, en cada libro estos temas aparecen en un orden
distinto, aunque con frecuencia el abstenerse del vicio aparece antes de
las virtudes. Tampoco encontramos muchos paralelos verbales, excepto
cuando se cita el AT. Por tanto, la teoría de que 1ª Pedro se basa en
una estructura catequética unificada queda también descartada.

---

[16] J. R. Michaels, *1 Peter*, p. 63, también examina 1 P. 1:18-20 y concluye que 1:20
«parece un fragmento hímnico centrado en la situación de los lectores». Pero cuando
llega a 3:18-22 comenta: «es posible que el autor use fórmulas de los credos y la
tradición en los vv.. 18 y 22, pero es imposible establecer una clara distinción entre
fuente y redacción».

[17] E. G. Selwyn, *First Epistle of St. Peter*, p. 363. La numeración sigue el esquema
del autor, aunque hemos omitido una de las secciones.

El hilo común de estos argumentos es que se suele tratar estos temas tradicionales como un llamamiento a la santidad, a la perseverancia y a la esperanza escatológica con ocasión del Bautismo. 1ª Pedro presenta estos temas, pero eso solo significa que está intentando aprovechar la enseñanza que sus lectores ya han recibido.

Esto no significa que el estudio que la Crítica formal y la Crítica de la tradición hacen de 1ª Pedro sea inútil[18]. Pero demuestra que las teorías que se centran solo en una cuestión no resultan convincentes. 1ª Pedro se mueve libremente entre una variedad de temas y formas pertenecientes a la tradición, adaptándolos a las necesidades del momento. Esto le confiere a su obra una riqueza única, y nos permite ver que sirve para la comunidad cristiana universal.

Entonces, ¿cuál es el género literario de 1ª Pedro? Es obvio que se trata de una epístola cristiana muy similar en su forma a las epístolas paulinas. Empieza con una salutación (1:1-2) y acciones de gracias (1:3-12). Al final, después del cuerpo de la carta aparece un resumen (al menos 5:8-11, pero algunos creen que el resumen empieza en 4:12), más salutaciones (5:12-14a), y una bendición final (5:14b). Pero, ¿podemos decir algo más del género de esta obra?

J. R. Michaels afirma que 1ª Pedro es «una carta apocalíptica al 'Israel' de la diáspora». Según él, y como veremos de forma repetida en este comentario, Pedro se dirige a los lectores gentiles usando con toda naturalidad títulos que se usaban para el pueblo de Israel (p. ej., en 2:10 le recuerda – y a la vez admite – que ellos antes no ocupaban esa posición). Vemos, pues, que los considera pueblo de Dios. Pero para Pedro esta gente no son solo elegidos, sino exiliados (Jer. 29:4-23; 2 Ap. Bar. 78-87; 2 Mac. 1:1-10ª; 1:10b-28). Los líderes cristianos escribían cartas a las comunidades en la Dispersión (Hch. 15:23-29; Stgo. 1:1). Este es el género al que pertenece nuestra epístola, aunque presenta ambas características, tiene un tono apocalíptico (como Santiago) y está escrita desde "Babilonia" (Roma), en lugar de estar escrita desde Jerusalén[19].

---

[18] L. Goppelt, *Der erste Petrusbrief* [Göttingen, 1978], p. 47-56, que elabora una soberbia evaluación de parte de este estudio.

[19] J. R. Michaels, *1 Peter*, pp. 45-49. También cree que la agrupación de las epístolas católicas tiene sentido. Tenemos dos pares, 1ª Pedro y la segunda epístola, y Santiago y la "segunda" epístola (es decir, escrita por el "hemano de Santiago"), Judas. Además, Gálatas 2:7-10 dice que la misión de Pablo era entre los gentiles, y la de Pedro, Santiago y Juan, entre los judíos. Los tres escribieron epístolas (la de Juan es el Apocalipsis) a judeocristianos (aunque en el caso de Pedro, los "judíos" son judíos de raza). Y como colofón, las tres son apocalípticas.

Estamos de acuerdo con Michaels en que, desde Jerusalén, se enviaban cartas a las comunidades judías en la dispersión (Hch. 28:21 habla de la expectativa de una carta de ese tipo), de igual modo que los reyes enviaban cartas a los que vivían en las regiones más apartadas de su reino, y los generales, a las tropas que estaban lejos (p. ej., las cartas de Bar Kosiba alrededor del año 135 dC, encontradas en el Mar Muerto). Más adelante veremos y defenderemos que 1ª Pedro es apocalíptica de principio a fin. Pero la cuestión es si las cartas al Israel de la Diáspora constituían un género aparte. La única similitud que hay entre los pocos ejemplos citados es que todos son epístolas. Y lo normal es que las cartas dirigidas a los judíos (incluso a gentiles conversos, considerados también parte del pueblo escogido por Dios) usen la misma fraseología. También es normal que haya más similitud entre las cartas de una misma comunidad de fe (así, los paralelos entre 1ª Pedro y 2 Apoc. Bar. 78-87, aunque no son muchos, pueden atribuirse a la existencia de una forma epistolar común dentro del contexto judeocristiano). Por tanto, aunque el concepto de «carta apocalíptica al Israel de la Diáspora» puede ser útil para recordarnos parte del contenido de 1ª Pedro, no podemos decir que se trate de un género en sí. 1ª Pedro es simplemente una carta de un líder cristiano a las iglesias que están lejos, igual que las cartas de Pablo, con la diferencia de que no tenemos noticia de que Pedro fundara ninguna de esas iglesias, ni tan siquiera de que las visitara.

VI. Teología

Tal como indica la exposición anterior, la teología de 1ª Pedro no es única, pues está basada en la enseñanza cristiana fundamental. Pero eso no significa que no constituya una contribución teológica importante, ya que la Teología no consiste simplemente en que alguien aporte ideas nuevas, sino también en cómo las relaciona y las aplica a una situación concreta. Por eso podemos decir que, en un sentido, esta epístola es única por la aplicación que hace.

A. Escatología

Toda la epístola tiene un interés escatológico, incluso apocalíptico. No es posible entenderla de forma completa, y no ver este interés. Algunos alcanzan a ver solo cierto grado del pensamiento escatológico de la epístola, ya que es difícil apreciarlo en su totalidad si no se realiza un análisis profundo. Obviamente, no vamos a dedicar la introducción a demostraciones, ya que para hacer justicia a esta cuestión, tendríamos que escribir un libro entero[20]. Pero sí resumiremos brevemente las evidencias sobre las que nos basamos para hablar de la escatología de Pedro.

El debate moderno sobre lo que constituye escatología apocalíptica es en sí muy complejo, pero para nuestro propósito, el marco elaborado por J. J. Collins es más que suficiente (lo único que debemos tener en cuenta es que las categorías que establece no aparecen en todas las obras apocalípticas)[21]. Seguiremos su estructura en la exposición que incluimos a continuación, pero dividiremos las características que menciona en las que podemos ubicar en un eje temporal (movimiento a través del tiempo) y las que podemos ubicar en un eje espacial (movimiento a través del espacio, incluyendo entre la Tierra y el Cielo).

1. El eje temporal de la escatología apocalíptica

Una de las principales características de todo lo apocalíptico es su interés por las cuestiones relacionadas con el tiempo. En primer lugar, lo que llama la atención en 1ª Pedro es el interés por los sucesos fundamentales que tienen una importancia paradigmática. El pasaje más significativo en este sentido es 3:18-22, como ya veremos en el comentario, hace referencia a Génesis 6 y plantea una perspectiva similar a la de 1º Enoc 1-36. Para Pedro, los sucesos de esta historia fundamental son paradigma de los sucesos que forman parte de la salvación de los creyentes de Asia Menor.

En segundo lugar, en 1ª Pedro la persecución presente se ve como una crisis escatológica, lo cual la convierte en un hecho tan importante como el diluvio de tiempos de Noé. Por ejemplo: 1 Pedro 4:12-19 describe el sufrimiento de los creyentes con respecto a las "aflicciones del Mesías", es decir, al sufrimiento de Cristo que precede su "revelación" o retorno. Son una señal de la presencia del Espíritu en los

---

[20] La mejor exposición que conozco es la de Robert L. Webb, *The Apocalyptic Perspective of First Peter* (Vancouver, B.C.: tesis no publicada, Regent College, 1986). El número de páginas de esta tesis, 294, habla de la gran cantidad de evidencias.

[21] J. J Collins, *The Apocalyptic Imagination: An Introduction to the Jewish Matrix of Christianity* [New York, 1984], y *Apocalypse: The Morphology of a Genre*, *Semeia* 14 [Decatur, GA, 1979].

cristianos y una evidencia de que el juicio de Dios empieza con el mismo pueblo de Dios. Del mismo modo, en 1:3-10 el autor deja claro que los creyentes a quienes se está dirigiendo están pasando por un tiempo de sufrimiento breve que les está purificando antes de que llegue la revelación de Cristo, momento en el que recibirán la salvación de sus almas.

En tercer lugar, como vimos antes, esta crisis de sufrimiento precede al juicio escatológico. Este juicio final aparece en 2:12, 3:16, 4:4-5 y 4:17-18. Y Pedro está convencido de que es inminente; por ello usa expresiones como "preparados", "un poco más", y "el fin de todas las cosas se acerca". Así, el hecho de que la Iglesia está sufriendo en el presente no es un sinsentido, pues constituye el precedente inmediato del juicio final de Dios.

En cuarto lugar, el juicio final solo es un aspecto del acontecimiento apocalíptico; el otro aspecto es la salvación. Si leemos 1:3-9, teniendo en mente los pasajes sobre el juicio, o si leemos 5:10, está claro que el juicio según Pedro es simplemente el preludio de la salvación futura (pero cercana) del pueblo de Dios. Los hijos de Dios serán salvos, y lo serán en breve, lo cual es motivación suficiente para perseverar bajo la persecución que están viviendo[22].

2. El eje espacial de la escatología apocalíptica

Aunque la mayoría del material de 1ª Pedro trata lo concerniente al eje temporal, encontramos suficientes referencias al eje espacial de la escatología apocalíptica. Estas nos permiten afirmar que también forma parte del trasfondo del pensamiento de Pedro. En primer lugar, está claro que Pedro habla de las regiones espirituales, pues menciona tanto el cielo (p. ej. 1:4, 12; 3:22) como el infierno (3:19). No desarrolla ninguno de estos conceptos, pero lo poco que dice está en total acuerdo con la visión apocalíptica que el Antiguo Testamento tiene de esos dos lugares.

En segundo lugar, Pedro hace referencia a seres espirituales. En 1:2 vemos una referencia a los ángeles, que se trata de una referencia críptica, aunque interesante ("cosas a las cuales los ángeles anhelan

---

[22] La estructura de esta argumentación es similar a la que encontramos en Santiago 5, en la que el juicio contra los ricos de 5:1-6 hace que el autor concluya lo que vemos en 5:7-11: sed pacientes porque (1) la salvación les espera a los que perseveran y (2) "el juez está delante de la puerta". Así, la salvación no queda muy lejana.

mirar"). También aparecen los seres malignos, "espíritus ... desobedientes" (3:19-20), "ángeles, autoridades y potestades" (3:22) y, por
supuesto, el diablo (5:8-9). De nuevo, el autor no elabora una teología
completa sobre estos seres, pero podemos ver claramente que la existencia de estos seres tiene una importante cabida en el pensamiento de
la epístola.

Podríamos desarrollar este aspecto de forma mucho más detallada,
como ha hecho R. L. Webb[23]. Sin embargo, los datos que hemos
mencionado (y las explicaciones más extensas que encontrará en el
comentario) son suficientes para demostrar que Pedro concibe la persecución de los creyentes como una crisis escatológica de la que han
escapado para entrar en el "arca" de la salvación en Cristo; esta crisis
traerá sobre el mundo el juicio final y acabará con la revelación de
Cristo desde los cielos en el futuro cercano. El diablo actúa para que
esta crisis llegue a un punto crítico, pero Cristo ya le ha vencido. Esta
escatología apocalíptica es uno de los elementos que hay que tener en
cuenta al acercarnos a esta epístola de Pedro.

B. Santidad

Hemos visto que la Escatología es el tema sobre el que se construye
esta epístola; ahora veremos que el objetivo de este material de Pedro
es la Santidad. A la luz del juicio final, los cristianos están llamados
a la solidaridad comunitaria y a la santidad personal. El autor desarrolla
esta idea de diferentes formas.

1. Santidad personal

La aplicación más evidente de ser conscientes de la realidad del
juicio tiene que ver con la santidad personal. En 1:13-2:10 vemos que
se habla de "abstenerse" de los deseos; el término griego *epithymia*
usa con frecuencia en el Nuevo Testamento para referirse a los deseos
irrefrenables de la naturaleza humana, ya sean de tipo sexual, material
(dinero o bienes), etc. Pedro dice que los pecados que ahora le preocupan son «la malicia, el engaño, la hipocresía, la envidia y la difamación»
(2:1) porque los creyentes ya han dejado atrás los pecados de los
paganos como «la sensualidad, la lujuria, las borracheras, las orgías,

---

[23] R. L. Webb., *Apocalyptic Perspective*.

las embriagueces y la idolatría» (4:3). Su lista de vicios se parece a la que encontramos en Santiago 3:13-18[24].

Esta santidad no es una cuestión opcional. Los cristianos están llamados a ser santos por encima de todo porque Dios es santo (1:15-16), y juzgará de una forma imparcial (1:17). La santidad es, a la vez, un privilegio (2:5, 9: somos un sacerdocio santo) y un llamamiento a velar, pues el juicio está cerca. La esperanza ya debería ser motivación suficiente para buscar la santidad, pero por si acaso, Pedro nos recuerda o advierte de las consecuencias negativas de no buscar esa santidad.

2. Santidad social

La sección 2:11- 4:11 se refiere a otro tipo de santidad: la santidad social. Dicho de otro modo, lo que encontramos aquí no tiene que ver tanto con los pecados personales, sino con los problemas que surgen a la hora de relacionarnos con los no creyentes, es decir, cuestiones como obedecer la ley establecida, sujetarse a los amos (aunque cometan abusos) y someterse a los maridos. Cuando los cristianos se relacionan con la gente del mundo (que está fuera de la fe), el deseo de Pedro es que los cristianos no ofendan. La santidad es renunciar a esos deseos humanos naturales que impedirían a los cristianos aguantar las injusticias que la sociedad les impone (2:11). A su vez, la obediencia tiene un límite, ya que parte de la santidad que Pedro demanda es refrenar la lengua cuando sufran persecución, momento en el que no deben abandonar la conducta cristiana (deben seguir absteniéndose de los vicios paganos) por la que están siendo perseguidos (3:8-12). Además, toda la sumisión es "por causa del Señor" (2:13). Esto significa que la sumisión no se debe simplemente a lo que la sociedad impone, y que la sumisión no deja lugar a acciones que el Señor condenaría. De nuevo, como en el caso de la santidad personal, esta santificación responde a dos motivos relacionados entre ellos. Por un lado tenemos la *imitatio Cristi* (2:21; 3:18-4:2). Los cristianos actúan de esa forma porque siguen el modelo de Cristo. Pero por otro lado son conscientes de la amenaza que supone el juicio (4:12, 17). El sufrimiento prueba la fe profesada, así que conviene salir triunfante de esa prueba. También

---

[24] 1 P. 2:1: κακίαν, δόλον, ὑποκρίσεις, φθόνος, καταλαλιάς; Stgo. 3:13-18: ἐριθείαν ἀκαταστασία φαῦλον πρᾶγμα. Santiago también usa el negativo de un vicio que encontramos en 1ª Pedro, ἀνυπόκριτος. De hecho, no hay mucha coincidencia entre estos términos, pero se trata de conceptos estrechamente relacionados.

saben que el juicio comienza por "la casa de Dios"; así que es importante ser hallado santo. Según Pedro, este aspecto de la vida cristiana es muy serio.

3. Santidad comunitaria.

El último aspecto de la santidad que el autor trata es la santidad comunitaria, o esas virtudes que hacen que la comunidad sea solidaria. Ya hemos visto que Pedro cree que estos cristianos al convertirse han abandonado los vicios paganos. Por ello, le preocupan más, incluso a título personal, los vicios de la lengua, que son, de hecho, los vicios que podrían destruir la comunidad cristiana. En 4:7-11 y 5:1-7 trata este tema, pero desde una perspectiva positiva. Habla del amor, de la hospitalidad, del servicio según los dones, del liderazgo servicial y de la humildad.

La razón por la que enfatiza estas virtudes es obvia. Todas son virtudes que sirven para preservar la comunidad. Esta forma de santidad sostendrá la solidaridad en la comunidad. Y en una situación de persecución, la solidaridad se hace más necesaria que nunca. El diablo está fuera, esperando devorar a los cristianos; por eso tienen que "permanecer unidos". Dicho de otro modo, hay dos refranes que resumirían muy bien esta idea: Pedro sabe que "la unión hace la fuerza", y el diablo les dice a sus secuaces "divide y vencerás".

Por tanto, el código de santidad que Pedro plantea cubre dos cuestiones primordiales. Por un lado, sirve para que gracias a su extrema bondad, la vida de los cristianos en este mundo sea lo más fácil posible. Pero incluso cuando no pueda ser fácil, la virtud de los cristianos dejará claro cuál es la razón por la que les persiguen. Por otro lado, sirve para mantener a la comunidad unida, aún en situación de sufrimiento, lo cual es reconocer que a un cristiano le costará más mantenerse firme en su fe si está solo o aislado que si forma parte de una comunidad unida. Todas las virtudes personales sirven para lograr estos dos objetivos; por tanto, la santidad es, en esta epístola, un tema unificador.

C. Esperanza

Hay que tener en cuenta que la santidad no debería llevar a los cristianos a verse como víctimas ni a perseverar con amargura, sino que debe llevarles a tener una perspectiva llena de gozo y esperanza; y esa es la perspectiva que se logra uniendo la escatología apocalíptica y la consciencia del momento presente. Es cierto que Pedro solo menciona la esperanza cinco veces en toda la epístola (1:3, 13, 21; 3:5, 15), pero aparece en versículos o pasajes muy significativos que subrayan el tono general del libro. Los cristianos están caracterizados por una "esperanza viva" (1:3), lo que hace que incluso aquellos que abusan de ellos puedan verse movidos a preguntarles sobre esa esperanza (3:15). No se trata de una esperanza cualquiera; no se trata de un pietismo optimista que espera que al final todo irá bien, sino de una profunda convicción sobre el retorno de Cristo (su "revelación", 1:13) que está basada en Dios mismo, quien, al resucitar a Cristo de entre los muertos (1:21), ya ha demostrado que nos podemos fiar de Él.

La esperanza va de la mano de la conducta. De hecho, es la base del estilo de vida cristiano. Como esperamos encontrarnos con Dios, estamos alertas ante las pruebas de nuestra fe y buscamos ser cada día más santos. Puesto que la esperanza anticipa las bendiciones que experimentaremos cuando llegue la revelación de Cristo, hace posible que los creyentes vivamos de acuerdo con esos valores en vez de hacerlo de acuerdo con los valores (deseos) de la sociedad en la que estamos. Entonces podemos decir que la esperanza es clave para vivir de forma adecuada. Sin ella, la expectación escatológica de los cristianos podría degenerar y convertirse en una especulación cósmica, o podría aparecer en ellos el deseo de maldecir a los demás, en vez de gozarse en el futuro encuentro con su Señor.

D. Soteriología

Para Pedro la esperanza no puede ir desligada de la Soteriología, la obra de Cristo para traer salvación. La resurrección de Jesucristo de entre los muertos es el fundamento de la esperanza, ya que es la evidencia de la regeneración (1:3) Esta regeneración no fue ni gratis ni barata, ya que los creyentes han sido redimidos de su esclavitud de los valores de este mundo por la sangre de Cristo, hecho que debería hacerles vivir en total actitud de reverencia (1:19). Dicho de otro modo, fueron rociados con la sangre de Cristo.

Las imágenes son todas del Antiguo Testamento. Como en la Pascua, la muerte de Cristo es el agente redentor, ya que fue la sangre del cordero o cabrito pascual la que protegió a los hebreos (1:19). Al igual que con el pacto en el Sinaí, su pacto con Dios queda establecido al ser rociados con la sangre de Cristo, es decir, gracias a la aplicación de su muerte (1:3). Como en Isaías 53, Cristo llevó en la crucifixión nuestros pecados: por sus heridas, nosotros somos sanados (2:22-24).

Estas ideas van apareciendo a lo largo de la epístola de diversas formas. Por ejemplo, 3:18: «Cristo murió por los pecados una sola vez, el justo por los injustos». Aunque aquí Pedro no usa un lenguaje explícitamente sacrificial, relaciona la muerte de Cristo con nuestra liberación del pecado. Saber que Cristo hizo eso *por nosotros*, nos arma de valor y determinación para sufrir siguiendo su ejemplo (4:1, 13).

Aunque la salvación está claramente fundamentada en la muerte de Cristo y se le aplica al creyente en el momento de la conversión, es decir, cuando se somete al Evangelio (1:22; o se bautiza, 3:21), el cristiano no experimenta la salvación plena hasta que Cristo vuelva (1:9). La salvación será revelada en el último tiempo (1:5); ese es el objetivo hacia el que el creyente camina (2:2). Así, no hubiera tenido mucho sentido decirle a Pedro: "soy salvo"; porque en seguida te habría preguntado: «entonces, ¿por qué sufres? ¿Por qué aún no has sido glorificado?». En la conversión, el creyente experimenta un anticipo de la salvación y, obviamente, recibe la promesa de la salvación, pero la experiencia plena de esa salvación no puede darse antes de la revelación de Cristo en el último tiempo.

E. Comunidad

Para Pedro, la salvación no es un acontecimiento individual, sino algo que una persona experimenta como parte de una comunidad. Esta epístola está llena de expresiones referentes a la comunidad. Por ejemplo, 2:9-10 usa el lenguaje de Isaías 43:20-21 y Éxodo 19:6 para hablar de los cristianos como una nación, tribu o raza. Son un templo santo o un sacerdocio real (2:5, 9). Todos estos términos hacen referencia a una colectividad. Aunque es cierto que el creyente entra en una relación personal con Dios, en ese proceso todos los creyentes pasan a formar parte de una colectividad diferente a la que antes pertenecían, una comunidad que pertenece a Dios. Antes eran paganos, "no eran pueblo" (es decir, aunque tuvieran una identidad colectiva, esa no contaba según la perspectiva divina), y ahora son "el pueblo de Dios" (2:10).

Todo esto significa que su estilo de vida comunitario, aunque no sea el tema principal de la epístola, es un aspecto importante. La preocupación por la comunidad aparece en muchas de las imágenes que Pedro usa, y en muchas de las virtudes que ensalza. Los cristianos son un rebaño que necesita ser pastoreado; por eso anima a los ancianos (5:1-4). Tienen que evitar las divisiones que puedan llevar a la insubordinación o al orgullo (5:5). Tienen que ser generosos y perdonarse los unos a los otros (4:8-11), porque en una situación de presión uno de los mayores peligros para una comunidad es que se divida, que la gente esconda sus bienes para asegurar su propia seguridad, en vez de compartirlos con los necesitados, y que deje que los enfados y las diferencias se conviertan en rivalidades y destruyan la comunión. Aunque Pedro no trata tanto este tema como Santiago, cree que vale la pena hacer una serie de advertencias en cuanto a los peligros que acechan a la vida en comunidad.

F. Relación con el mundo

Un tema al que Pedro da mucha importancia en esta epístola es la relación de la Iglesia con el mundo, ya que la fuente principal de los problemas que había en esa comunidad era externa. ¿Cómo debe uno relacionarse con la sociedad en general?

Por un lado, Pedro es bastante negativo al hablar de la sociedad que rodea a los creyentes. La tacha de "ignorante" (1:14), y deja claro que los no creyentes no son parte del pueblo de Dios (2:10), sino que son como "ovejas descarriadas" (2:25) "andando en sensualidad" (4:3-4). Dicho de otro modo, Pedro no tiene nada bueno que decir del estilo de vida del mundo no cristiano. Él, al igual que el resto del Nuevo Testamento, apunta a que estamos ante dos polos opuestos. La sociedad está en contra de Cristo. Estamos ante dos mundos con estilos de vida opuestos: el de los paganos, que no conocen a Dios, que están fuera de su Gracia, y viven según sus deseos irrefrenables; y el de los cristianos, que conocen a Dios, están dentro de su Gracia, y viven una vida santa y de auto-control.

Por otro lado, Pedro no aboga por salir del mundo, en parte porque eso sería imposible y en parte porque comparte la misión evangelística de la iglesia primitiva. Por ello, dedica una larga sección (2:11-4:11) al tema de la relación con el mundo. Su consejo general, dado en forma de *Haustafel* como en Efesios y en Colosenses, es (1) que los cristianos viven como extranjeros en el mundo, (2) que viven vidas caracterizadas por las buenas obras y, en la medida de lo posible, por la rectitud legal, y (3) soportan sin quejarse los abusos cometidos en su contra por llevar un buen estilo de vida y por obedecer a Dios.

Pedro aplica este consejo general a tres ámbitos diferentes, el de la nación (honrar al rey; hacer el bien, que quizá supondrá obedecer las leyes hasta donde puedan, y someterse a las autoridades), el de los deberes laborales (los siervos se deben someter con respeto, incluso ante los amos injustos), y el de la familia (las esposas deben someterse a sus maridos para ganarlos a través de su conducta). Esto refleja la sociología general de una iglesia que parece contar con pocos o ningún gobernante o amo y pocos hombres casados con mujeres no cristianas y, en cambio, parece estar formada por siervos y mujeres casadas con hombres no cristianos. Es decir, la Iglesia atraía a los sectores de la sociedad privados de derechos, y ofendía a la sociedad llamando a esa gente de forma directa, en vez de hacerlo a través de sus amos/maridos. La primera causa de persecución es la adopción de ese estilo de vida independiente. Por tanto, la persecución es consecuencia directa de su estilo de vida santo. Pero la solución que Pedro da al conflicto con la sociedad que les persigue no es vivir de forma menos santa, sino todo lo contrario, y les anima recordándoles que Cristo sufrió antes que ellos y que en el juicio final tendrán su recompensa.

G. Imágenes trinitarias en 1ª Pedro

En 1ª Pedro 1:2 el autor hace referencia a las que más adelante se conocerán como las tres personas de la Trinidad: "Dios el Padre", "el Espíritu" y "Jesucristo". Además, a cada una la relaciona con una actividad diferente: al Padre con el conocimiento previo, al Espíritu con la santificación (usando la misma raíz griega que para la palabra "santo"), y a Jesús con su sacrificio y la obediencia. La pregunta es: ¿tenemos que considerar las imágenes trinitarias como un tema característico de esta epístola?

El autor menciona a Dios 39 veces. Es el Padre de Jesús (1:3) y aquel que le levantó de entre los muertos (1:21). Los cristianos pertenecen a Dios, es decir, que son parte del pueblo de Dios (2:10), la casa de Dios (4:17), o el rebaño de Dios (5:2). Lo que llama la atención es que la voluntad de Dios predomina de una forma visible. Aparece de forma explícita 4 veces (2:15; 3:17; 4:2, 19), pero de forma implícita muchas más, desde la mención a que Dios escoge (1:2) hasta la referencia a la providencia de Dios (5:12). Dicho de otro modo, esta epístola presenta a Dios como Aquel que tiene el control total de toda situación y además puede encaminarla para el bien del cristiano. El mundo no está bajo el control de un Destino sin meta alguna, sino bajo un Padre amoroso, aun cuando en medio del sufrimiento es difícil discernir su amor y su cuidado.

Al ser consciente de la voluntad de Dios, uno debería buscar agradarle. El cristiano debe hacer la voluntad de Dios en el presente (4:2) y valorar aquello que gana su favor (2:19). Pedro dice que hay que actuar así porque Dios es santo (1:17); es mejor mostrarle una reverencia absoluta, y no jugar con Él. El cristiano tiene que parecerse a Aquel a quien pertenece y ser santo como su Padre.

Cristo solo aparece 22 veces (10 de ellas en combinación con el nombre "Jesús"). Se le presenta como el que murió, el que resucitó de entre los muertos (1:3), y que será revelado en el último tiempo (1:7, 13). En estas citas destacan dos cosas. La primera es que la mayoría de las referencias a Cristo son referencias a sus padecimientos. Puede que este sea el libro neotestamentario que más destaca este aspecto de la vida de Jesús. La segunda es que los creyentes se relacionan con Dios a través de o en Cristo. Su estilo de vida cristiano también está "en él [Cristo]" (3:16). Así que aunque la persona del Padre predomina, no puede predominar fuera de Cristo. Toda relación de los cristianos con Dios es en y a través de Cristo.

El Espíritu solo aparece 4 veces. Es la persona de la Trinidad relacionada con la santificación (1:2) y la que inspiró a los profetas a hablar de Cristo (1:11). Además, el mensaje que los profetas vieron entonces está siendo proclamado en el poder del mismo Espíritu (1:12). Finalmente, en la situación de sufrimiento ese mismo espíritu está sobre ellos, aunque no siempre puedan percibirlo.

No vamos a sugerir que Pedro presenta un concepto trinitario de Dios bien elaborado. Sin embargo, está claro que su división de las funciones del Padre, Hijo y Espíritu ofrece un fundamento para el desarrollo posterior de dicho concepto. Además, muestra la forma en que los cristianos de aquel entonces experimentaban a Dios en sus vidas, y la relevancia que esta doctrina puede tener en situaciones difíciles.

H. El sufrimiento en 1ª Pedro

Aunque el tema central de esta epístola es el sufrimiento de los cristianos de Asia Menor, Pedro es bastante tradicional en cuanto al uso del lenguaje referente al sufrimiento. Por ello, trataremos este tema en el excursus, que aparece al final de esta Introducción.

VII. Pedro y sus fuentes

1ª Pedro usa varias fuentes. Por un lado, está claro que Pedro usa mucho el Antiguo Testamento y, por otro, es muy probable que estuviera familiarizado con la tradición sobre Jesús. Ambos detalles son importantes[25].

En cuanto a la relación con el Nuevo Testamento, 1ª Pedro destaca entre las epístolas neotestamentarias, sobre todo si comparamos el número de citas en proporción con la longitud de la epístola. 1ª Pedro contiene más o menos la misma cantidad de referencias veterotestamentarias por unidad de texto que la epístola a los Hebreos. Apocalipsis es la única que la supera[26]. Podemos dividir las referencias al Antiguo Testamento en dos grupos:

Citas de pasajes del AT:

1 P. 1:16	Lev. 19:2; Lev. 11:44; 20:7, 26
1 P. 1:24-25	Is. 40:6-8
1 P. 2:6	Is. 28:16
1 P. 2:7	Sal. 118:22
1 P. 2:8	Is. 8:14
1 P. 2:9	Is. 43:20; Éx. 19:6; Is. 43:21
1 P. 3:10-12	Sal. 34:12-16
1 P. 4:18	Pr. 11:31
1 P. 5:5	Pr. 3:34

Alusiones a pasajes del AT:

1 P. 1:17	Sal. 89:26; Jer. 3:19
1 P. 1:18	Is. 52:3
1 P. 1:23	Dn. 6:26 (?)
1 P. 2:3	Sal. 34:8 (33:9 LXX)
1 P. 2:10	Os. 1:6, 9; 2:25
1 P. 2:11	Sal. 39:12 (cf. Gn. 23:4)
1 P. 2:12	Is. 10:3

[25] Aunque 1ª Pedro tiene ideas y expresiones similares a las de Pablo, no hay evidencias de peso que apunten a que el autor había leído las epístolas paulinas, así que no vamos a incluirlas como fuentes de esta epístola. Ver más arriba el punto titulado Autoría (II).

[26] De las epístolas paulinas solo Romanos la supera en cuanto a la cantidad de citas y alusiones, pero como es mucho más extensa que 1ª Pedro, en proporción, contiene muchas menos. E. Best, "I Peter II. 4-10 – A Reconsideration", *NovT* 11 (1969), 273.

1 P. 2:17	Pr. 24:21
1 P. 2:22	Is. 53:9
1 P. 2:24	Is. 53:4-5, 12
1 P. 2:25	Is. 53:6
1 P. 3:6	Gn. 18:12 (Prov. 3:25)
1 P. 3:13	Is. 50:9
1 P. 3:14-15	Is. 8:12-13
1 P. 3:20	Gn. 7:13, 17, 23
1 P. 4:8	Pr. 10:12
1 P. 4:14	Sal. 89:50-51 (88:51 LXX); Is. 11:2
1 P. 4:17	Jer. 25:29; Ez. 9:6
1 P. 5:7	Sal. 55:23
1 P. 5:8	Sal. 22:14

De estos datos podemos sacar varias conclusiones. En primer lugar, las alusiones en la mayoría de ocasiones están intercaladas en el texto y así prestan a Pedro y a su argumento la autoridad veterotestamentaria[27]. Por otro lado, las citas no forman parte del argumento en sí, sino que Pedro las usa para reafirmar su argumento o hacer que éste avance. Vemos, pues, que en vez de incorporarlas para que hablen por sí mismas, sirven para apuntalar el planteamiento que Pedro está desarrollando. Por esta razón podríamos decir que la epístola de 1ª Pedro es una especie de midrás, ya que no tiene intención de explicar o comentar el texto bíblico, pero también podríamos decir que es *homilética* porque el autor usa sus textos, como ocurría con la homilía de la sinagoga judía, para respaldar una argumentación previamente elaborada[28].

En segundo lugar, todas las citas y muchas de las alusiones formaban parte de la tradición cristiana temprana, que ya había preseleccionado los temas e ideas que Pedro usó. Snodgrass y otros han demostrado que no hay evidencias de que 1ª Pedro se basara en (o hiciera uso de) fuentes cristianas o precristianas. Pero las similitudes que encontramos con algunos pasajes de Romanos, Efesios, Santiago, y los Manuscritos del

---

[27] La lista de alusiones la hemos elaborado a partir del aparato que aparece en *Nestle-Aland*26 y *UBS*3, completándolo en ocasiones con los datos que E. Best recoge en "I Peter II.4-10". Naturalmente en muchos casos no podemos estar seguros de que Pedro se estuviera refiriendo al AT de forma deliberada (como conocía tan bien el AT, es posible que en ocasiones usara fraseología veterotestamentaria de forma inconsciente).

[28] E. Best, "I Peter II. 4-10", p. 293.

Mar Muerto, por nombrar solo unas cuantas de las obras que se han sugerido como fuentes de esta epístola, son tan impresionantes que podemos concluir que estos temas o ideas ya estaban presentes (aunque no fuera de forma escrita) tanto en el judaísmo de aquella época como en la iglesia primitiva. Es muy probable que para los lectores de Pedro el tono o las ideas recogidas en estas citas fueran ya algo familiar[29]

En tercer lugar, en el uso de estos textos no encontramos nada que apunte a una tensión entre Israel y la Iglesia (en este sentido, 1ª Pedro se diferencia de los escritos paulinos). Es decir, para Pedro la historia de Israel es la historia antigua de la Iglesia. Los profetas de Israel anuncian y esperan que llegue el tiempo de la Iglesia (1P. 1:10-12), que es la época del cumplimiento (idea que también forma parte de la exégesis de Qumrán, pero de una manera mucho más detallada y forzada). Los personajes del Antiguo Testamento son los héroes y las heroínas de la Iglesia (3:6). Vemos que para los primeros cristianos la historia del Antiguo Testamento era algo cercano, y por eso era natural apropiarse las ideas que encontraban en él y hacerlas suyas[30].

Si Pedro se basa en el Antiguo Testamento, también se basa en Jesús. Creo que Rainer Riesner está en lo cierto cuando dice que las palabras de Jesús debieron transmitirse de forma deliberada desde los principios de la Iglesia[31]. Si ese fue el caso, entonces sería lógico que la gente de la comunidad en la que Pedro vivía y de las iglesias a las que escribió las conocieran, ya fuera por transmisión oral o escrita. Pero desafortunadamente no sabemos a ciencia cierta qué comunidades usaban las palabras de Jesús, y si las usaban, tampoco sabemos qué palabras o enseñanzas en concreto; además, sí sabemos que la colección de enseñanzas de Jesús que la gente se pasaba de boca en boca eran mucho

---

[29] K. R. Snodgrass, "I Peter II. 1-10: Its Formation and Literary Affinities", *NTS* 24 (1977-78), 97-106. F. J. A. Hort, *The First Epistle of St. Peter I.1-II.17* (Londres, 1898), p. 116, y F. W. Beare, *The First Epistle of Peter* (Oxford, 1970), p. 40, que cree que Pedro se basó en la epístola a los Romanos; C. L. Mitton, "The Relationship between I Peter and Ephesians", *JTS* n.s. 1 (1950), 67-73, que se basó en Efesios; y D. Flusser, "The Dead Sea Sect and Pre-Pauline Christianity", en *Aspects of the Dead Sea Scrolls*, eds. C. Rabin y Y. Yadin, *Scripta Hierosolymitana*, IV (Jerusalén, 1965), 233-35, que cree que 1ª 2:5-6 refleja lo que encontramos en 1QS 8:4-10.

[30] N. Brox, " 'Sara zum Beispiel...'; Israel im 1. Petrusbrief", en *Kontinuität und Einheit*, eds. P. Müller y W. Stegner (Regensburg, 1981), pp. 485, 488-90, 493. Algunos han exagerado el contraste con Pablo, ya que él también se apropia de forma directa textos del AT, pero está claro que Pedro no está luchando contra las mismas cosas que Pablo trata en sus epístolas.

[31] *Jesus als Lehrer* (Tübingen, 1980).

más amplias que la pequeña colección que nos ha llegado a través de los Evangelios (así que es muy probable que hubiera frases que entonces resultaban muy familiares y célebres, y que a nosotros no nos suenan de nada). Asimismo, en general estas frases no se usaban citándolas directamente, sino que se introducían de forma que se fundían con el texto. Un ejemplo de esto lo encontramos en Santiago 5:12, donde aparece una frase de Jesús, pero no hay ninguna indicación de que se trate de una cita suya. Parece ser que Santiago esperaba que la reconocieran. Volviendo a Pedro, concluimos que a pesar de todas estas dificultades puede decirse que 1Pedro recoge un considerable porcentaje de la tradición sobre la enseñanza de Jesús.

En una publicación donde aparecían las investigaciones de R. H. Gundry y E. Best sobre este tema, ambos coincidían en que Pedro conocía, como mínimo, la tradición que aparece en Mateo 5:10-16, Marcos 10:45, Lucas 6 y Lucas 12[32]. Obviamente, la lista que ofrece Gundry es mucho más extensa. G. Maier hizo una revisión de todo este material, y afirma que en 1ª Pedro hay 25 pasajes que aluden al material que encontramos en los Evangelios. Además, propone que ese material puede dividirse en tres bloques: los sermones (el Sermón del Monte, y el Sermón de la Llanura), el discurso escatológico (que incluye la versión joánica que aparece en su discurso de despedida), y la Pasión y lo ocurrido después de la resurrección[33]. En esa lista aparecen como "probables" (vs. "posibles") los siguientes pasajes:

1ª Pedro	Mateo	Marcos	Lucas	Juan
1:3, 23				3:3ss.
1:8				15:11ss; 20:29
1:9	16:24ss.			
1:10-12	13:17		24:25s.	8:56
1:15	5:48			
1:22				13:34-35; 15:12
1:23	13:18ss.		8:11-15	
2:4-8		12:10ss.		
2:9	5:14ss.			8:12
2:13-17	17:25ss.	12:17	20:25; 22:15ss.	
2:19ss.	5:10-11; 16:24			

[32] R. H. Gundry, " 'Verba Christi' in I Peter", NTS 13 (1966-67), 336-50; E. Best, "I Peter and the Gospel Tradition", *NTS* 16 (1969-70), 95-113; R. H. Gundry, "Further 'Verba' on 'Verba Christi' in First Peter", *Bib* 55 (1974), 211-32.

[33] G. Maier, "Jesustraditionen im 1. Petrusbrief?" en D. Wenham, ed., *Gospel Perspectives*, V: *The Jesus Tradition Outside the Gospels* (Sheffield, 1984), 85-128.

1ª Pedro	Mateo	Marcos	Lucas	Juan
4:7-8	3:2; 4:1		21:31ss.	
	10:7; 13:49ss.			
	26:41; 28:20			
4:8				13:34-35; 15:12
4:10			12:42ss.	
4:12-16	5:11-12; 26:41		6:22-23	
5:3-5	20:20ss.			3:4ss.;21:15ss.
5:7	6:25ss.		12:22-24	
5:8-9	24:42ss.		12:35ss.; 22:31ss.	

A partir de toda esta información, ¿qué conclusión podemos sacar? En primer lugar, un análisis sencillo permite ver que había alguna relación entre 1ª Pedro y la tradición presinóptica, dato bastante lógico, sobre todo si creemos que la epístola es bastante tardía. En segundo lugar, las dos secciones de la tradición que más se utilizan son las enseñanzas morales (p. ej., el Sermón del Monte) dentro de marcos parenéticos (de exhortación o amonestación) y las enseñanzas escatológicas y referentes a la Pasión y la resurrección dentro de marcos paracléticos (de ánimo). En tercer lugar, el método de referencia utilizado es la alusión, es decir, una paráfrasis o explicación de la tradición de forma tan cercana al original que es fácil detectar la relación, pues una paráfrasis debe incluir a los personajes principales. En cuarto lugar, Pedro introduce las referencias en el hilo argumental colocándolas en puntos clave, forma muy similar a la manera en que introduce las alusiones al Antiguo Testamento (no como citas textuales). En último lugar, estas conclusiones no deberían ser ninguna sorpresa porque es normal que un movimiento elija como enseñanza central la que impartió su fundador y, en este caso, su Señor. Así, en 1ª de Pedro encontramos a una persona que ha digerido bien la enseñanza de su maestro y que, por lo tanto, aparece reflejada en sus escritos.

VIII. Bosquejo

Lo más probable es que Pedro no esbozara un bosquejo antes de ponerse a escribir. Además, vemos que va entrelazando y desarrollando ideas a medida que la carta avanza en lugar de presentarlas de forma ordenada y exhaustiva. No obstante, se puede decir que su epístola sigue una estructura. Como ya vimos anteriormente, el saludo, la conclusión, el agradecimiento del inicio entran dentro de las convenciones epistolares de la época. El resto de la carta es más o menos un quiasmo. Los «Fundamentos de la vida cristiana» se tratan teniendo en cuenta el tema del sufrimiento (de hecho, se menciona el sufrimiento), y el tema relacionado con el sufrimiento que sí se trata de forma explícita es «Luchando en contra del sufrimiento como cristiano». La sección del medio, «Relación con las instituciones sociales», habla, fundamentalmente, de cómo vivir para minimizar el sufrimiento. La parénesis que encontramos en esta sección no está desequilibrada porque está rodeada de secciones más didácticas.

Seguro que se puede dar con títulos más apropiados de los que aparecen a continuación, pero nos servirán para que el estudio de este libro sea más fácil. Del mismo modo, algunos cuestionarán las divisiones que hemos realizado (especialmente la que hemos hecho en 5:6, que nosotros vemos como un versículo que indica un cambio de sección), pero cada comentarista y cada lector decidirá cuál le parece la opción. Aunque parece ser que cada vez hay más consenso y respaldo en cuanto al bosquejo aquí presentado, sobre todo en cuanto a la división general, y aunque todos los bosquejos presentan cierto grado de arbitrariedad, son necesarios para poder realizar un estudio literario serio.

I. Saludo (1:1-2)
II. Fundamentos de la vida cristiana (1:3-2:10)
   A. Acción de gracias (1:3-12)
   B. Llamamiento a la santidad (1:13-25)
   C. Identidad cristiana (2:1-10)
III. Relación con las instituciones sociales (2:11-4:11)
   A. Introducción: Exhortación a un estilo de vida ético (2:11-12)
   B. La relación con el Estado (2:13-17)
   C. La relación de los siervos con los amos (2:18-25)
   D. La relación con un cónyuge no creyente (3:1-7)
   E. Resumen del llamamiento a la virtud y el sufrimiento (3:8-22)
   F. Exhortación a estar firmes en los últimos tiempos (4:1-11)
IV. Luchando en contra del sufrimiento (4:12-5:11)
   A. Sufriendo como cristiano (4:12-19)
   B. La respuesta de la Iglesia ante el sufrimiento (5:1-5)
   C. Exhortación final a mantenerse firmes en medio de la persecución (5:6-11)
V. Conclusión y saludos (5:12-14)

IX. Texto y traducción

Como ya vimos arriba, el manuscrito más antiguo que se ha encontrado de 1ª Pedro es el papiro Bodmer p[72]. También aparece en todos los grandes unciales de los siglos IV y V, y en 500 minúsculos[34] Por lo tanto, esta epístola está bien servida en todas las tradiciones textuales menos en una, el texto occidental, ya que el *Codex Bezae* contiene muy pocas epístolas católicas, y en los antiguos manuscritos latinos solo encontramos algunos fragmentos[35]. Para conseguir ese tipo de texto tenemos que irnos al minúsculo 383 del siglo XIII. Sin embargo, lo que más interés ha suscitado ha sido la presencia de 1ª Pedro en p[72], puesto que se trata de un manuscrito de tipo egipcio o alejandrino temprano y fiable (texto neutral de Hort). Nuestro comentario analizará algunas de las cuestiones más interesantes de este manuscrito[36].

[*N. de la T.* El texto que el autor ha usado como base para la traducción que aparece en su comentario es el texto UBS[3] o texto Nestle-Aland[26], con divergencias y cuestiones textuales que él mismo va tratando cuando llega a los pasajes pertinentes. No obstante, el texto bíblico en castellano que nosotros hemos colocado antes del comentario de cada sección es el de La Biblia de las Américas, aunque añadiremos la traducción del autor cuando sea necesario, es decir, cuando éste la use como base de su argumentación].

---

[34] Encontrará más información sobre el texto elaborada por J. Roloff en L. Goppelt, *Der erste Petrusbrief,* p. 72-74.

[35] W. Thiele, *Die lateinischen Texte des I. Petrusbriefes* (Freiburg, 1965).

[36] Cf. F. W. Beare, «The Text of I Peter in Papyrus 72», *JBL* 80 (1961), 253-60, y «Some Remarks on the Text of I Peter in the Bodmer Papyrus (p72)», *SE* 3 (1964), 263-65. Ver también J. D. Quinn, «Notes on the Text of P72 in 1 Pt 2:3, 5:14, and 5:9», *CBQ* 27 (1965), 241-49.

Excursus:
El sufrimiento en 1ª Pedro y el Nuevo Testamento[37]

A. Introducción

Muy probablemente, el tema principal de 1ª Pedro sea el problema del dolor, con el que todos los cristianos tarde o temprano se han de enfrentar. Desgraciadamente, el término castellano "sufrimiento" oscurece el significado del término griego que aparece en 1ª Pedro, porque el término castellano puede asociarse con toda una serie de áreas de la vida, es decir, su campo semántico es mucho más amplio que el del término griego. Para nosotros, el sufrimiento incluye el dolor, la pérdida, el duelo, el fracaso, el cambio, el castigo, el error, etc. La Iglesia normalmente ha tratado todos estos temas como si todos formaran parte de un mismo grupo, y como nuestra experiencia en el mundo occidental está muy lejos del martirio y del castigo, solemos centrarnos en los temas del dolor causados por la enfermedad o la pérdida de seres queridos. Podríamos citar como ejemplos, las obras de C. S. Lewis *El problema del dolor* y *Una pena en observación* Este tipo de literatura es parte de una larga tradición en el mundo cristiano y es el trasfondo inconsciente a través del cual los cristianos interpretamos 1ª Pedro.

Para diferenciar nuestra exégesis de este trasfondo inconsciente tenemos que elaborar una definición bíblica del sufrimiento. Pero antes de zambullirnos en las Escrituras, queremos subrayar el hecho de que puede haber un buen cuidado pastoral aunque haya una exégesis pobre. Hay bastantes áreas donde al menos un aspecto del cuidado de las almas puede funcionar bien aún si se ignora la totalidad de la verdad bíblica. Normalmente, lo que ocurre como consecuencia es que algún otro aspecto del cuidado pastoral sufre, pero no podemos desechar el bien logrado, aunque se haya logrado gracias a una teología incompleta. Esto hemos de aplicarlo al sufrimiento; no debemos desechar la experiencia que alguien haya tenido de Dios a través del sufrimiento, aunque se aleje un poco de la perspectiva que la Biblia ofrece. Sin embargo, la labor de un comentario bíblico es realizar una exégesis cuidadosa y seria, y eso es lo que vamos a hacer ahora.

---

[37] Se ha publicado una versión de este Excursus bajo el título "Suffering: Endurance and Relief", en *First Fruits* (Julio/Agosto 1986), 7-11; aunque es significativamente diferente, la publicamos aquí con el permiso del editor.

B. Análisis semántico del término "sufrimiento"

La cuestión del sufrimiento es un tema bastante complejo dentro del texto bíblico. Los cristianos podemos acercarnos al sufrimiento desde diferentes ángulos: (1) podemos empezar hablando de un tipo concreto de sufrimiento humano (p. ej., el sufrimiento como prueba o el sufrimiento por opresión), (2) podemos empezar estudiando una relación concreta de sufrimiento y llegar a un principio teológico (p. ej., el pecado y el sufrimiento o "la tribulación produce paciencia", Ro. 5:3), o (3) podemos analizar de forma más profunda la semántica del término "sufrimiento". Nosotros optaremos por esta tercera aproximación.

En el Nuevo Testamento nos encontramos ante una situación bastante sencilla, ya que la enseñanza sobre el sufrimiento gira en torno a *paschō* ("sufrir")[38] y, en segundo lugar, a las palabras de la familia de *thlipsis* ("opresión, aflicción")[39], juntamente con algunos otros términos cercanos[40]. En 1ª Pedro solo aparecen el término *paschō* y sus sinónimos. Esto nos ofrece dos ventajas. En primer lugar, el término castellano "sufrimiento" se utiliza para traducir una sola raíz griega y, en segundo lugar, esa raíz es un término abstracto, al igual que la palabra castellana. Lógicamente, como veremos, no hay una equivalencia semántica total entre las dos lenguas, pero la gran similitud nos hace encontrarnos en una situación bastante sencilla.

En el contexto del Antiguo Testamento la cuestión se complica, porque el término "sufrir" se usa para traducir más de una palabra. La más cercana es la familia de la raíz *'ānāh* (*'ānî*, `ᶜᵉ`   ), junto con (ambas palabras indican pobreza u opresión), y también con términos que hablan de presión y de maldad (aunque solo en algunos contextos)[41]. Esta información muestra que en hebreo, para referirse al concepto del "sufrimiento" no hay una palabra única; cuando los hebreos hablaban del sufrimiento, en vez de hablar de forma general,

---

[38] Πάσχω, προπάσχω, συμπάσχω, πάθημα, κακοπαθέω; cf. W. Michaelis, "   ", *TDNT* V, 904-39; B. Gärtner, "Suffer", *DNTT*, III, 719-25.

[39] Θλίψις, θλίβω; cf. H. Schlier, "θλίβω, θλίψις", *TDNT*, III, 139-48; G. Ebel y R. Schippers, "Persecution", *DNTT*, II, 805-809.

[40] "Probar" (πειρασμός), "perseguir" (διώκω), "falta de" (ὑστερέω), "sentimiento de pérdida" (ζημιόω), "actuación del diablo" (κάκωσις).

[41] Los términos para "presión" son *ṣārar, ṣar, ṣārāh, laḥaṣ, mûᵃqāh*, y los que corresponden a maldad, *rāᶜ, rāᶜaᶜ*.

especificaban y se referían a un tipo de sufrimiento en concreto[42]. Para encontrar el equivalente a nuestro término castellano tendremos que analizar una amplia variedad de datos, lo cual no es una tarea fácil dada la enorme cantidad de literatura existente. Además, como el Antiguo Testamento fue escrito durante un periodo de más de mil años, es normal encontrar cambios a causa de la evolución de la lengua. No obstante y a pesar de esta dificultad, si estudiamos esta literatura es posible llegar a algunas conclusiones[43].

C. El Antiguo Testamento

En primer lugar, en el Nuevo Testamento hay una relación directa entre el sufrimiento y el pecado. Tanto el hombre como la mujer experimentan dolor (*'eṣeb*) como parte de la maldición que resulta del pecado en el Edén. Más adelante, en la ley, se asocia el sufrimiento con el pecado de forma muy explícita (p. ej., Dt. 28:15-68, donde encontramos una larga sección de maldiciones), y tanto Josué (en el incidente de Acán) como Jueces (dentro de su estructura circular de sufrimiento-arrepentimiento-restauración) también tratan este tema. De hecho, podríamos decir que toda la historia deuteronómica (1º Samuel – 2º Reyes) es una demostración de cómo el sufrimiento caía sobre Israel y Judá como consecuencia del pecado, y la bendición, como consecuencia de la justicia o rectitud y el arrepentimiento.

El término castellano engloba esta relación entre el pecado y el sufrimiento. En Génesis 3 vemos que la muerte es consecuencia del pecado, aunque este hecho no se refleja de forma explícita si alguien

---

[42] Los datos de la Septuaginta son un reflejo interesante de la situación del texto hebreo, que para referirse al sufrimiento, no tiene un término teológico único. La familia de palabras que proviene de la raíz griega πάσχω solo aparece, con alguna rara excepción, en la literatura intertestamentaria y en los comentarios añadidos a los libros del AT. El único lugar en el que tiene un equivalente hebreo es en Amón 6:6. Su uso más frecuente lo encontramos en 2º y 4º Macabeos, libros que tratan el tema de la persecución.

La familia de palabras que deriva de θλίψις se usa con bastante frecuencia, sobre todo como equivalente de las palabras de la familia de *ṣar* (que aparece en el pie de página anterior) y, mayoritariamente, en los Salmos. También se usa en el contexto de la persecución.

[43] La mayoría de la información para realizar este estudio está extraída de P. H. Davids, *Themes in the Epistle of James that are Judaistic in Character* (Manchester: tesis doctoral no publicada, Victoria, University of Manchester, 1974), sobre todo la parte II, p. 94-183, que trata el tema del sufrimiento en la literatura judía (considerando el NT también como literatura judía).

muere en paz ya a una edad muy avanzada. En casos así la muerte es aceptada como el destino de la raza y una larga vida se ve como una bendición (p. ej., la muerte de Jacob en Gn. 48-49). Sin embargo, la muerte sí se relaciona de forma directa con el pecado cuando ocurre de forma violenta (p. ej., 2 R. 20:1-7, donde lo que molesta a Ezequías no es la muerte en sí, sino el momento en el que va a llegarle la muerte). Las principales formas de sufrimiento que encontramos son la enfermedad (especialmente en forma de plaga), la derrota militar y la consiguiente opresión (incluyendo las muertes en la batalla o las ejecuciones posteriores), y las catástrofes naturales (sobre todo el hambre, dada la geografía de Palestina). Todas estas cosas no deberían ser la experiencia normal de Israel, pero lo acaban siendo muy frecuentemente a consecuencia del pecado. Según el Antiguo Testamento, el sufrimiento no es el destino de la Humanidad, sino el destino de la humanidad pecaminosa. La única dificultad de este tema en cuestión es el sufrimiento de *los piadosos*.

En segundo lugar, Dios es el único agente detrás del sufrimiento. Aunque en algunos lugares del Antiguo Testamento se presenta a Satanás como el causante del sufrimiento (sobre todo en Job, aunque también en Daniel, 1º Crónicas, y en algunos profetas), el Antiguo Testamento casi siempre es muy directo: Dios es el que envía el sufrimiento. Si Dios es quien lo envía, debe tener un propósito. Por ello, normalmente suele verse como una prueba (*nāsāh*, Dt. 8:2-3) o como disciplina (*mûsār*, Job 5:17; Pr. 3:11). Esta participación directa de Dios no será característico del Nuevo Testamento[44].

El sufrimiento como prueba pone a la persona en una situación en la que tiene que tomar una decisión. La persona o bien obedece a Dios y se enfrenta a lo que podría llamarse sufrimiento, o bien desobedece a Dios para evitarse ese sufrimiento y entonces refleja un corazón que no está totalmente comprometido con Dios. Abraham en Génesis 22 es el ejemplo cardinal de alguien que obedeció y logró pasar la prueba: continuó con el sacrificio de Isaac hasta que Dios le detuvo. Por otro lado, el ejemplo por excelencia de desobediencia es el de Israel en el

---

[44] Este es un momento en el que tenemos que tener en cuenta la cuestión de la revelación continuada. La imagen simple que encontramos en el AT ya se va convirtiendo en algo más complejo en Daniel, y mucho más aún en el NT, a medida que vamos descubriendo que Dios ha vencido a Satán y todas las potestades espirituales. Desde el punto de vista cristiano no deberíamos leer el AT como si el NT no existiera, sino que deberíamos darnos cuenta de que las declaraciones simplificadas del AT tienen que leerse a la luz de la revelación posterior.

desierto. Cada vez que Israel es probado, los israelitas o bien le piden/ exigen a Dios que no les envíe esa prueba, u optan por trazar su propio plan para evitar el sufrimiento[45]. Estos momentos de prueba no solo se dan en el Pentateuco; Daniel 3, por ejemplo, es un ejemplo de salir de una prueba con éxito, aunque no se use el término "prueba". Cuando los tres amigos tienen que elegir entre la vida o la obediencia a Dios, contestan: «He aquí nuestro Dios a quien servimos puede librarnos ... [Él] nos librará; y si no ... no serviremos a tus dioses». Dicho de otro modo, hay aquí una confianza explícita en el poder e incluso en la voluntad de Dios de librarles, pero también hay una decisión de obedecer a Dios aún si decidiera no librarlos (por lo que no le exigen nada). Es interesante ver que Job, que tampoco usa el término "prueba"[46], es el único que presenta la enfermedad como una prueba. En los demás casos, la prueba siempre tiene que ver con desafíos del entorno, como por ejemplo el hambre o los enemigos.

En tercer lugar, teniendo en cuenta todo lo que ya hemos dicho, el sufrimiento en el Antiguo Testamento está causado principalmente por la persecución o la opresión de los enemigos. Podemos verlo en todo el Antiguo Testamento, incluyendo los Salmos (p. ej., Sal. 34), pero no siempre es evidente. Hay momentos en los que el sufrimiento incluye enfermedades –aunque es una forma menos usual de sufrimiento–, como vemos por ejemplo en las maldiciones de Deuteronomio 28 que recogen las enfermedades de Egipto, y en algunos de los Salmos en los que la enfermedad es, al menos, parte del sufrimiento (aunque el énfasis está en los enemigos que se aprovechan de la situación de enfermedad). Normalmente el sufrimiento está causado por la opresión; de hecho, esta es una de las causas principales del sufrimiento nacional, como el vivido por Israel.

Cuando el sufrimiento viene en forma de enfermedad, suele tratarse de plagas y no tanto de la enfermedad de una persona (p. ej., 1Cr. 21). Obviamente, hay casos de actuación divina sobre una persona en concreto (p. ej., 1R. 14:1-20; 2R. 5:19-27), pero son muy poco comunes; y aún hay muchos menos que sean crónicos (Gn. 32:22-32 y 2Cr. 26:16-21 deben ser los únicos ejemplos; ambos son ejemplos

---

[45] El mejor estudio de este tema lo encontrará en B. Gerhardsson, *The Testing of God's Son* (Lund, 1966).

[46] Job usa la raíz *nāsāh* dos veces. En el 4:2 se usa con sentido secular, y en el 9:23 nuevamente aparece con el significado de "calamidad" más que de "prueba", aunque el sentido del hebreo es una cuestión de debate.

de justicia poética). En la mayoría de las ocasiones, en el Antiguo Testamento Dios se presenta a sí mismo como el sanador de Israel (Éx. 15:26; Sal. 103:3), y esa es la característica divina que la gente tiene en cuenta cuando clama a Él (p. ej., Sal. 6, donde la enfermedad es vista como un castigo, pero aún así el contenido del clamor es que Dios sane; véase que el salmo habla de los enemigos, pero acaba con la promesa de la sanidad). Las ocasiones en las que el Antiguo Testamento habla de la enfermedad de una persona inocente, lo hace para mostrar la forma en la que Dios actuó para sanar, normalmente a través de un profeta. Prolongar ese sufrimiento no tiene ningún sentido[47].

Por otro lado, también tiene cierto sentido que Israel tuviera enemigos: son una prueba para Israel (p. ej., Jue. 2:20-23). Los grandes poderes que había alrededor de Israel no eran un problema. Es cierto que Israel no tenía muchos medios para defenderse (y Dios había limitado el tipo de ejército y armas que podía poseer), pero la respuesta a la amenaza de los enemigos era la confianza en Dios. Él iba a defender a Israel. Apelar a otro gran poder (es decir, el realismo político) estaba totalmente condenado. La continua amenaza del enemigo y la debilidad de Israel servían para que Israel confiara en Dios, en su brazo fuerte.

En cuarto lugar, como el sufrimiento es visto principalmente como resultado del pecado, (1) el problema del sufrimiento de los justos apenas aparece (Job es la excepción más notoria), y (2) cuando aparece, normalmente la preocupación es preguntarse por qué los malvados prosperan (Sal. 37; 73). Es decir, el Antiguo Testamento, y especialmente el libro de los Salmos, se centra más en la relativa cantidad de sufrimiento que en el problema del dolor en sí. Está claro que los malvados deberían sufrir más que los justos; mientras esta proporción se mantenga, está bien, quizá porque los justos saben que también merecen *algo* de sufrimiento debido a su pecado.

No obstante, Job es un caso interesante, en parte porque Dios mismo le llama "justo". Por lo tanto, el libro trata sobre el sufrimiento del inocente. Aunque éste no es lugar para analizar el libro de Job con profundidad, vamos a hacer algunas observaciones. En primer lugar,

---

[47] Por lo tanto, Job es el único lugar en el que encontramos la enfermedad como el sufrimiento de alguien totalmente inocente. El Antiguo Testamento no explica por qué algunas personas inocentes sufren (p. ej., en 2R 4:18-37 no se da ninguna razón de la muerte del hijo de la sunamita); solamente presenta a Dios como el sanador del inocente y el castigador de los culpables.

la mayor parte del sufrimiento no está causado por la enfermedad; la enfermedad es la culminación del sufrimiento o, dicho más coloquialmente, la gota que colma el vaso. Además, la enfermedad está al servicio de dos propósitos: es la razón por la que Job dice que se quiere morir, y subraya la inutilidad de la vindicación, pues Job está enfermo y no puede tener más hijos ni ningún tipo de éxito futuro. La necesidad de esa vindicación es el centro de la sección poética de Job, y es la aparente imposibilidad de esa vindicación lo que al final le da la esperanza de una vida después de la muerte.

En segundo lugar, en Job el sufrimiento no sirve para lograr un cambio en él. Al principio del libro vemos que es justo, y también lo es al final. En el libro tampoco se desarrolla la idea de que Dios le ha dado un mayor conocimiento de Él, o una mayor humildad[48]. En cuanto al sufrimiento, Dios tiene sus propósitos, pero en este caso no vemos que sirva para que Job crezca en virtud[49].

En tercer lugar, por primera vez en el Antiguo Testamento Dios no es quien envía el sufrimiento, ni el sufrimiento es un castigo como consecuencia del pecado. Lo que aquí encontramos es la fuerza malévola de Satanás, que quiere hacer daño a Job. No se nos explica por qué Dios acepta el reto de Satanás y permite que lo pruebe, en vez de decirle a Satanás que se calle (situación que deja el problema del mal sin respuesta). Así, Dios no es el causante del mal, sino Satanás. Y cuando al final del libro aparece la gloria de Dios, es para sanar a Job y darle prosperidad. El sufrimiento está asociado con la ausencia de Dios, no con su presencia. Por ello, Job es un precioso puente de conexión con el Nuevo Testamento[50]

---

[48] Aunque la tendencia de los cristianos es encontrar en Job algunos pecados morales, en la parte en prosa vemos que es justo, no solo al principio, sino también al final (Job 42:7). Parece ser que el arrepentimiento de Job (42:1-6) no es para el narrador un problema moral, sino la respuesta del hombre ante Dios. Tenemos que ver a Job a través de los ojos del narrador, no a través de nuestros propios ojos.

[49] Aunque el Job canónico no dice que Job se volviera más virtuoso gracias al sufrimiento, la obra pseudoepígrafa del *Testamento de Job* habla de la u'pomonh, (capacidad de soportar; aguante) y de las consiguientes bendiciones que Job recibió gracias a esa experiencia. Pero esa obra es contemporánea del NT, no del AT. De hecho, podría ser que Santiago en 5:11 estuviera citando las tradiciones tardías de esa obra.

[50] En este ensayo no vamos a tratar de forma detallada las obras intertestamentarias. No obstante, ese periodo cuenta con tiempos de intensa persecución (p. ej., 167-164 a.C., cuando la práctica del judaísmo fue proscrita en Palestina). Como consecuencia, hubo un desarrollo en el pensamiento sobre el sufrimiento de los justos. La palabra "sufrimiento" casi solo se usaba para referirse a la persecución o la marginación social. En algunos casos el sufrimiento se veía como una situación temporal que llevaba a una bendición posterior (Tobías; aunque incluso entonces la mayor parte del sufrimien-

D. El Nuevo Testamento

El Nuevo Testamento aclara la situación que encontramos en el Antiguo Testamento. En primer lugar, vemos que no es cierto que los que no sufren sean justos (Lc. 16:19-31; 13:1-5; 6:24-25) y, por otro lado, que no es cierto que todos los que sufren sean malvados (Jn. 9:1-3). Al mismo tiempo, el Nuevo Testamento reconoce que el pecado puede causar enfermedad y otro tipo de sufrimiento (cf. Jn 5:14; 1 Co. 11:30; y los pasajes que hablan de la destrucción de Jerusalén). Por tanto, aunque no hay una negación total de la relación entre pecado y sufrimiento (Stgo, 5:14-18 relaciona la confesión de pecados con la sanidad), esa relación ya no puede usarse como la única explicación del sufrimiento[51]. Ahora es necesario el don del discernimiento.

En segundo lugar, tenemos en el Nuevo Testamento un desarrollo del concepto del sufrimiento del inocente. De hecho, Cristo sufrió siendo inocente. La Iglesia también sufrió en muchas ocasiones, situación en la que los injustos perseguían a los justos. Es normal, pues, encontrar libros enteros dedicados a este tema (p. ej., 1ª Pedro), y también es normal encontrar un desarrollo de la idea del sufrimiento como "prueba" (Stgo. 1:1-4; 12-15; en los capítulos 3 y 4 lleva a la conclusión de que las pruebas derivan, en última instancia, del diablo)[52] y como disciplina (He. 12:3-11; paralelismo con Jesús, quien también fue disciplinado por el Padre). Esta cuestión del sufrimiento de los inocentes es prácticamente nueva (sobre todo porque se centra en

---

to es causado por demonios, aunque Dios está a favor de Tobías). En otros casos, el sufrimiento se veía como la expiación por el pecado de todo el pueblo (sobre todo en 2º Macabeos) o como la purificación del alma (4º Macabeos; en este caso la pureza es una pureza platónica, en la que el alma se purifica del cuerpo). El concepto bien desarrollado de la vida después de la muerte que aparece en estas obras da lugar a la comprensión de que la gratificación total no llegará hasta la resurrección (independientemente de cómo se concibe la resurrección), situación que estas obras tienen en común con el NT. Es cierto que el sufrimiento puede anunciar una bendición posterior; la literatura rabínica posterior desarrolló esta idea centrándose en el concepto del mérito.

[51] En cierto sentido nunca fue la única explicación, ni siquiera en el Antiguo Testamento, porque hay otros lugares aparte del libro de Job donde se hace evidente que esa relación no es totalmente adecuada; lo que sí es cierto es que esa idea es mucho más prominente en el AT.

[52] Las pruebas (πειρασμοῖς en Stgo. 1:2 y 1 P. 1:6) no incluyen la enfermedad, porque (1) nunca aparece como tal en la tradición veterotestamentaria (ni siquiera Job usa esta terminología para referirse a la enfermedad), (2) no aparece en el contexto de Santiago ni de 1ª Pedro, y (3) no es parte del significado de la terminología en el resto de la literatura griega.

Cristo), y nos aporta una mejor y más cuidadosa definición de los términos (como veremos más adelante).

En tercer lugar, aunque en Hebreos el sufrimiento puede verse como una disciplina por parte de Dios, rara vez se presenta a Dios como el causante del sufrimiento. Nos vienen pruebas para que nuestra fe sea probada, pero Dios no es quien las envía (Stgo. 1:13-15). Como vemos en los manuscritos del Mar Muerto, las pruebas pueden tener dos causas: (1) nuestra tendencia a hacer el mal (es decir, el y maligno), la cual hemos de resistir (p. ej., Ro. 7; Stgo. 1), o (2) el diablo[53]. Dicho de otro modo, si pensamos en un cuadro, no se trata de una escena sencilla en la que la Iglesia está debajo de Dios, y en esta tierra tiene una relación horizontal con las personas, como presentaba el Antiguo Testamento[54], sino de una escena donde hay un conflicto cósmico en el que el diablo busca la destrucción de los cristianos y, además, gobierna sobre todas las naciones de este mundo. Dios tiene un control relativo (por eso oramos «Mantennos alejados de la tentación, y líbranos del Maligno». No obstante, esta oración no garantiza que no vayamos a ser probados), pero existe un poder real que está luchando en contra de los creyentes. Aunque Dios permite el sufrimiento según sus propósitos y para nuestro bien (1P. 3:17), normalmente se le presenta como el que está a nuestro lado para armarnos y librarnos y frenar la actuación del diablo cuando busca causar sufrimiento (Ap. 2:10).[55]

Estos tres puntos tienen mucho que ver con Jesús. En el Nuevo Testamento, Jesús es el justo sufriente por excelencia. Además, sufre por causa de los demás, en particular por los cristianos. Asimismo, ahora sufre con los cristianos (Hch. 9:4; cf. el posible significado de Col. 1:24). Así, lejos de sugerir que uno está lejos de Dios, el sufrimiento habla de una solidaridad con Cristo, que da sentido al dolor humano.

[53] Ver el Manual de Disciplina de los Manuscritos del Mar Muerto (1QS 3): «Todos sus castigos, y todos los periodos de aflicción son ejecutados por la ley (del Ángel de la Oscuridad) de la persecución; porque todos sus espíritus luchan por derrotar a los hijos de la luz».

[54] Aquí estamos quizá simplificando la visión veterotestamentaria, ya que en el AT a veces se menciona a las deidades paganas como verdaderos poderes, y en Daniel descubrimos que un príncipe angélico (¿un poder demoníaco?) logra evitar que un ángel de Dios lleve el mensaje divino hasta que llegan los refuerzos (Dn. 10:12-13). Encontrará una visión de la situación del NT en J. H. Yoder, *The Politics of Jesus* (Grand Rapids, 1972), p. 135-62, o H. Berkhof, *Christ and the Powers* (Scottdale, PA, 1962).

[55] Mediante el Espíritu Santo en nosotros Dios también anula esa respuesta interior (pecado, deseo de comprometer la fe) a la presión del exterior (cf. Ro. 8 como respuesta a Ro. 7).

No obstante, en el Nuevo Testamento no todo el dolor humano está incluido en este concepto del sufrimiento ya que, en cuarto lugar, como es de esperar si se hace un estudio cuidadoso de lo comentado hasta ahora, las palabras relacionadas con el sufrimiento solo se refieren a la persecución externa a la que nos someten las personas o los poderes malignos, o al juicio escatológico de Dios; en los documentos neotestamentarios "el sufrimiento" nunca hace referencia a las enfermedades humanas.

Un estudio de las palabras relacionadas con el sufrimiento respaldan de forma clara la afirmación que acabamos de hacer. Las palabras de la familia *thlipsis* aparecen en el Nuevo Testamento 55 veces. De todos los pasajes, Juan 16:21 (el dolor del parto) es el único que hace referencia o se acerca a algo parecido al dolor físico o enfermedad . En todas las otras ocasiones se trata de referencias a la persecución, a la opresión o (con menor frecuencia) al hambre o al juicio escatológico. La familia de palabras más importante de la raíz aparece en el Nuevo Testamento 65 veces. Sin embargo, solo en Mateo 17:15 parece haber una referencia a una enfermedad física, y en ese caso la enfermedad (¿epilepsia?) se debe a la actuación de un demonio, un espíritu que oprime a la persona. De hecho, en Marcos 5:26 el término "sufrir" no se aplica a la enfermedad de la mujer, sino a los muchos tratamientos a los que los médicos la habían sometido. De forma aún más clara, en Santiago 5:13-18, cuando una persona sufre tiene que orar (aparentemente por fuerzas, aguante, y por la venida de Cristo, si creemos que el contexto anterior es una guía), pero cuando está enfermo (de nuevo se usa un término diferente al que se usa para la idea de "sufrimiento") tiene que llamar a los ancianos, y son ellos los que tienen que orar, y su oración de fe resultará en la sanidad del enfermo por el que han orado. Así, vemos que hay dos respuestas claramente diferentes: (1) «Sed pacientes hasta la venida del Señor» como respuesta para los que sufren, y (2) «La oración de fe restaurará al enfermo» como respuesta para la enfermedad[56].

[56] Un estudio de la familia de palabras de ἀσθενέω (enfermo) respalda esta conclusión. Aparece en el NT 84 veces. Todos los usos que encontramos en los Evangelios, en las epístolas pastorales y desde la prisión, y las epístolas católicas (excepto 1P. 3:7, donde ἀσθενής indica una debilidad física relativa) hacen referencia a enfermedades físicas. En ningún lugar se dice que la enfermedad sea algo que haya que soportar; en todos menos en un caso el enfermo sana, o al menos se le intenta sanar (ese caso único de 2Ti. 4:20 no tiene mucho peso pues no sabemos qué ocurrió luego). Por otro lado, todos los usos en las *Hauptbriefe* paulinas son metafóricos, es decir, que hacen referencia a debilidades

Santiago refleja la enseñanza de Jesús. Cuando Jesús se enfrenta a la enfermedad, para él la enfermedad nunca tiene nada bueno para la persona, y siempre la erradica (incluso en Nazaret, donde no pudo hacer grandes milagros debido a la poca fe de las gentes, Mr. 6:5). Por otro lado, cuando habla de la persecución, lo hace viéndola como algo necesario en el curso de la historia, y que la forma de enfrentarse a ella no es evitarla, sino soportarla (Mr. 13). Manda a sus seguidores que sanen a los enfermos (Mr. 6:7-13); pero también les manda que soporten o sobrelleven el sufrimiento (es decir, la persecución, el rechazo).

Esto no quiere decir que en el Nuevo Testamento la oración por la sanidad siempre salió triunfante y que ningún cristiano en la actualidad debería padecer enfermedades. En Filipenses 2:27 Pablo (a quien Lucas presenta como alguien que tenía un ministerio de sanidad eficaz; ver Hch. 18:11-12) no ve la curación de Epafrodito como la norma, sino reconoce que se debe a la misericordia de Dios. Tampoco se disculpa por marchar de Mileto dejando a Trófimo enfermo (2 Ti. 4:20)[57]. Incluso Santiago, en el pasaje citado, enfatiza los dos elementos, la fe de los ancianos y la actuación de Dios ("y el Señor lo levantará"), dando a entender que no se trata de un toque mágico, sino de una fuerte confianza en Dios y en que es la actuación soberana de Dios la que logra sanar. 1 Juan 5:15-17, pasaje paralelo al de Santiago en relación con la estructura formal de la epístola, hace referencia al "pecado que lleva a la muerte", para el cual no hay promesa de sanidad. Pastoralmente hablando, estos pasajes significan que, aunque la enfermedad podría darse como consecuencia del pecado personal y por

morales, personales o de otro tipo (normalmente van acompañados de una expresión en dativo que indica de qué tipo de debilidad se trata). Algunas formas de este tipo de debilidad en otros (en un pasaje, 2 Co. 10-13, aparece 14 veces, lo cual tiene que verse como un todo) o en uno mismo pueden soportarse, ya que pueden ser para la gloria de Dios. Pero no deberíamos mezclar este significado con el otro significado del término y coger una actitud apropiada en una circunstancia concreta para aplicarla en otra circunstancia diferente.

[57] La "espina en la carne" de Pablo (2 Co. 12:7) es muy probablemente el tipo de problema que menciona en 2 Co. 12:10, es decir, la persecución, ya que es así como se usa este modismo en el AT. El vino de Timoteo (1 Ti. 5:23) tiene (a diferencia del aceite de Stgo. 5:14), en cierto grado, un efecto médico, porque puede ser que Pablo esté aconsejando a Timoteo que no sea tan asceta y solo beba agua, sino que beba el típico vino aguado de los griegos, que creían que era más sano que el agua sola o el vino solo, y que así quizá acabarán sus problemas de estómago. No se nos dice cómo acabó con esos problemas. Pero, ¿es la voluntad de Dios sanarnos de enfermedades que podríamos prevenir? Finalmente, es probable que Pablo estuviera enfermo en Gálatas 4:13-15, pero, de nuevo, tampoco se nos dice si sanó, y si sanó, no sabemos cómo.

tanto de la culpa, generalmente no hay necesidad de añadirle al enfermo la carga de sentirse culpable por el hecho de tener una enfermedad. Una iglesia tampoco debería sentirse culpable si una persona no es sanada, a no ser que no haya orado siguiendo las pautas bíblicas sobre la oración eficaz[58].

Dicho de otro modo, hemos estado viendo que el Nuevo Testamento adopta ante la enfermedad y ante el sufrimiento una aproximación diferente. Cuando se refiere a la enfermedad, el texto neotestamentario habla de oración pidiendo sanidad, y en la mayoría de los casos encontramos una respuesta positiva. Las excepciones simplemente sirven para mostrarnos que no controlamos a Dios: la oración sigue siendo por fe, no es un instrumento mágico ni una recompensa. (No obstante, es una fe como la de los niños, fe en un Padre que cumple sus promesas y que quiere el bien de los suyos y les quiere sanar). Pero cuando se refiere al sufrimiento, lo concibe como parte del conflicto entre los cristianos y el mundo (Ro. 8:18; 2 Ts. 1:5), como una identificación con el sufrimiento de Cristo (Fil. 3:10; 1 P. 4:13), y como un medio para desarrollar la virtud cristiana de la perseverancia (Ro. 5:3; 12:12).

Aún podemos ponerlo de otra forma. 1ª Pedro 3:17 indica que el sufrimiento (la persecución) puede, en ocasiones, ser parte de la voluntad de Dios; da significado y dignidad a ese tipo de sufrimiento, puesto que es «compartir los padecimientos de Cristo» (4:13). Pero no se dice lo mismo sobre la enfermedad. Excepto en los casos en los que la enfermedad se debe claramente al pecado, vemos que la voluntad de Dios es siempre la sanidad; sobre todo del Dios encarnado, Jesús, que refleja la voluntad del Padre en cuanto a la enfermedad. Incluso cuando la enfermedad es consecuencia del pecado, en el Nuevo Testamento no se dice que Dios la haya enviado (a excepción de una o dos ocasiones, como la que encontramos en Hch. 12:23); más bien parece ser que la enfermedad llega como consecuencia automática de un pecado concreto (o posiblemente como consecuencia de haber entrado en territorio de Satanás, fuera de la protección divina), y aún

---

[58] Por ejemplo, si la Iglesia no ha orado para que Dios sane una enfermedad, sino simplemente ha orado diciendo "Hágase tu voluntad" (que también lo encontramos en Santiago, pero en un pasaje distinto; Stgo. 5 le dice a la Iglesia cómo quiere Dios que oremos), o si solo ha orado según el pronóstico de los médicos (que en sí mismos no son predicciones totalmente acertadas, sino resúmenes estadísticos de cómo han progresado casos similares), en vez de orar con fe.

y así, Dios sigue ofreciendo sanidad mediante el arrepentimiento y el perdón (sobre todo en Stgo. 5)[59].

Tenemos que tener en mente esta distinción cuando como iglesia respondemos al problema del dolor humano, es decir, la distinción entre la oración pidiendo sanidad para los enfermos y la oración pidiendo aguante para los que están oprimidos, aunque en la práctica pastoral siga habiendo algo de ambigüedad. Esto no implica negar el hecho de que mucha gente ha aprendido la virtud cristiana teniendo que enfrentarse con paciencia a una enfermedad, ni de que recibimos bendición gracias a esos ejemplos. Además, la ambigüedad de nuestra situación "entre dos eras" es tanta que no toda la gente por la que la Iglesia ora va a ser sanada[60] Pero ésta es una ambigüedad que nos hace darnos cuenta de que estamos ante un misterio, ante un Dios soberano, vivo, y que tiene unos propósitos, ante una situación en la que el pecado, los seres demoníacos, y ante otros factores tanto espirituales como psicológicos, a la vez que ante complejos factores físicos. Esto no debe alterar la forma en la que entendemos que hemos de reaccionar frente a la enfermedad, ni debe llevarnos a incluir la enfermedad en la categoría del sufrimiento, ni debe hacernos olvidar que –exegéticamente hablando– lo difícil no es explicar que algunos sanan, sino explicar que otros no se curan.

Aun cuando alguien no esté totalmente de acuerdo con los puntos que hemos desarrollado, al menos queda bastante claro que en el Nuevo Testamento el sufrimiento equivale a la persecución, y no incluye la enfermedad. Por tanto, el término castellano "sufrir" lleva a confusión. No obstante, lo usaremos en nuestro comentario, pero queremos recordar al lector que cuando se encuentre con esta palabra (o palabras de la misma familia) recuerde las matizaciones que hemos hecho en este excursus, donde hemos tenido en cuenta el significado del texto griego.

---

[59] Esto tiene sentido, y es bueno que lo tengamos en cuenta en nuestro ministerio pastoral. Los cristianos normalmente no sufren enfermedades por seguir a Cristo, sino por las mismas razones por las que los no cristianos enferman. Tampoco es fácil identificarse con Cristo cuando uno está enfermo, porque por el Nuevo Testamento no sabemos que tuviera ninguna enfermedad, por lo que, si tuvo alguna, tampoco sabemos cuál. Así, tiene más sentido creer que Dios quiere sanar, ya sea a través de la oración o de la intervención médica.

[60] Esta misma ambigüedad del "ya pero todavía no" afecta a todas las áreas de la vida cristiana, como por ejemplo la evangelización (solo algunos responden, pero Dios no quiere que nadie se pierda, 2 P. 3:9), la ética (en Cristo hemos vencido a nuestra naturaleza pecaminosa, pero aún no somos totalmente libres del pecado), y la profecía (profetizamos, pero solo en parte). Es solo en este área de la sanidad donde la ambigüedad genera en nosotros dudas sobre el deseo de Dios de actuar o no.

E. Historia de la Iglesia

La Iglesia no acabó con la última palabra de la última carta del Nuevo Testamento. De hecho, es precisamente la historia de la iglesia lo que une la época neotestamentaria con el presente, y lo que explica cómo se ha llegado a las teologías actuales a partir de los datos que encontramos en el Nuevo Testamento. Aquí no contamos con el espacio necesario para hacer un análisis detallado de esta historia; no obstante será útil presentar una hipótesis (basada en un estudio de los datos) sobre el proceso a través del cual hemos llegado a la situación actual, y que la historia de la interpretación es parte de la exégesis bíblica.

La iglesia primitiva sí hacía una distinción entre la enfermedad y el sufrimiento, y continuó haciéndolo durante todo un siglo. Sufrir a causa de la fe era algo muy frecuente, igual que los martirios (¡muerte que algunos cristianos deseaban!) y el peligro de que la Iglesia cayera en la comodidad no existía en aquel entonces. De hecho, sufrir y morir por la fe era todo un privilegio, y se llegó a exaltar a las personas que sufrían confiriéndoles un estatus especial en la Iglesia (también se creía que asimismo tendrían un estatus especial en el cielo). Por tanto, la Iglesia se dividía en tres clases diferentes: (1) los desterrados, que abandonaban la fe por miedo al sufrimiento; (2) la mayoría, que no sufría mucha persecución o que huía de ella; y (3) los "confesores", a quienes no les importaba ir a la cárcel o morir por causa de su fe.

La persecución cesó cuando el cristianismo se convirtió en una religión aceptada y cuando se alió con el Estado (aquí podríamos apuntar a la época de Constantino, aunque ya años antes en muchos lugares los cristianos podían construir sus iglesias libremente; durante su mandato, el cristianismo se convirtió en la religión oficial de Roma). La reacción de algunos piadosos fue de una doble preocupación. En primer lugar, cuanto más aceptable era el cristianismo, más cambiaban o se perdían sus valores morales. Además, estilos de vida como la riqueza y otros privilegios pasaron a ser aceptables e, incluso, deseados. En segundo lugar, si no había persecución ya no era posible ganar aquel estatus al que llegaron los que sufrieron por la fe. La respuesta a estas preocupaciones fue el ascetismo, la reclusión monástica en el desierto. Si el Estado no perseguía a los cristianos, entonces los ascetas se perseguían a sí mismos mediante la disciplina personal para purificarse de sus tendencias pecaminosas que la persecución había mantenido alejadas de los confesores[61].

Además, a la vez, el platonismo se estaba abriendo paso en medio de la Iglesia. Debido a esta influencia helena el cuerpo era visto como algo negativo, y lo que había que buscar era liberarse del cuerpo. Como consecuencia, creció la exaltación de la virginidad (como el matrimonio y especialmente la actividad sexual y dar a luz eran algo tan físico, no podían ser algo bueno) y la visión negativa del placer (como vemos en San Agustín, quien decía que la procreación no era pecaminosa si la pareja se abstenía de buscar placer durante el acto sexual). Si el cuerpo era malo, y si no había persecución[62], entonces el sufrimiento del cuerpo podía servir para limpiar el alma de la suciedad del cuerpo.

Esta actitud estuvo respaldada por la disminución de los dones de sanidad en la Iglesia, que fue parte de la institucionalización general y de la pérdida gradual de lo carismático dentro del cristianismo durante los primeros cuatrocientos años. En general, los *charismata* regularizados e institucionalizados; es decir, los líderes eclesiales (sobre todo los obispos) eran los que tenían el derecho de ejercer los *charismata* y también eran los que, por definición, tenían los *charismata*[63]. Así, si no había sanidad (sí la había, pero no con mucha frecuencia)[64] se tomaba como

---

[61] Durante la persecución era casi imposible tener riquezas, posición social, salud; la vida misma estaba en juego. Uno aprendía a "negarse a sí mismo y tomar su cruz" y a "odiar a su padre y a su madre"... y a "odiar su propia vida". Eso mismo fue lo que los ascetas abandonaron al marcharse al desierto. La lucha contra el deseo de volver y llevar una vida "normal" debía ser la misma lucha contra el deseo de no abandonar la fe en la época de persecución. No deberíamos ver esta emigración al desierto (250-500 dC, pero retomada más adelante en la época monástica) como una evolución negativa, ya que la creciente conformidad con la sociedad, que hizo que la persecución acabara, requería una respuesta, y la santidad que se desarrolló en aquellos núcleos ascetas era una santidad verdadera. No obstante, en relación con nuestro estudio, diremos que esa emigración al desierto fue una evolución negativa.

[62] Sí que había persecución, pero ahora era la Iglesia la que perseguía a los herejes y a los paganos. Desde el punto de vista de los victoriosos (que son los que escriben la historia), no había persecución. Los herejes sufrían, pero desde el punto de vista de la Iglesia era un sufrimiento que merecían como consecuencia de sus pecados, es decir, aquella persecución era el juicio de Dios a través del Estado o la Iglesia.

[63] Esta actitud se ha transmitido a lo largo de los siglos con el uso del himno "Veni Creator Spiritus" (o "Veni Sancte Spiritus") en los actos de ordenación de muchas iglesias que aún tienen liturgias parecidas a la liturgia romana. Estos himnos invocan al Espíritu Santo para que venga e imparta sus dones a los que están siendo ordenados (normalmente, a través de la imposición de manos del obispo).

[64] La sanidad se ha dado a lo largo de toda la historia de la iglesia, como Morton Kelsey (entre otros) ha documentado en su obra *Healing and Christianity*. No obstante, cuando los dones de sanidad, profecía, etc. se daban fuera del círculo eclesial establecido,

que esa debía ser la voluntad de Dios. Y era natural pensar que se trataba de la voluntad de Dios, ya que ¿por qué razón iba Dios a querer salvar el cuerpo, si éste era malo? Dios solo quería salvar las almas. Puede que hiciera milagros en alguna ocasión, pero su objetivo principal era la salvación de las almas. El resultado lógico de este tipo de pensamiento fue una reinterpretación de las Escrituras. El sufrimiento solía identificarse con la enfermedad (incluso las enfermedades autoinducidas de los ermitaños), y los pasajes que se refieren a la sanidad se espiritualizaban relacionándolos con el alma. Así, basándose en Santiago 5:13-18, se creó la Extrema Unción por la que el alma sanara del pecado y se preparara para la muerte del cuerpo, y no se esperaba (ni siquiera deseaba) que la persona sanara físicamente.

Esta actitud o comprensión permanece en nuestros días. Es cierto que la Reforma se deshizo de la Extrema Unción (debido a su naturaleza sacramental)[65], pero su actitud ante el cuerpo en cuanto a la muerte santa (que tiene cierto valor ya que nos ayuda a vivir a la luz de la eternidad) y en cuanto a la virtud del sufrimiento cambió bien poco. Cuando como resultado de la Ilustración nació la medicina científica, fue un alivio pues cuando la Medicina sanaba se decía que había sido debido a la actuación divina (incluso se hacía referencia a los *charismata*), llenando así un vacío que el mundo cristiano no había sabido llenar. Y cuando la Medicina no sanaba, no importaba, porque en el fondo lo que le preocupaba a la Iglesia era la fe y el alma (y, quizá, la resurrección futura). La certeza y la frecuencia de la muerte era algo positivo, porque reforzaba la necesidad de prepararse para la eternidad.

F. Conclusión

Lo que tenemos que hacer en la actualidad es recuperar la tensión bíblica. Cuando hay enfermedad, se debe orar, y perseverar en oración hasta que veamos esa sanidad prometida en las Escrituras. Cuando hay persecución, se debe soportar. También tenemos que preguntarnos qué

la Iglesia solía responder de dos formas: (1) suprimiéndolos, o (2) institucionalizándoles (p. ej., como una "orden" dentro de la Iglesia, como ocurrió con los franciscanos). La supresión, la institucionalización y una falta de expectación debido a la actitud en contra del cuerpo y a una teología del sufrimiento (=enfermedad) no causó el cese de la Gracia sanadora de Dios, sino una disminución (cf. Mr. 6:5-6).

[65] Cuando se eliminó la Extrema Unción, no se volvió al significado original de Santiago 5, sino que simplemente se ignoró. En ocasiones seguía espiritualizándose, pero lo más normal era que ni siquiera se mencionara.

ocurre con nuestra fe y nuestras vidas si la oración pidiendo sanidad no es contestada. Tenemos que preguntarnos qué ocurre con nuestro testimonio y estilo de vida si el mundo no nos está persiguiendo. Pero por encima de todo tenemos que analizar el texto bíblico e intentar vivir la Escritura, en vez de reinterpretarla para que coincida con nuestra propia experiencia.

Esta es la perspectiva con la que nos acercaremos al texto de 1ª Pedro. Tenemos que intentar entender el concepto del sufrimiento tal como lo encontramos en el texto, y no imponerle al texto un concepto de sufrimiento de una cosmovisión que nada tiene que ver con la del Nuevo Testamento.

TEXTO, EXPOSICIÓN Y NOTAS

1. Saludo (1:1-2)

Pedro, apóstol de Jesucristo, a los expatriados, de la dispersión en el Ponto, Galacia, Capadocia, Asia y Bitinia, elegidos 2 según el previo conocimiento de Dios Padre, por la obra santificadora del Espíritu, para obedecer a Jesucristo y ser rociados con su sangre: Que la gracia y la paz os sean multiplicadas.

La forma de este saludo es típica de las epístolas de la iglesia primitiva que, a excepción de Santiago 1:1 y Hechos 15:23, usa el saludo epistolar judío, en vez del saludo griego, que era más breve ("saludos")[1]. Pablo usa la forma judía con bastante frecuencia, y también la encontramos en Judas, 2ª Juan y Apocalipsis 1:4, y en los Padres apostólicos. En este versículo apenas hay términos paulinos, así que no hay razón para pensar que el autor se basara en las obras del apóstol a los gentiles; de hecho, las raíces de esta forma las podemos encontrar en el Antiguo Testamento (Da. 4:1; 6:25)[2].

1 El autor empieza identificándose como "Pedro, apóstol de Jesucristo". Está claro que este título se refiere a Simón hijo de Jonás, de la ciudad de Betsaida al noroeste del mar de Galilea (Jn. 1:44), a quien Jesús había llamado al principio de su ministerio para ser uno de sus discípulos (Mr. 1:16-18), y a quien más adelante nombró como apóstol (Mr. 3:13-19). Jesús mismo le había dado un sobrenombre (Cefas, en su forma aramea) o roca, que pronto llegó a ser más conocido que su propio nombre (Jn. 1:42; Mt. 16:17-18). Este discípulo "fundacional" se identifica con toda naturalidad como "apóstol de Jesucristo", es decir, un mensajero de Cristo enviado al mundo con autoridad para llevar a cabo la voluntad de Aquel que le envió. Esta epístola no debe verse como un recopilatorio de las opiniones de un hombre piadoso con buenas intenciones, sino como las palabras de uno que habla de parte del Señor de la Iglesia. A diferencia de Pablo, que siempre tenía que defender su apostolado (como vemos en los saludos de todas sus epístolas a excepción de 1ª y 2ª Tesalonicenses, Filipenses y Filemón),

---

[1] Es decir, simplemente χαίρειν.

[2] V. P. Furnish, "Elect Sojourners in Christ", *PSTJ* 28 (1975), 2-3, comenta que, de hecho, Pablo en situaciones similares expresa esta idea usando la palabra "llamados" o "santos", en vez de "elegidos" como ocurre aquí.

en el uso que Pedro hace del término "apóstol" no hay ningún indicio de querer defender su posición; por ello, en esta epístola solo menciona su posición una vez más (5:1), y de forma incidental, ya que su autoridad no había sido cuestionada.

Pedro escribe a los «expatriados de la dispersión». Los judíos habían usado el término "dispersión" o "diáspora" para referirse a las comunidades esparcidas fuera de Palestina desde que comenzó el exilio (cf. la forma griega de Dt. 28:25; Ne. 1:9; e Is. 49:6); aparece varias veces en el Nuevo Testamento con este sentido (ver Jn. 7:35; 11:32). En tiempos de Pedro había en Palestina un millón de judíos aproximadamente, y de dos a cuatro millones fuera de Palestina, y seguro que muchos de ellos estaban en territorio del Imperio[3]. Estaban repartidos en comunidades por todo el Imperio, pero pertenecían a Palestina, donde esperaban (aunque a veces no de forma explícita) volver algún día (quizá cuando viniera el Mesías). En esta epístola vemos que Pedro usa un título que se usaba para referirse a Israel, y lo aplica a la Iglesia (cf. también 2:5, 9). La Iglesia es un conjunto de comunidades de gente que vive fuera de su tierra, que no es Jerusalén ni Palestina, sino la ciudad celestial. Es a esa ciudad a la que le deben lealtad, y es de esa ciudad de donde esperan a su rey. Su vida en la tierra es temporal, no pertenecen a ese lugar, como bien indica el uso de "extranjeros" (que también aparece en 2:11 y He. 11:13): son peregrinos, advenedizos, los que pertenecen al cielo (cf. Ef. 2:19, Fil. 3:20; Did. 9:4; *Ep. Diog.* «pasan una época en la tierra, pero son ciudadanos del cielo»). Como dice V. P. Furnish:

[3] J. Juster , *Les juifs dans l'empire romain* (Paris, 1914), calcula que había unos cuatro millones de judíos fuera de Palestina, cantidad que comprendía un 8 por ciento de la población del Imperio Romano, pero esto probablemente implica que la cantidad que encontramos en Josefo de un millón de judíos en Egipto no es exagerada; E. Schürer, *The History of the Jewish People in the Age of Jesus Christ*, ed. G. Vermes *et al.* (Edimburgo, 1986), III, 17-36 (*Historia del pueblo judío en tiempos de Jesús* Ediciones Cristiandad, Madrid, 1985 [en castellano solo han salido los dos primeros volúmenes, y esta cita es del tercer volumen]), aporta evidencias arqueológicas e históricas de que había un gran asentamiento judío en Asia Menor; y H. Koester, *Introduction to the New Testament* (Philadelphia, 1982), I, 223, dice (siguiendo a Josefo, *A.* 12.149) que en el 200 a.C. había en la parte occidental de Asia Menor 2000 familias judías, población que probablemente se acercaba a 10.000 a mediados del siglo primero, cuando toda la población judía de Roma ascendía a 40.000-60.000. Cf. F. F. Bruce, *New Testament History* (Garden City, NY, 1969), p. 137. Dado que Asia Menor era el tercer asentamiento judío más importante de la Diáspora (después de Babilonia y Egipto), podemos decir sin riesgo a equivocarnos que en el mundo romano y parta había esparcidos de forma desigual unos dos millones de judíos.

«Los cristianos son los elegidos de Dios y, por tanto, su residencia en este mundo es temporal ... [Esto] deja claro que su estatus actual, mientras están en el mundo, es el de "extranjeros residentes". Su existencia se define y recibe sentido del futuro, no del presente, de Dios, no de este mundo. Sin embargo, durante un tiempo están en el mundo, acosados por su naturaleza y contingencias, que no son más que transitorias[4].»

Para la gente que estaba sufriendo persecución debió de ser muy reconfortante darse cuenta de que, aunque en el lugar donde vivían les rechazaban, pertenecían a un lugar; y su esperanza estaba en el viaje hacia ese lugar.

Los cristianos a los que Pedro está escribiendo son los que están al noroeste de las montañas Taurus en Asia Menor; el autor lo que hace es mencionar las provincias romanas que había en aquella zona: Ponto, Galacia, Capadocia, Asia y Bitinia. Si queremos ser más exactos diremos que, de hecho, Asia y Bitinia eran regiones de una misma provincia, pero quizá Pedro tenía en mente un circuito (probablemente la ruta que iba a seguir su mensajero que visitaría las iglesias) que acababa en la misma ciudad en la que había empezado[5]. Este circuito sigue rutas conocidas y comunes en aquel entonces; por ejemplo, en el año 14 a.C. Herodes el Grande hizo parte de esa ruta desde Sinope en el Mar Muerto (en Ponto) pasando por partes de Galacia y Capadocia hasta Éfeso (en Asia) acompañando a Marco Agripa[6].

2 Puede que esos cristianos en Asia Menor estén sufriendo en la Dispersión, pero Pedro tiene cosas muy positivas que decir sobre ellos. De hecho, el mismo sufrimiento es una muestra de que son el pueblo elegido de Dios. Después de haber usado el concepto de la elección al principio del versículo 1, nuestro autor ahora describe esta elección de Dios relacionándola con las tres personas de la Trinidad y con la conversión cristiana (usando una terminología muy similar a la de Pablo). También reflexiona sobre ella y hace que suene tal como hablaba la gente de los manuscritos del Mar Muerto sobre su "exilio":

---

[4] V. P. Furnish, "Elect Sojourners", p. 3-4.

[5] C. J. Hemer, "The Address of 1 Peter", *ExpT* 89 (1978-79), 239-43, sobre todo 240-41.

[6] Josefo, *A.* 16.21-23. Ver la Introducción, donde aparece más información sobre la relación de Pedro con sus lectores.

estaban reviviendo la experiencia del pueblo elegido en el desierto con Moisés[7].

Estos cristianos, que estaban esparcidos fuera de su tierra, habían sido elegidos "según el previo conocimiento de Dios", que no es lo mismo que decir que Dios tan solo predijo su conversión, sino que, como vemos en Pablo (Ro. 8:29-30; 11:2; cf. Ef. 1:11), experimentaron «una relación personal con un grupo de gente cuyo origen está en Dios mismo»[8]. No son salvos porque lograron llegar a un Dios distante, sino porque Dios quiso o escogió acercarse a ellos y convertirles en un pueblo, en su pueblo. Así, usar aquí el término "Padre" es especialmente adecuado, ya que habla del amor con el que Dios se acercó a ellos.

En segundo lugar, fueron elegidos «por la obra santificadora del Espíritu», o sea, que el Espíritu de Dios llenó sus vidas y les hizo santos, un pueblo escogido por Dios. Es lo mismo que decir que cuando el Padre decidió acercarse a ellos, hizo que la relación con ellos fuera posible a través del poder santificador del Espíritu (a veces, ese "por" o "a través de" se ha traducido por "en", preposición menos clara)[9], una asociación entre los conceptos de elección y santificación que Pablo también estableció (la única vez que esta expresión aparece en el Nuevo Testamento es en 2 Ts. 2:13; pero cf. 1 Co. 6:11, que es bastante similar). Mientras que este pasaje está hablando del momento de la conversión, expresada en el acto de iniciación del bautismo, el uso del término "santificación" en el Nuevo Testamento indica no solo una purificación del pecado anterior (semejante al resultado de los ritos de purificación del Antiguo Testamento), sino también un estilo de vida que refleja esa nueva relación con Dios en términos de santidad llevada a la práctica (p. ej. Ro. 6:19, 22; 1 Co. 1:30; 1 Ti. 2:15). El Espíritu no solo nos limpia de la vida anterior, sino que introduce a la persona en una vida completamente nueva, convirtiéndole en una persona san-

---

[7] L. Goppelt, *Der erste Petrusbrief* (Göttingen, 1978), p. 82-83.

[8] P. Jacobs y H. Krienke, "Foreknowledge", *DNTT*, I, 693. Estamos ante una idea característicamente neotestamentarea. V. P. Furnish, "Elect Sojourners", p. 5, opta por la traducción "propósito", para indicar que en la perspectiva bíblica de Dios, el conocimiento no está separado de su voluntad salvadora.

[9] Aunque preferimos el uso instrumental de ἐν, "por" o "a través de", porque queda más natural, también es posible entender esta preposición con un uso locativo, "en la esfera de". Así lo hace E. G. Selwyn, en *The Epistle of St. Peter* (Londres, 1947), p. 119. Dada la interpretación que hacemos de 3:18, parece que la versión de Selwyn, aunque atractiva, no es la más acertada.

ta. El Espíritu es el Espíritu Santo, ya que tiene el carácter de Dios. Como la marca característica de la era neotestamentaria es que el Espíritu Santo mora en aquellos que pertenecen al pueblo de Dios, ellos también llegarán a ser santos.

En tercer lugar, aparece la respuesta que el creyente da a la iniciativa de Dios de acercarse a él: la respuesta es la obediencia. Esta obediencia es, claramente, el concepto paulino de «obedecer el Evangelio» (Ro. 10:16) o «a Cristo» (2 Co. 10:5), una obediencia caracterizada por la fe o compromiso (Ro. 1:5). La acción de Dios hizo que aquellos creyentes respondieran de forma positiva: abandonaron sus propios caminos, que les llevaban por la desobediencia a Dios, y aceptaron la invitación del Evangelio a someterse bajo el señorío de Cristo. La conversión es más que «creer que algo es cierto». Es arrepentimiento, dejar el estilo de vida anterior; es fe, un compromiso con Jesús, dejar que Él sea Señor y, como resultado, la vida de los conversos está caracterizada por la obediencia.

En cuarto lugar, la acción de Dios no solo hace que el creyente obedezca, sino también que sea purificado, "rociado con la sangre de Jesucristo"[10]. Como los lectores conocían el Antiguo Testamento, seguro que estas palabras les recordaron cuando Moisés tomó sangre y la roció sobre el pueblo después de que éste aceptó el viejo pacto de Sinaí, para así sellar el pacto (Éx. 24:7-8). Vemos que en Éxodo la acción de rociar viene después de la de que el pueblo aceptara el pacto y jurara obediencia (Éx. 24:3); también sabemos que en algunas tradiciones de la Pasión, la sangre de Cristo está relacionada con la iniciación del pacto (Mr. 14:24). Podría ser que el autor tuviera estas dos cosas en mente y por eso, intencionalmente, colocara "rociados por su sangre" después de "obedecer a Jesucristo"[11]. La gente que ha respondido a la proclamación del Evangelio puede entrar en la relación del pacto con Dios, y ese pacto no es el antiguo

---

[10] F. H. Agnew, en "1 Peter 1:2 An Alternative Translation", *CBQ* 45 (1983), 68-73, afirma que εἰς, en este caso, indica resultado, no propósito, por lo que la traducción debería ser «porque la obediencia y la sangre de Jesucristo» (es decir, por la obediencia de Jesús y la sangre de Jesús). Interpreta que Cristo tiene la misma función sintáctica en las dos partes de la frase, lo cual es posible, pero si el autor hubiera querido expresar ese sentido, lo más lógico es que hubiera usado διά (dia), y no (eis). Y como el contexto tiene que ver con la acción de Dios y el efecto de esa acción en las personas, y el llamamiento a la obediencia aparece en toda la epístola (p. ej., 1:14, 22), optamos por traducir esta proposición como una proposición de propósito o finalidad.

[11] Contra L. Goppelt, *Der erste Petrusbrief,* p. 86, que lo relaciona con el Bautismo. Cf. V. Taylor, *Jesus and His Sacrifice* (Londres, 1939), p. 125-39, especialmente p. 137, y V. P. Furnish, "Elect Sojourners", p. 6, que dice que esta teoría concuerda con el concepto de la elección, que también aparece en el pasaje de Éxodo.

pacto del Sinaí, sino el nuevo pacto sellado con la sangre de Cristo. El previo conocimiento de Dios ha sido eficaz; su iniciativa ha conseguido que la gente pueda tener una relación con él.

Pedro saluda a este pueblo del pacto de un modo típicamente paulino, "gracia y paz" (aparece en todas las epístolas de Pablo, y no se ha encontrado en ningún documento anterior a él). Esta expresión está formada por el término griego "saludo" (en griego, *chairein*, que suena como la palabra "gracia", *charis*; cf. Stgo. 1:1), que era un término de uso común en las cartas griegas, pero que Pablo cristianizó dándole el sentido de "pedir gracia" u "orar para alcanzar gracia"[12], y el saludo judío *shalom* o "paz" (como en Da. 4:1, "Que abunde vuestra paz"), que también era un deseo o una oración pidiendo la bendición de Dios. Aunque es cierto que ésa podría ser la raíz de esta expresión, no deberíamos darle demasiada importancia, ya que la frecuencia con la que aparece en las epístolas paulinas nos hace pensar que ya en tiempos de Pedro se había convertido en un saludo típicamente cristiano, al menos en los círculos de influencia paulina.

II. Fundamentos de la vida cristiana (1:3-2:10)

Este importante apartado de nuestra epístola puede dividirse en dos exhortaciones sobre la vida cristiana (1:3-25 y 2:1-10). Éstas, a su vez, se pueden subdividir: cada parte empieza con una serie de afirmaciones positivas (1:3-12; 2:1-5) y acaban con una serie de exhortaciones (1:13-25; 2:6-10). Aunque se ha dicho mucho sobre el posible origen litúrgico o bautismal de gran parte de este material, un análisis literario minucioso muestra que estamos ante una unidad en sí misma que, además, tiene un hilo claro, que enlaza la repetición de los términos y las expresiones con el saludo; así, podemos decir que el autor no se ha limitado a copiar de forma aislada, sino que ha logrado integrar ese material en la carta y obtener un texto cohesionado[1].

---

[12] Sin embargo, E. Lohmeyer lo rebate en "Probleme paulinischer Theologie: I. Briefliche Grussüberschriften", *ZNW* 26 (1927), 158-73.

[1] M. A. Chevallier, "1 Pierre 1:1 à 2:10: Structure littéraire et consequences exégétiques", *RHPR* 51 (1971), p. 129-42, es la defensa más detallada de esta tesis, pero también hay otras (p. ej., V. P. Furnish, "Elect Sojourners in Christ", *PSTJ* [1975], 10-11) que hablan de la unidad entre la sección del saludo y la del agradecimiento. Cf. también A. B. Du Toit, "The Significance of Discourse Analysis for New Testament Interpretation and Translation: Introductory Remarks with Special Reference to 1 Peter 1:3-13", *Neot* 8 (1974), 54-80.

A. Agradecimiento (1:3-12)

3 Bendito sea el Dios y Padre de nuestro Señor Jesucristo, quien según su gran misericordia, nos ha hecho nacer de nuevo a una esperanza viva, mediante la resurrección de Jesucristo de entre los muertos, 4 para [obtener] una herencia incorruptible, inmaculada, y que no se marchitará, reservada en los cielos para vosotros, 5 que sois protegidos por el poder de Dios mediante la fe, para la salvación que está preparada para ser revelada en el último tiempo. 6 En lo cual os regocijáis grandemente, aunque ahora, por un poco de tiempo si es necesario, seáis afligidos con diversas pruebas, 7 para que la prueba de vuestra fe, más preciosa que el oro que perece, aunque probado por fuego, sea hallada que resulta en alabanza, gloria y honor en la revelación de Jesucristo; 8 a quien sin haberle visto, [le] amáis, [y] a quien ahora no veis, pero creéis en Él, [y] os regocijáis grandemente con gozo inefable y lleno de gloria, 9 obteniendo, como resultado de vuestra fe, la salvación de vuestras almas. 10 Acerca de esta salvación, los profetas que profetizaron de la gracia que [vendría] a vosotros, diligentemente inquirieron e indagaron, 11 procurando saber qué persona o tiempo indicaba el Espíritu de Cristo dentro de ellos, al predecir los sufrimientos de Cristo y las glorias que seguirían. 12 A ellos les fue revelado que no se servían a sí mismos, sino a vosotros, en estas cosas que ahora os han sido anunciadas mediante los que os predicaron el evangelio por el Espíritu Santo enviado del cielo; cosas a las cuales los ángeles anhelan mirar.

3 Pedro inicia la carta como era común, dando gracias a Dios (en las cartas paganas se daba gracias a los dioses) por el bienestar de los receptores, pero, como Pablo, que usa la misma expresión en 2ª Corintios 1:3 y Efesios 1:3, el contenido de su acción de gracias es judeocristiano. Bendecir al Señor es algo muy común en el Antiguo Testamento (Gn. 9:26; Sal. 67:20; cf. Lc. 1:68), y esta forma de alabanza pasó a formar parte de la liturgia cristiana[2]. Nótese que no dice

---

[2] No podemos estar de acuerdo con J. Coutts debido al uso tan extendido de las fórmulas de bendición tanto en el judaísmo como en el cristianismo, y a la escasez de textos paralelos ["Ephesians 1.3-14 and 1 Peter 1.3-12", *NTS* 3 (1956-57), 115-27]. Según él, los dos pasajes que aparecen en el título de su obra están basados en una misma bendición litúrgica. Tienen un mismo trasfondo, quizá un trasfondo trinitario, pero si fuera cierto que estos textos se basan en la misma oración, tendrían que ser mucho más parecidos.

simplemente "Bendito sea Dios", sino que la bendición está dirigida al Dios que se ha revelado como "Padre de nuestro Señor Jesucristo". Dado que la expresión "Jesús es Señor" era una de las principales confesiones de la iglesia primitiva (p. ej., Hch. 2:36; Ro. 10:9-10; cf. 1 Co. 16:22), recoge muy bien la esencia de la teología cristiana[3]

El acto concreto por el que aquí Pedro bendice a Dios es la regeneración, que el ser humano ni merece ni puede lograr; la podemos experimentar porque Dios libremente decide ofrecérnosla, debido a que es un Dios de misericordia y de fidelidad, fidelidad a su pacto (p. ej., Éx. 20:6, 34:7; donde el término hebreo *hesed*, traducido a veces por "amor" o "bondad", la Septuaginta lo traduce por el término griego de misericordia). La regeneración, o el nuevo nacimiento, no es una idea veterotestamentaria, aunque algunos conceptos judíos son bastante semejantes[4]. No obstante, este término ya existía en el mundo griego tanto en el contexto secular como en el religioso, así que era normal que los cristianos la usaran para explicar lo que Dios había hecho por ellos. Lo usaban para expresar el cambio radical que suponía la conversión, que consistía en recibir una vida totalmente nueva, una vida que era vida de verdad (p. ej., Stgo. 1:18; 1 Jn. 1:13). Normalmente se asociaba el Bautismo con el nuevo nacimiento (ver Jn. 3:5; Tit. 3:5, donde aparece una combinación similar entre la misericordia, la regeneración y la esperanza futura), asociación que más tarde enfatizarían los Padres de la Iglesia, muchas veces sin tener en cuenta lo que Pedro añade en 3:21. "Regeneración" no era en sí mismo un término técnico, sino que era una idea que atraía particularmente a los escritores de las epístolas católicas y la literatura joánica, ya que en el Nuevo Testamento se usan diversas palabras para definir esa misma idea; de hecho, Pedro es el único que usa el término que encontramos aquí,   , y lo usa dos veces, aquí y en 1:23. Pero más adelante, en 2:2, usa una terminología diferente para referirse a la misma idea[5].

Pedro no se centra en el pasado, en el nuevo nacimiento en sí, sino en el futuro, ya que la meta de esta regeneración es "una esperanza

[3] Dirigirse a Dios como Padre de este modo, y usar el vocativo "Señor", tan común para dirigirse a Dios, dirigiéndose a Cristo son características cristianas que no aparecen en las bendiciones judías.

[4] Por ejemplo, el concepto de que un prosélito se convertía en un recién nacido (b. Yeb. 22a), el nacimiento a través de la ley (Josefo, *A.* 4.319), o la nueva creación y la resurrección al entrar en el verdadero remanente de Israel (1QH 3:19-23).

[5] Ver A. Ringwald, "Birth", *DNTT*, I, 176-80, y F. Büchsel, "   ", *TDNT* I, 673-75.

viva"; es decir, apunta hacia el futuro brillante que hay por delante, del cual hablará más en el versículo siguiente. Así, por maravilloso que sea el nacimiento, no es un fin en sí, sino que ocurre para dar inicio al camino hacia la madurez y la vida adulta. Pastoralmente hablando, dar a los lectores esta orientación futura es importante para nuestro autor, pues está hablando a gente que está sufriendo que, de momento, cuando mira adelante solo ve dolor y necesidad, y para poder soportarlo precisa asirse a una esperanza futura. Sin embargo, esta esperanza no es un acto desesperado de confiar en "lo que sea", en un sueño inseguro, muerto, sino que es una esperanza viva, basada en algo real, ya que está fundamentada en «la resurrección de Jesucristo de entre los muertos». Como dice Pablo, como Jesús venció a la muerte y vive ahora como nuestro Señor, los que confían en él también tienen esta nueva vida y saben que podrán disfrutar de ella de forma completa en el futuro (Ro. 6:4-5; 1 Co. 15). Es esta realidad la que permitirá a los lectores poder enfrentarse a la muerte sin miedo ya que para los cristianos, la muerte no es el fin, sino el principio.

4 El contenido de esta esperanza es una "herencia", idea que ya encierra en cierta manera la referencia anterior a la regeneración, del mismo modo que ocurre cuando Pablo pasa de "si hijo" a "también heredero" en Gálatas 4:7 (cf. Ro. 8:17)[6]. No obstante, el trasfondo de este concepto, tanto en Pedro como en Pablo, lo encontramos en el Antiguo Testamento. Dios le prometió a Abraham una herencia, la tierra de Canaán (Gn. 12:7), promesa fundamental para la teología del Antiguo Testamento (Gn. 50:24; Dt. 34:4; Js. 1:2, 6; cf. Jer. 7:1-7). Más adelante esta herencia se veía en algunas partes del Antiguo Testamento y en el judaísmo no tanto como la tierra en sí, sino más bien como la recompensa para los rectos (o los malos) en el día del juicio (Is. 57:6; Da. 12:13; Sal. de Salomón 14:17; 1QS 11:7-8), y esta última interpretación es la que encontramos en el Nuevo Testamento (Mr. 10:17; 1 Co. 6:9; Ef. 5:5; Col. 3:24). En esta primera epístola de Pedro, se hallan dos referencias a esta recompensa celestial: aquí, y en 3:9, aunque no desarrolla esta idea de una forma tan completa como lo hace el autor de Hebreos. La palabra clave que nos lleva a la "herencia" es "elegidos", ya que del mismo modo que Dios eligió a Abraham y a Israel para darles por herencia Canaán, también eligió a los receptores

---

[6] K. H. Schelkle, *Die Petrusbriefe, Der Judasbrief* (Freiburg, 1980), p. 31.

de la epístola y les trajo a un pacto análogo. La cuestión es que aunque los cristianos sufran en este mundo, y no tengan un futuro apacible aquí en la Tierra, a los fieles les espera una recompensa tan cierta y real como la de Abraham, una recompensa mucho mejor y más duradera que una tierra en este mundo[7].

Para describir esta herencia Pedro usa tres adjetivos. En primer lugar, dice que es "incorruptible", que significa que a diferencia de las cosas de este mundo, no caducará ni será destruida (1 Co. 9:25; 15:52), sino que permanecerá para siempre. En segundo lugar, es "inmaculada", que indica que es pura moralmente hablando (He. 7:26; 13:4; Stgo. 1:27). Por último, dice que "no se marchitará"; el término en griego solo lo encontramos en 1ª Pedro (cf. el término semejante que solo aparece en 1 P. 5:4). Significa que a diferencia de las flores que se secan y se caen (cf. 1 P. 1:24), esta herencia es eterna y nunca pasará o dejará de existir. Por tanto, es mejor que cualquier recompensa de este mundo[8].

Esta herencia también es segura, ya que está «reservada en los cielos para vosotros». Es tan seguro como el tesoro del que se habla en Mateo 6:20. Aunque el término que Pedro utiliza normalmente se usa para hablar de «guardar el comportamiento moral de uno mismo» (p. ej., 1 Ti. 5:22) o de la «protección de Dios en este mundo» (p. ej., Jud. 1), el concepto de una recompensa asegurada por Dios mismo es muy común en el Nuevo Testamento (p. ej., Mt. 5:12; Fil. 3:20; Col. 1:5, 3:3; 2 Ti. 4:8). Aunque los enemigos de los cristianos destruyan todo lo que estos tienen en el mundo, les espera una recompensa que ninguna fuerza humana puede destruir. Esta herencia debería darles esperanza en medio de las dificultades.

5 Los creyentes no solo tienen la garantía de que Dios protege esa herencia, sino que además ellos mismos están protegidos (en griego se usa una palabra distinta a la que aparece en 1:4). Vemos que hay un equilibro consciente entre la acción de Dios en los cielos, protegiendo el futuro de los que ponen su confianza en Él, y su acción en la Tierra, protegiéndoles en el presente. Podemos pensar en la imagen de una fortaleza o campamento militar. Los creyentes están dentro, a salvo. Los

---

[7] Ver J. Eichler, "Inheritance", *DNTT*, II, 295-303; W. Foerster, " ", *TDNT* III, 758-85, sobre todo 781-85.

[8] Puede que los tres términos, ἄφθαρτον, ἀμίαντον y ἀμάραντον se escogieran para crear una aliteración, es decir, por razones retóricas, y no porque tengan significados muy diferentes.

enemigos les están asaltando. Pero en la muralla o valla está la fuerza del "poder de Dios". Él es el que protege. Los creyentes reciben esa protección "mediante la fe", es decir, confiándose a Dios y obedeciéndole. Puede que ellos se vean como personas vulnerables, y de hecho lo son, pero la bondad y la protección de Dios les rodea. Él les va a proteger.

El objetivo de esta protección es "para la salvación que está preparada para ser revelada en el último tiempo". "El último tiempo" es un concepto muy conocido en el Nuevo Testamento, aunque normalmente se hace referencia a él con otras expresiones o términos, como "el tiempo", "el último tiempo" o "el día final", o "el día del juicio". Se está cerrando esta era, que comenzó con la vida de Jesús y continuó en los días de la Iglesia (p. ej., Hechos 2:17; He. 1:2). Muchos autores creen que ese período está finalizando con los eventos que están presenciando (p. ej., 2 Ti. 3:1; Stgo. 5:3; 2 P. 3:2; 1 Jn. 2:18). Este versículo no se centra en todo el período, ni tan siquiera en los eventos que llevan al cierre de ese período, sino en el momento final, en la escena final en la que Cristo volverá a juzgar a los que le rechazan y a recompensar a los que creen en Él (p. ej., Jn. 6:39-44; 12:48).

En este momento de la composición de la carta, a Pedro no le interesa hablar del juicio, sino de la salvación, de la intervención de Dios para librar a su pueblo, tan anunciada en el Antiguo Testamento (p. ej., Sal. 60:11; 72:4; 74:12), y tan esperada en el Nuevo (p. ej., Ro. 13:11; Fil. 2:12; 2 Ti. 4:18)[9]. Dios va a protegerles, no como un guardia que vigila a unos prisioneros que al final van a ser juzgados y condenados, sino como un soldado que escolta a un pueblo mientras lo conduce a través de un territorio hostil hacia la libertad o lugar seguro. Es más, esa libertad, esa salvación está cerca, ya que «está preparada para ser revelada». "Preparada" no significa que va a ser preparada, sino que ya está lista, del mismo modo que en Mateo 22:8 todo estaba preparado antes de llamar a los invitados al banquete (en ese texto se usa el mismo término griego). Los preparativos para la revelación final de esa salvación ya han finalizado. El telón está a punto de levantarse. Solo falta que se dé la señal. Así, no hay duda alguna de que Dios tiene planeado llevar a cabo la salvación de su pueblo –de hecho ya la ha llevado a cabo–, y tampoco hay duda

---

[9] Ver J. Schneider, "Redemption", *DNTT*, III, 205-16; W. Foerster, " ", *TDNT* VII, 995-96. J. R. Michaels, *I Peter* (Waco, TX, 1988), p. 23. Según él, y estamos de acuerdo, la salvación en 1ª Pedro se ve como algo futuro.

de que el "último tiempo" ha llegado. Lo único que no sabemos es el momento exacto en el que esta salvación será revelada al resto del mundo.

6 La idea de esta gran esperanza ("en lo cual" concuerda en griego con "esperanza", v. 3, y no con "herencia" o "salvación", pues los vv. 4-5 son una explicación del contenido de la "esperanza viva"), a la luz de la situación que están viviendo, produce en Pedro una serie de pensamientos, que expresa usando la forma tradicional, un encadenamiento de ideas, también utilizada en Romanos 5:3-6 y Santiago 1:2-4. Es obvio que se trata de una forma oral, ya que aunque el texto de Pedro se parece al de Pablo en que relaciona estas palabras con la esperanza, el encadenamiento de palabras se parece más al que hace Santiago. Los tres autores han contextualizado un material de la Tradición de maneras diferentes, y lo más probable es que se hayan basado en las bienaventuranzas de Jesús (Mt. 5:12). Es cierto que declaraciones así, incluso las que salieron de boca de Jesús, tienen su raíz en una tradición sobre la persecución del pueblo judío mucho más amplia, que surgió en tiempos de la persecución de los macabeos (2° Macabeos 6:28-30; 4° Macabeos 7:22; 9:29; 11:12; Judit 8:25-27; Sabiduría 3:4-6, aunque donde mejor se desarrolla esta tradición es en 4° Macabeos, que es más o menos contemporáneo de los comienzos de la era cristiana). Pero el tema del gozo en medio del sufrimiento que encontramos aquí es una idea muy cristiana, y lo más probable es que esté fundamentada en las palabras de Jesús, quien, en todo caso, había meditado mucho sobre el material anterior a la Iglesia[10]. Así, quizá estamos ante un ejemplo de la forma variada en la que se solían aplicar o usar las palabras y enseñanzas de Jesús.

La esperanza debería producir gozo. El "regocijo" no consiste en un sentimiento de continua hilaridad ni en una negación de la realidad del dolor y sufrimiento. Se trata de un gozo anticipado que puede experimentarse incluso en el presente, a pesar de las circunstancias externas, porque los creyentes saben que las circunstancias por las que están pasando solo son "por un poco de tiempo", y que su herencia es eterna y cierta. Este gozo se basa en el conocimiento de que Cristo ha venido (Lc. 10:21; Jn. 8:56; Hch. 2:26), que Dios les ha revelado su gracia salvífica (Hch. 16:24)

---

[10] Cf. J. L. De Villiers, "Joy in Suffering in 1 Peter", *Neot* 9 (1975), 68-70, quien indirectamente aplica el trabajo realizado por W. Nauck, "Freude im Leiden: zum Proble einer urchristlichen Verfolgungstradition", *ZNW* 46 (1955), 68-80.

y que participarán del gozo consumado de la gloria y la salvación de Dios cuando llegue el final de los tiempos (Jud. 24; Ap. 19:7). Encontramos ese gozo en la celebración de la Santa Cena en Hechos 2:47, que era en sí una anticipación del banquete mesiánico en el cielo. Pero no está dando un mandamiento, sino que está expresando lo que la iglesia primitiva está experimentando[11].

Por otro lado, "por un poco de tiempo" su experiencia será bastante diferente a lo que están esperando. No todos tendrán que pasar por el sufrimiento, pero algunos de ellos sí lo experimentarán. La expresión "si es necesario" indica dos cosas. En primer lugar, dice que el sufrimiento no es una parte normal de la vida; no forma parte de la creación de Dios. Las "diversas pruebas" aparecieron después de la caída; no forman parte de las "cosas buenas" que Dios creó, pero algunos (o casi todos) cristianos pasamos por ellas ya que, aunque el reino de Dios ha llegado con Jesús, aún tiene que llegar a su realización final con la parusía[12]; la construcción gramatical da a entender que en este caso las tribulaciones de estos lectores son una realidad presente[13].

En segundo lugar, esta expresión dice que el sufrimiento está bajo el control de Dios aun cuando no forma parte de su plan para este mundo. En los Evangelios, Jesús con frecuencia habló de la necesidad de que los planes de Dios se cumplieran, refiriéndose ya fuera a las profecías sobre Él mismo (Mt. 17:10; Mr. 8:31; Lc. 24:7), o sobre el cataclismo y el final de los tiempos (Mt. 24:6; Mr. 13:10). En cada uno de estos casos, el sufrimiento (o en uno de los pasajes, la predicación del Evangelio a todas las naciones) tiene lugar bajo la mano soberana de Dios. Dios está haciendo que la Historia avance hacia el buen fin que Él ha planeado. Pero eso no significa que el sufrimiento en sí es bueno, que los que lo causan son buenos, o que Dios quiere que suframos. Significa que en un mundo que se ha rebelado contra Dios, un mundo que ha sido creado con varios poderes espirituales y humanos (libres para elegir), es la mejor manera,

---

[11] Esto es lo que J. J. Thomas llama *Vorfreude* o "gozo anticipado", en "Anfechtung und Vorfreude", *KerD* 14 (1968), 183-206. Aunque el estudio de Thomas de este tema en la literatura cristiana primitiva es excelente, la conexión que hace de este tema con el Salmo 126 es bastante cuestionable.

[12] Optamos aquí por la postura de J. Jeremias en *The Prayers of Jesus* (Londres, 1967), pp. 98-99, donde dice que el Padre Nuestro, entre otra literatura cristiana temprana, clama que la voluntad del Padre, la cual caracterizará esa nueva era, sea hecha *ahora*, lo que implica que aún ahora no se está realizando, y la oración es un clamor para que llegue esa era venidera.

[13] Podríamos traducir εἰ δέον ἐστὶν tanto por "como es necesario" como por "si es necesario". Cf. BDF #372 (pp. 189-90).

gracias a la misericordia de Dios y su sabiduría inescrutable, de llevar la Historia hacia el plan original. Puede que Dios no desee el sufrimiento, pero no está fuera del alcance de su soberanía.

El sufrimiento al que Pedro se refiere es un sufrimiento causado desde el exterior. Dice «seáis afligidos por diversas pruebas». Pedro es realista: sabe ver la realidad de su dolor. No tiene que explicar quiénes son las fuerzas persecutoras, ni cuál es la naturaleza de las pruebas, ya que aquellos cristianos ya lo sabían. Pero sí habla de las consecuencias. Al llamar "pruebas" a la persecución, Pedro las dignifica relacionándolas con el tema de «la fe que es probada» que tanto aparece en las Escrituras y en la literatura judía posterior. Abraham fue probado, y fue hallado fiel (Gn. 22:1); Israel también fue probado, y en muchas ocasiones se mostró infiel (p. ej., Núm. 14:20-24). Los judíos sabían que aquellos que eran fieles a Dios a menudo pasaban por tribulaciones provinentes de causas externas (cf. Sir. 2:1-6; Jdt. 8:25), y además Jesús así lo confirma en Mateo 5:11-12. No sabemos si estas pruebas se refieren a las dificultades económicas y a las rivalidades personales de las que Santiago habla cuando usa la misma expresión griega (Stgo. 1:2)[14] o a la violencia física, la intención maliciosa que había detrás era la misma: hacer que los cristianos perdieran la esperanza y abandonaran la fe. Pero Pedro dice que cuando fijaban la mirada en la esperanza futura, las pruebas que el mundo usaba para hacerles caer podían ser usadas para su bien.

7 Según Pedro, el beneficio que podemos sacar de las pruebas es que «la prueba de vuestra fe», es decir, que la fe sea hallada genuina, glorifique a los creyentes cuando Cristo vuelva. A Pablo le preocupaba mucho el tema de agradar a Dios antes que agradar a los seres humanos (2 Co. 10:18; 13:7; 2 Ti. 2:15). Aquí, usando una palabra que también aparece en Santiago 1:3, Pedro apunta al resultado de las pruebas: darse cuenta de que el compromiso (es decir, la fe) es genuino, lo cual es más valioso a los ojos de Dios que cualquier tesoro del mundo[15]

---

[14] Encontrará un estudio más detallado de este concepto en P. H. Davids, *The Epistle of James*, NIGTC (Grand Rapids, 1982), p. 35-38, 65-68.

[15] Pedro no usa este término de la misma forma que Santiago, quien usa el término δοκίμιον para hablar de la prueba en sí (como en Prov. 27:1 LXX) y no para hablar del resultado de la prueba (como en Sal. 11:7 LXX). Está claro en la construcción de los dos pasajes: en Santiago la prueba en sí produce paciencia que a la vez produce su perfecto resultado, mientras que 1ª Pedro 1:7 la prueba o genuinidad es el resultado de que la fe halla sido probada por fuego. Cf. W. Grundmann, "δόκιμος", *TDNT*, II, 262, y M. Dibelius, *James* (Philadelphia, 1976), p. 72.

Los lectores de Pedro conocían la analogía que éste usa. El oro estaba considerado como uno de los metales más preciados, y se probaba con fuego, ya que el metal puro no se dañaba y todas las impurezas se consumían (cf. 1 Co. 3:12-14). Y sin embargo, por precioso que fuera el oro, como todos los bienes terrenales, perecería, por lo que dejaría de tener utilidad (Mt. 6:19; 16:25-26; Lc. 12:20; 1 Ti. 6:7-10; Stgo. 5:1-3; 2 P. 3:10; Ap. 21:1). Por otro lado, aquel que probaba que su fe era genuina, recibiría una recompensa eterna. Esta analogía ya se conocía en el mundo judío, y lo más seguro es que Pedro esperara que sus lectores recordaran pasajes como Sabiduría 3:5-6: «Habiendo estado disciplinados un poco, [los justos] recibirán mucho bien, porque Dios los probó y los halló dignos; los probó como el oro que se prueba en el horno, o los aceptó como acepta las ofrendas». O Sir. 2:1-5: «Hijo mío, si quieres servir al Señor, prepárate para la tentación [pruebas] ... Porque el oro se prueba en el fuego, y los hombres aceptables en el horno de la humillación». Estas obras formaban parte de la Septuaginta y eran leídas por los que usaban esta traducción griega como las Escrituras. La gente del norte de Asia Menor podía darse cuenta de que Pedro estaba hablando de una sabiduría probada y hallada verdadera.

El momento en el que se conocerán los resultados de las pruebas será en la cercana "revelación de Jesucristo". Aunque esta frase puede referirse a revelaciones especiales *de* Cristo (2 Co. 12:7; Gá. 1:12; AP. 1:1), normalmente se refiere a la parusía, al retorno de Cristo "en las nubes" (1 Co. 1:7; 2 Ts. 1:7; 1 P. 1:13; 4:13). Podemos ver que es una de las expresiones favoritas en esta epístola de Pedro, donde se usa en este sentido tanto como en el resto del Nuevo Testamento. Es una expresión muy adecuada, pues a sus ojos, Jesús ya ha sido exaltado, ya tiene poder, y ya está presente en medio de su Iglesia (p. ej., Mt. 18:20); lo que resta es que ese poder y esa gloria se manifiesten de forma abierta y total en la Tierra. Esa es la dirección en la que la misma está avanzando.

Cuando llegue ese momento, la prueba de su fe, es decir, la genuinidad de su fe, producirá "alabanza, gloria y honor". Pero, ¿para quién será esa alabanza, esa gloria y ese honor? En las Escrituras se habla mucho de la alabanza a Dios. Así que podríamos argumentar que, en este texto, también pertenece a Dios. Pero en el día del juicio final Dios, las personas que han sido fieles, recibirán alabanza de parte de Dios (Mt. 25:14-30; Ro. 2:29; 1 Co. 4:5). La gloria nunca aparece como algo que el ser humano pueda poseer, a excepción del hecho de

que en la parusía sí seremos glorificados con Cristo, o seremos mani-
festados con Él en gloria (p. ej., Ro. 8:17; Col. 3:4), aunque también
es cierto que con nuestras acciones en el presente aportamos algo a esa
gloria (1 Co. 10:31; Ef. 1:12). Por último, el honor pertenece a Dios
principalmente (p. ej., 1 Ti. 1:17), pero en el día del juicio Él honra
a los que han hecho lo bueno (Ro. 2:7, 10). Después de todo lo
que hemos dicho, la cuestión es averiguar cuál es la perspectiva del
autor. Según el contexto, parece ser que Pedro tiene en mente el juicio
final, por lo que usa términos similares a los que aparecen en Mateo 25:31-46, donde Jesús habla de la fe que demuestra ser genuina.
Entonces Cristo alaba a los que han sido fieles, dándoles honor y gloria,
un honor y una gloria que le pertenecen, pero que desea compartir con
los que le siguen.

8 Sin embargo, la causa del gozo no es ni la herencia ni la gloria,
sino el retorno de Cristo. Encontramos aquí una paradoja. Los creyentes
a los que Pedro escribe nunca habían visto a Jesús como Pedro y los
de la primera generación. Su fe no se basa en la percepción física[16]
No obstante, a pesar de que no pueden verle, no son menos que la
primera generación de discípulos, pues ellos también aman a Jesús y
creen en Él. Esta paradoja de la fe, que contrarresta con la "creencia
por vista", aparece en el Nuevo Testamento en numerosas ocasiones
(ver Jn. 20:24-29; 2 Co. 5:7; He. 11:1, 27), ya que esa fue la experiencia
de casi todos los cristianos a partir del momento en que la Iglesia tuvo
que salir de Palestina. Lo importante no es lo que pueden ver (p. ej.,
las pruebas y los enemigos que tienen), sino el compromiso que han
adquirido con Aquel al que aman (cf. también 2º Reyes 6:14-17),
aunque no puedan verle.

En el Antiguo Testamento y en los Evangelios el amor y el compromiso (o la fe) normalmente están dirigidos a Dios (p. ej., Mr. 12:29-
30, que se basa en Dt. 6:4-5). Pero incluso en los Evangelios (p. ej.
Mt. 18:6; Jn. 8:42; 11:25; 14:21) y, sobre todo, en las epístolas
(p. ej., 1 Co. 16:22; Gá. 2:16; Ef. 6:24) el mandamiento implícito en
la invitación a amar a Jesús y adquirir un compromiso con Él (p. ej.,
Mr. 10:21) se hace explícito. En nuestro texto, Pedro de forma clara

[16] Cierto es que algunos cristianos de la iglesia primitiva tuvieron visiones de Jesús,
por ejemplo Juan en Ap. 1; no está claro si Pedro clasificaría este tipo de visiones dentro
de la expresión "haberle visto", pero en todo caso, éstas eran tan poco comunes entonces
como lo son ahora.

habla de Jesús como el objeto de su amor y la meta de su compromiso y gozo.

Su compromiso con Jesús ("creer en Él") hace que se regocijen. El verbo está en presente (aunque algunos copistas posteriormente lo cambiaron a tiempo futuro, pasando por alto la paradoja)[17], y que lo que Pedro quiere transmitir es que en medio de las pruebas podemos experimentar por fe al Cristo que ha de venir, y regocijarnos en ello. Es por eso que se trata de un gozo "inexplicable", ya que desafía los elementos externos a los creyentes, que están fuera de su control, y que pertenecen a un reino más allá de la experiencia física (cf. 2 Co. 2:9, que cita Is. 64:4)[18]. Ese gozo también está "lleno de gloria"; es un gozo que ya ha sido glorificado, no en el sentido de que ya pueden experimentar la plenitud de la gloria del retorno de Cristo, sino en el sentido de que, en su amor y su fe en Cristo, tienen un gozo que espera y se alimenta del gozo del día final de salvación[19]. Los creyentes encuentran ese gozo en Cristo, y no en las circunstancias que les toca vivir, ni tan siquiera en la doctrina.

9 Mientras viven amando y sirviendo al Cristo que va a volver, obtendrán la meta de su fe. El verbo que traducimos por "obtener" se usa con frecuencia para hablar de "obtener un premio o una recompensa" (2 Co. 5:10; Ef. 6:8; He. 11:13; cf. 1 P. 5:4). Aquí el premio es la consumación de aquello que esperan[20], es decir, "la salvación de sus almas". Esa salvación o liberación no es simplemente una posesión presente, sino una meta que se consumará en el futuro, lo cual es evidente si pensamos en el sufrimiento que está padeciendo en el presente, y también lo vemos en otros lugares del Nuevo Testamento (p. ej., Ro. 13:11; He. 1:14). Pedro ya ha mencionado esta idea en el versículo 5. En este testamento, decir "soy salvo" queda incompleto si no va acompañado de un presente con el sentido de una liberación

[17] Contra E. G. Selwyn, *The First Epistle of St. Peter* (Londres, 1947), p. 258-59, que defiende que se trata de un tiempo futuro (ἀγαλλιάσεσθε, en lugar del presente ἀγαλλιᾶσθε); sin embargo, no cita ninguna evidencia textual convincente (basando su interpretación en traducciones de Orígenes, Ireneo y San Agustín, no en los manuscritos griegos) ni relaciona esta interpretación con la interpretación que hace de este versículo (pp. 131-32).

[18] Pablo también habla de este gozo paradójico en Romanos 8:18-39.

[19] Cf. J. J. Thomas, "Anfechtung und Vorfreude", pp. 183-206, que nos recuerda que este tema también aparece en Santiago.

[20] En cuanto a este sentido de "resultado" o "fin", es decir,   , cf. Romanos 6:21-22; 1 Ti. 1:5.

continua de las garras del pecado ("estoy siendo salvado") y de un futuro, con el sentido de una liberación final cuando llegue la revelación de Cristo ("seré salvo")[21].

Pedro habla de la salvación de "vuestras almas". Cuando usa el término "alma" (gr. *psychē*) no lo hace para diferenciarlo del término "cuerpo" (diferencia típicamente paulina), en el sentido negativo de que el cuerpo humano y caído es algo totalmente opuesto a la persona espiritual (p. ej., 1 Co. 15:45), sino que lo usa como es típico en hebreo (y también en la Septuaginta, que era la Biblia griega que Pedro usaba), entendiéndolo como la totalidad de la persona (Gn. 2:7; Mt. 16:25; Ro. 13:1; He. 10:39). Este uso es característico de Pedro y Lucas (aparece 6 veces en 1ª Pedro, p. ej., 1 P. 3:20, y 15 veces en Hechos, p. ej., Hch. 2:41, 43), y también aparece con bastante frecuencia en los Evangelios[22]. Así, podríamos traducir simplemente, «la meta de vuestra fe, vuestra salvación».

10 No obstante, esta salvación no es simplemente un producto de la experiencia cristiana, sino, según Pedro, el cumplimiento de una expectativa ya existente en el judaísmo precristiano. Los profetas de los que habla tienen que ser los profetas del Antiguo Testamento, ya que establece un claro contraste entre ellos y el "vosotros", aquellas congregaciones a las que se está dirigiendo[23]. Pedro, como tantos otros de la iglesia primitiva, creía que la labor más importante de los profetas no había sido la crítica que habían levantado para denunciar los errores que el pueblo cometía (que es el contenido de la mayoría de los oráculos), sino las predicciones que habían hecho del día futuro de salvación o liberación. La Iglesia tenía la convicción de que ese futuro se había convertido en una realidad presente con la venida de Jesús, su resurrección, y el derramamiento del Espíritu, como podemos

---

[21] Si solo nos centramos en el pasado, ya sea en la conversión o en la elección, perdemos el profundo sentido escatológico que tanto motivaba a los autores del Nuevo Testamento. Ver R. Lejeune, *Christoph Blumhardt and His Message* (Rifton, NY, 1963), pp. 27-31, donde verá un ejemplo de la recuperación de este sentido y de los efectos de esta recuperación.

[22] Cf. G. Harder, "Soul", *DNTT*, III, 676-89, sobre todo 685-86; E. Schweizer, "ψυχή", *TDNT*, IX, 637-56.

[23] Contra E. G. Selwyn, *The First Epistle of St. Peter*, p. 134, que cree que la búsqueda de la presencia del Espíritu de Cristo solo podríamos encontrarla en profetas cristianos. Ciertamente, si Pablo podía ver a Cristo en el Antiguo Testamento (1 Co. 10:4), Pedro no debía de tener demasiados problemas para encontrar el espíritu de Cristo en la actividad profética atribuida en el Antiguo Testamento al Espíritu de Dios.

ver en las citas veterotestamentarias que aparecen constantemente en los cuatro Evangelios (p. ej., Mt. 13:16-17; Lc. 10:23-24), en Hechos (p. ej., Hch. 2), en Pablo (p. ej., Ro. 4:7-8; 1 Co. 9:10; 10:11), y en Hebreos (p. ej., He. 1-2), por no decir en 1ª Pedro[24]. Como los profetas son del período anterior al cumplimiento, tuvieron que meditar en aquellos oráculos y analizarlos de forma concienzuda y diligente, porque como no habían vivido el cumplimiento era difícil vislumbrar cuál era el significado de sus propias visiones (cf. 1º Macabeos 9:26, donde podemos ver un ejemplo de lo que esto significaba para algunos judíos), y esperaban que el día de salvación (el cual se interpretaba de muchas y diversas formas) llegara mientras ellos estaban en vida.

Pero los profetas estaban hablando de "la gracia que vendría" a los creyentes de una era posterior. Pedro enfatiza que, lejos de ser menos privilegiados, los cristianos han recibido un favor especial de parte de Dios. Los profetas hablaban de la gracia y la salvación, pero no iban a experimentar la liberación que estaban profetizando del mismo modo que los lectores de esta epístola. Independientemente de lo mucho que estuvieran sufriendo estos creyentes, les había sido dado un estatus que no tuvo ni el más grande de los profetas de la Antigüedad.

11 La información que les faltaba a los profetas era, sobre todo, temporal (cuándo ocurriría) y contextual (en qué situación), que era necesaria para que su mensaje fuera completamente comprensible, ya que la comunicación solo tiene sentido cuando se da en un contexto concreto[25]. Está claro que éste ya era un tema de interés en el Antiguo Testamento, ya que Daniel 9:1-3, 22-23 muestra lo mucho que a los judíos les costaba entender Jeremías 25:11-14; 29:10, y la literatura intertestamentaria demuestra la forma en que el sufrimiento intensifi-

---

[24] Con esto no queremos decir que los autores del Nuevo Testamento y los profetas habrían estado de acuerdo en la interpretación de sus oráculos, o que el oráculo en cuestión tenía el propósito de ser una predicción, ya que en el período del Nuevo Testamento la presencia del Espíritu hizo posible la reinterpretación o la revelación de un significado más profundo de las palabras del Espíritu en el Antiguo.

[25] Nuestra traducción, "qué persona o tiempo" es posible, ya que la expresión griega τίνα ἢ ποῖον καιρόν significa literalmente "qué o qué tipo de tiempo", y , "que", podría ser un pronombre aparte (masculino o femenino singular o neutro plural) o una de dos marcas temporales. Esta última interpretación, que es la que tomamos en este comentario, parece preferible porque el resultado en el texto griego es una lectura más natural y fluida, y porque el contexto en sí no hace hincapié en el tema de la identidad de Cristo (en caso de que éste fuera el tema tratado, la otra lectura tendría más sentido o, al menos, podría justificarse).

caba esa búsqueda de significado (4° Esdras 2:33-35; 1° Enoc 1:1-2), y que algunas personas creían tener una comprensión mayor que los profetas. Por ejemplo, en el comentario que el autor de los manuscritos del Mar Muerto hace de Habacuc leemos: «y Dios le dijo a Habacuc que escribiera lo que le ocurriría a la generación final, pero no le dijo cuándo iba a ocurrir todo aquello ... el que lo sabe es el Maestro de Justicia, a quien Dios le ha dado a conocer todo el misterio de las palabras de sus siervos los profetas» (1QpHab. 7:1-8). Vemos que Pedro estaba de acuerdo con lo que dice este manuscrito, que Habacuc no sabía el "cuándo", ya que esa información no había sido revelada; para Pedro, como para las sectas del Mar Muerto, la clave ya había sido otorgada, a diferencia de que Pedro creía que esa clave era el cumplimiento en Cristo.

Los profetas podían hablar sobre esos tiempos que no comprendían porque "el Espíritu de Cristo" estaba en ellos para darles testimonio de lo que no sabían. Normalmente, lo único que se dice de los profetas es que tenían el Espíritu o un Espíritu Santo (1 Sa. 10:6; Esd. 2:2; Os. 9:7; Jl. 2:28; 2 P. 2:21), pero en este texto Pedro, igual que Pablo en Romanos 8:9 (el único lugar del Nuevo Testamento, aparte de éste, en el que aparece la expresión "Espíritu de Cristo"), quiere enfatizar que no solo se trata del Espíritu de Cristo, sino del Espíritu que da testimonio de Cristo, a quien representa (es similar al uso que Juan hace de este término en Juan 14:26, cuya transliteración suele ser "paracleto", y la traducción, "Consolador" o "Consejero" [NVI]; habla del Espíritu en tanto que representa a Cristo). Así, la identificación "Espíritu de Cristo" muestra que el interés principal no está en hablar de la preexistencia de Cristo (como en Jn. 1:1 o 1 Co. 10:4), que Pedro no menciona, ni la actividad del Espíritu en general, sino que está en el testimonio que el Espíritu da de Cristo en el Antiguo Testamento[26]

[26] J. D. G. Dunn, *Christology in the Making* (Philadelphia, 1980), pp. 136-49, 159-60, sugiere que el "Espíritu de Cristo" podría referirse a la existencia de Jesús después de la resurrección, y que entonces los profetas serían profetas del Nuevo Testamento (como dice E. G. Selwyn, *The First Epistle of St. Peter*, pp. 135-36; encontrará una crítica en A. T. Hanson, *Jesus Christ in the Old Testament* [Londres, 1965], pp. 133-38), aunque reconoce que la frase podría referirse al Espíritu Santo que habla a través de los profetas del Antiguo Testamento. Por otro lado, J. N. D. Kelly, *The Epistles of Peter and of Jude* (Londres, 1969), p. 60, argumenta que esta preexistencia del Espíritu no es el Espíritu Santo, sino la preexistencia de Cristo, presuponiendo "una Cristología del Espíritu". J. R. Michaels, *1 Peter*, pp. 43-44, habla de una experiencia espiritual subcristiana, porque ἐν αὐτοῖς ("entre ellos") no es la descripción cristiana usual del Espíritu. Así, parafrasea de la siguiente manera: «el espíritu de Cristo, que significa que estaba presente en medio

Este testimonio del Espíritu tenía dos facetas, el orden de las cuales es importante: «los sufrimientos de Cristo y las glorias que seguirían». Como vemos sobre todo en Mateo y Lucas, la iglesia primitiva también creía que las Escrituras profetizaban sobre otros aspectos de la vida de Cristo, pero el principal problema apologético de la Iglesia era que el Jesús que había sido crucificado era ahora Señor de todo, así que se centraron en este tema (p. ej., Lc. 24:25-26; Hch. 2:22-36) y describen a un Jesús citando las Escrituras e interpretando que hablaban de su propio sufrimiento (p. ej., Mr. 12:10-11)[27]. Además, los sufrimientos de Cristo (el plural podría estar apuntando a los diferentes momentos de la Pasión; cf. 2 Co. 1:5; He. 2:9) tienen para Pedro un interés especial (4:13; 5:1, 9) porque son equivalentes o paralelos a la experiencia de los cristianos, quienes están sufriendo en ese momento, pero tienen la mira puesta en la gloria futura (como Pablo en Fil. 3:10)[28]. «Las glorias que seguirían» hacen referencia a la resurrección, ascensión, presente glorificación y futura revelación de Cristo, de las cuales los cristianos esperan ser partícipes. El orden es muy importante: las glorias son posteriores a los sufrimientos. Ni Cristo ni su pueblo recibirán la corona de gloria sin haber experimentado la corona de espinas. No obstante, los profetas que, según Pedro, predijeron (y en cierto grado experimentaron) todo esto, no llegaron a comprenderlo, ya que no sabían ni cuándo ni en qué orden iba a ocurrir todo aquello.

de ellos». ¿Qué era para Pedro, la preexistencia de Cristo, o el Espíritu Santo? «Desde el punto de vista de Pedro es un error tener que hacer una elección, ya que las dos son la misma cosa». Esta afirmación sería bastante probable solo si Pedro hubiera tenido en mente la preexistencia de Cristo. Pero creo que alcanza la posición que claramente vemos en Juan y en Hebreos, es decir, que no hay suficientes evidencias para creer que fuera consciente del concepto de la preexistencia de Cristo y, por tanto, lo más lógico es que "el Espíritu de Cristo" se refiera al Espíritu Santo o al "Espíritu de Dios" tal como aparece en los textos veterotestamentarios.

[27] Ver F. F. Bruce, *The Time is Fulfilled* (Exeter/Grand Rapids, 1978), o *This is That* (Exeter/Grand Rapids, 1968), sobre todo p. 83-114.

[28] C. A. Scott, "The 'Sufferings of Christ': A Note on 1 Peter 1:11", *Exp*, ser. 6/ 12 (1905), 234-40. Según él, los profetas son apocalípticos y los sufrimientos son las aflicciones mesiánicas que llevan a la segunda venida de Cristo. Es de esta opinión basándose en que τὰ εἰς Χριστὸν παθήματα suena bastante extraño, especialmente si vemos el uso que se hace de εἰς, en vez de que sea genitivo. Pero (1) la falta del artículo delante de "Cristo" le plantea a esta interpretación una dificultad mayor que la dificultad que intenta salvar, y (2) Pedro da en el clavo cuando establece el paralelo entre Cristo y los cristianos, igual que el Nuevo Testamento cuando hace predicciones proféticas de los sufrimientos de Jesús, así que la interpretación tradicional encaja mejor en el contexto de 1ª Pedro. Hort cree que la mejor explicación de εἰς es que está hablando de sufrimientos "destinados para" Cristo, aunque ponerlo así en la traducción sería sobreenfatizar la idea de "predecir".

12 Sin embargo, sí sabían que lo que estaban profetizando llegaría a cumplirse en un futuro lejano (Gn. 49:10; Núm. 24:17; Dt. 18:15; Dn. 9:24-27; Jl. 2:28; Hab. 2:1-3); es decir, Pedro dice que los profetas sabían que estaban sirviendo[29] a gente del futuro, gente que pertenecía a la época del cumplimiento. Pero sus lectores no habían oído de Cristo por medio de los profetas, sino por medio de los predicadores del Evangelio, los cuales, como Pablo (1 Co. 15:1-10), interpretaron las Escrituras a la luz de la vida de Jesús. Así, los lectores de esta epístola viven en el "ahora" de los últimos días en los que se están anunciando las buenas nuevas (cf. Is. 40:1-8; 52:7; Han. 1:15; Ro. 10:15), que se están anunciando no porque la gente haya descubierto el verdadero sentido de las Escrituras, sino porque el mismo Espíritu que inspiró a los profetas ha sido enviado desde el cielo para inspirar a los predicadores que, a su vez, reflejan el verdadero sentido que hay en los profetas. Todo esto era importante para Pedro por tres posibles razones: (1) la identidad del Espíritu garantizaba una interpretación correcta, (2) el Espíritu era el poder que había detrás del mensaje (como en Hch. 1:8, 5:32; 1 Co. 2:4), y (3) la presencia del Espíritu en medio de ellos era la señal de que ya había llegado la era tan esperada (como en Hch. 2:16-21). Aunque los dos primeros motivos parecen estar detrás de las ideas "anunciadas ... por el Espíritu Santo" (nótese el cambio a la terminología más común "Espíritu Santo" ahora que ya no se está hablando directamente de dar testimonio de Cristo) y "enviado del cielo" respectivamente, lo más natural es que Pedro tuviera en mente las tres razones.

Los lectores deberían sentirse privilegiados por vivir en el tiempo del cumplimiento que tanto anhelaban los profetas, y eso es a lo que Pedro se refiere cuando dice «las cuales los ángeles anhelan mirar». Aparte de Hebreos 1-2, las epístolas del Nuevo Testamento apenas mencionan a los ángeles, pero los judíos sabían de los grandes arcángeles que vigilaban la Tierra (p. ej., 1° Enoc 9:1, que, en la versión en griego, usa el mismo verbo). No se refiere a una curiosidad pasiva, sino a un fuerte deseo de ver cómo se cumplen las promesas de Dios. Aunque los ángeles son personajes muy importantes, el cumplimiento no vino ni para ellos ni gracias a ellos. En cambio, el día de salvación llegó a aquellos cristianos de una forma que no había sido revelada ni

---

[29] La palabra "servir" o "ministrar" (διακονέω, como en Hch. 6:2 y 1 P. 4:10, 11) aparece en tiempo imperfecto, indicando así que el servicio que los profetas brindaron a lo largo de los años a los creyentes de los últimos tiempos es un servicio continuo.

siquiera a los ángeles (cf. Mr. 13:32, ¡ni tan siquiera el Hijo sabe cuándo será la consumación final!), del mismo modo que la revelación en la persona de Cristo era superior a cualquier revelación de parte de Dios por medio de ángeles (He. 2:16). Aunque están sufriendo, estos creyentes tienen razones para sentirse gente privilegiada[30].

B. Llamamiento a la santidad (1:13-25)

Después de haber bendecido a Dios por la situación afortunada de los cristianos, por pobre y penosa que ésta parezca si se mira desde fuera, Pedro pasa a dar dos exhortaciones de dos partes cada una a la santidad y al compromiso que debería derivarse de la situación ya descrita, tal como indica la expresión "por tanto". La primera exhortación, 1:13-25 gira en torno a la santidad del Padre. La segunda, 2:1-10, en torno al papel de Jesucristo.

1. Hijos obedientes (1:13-16)

13 Por tanto, ceñid vuestro entendimiento para la acción; sed sobrios [en espíritu], poned vuestra esperanza completamente en la gracia que se os traerá en la revelación de Jesucristo. 14 Como hijos obedientes, no os conforméis a los deseos que antes [teníais] en vuestra ignorancia, 15 sino que así como aquel que os llamó es santo, así también sed vosotros santos en toda [vuestra] manera de vivir; 16 porque escrito está: Sed santos, porque Yo soy santo.

Nuestro autor comienza su llamamiento a la santidad con el tema de la esperanza, luego pasa a hablar de la relación de los creyentes con Dios (hijos obedientes), y acaba volviendo al llamamiento inicial a la santidad, sobre el cual continuará construyendo en la sección siguiente.

13 El mandamiento que da en primer lugar es «poned vuestra esperanza completamente» en el retorno de Cristo y en sus resultados. Esta expresión no se refiere a la calidad de la esperanza (total *versus* menos que total), sino al objeto de la esperanza. Su esperanza deber estar puesta completamente en la recompensa que tendrán cuando Cristo vuelva; no deben

---

[30] En cuando al tema de los ángeles, ver más en H. Bietenhard, "Angel", *DNTT* 101-105. Para Pedro los ángeles son seres que han sido exaltados (He. 12:22; Ap. 4) y que tienen un conocimiento limitado, pero no hace ningún otro tipo de especulación.

ponerla en lo transitorio ni en la gente corrupta (como dice 1:24-25 al final de esta sección) ni en las recompensas terrenales. Pedro ya ha hablado de la centralidad de la esperanza en 1:3 (también Pablo en 1 Co. 13:13; Ro. 5:2-4; etc), y volverá a mencionarla en 1:21 y 3:15[1]. La esperanza de aquellos creyentes tiene que estar puesta en la "gracia" que la revelación de Jesucristo les traerá. El uso del término "gracia" para referirse a la consumación de la salvación en la revelación final de Cristo aparece también en la última oración de la cena del Señor en Did. 10:6: «Venga la gracia y pase este mundo ... Maranatha, Amén». La revelación de Cristo trae consigo el cumplimiento de sus promesas, por ejemplo, una herencia (1:4) o salvación (1:5, 9). Es decir, trae la experiencia plena de la gracia y el favor de Cristo y, por tanto, hemos de orar para que llegue y la esperemos con gran anhelo. Nótese cómo en 1:7 no se habla de la venida o el reinado de Jesús, sino de la revelación de Jesús, porque no es que Pedro crea que Jesús no tenga poder o autoridad o que no esté en medio de su pueblo en el presente, sino que lo que hace falta es que el poder y ésa autoridad, ahora invisibles, se manifiesten de forma completa y universal.

No obstante, Pedro no está proponiendo el escapismo de soñar con el futuro, es decir, usar la especulación escatológica como un opiáceo para mitigar el dolor presente, sino que sugiere realizar un cuidadoso análisis del comportamiento y las actitudes en el presente a la luz de la meta futura y la realidad invisible en la que confiamos. Por tanto, para "esperar de forma completa", uno tiene que "ceñir su entendimiento para la acción" y "ser sobrio"[2]. La primera proposición es una expresión muy gráfica (lit. "ceñid las caderas de vuestras mentes"), es decir, prepararse para la acción. En Israel, la gente solía llevar una túnica sin mangas de lino o lana hasta las rodillas o los tobillos. Encima llevaba otra túnica, algo así como un poncho, que uno se quitaba para trabajar. Para ocasiones especiales o para actividades que no requerían esfuerzo, como hablar en el mercado, la túnica interior caía hasta los pies o las rodillas, pero para realizar cualquier actividad que implicaba bastante movimiento, como ir a trabajar o ir a la guerra, se recogía atándola en un cinturón a la altura de las caderas, para que las piernas quedaran libres (1 R. 18:46; Jer. 1:17; Lc. 17:8; Jn. 21:18; Hch. 12:8).

[1] Cf. R. V. G. Tasker, "Hope", *IDB*, II, 658-59.

[2] Aunque uno o ambos términos ("ceñid" y "poned") aparecen en imperativo en la mayoría de nuestras traducciones. En griego son dos participios, lo que explica que solo haya un verdadero imperativo: "esperad" o "poned vuestra esperanza".

Así, esta alusión de Pedro sirve para describir una mente o entendimiento listos para la acción. Como también usa el tema del peregrinaje, podría ser que Pedro también se basara en Éxodo 12:11, donde los que comieron la primera pascua estaban listos para partir (aunque no hay forma de saber si Pedro tenía este texto en mente o no). A raíz del uso en este texto, esta expresión pasó a significar "estar preparado", como vemos en Lucas 12:35. Al usar la palabra "mente" o "entendimiento", Pedro deja bien claro que está usando esa imagen como una metáfora, ya que no apunta a un proceso intelectual en general, sino a una determinación o decisión.

Esta determinación o preparación se define más adelante de la siguiente forma: "sed sobrios"; expresión que solo aparece en 1ª Tesalonicenses, las epístolas pastorales y 1ª Pedro, normalmente asociada a la idea de velar o vigilar (1 Ts. 5:6; 1 P. 5:8). Aunque el término originalmente significaba "sobriedad" –opuesto de "intoxicación"– en el Nuevo Testamento denota «una completa claridad de mente y, como resultado, el buen juicio», es decir, el estado de alerta necesario a la luz de la inminente revelación de Cristo y la hostilidad del enemigo[3]. Según Pedro, los cuidados de esta vida y la presión de la persecución pueden "intoxicar" al cristiano y distraerle de su objetivo, tan fácilmente como puede hacerlo el vino (como también enseñó Jesús, Mr. 4:16-19). Debido al momento que están viviendo los creyentes, es necesario que tengan un juicio claro y una mente y una voluntad preparadas para resistir cualquier cosa que pueda desviarles de la esperanza que han puesto en el retorno de Jesús.

14 No obstante, su esperanza no es una esperanza aislada del mundo presente y de sus problemas, sino una esperanza que determina plenamente la forma en la que viven en el presente: tienen que vivir como "hijos obedientes". Esta expresión semítica (lit. "hijos de obediencia"; cf. Mt. 9:15; Ef. 2:3; 2 p. 2:14, donde aparecen expresiones similares) indica en primer lugar que los así descritos pertenecen a una familia, a la familia de Dios, de quien dependen, lo que habla del calor y del cuidado de Dios[4], y en segundo lugar, que la relación con el

---

[3] Cf. P. J. Budd, "Drunken", *DNTT*, I, 514-15; O. Bauernfeind, "   ", *TDNT* 936-39.

[4] Muchos pasajes donde se ha traducido "hijos" tienen en griego   , un término que puede usarse para describir a hijos que ya son independientes y maduros, y carece del cariño que transmite τέκνος, el término que se usa en este versículo y, por ejemplo, en Romanos 8:16-21.

familias, con Dios, es de obediencia. La obediencia es un término que Pablo usa mucho para describir el estilo de vida de los cristianos (p. ej., Ro. 6:12-17), es la clara evidencia de la existencia de la fe (RO. 1:5; 16:26) y el objeto de su predicación (Ro. 15:18; 2 Co. 10:5). El Evangelio nos apremia a someternos a Jesucristo como Señor; cualquier compromiso (creencia o fe) que no tiene como resultado una obediencia concreta refleja una mala comprensión del mensaje; en tal caso, no puede hablarse de fe cristiana (Stgo. 2:14-26). Así, "hijos obedientes" podría ser otra forma de decir "creyentes genuinos".

La primera descripción de esa obediencia está expresada en términos negativos: *no* pueden volver al estilo de vida anterior. Cuando Pedro escribe "no os conforméis", usa el término paulino de Romanos 12:2, que habla de la conformidad ante el estilo de vida "del mundo", es decir, de la cultura a la que pertenecían. Cuando hace referencia al período de "vuestra ignorancia", Pedro está hablando del hecho de que antes de su conversión eran paganos, no judíos (Hch. 17:30; Gá. 4:8-9; Ef. 4:18, 1 Ts. 4:5). A la hora de describir esta fase de la vida de los creyentes a los que escribe, Pedro recurre a los términos de la tradición cristiana, por lo que resulta muy similar a muchos pasajes paulinos (p. ej., Ro. 12:2; Ef. 2:3), aunque también hay que decir que no son lo suficientemente parecidos para sacar la conclusión de que había leído las epístolas paulinas o que había oído al mismo Pablo hablar de este tema. En cambio, sí podemos decir que Pablo, al escribir Romanos y Efesios, debió hacer uso de la enseñanza cristiana, que debía usarse para instruir a los conversos recién bautizados a abandonar su antiguo estilo de vida.

Dice el texto que el estilo de vida anterior de aquellos creyentes era "conformado a sus deseos". Aunque el término "deseos" puede tener connotaciones positivas (Lc. 22:15; Fil. 1:23), normalmente se refiere a las ambiciones o apetitos insatisfechos de la humanidad caída y es sinónimo de "el mundo" (Ro. 1:24; 6:12; Gá. 5:16; Ef. 2:3; Tit. 2:12; 1 P. 2:11; 4:2-3; 1 Jn. 2:16-17); tiene su raíz en el concepto judío del impulso malvado que hay en los humanos y es similar al concepto freudiano del Id. El problema con el deseo no es que uno disfrute o necesite cosas en este mundo material: la Escritura en cuanto a este tema no es ni asceta ni platónica, ya que no cree que el mundo físico y el placer sean malos en sí mismos, o que pertenezcan a un nivel inferior de la existencia; el problema está en que el ser humano vea los bienes de este como un fin, en vez de verlos como un medio para servir a Dios. El deseo según la perspectiva bíblica no tiene grados, ya que el deseo es lo mismo en sí, independientemente de si la propiedad es propia o del vecino. El deseo no es más que querer satisfacer un apetito. Si ese es el tipo de deseos que controla a la mayoría de la gente –y creo que así es– , conformarse a ellos es volver al antiguo estilo de vida que el cristiano debería haber abandonado en el momento de la conversión[5].

15 Por tanto, en vez de conformarse a este mundo, el cristiano tiene que conformarse a Dios. Dios es el único que es Santo (Is. 6:3; Os. 11:9); su ser y sus acciones son mucho más elevadas; nada tienen que ver con este mundo caído. Sin embargo, Dios usa cosas y gente de este mundo para su servicio, y lo que hace es separarlos del mundo y hacerlos santos, es decir, apartarlos para Él (Is. 11:9; 48:2; Núm. 15:40; Is. 6:5-9: el templo, Jerusalén, Israel y un profeta, respectivamente). Como el Dios Santo vivía en medio de Israel, el pueblo tenía que ser santo, lo que significaba en primer lugar la necesidad de la purificación cúltica (Éx. 28:2; Lev. 17-26; Dt. 7:6; 26:19; Esd. 9:2; Sal. 50:13; Ez. 36:25-29), un tema que fue retomado por los hombres de Qumrán (p. ej., 1QM 3:5; 12:7; 16:1) y, más adelante, por otros grupos judíos. Pero un análisis del contexto de los pasajes citados mostraría que el estilo de vida santo, apartado, no era tan solo una cuestión cúltica, sino también una cuestión moral: Dios es un Dios de justicia, y no puede tolerar ninguna forma de maldad o injusticia. Así, como repetían una y otra vez los profetas, el pueblo de Dios debía actuar con justicia si quería ser santo.

Los autores del Nuevo Testamento eran conscientes de que del mismo modo que Isaías reconoció que necesitaba estar puro para estar en la presencia del Santo Dios (Is. 6; cf. Sal. 15; 24:3-6), la pureza y la santidad de Dios también requiere que los cristianos lleven una vida santa (Ro. 6; Ef. 1:4; 1 Ts. 2:12; 1 Jn. 3:3). Israel fue el pueblo elegido del Antiguo Testamento; los cristianos, tanto judíos como gentiles, son el pueblo elegido de la era que acaba de comenzar (p. ej., Ro. 8:30;

---

[5] Encontrará más detalles sobre el debate en torno a este concepto en P. H. Davids, *The Epistle of James* (Grand Rapids, 1982), p. 36, 83-85, 156-59, o W. D. Davies, *Paul and Rabbinic Judaism* (Londres, 1962), p. 17-35. Las dos obras analizan el   judío o impulso malvado que, sin duda alguna, es el concepto que hay detrás del pensamiento de Santiago, Pedro y Pablo. Es interesante ver que Pedro no menciona al Espíritu, que es la fuerza contraria al deseo, y que tanto aparece en Pablo. Santiago tampoco menciona al Espíritu, aunque hace referencia a la sabiduría, por lo que 1ª Pedro y Santiago podrían venir de un contexto lingüístico similar.

9:11, 24-26), uno de los temas favoritos de Pedro (1 P. 2:9, 21; 3:6, 9; 5:10). Se trata de un llamamiento a entregarse a Dios y, por ello, a separarse del estilo de vida del mundo (cf. Ef. 4:1; 1 Ts. 4:7). Podemos ver que esta separación no es simplemente ritual, sino que afecta a todas las áreas de la vida en la expresión "manera de vivir", expresión que se usa en 1ª Pedro casi tantas veces como en el resto de libros del Nuevo Testamento juntos[6]. Cuando Dios llama, cuando Dios atrae a alguien hacia sí, podemos describirlo con la expresión "imitar a Dios" (*imitatio Dei*), ya que Dios no puede tener comunión con alguien cuya "manera de vivir" o estilo de vida incluye practicar el mal (1 Jn. 1:6-7). O, como diría Clemente, siguiendo la misma tradición que se sigue en 1ª Pedro, "Viendo que somos la porción de Aquel que es santo, hagamos todas las obras de la santificación..." (1 Clem. 30:1).

16 Pedro basa su mandamiento en las Escrituras, probablemente citando Levítico 19:2, que era un pasaje muy usado entre los primeros cristianos para transmitir principios éticos, aunque en Levítico 11:44-45; 20:7 encontramos las mismas palabras. Podemos ver que este era un texto importante para la Iglesia, ya que también aparece en la enseñanza de Jesús recogida en Mateo 5:48; donde "perfectos" (que apunta a una total obediencia a Dios, como la de Noé en Gn. 6:9, y no a "estar totalmente libre de pecado") sustituye a "santos". Así que esta idea, extraída del Antiguo Testamento, es la base para la ética del Nuevo Testamento.

2. Redención costosa (1:17-21)

17 Y si invocáis como Padre a aquel que imparcialmente juzga según la obra de cada uno, conducíos en temor durante el tiempo de vuestra peregrinación; 18 sabiendo que no fuisteis redimidos de vuestra vana manera de vivir heredada de vuestros padres con cosas perecederas [como] oro o plata, 19 sino con sangre preciosa, como la de un cordero sin tacha y sin mancha, [la sangre] de Cristo. 20 Porque Él estaba preparado [desde] antes de la fundación del mundo, pero se ha manifestado en estos últimos tiempos por amor a vosotros 21 que por medio de Él sois creyentes en Dios, que le resucitó de entre los muertos y le dio gloria, de manera que vuestra fe y esperanza sean en Dios.

[6] El término griego, ἀναστροφή, aparece en 1 Pedro 1:15, 18; 2:12; 3:1, 2, 16, y también en 2 Pedro 2:7; 3:11. En el resto del Nuevo Testamento lo encontramos en Santiago. 3:13; Gálatas 1:13; Efesios 4:22; Tito 4:12; y Hebreos 13:17.

17 Los cristianos son hijos de Dios (1:14), y Pedro les ha recordado que deben ser hijos obedientes y darse cuenta de que los hijos de un Dios santo tienen que ser santos. Ahora añade que, aunque le llaman Padre, eso no les da la confianza y la familiaridad suficiente para hacer lo que les apetezca. Tienen que recordar cuál es el carácter de su Padre.

Los judíos ya se referían a Dios como Padre (Jer. 3:19; Mal. 1:6), pero fue Jesús el que comenzó a usar este vocativo de una forma más habitual, y también el que enseñó a los discípulos a dirigirse así a Dios cuando oraran (Lc. 11:2)[1]. Esta idea, que Dios es el Padre de los cristianos, puede verse en todos los saludos iniciales de las epístolas paulinas, como también se ve en 1ª Pedro 1:2. Pero, aunque es una verdad muy importante porque los cristianos así saben a dónde pertenecen, puede llegar a darse por sentado, por lo que Pedro hace aquí una advertencia, igual que Juan el Bautista en Mateo 3:9. Esa relación con el Padre no es garantía de un trato indulgente en el juicio final.

Dios juzga de forma imparcial (sin favoritismos), como ya vemos en el Antiguo Testamento (p. ej., Dt. 10:17), donde se usa para sentar la base de la imparcialidad que debemos mostrar los humanos (Lv. 19:15; Dt. 1:17; Sal. 82:2), y también en el Nuevo Testamento (Ro. 2:11; Gá. 2:6; Ef. 6:9; Col. 3:25), donde se anima a la gente a arrepentirse antes de que llegue el juicio. Así que la fe y la parcialidad son incompatibles (Stgo. 2:1)[2]. Como Dios es imparcial, no tiene favoritos, sino que juzga "a cada uno conforme a sus obras", que también es un cliché bíblico (p. ej., Ro. 2:6; Ap. 20:12-13; 22:12; cf. Is. 40:10; 62:11; Ez. 18; Mt. 16:27; 1 Co. 3:13; Gá. 6:4). Por tanto, deberíamos vivir ante Dios con una actitud de "temor" y reverencia. Pedro usa mucho la idea del "temor" (2:18; 3:2, 14, 15), pero también la encontramos en Pablo (2 Co. 5:11; 7:1; Ef. 5:21; Fil. 2:12) y en Jesús (Mt. 10:28). Y como tantos otros conceptos en las epístolas de Pedro, también proviene del Antiguo Testamento (p. ej., Prov. 1:7). Les recuerda a sus lectores que no deben temer a sus perseguidores, sino que deben temer a Dios, con quien no se puede jugar, porque su juicio será definitivo.

---

[1] J. Jeremias, *The Prayers of Jesus* (Londres, 1967). La versión de Mateo del Padre Nuestro (Mt. 6:9) puede que fuera modificada por el uso litúrgico que se hizo de ella más adelante; pero se cree que la versión de Lucas es más cercana a las palabras que salieron de la boca de Jesús.

[2] El término griego ἀπροσωπολήμπτως (esta es la primera vez que se usa en la literatura griega), aparece de nuevo en Barn. 4:12. Pero este hecho simplemente ilustra el proceso por el que un autor del Nuevo Testamento toma una expresión del AT y la transforma en un término más corto o breve. Cf. E. Lohse, "προσωπολημψία", *TDNT*, VI, 779-80.

Podemos ver la idea de que el juicio será definitivo en la expresión «conducíos en temor durante el tiempo de la peregrinación», que indica que no pertenecen a este mundo, por lo que las recompensas y los castigos que reciban aquí no tienen una importancia última. El término "peregrinación" se usa en el Antiguo Testamento para describir a los que no tienen derechos de ciudadano, sino que son considerados como extranjeros que residen en una zona temporalmente (Lv. 25:23; 1 Cr. 29:15; Sal. 33:5; 38:13; 118:19). Como Israel en Egipto (Hch. 13:17), los cristianos son extranjeros en la Tierra. Como pertenecen a otra tierra (Ef. 2:19; He. 11:9; 13:14), no son ciudadanos de este mundo (Fil. 3:20). Reconocer la temporalidad de la vida presente les ayudará a vivir a la luz del juicio final del estado permanente que han heredado.

18 No obstante, el temor y la reverencia hacia Dios no se debe simplemente a la comprensión de lo que el juicio significa, sino que también nace de una gratitud profunda ante la obra maravillosa que Dios ha hecho por ellos. Así, Pedro les recuerda lo que el Evangelio ya les ha enseñado, que es el coste o el precio de la Redención. Seguro que ya sabían que habían sido comprados, ya que este concepto aparece en numerosos documentos de la Iglesia más temprana (Mr. 10:45; Ro. 3:24; 1 Co. 1:30; Ef. 1:7; Col. 1:14; 1 Ti. 2:6; Tit. 2:14, donde se usa exactamente la misma palabra; He. 9:12, 15). El concepto de haber sido rescatados, comprados, está basado en uno de los grandes temas del Antiguo Testamento, que es la redención de la propiedad ancestral que había sido vendida a consecuencia de la pobreza, o porque alguien se había tenido que vender como esclavo (Lv. 25:25; 48-49); esa redención también está relacionada con la gran redención o liberación de los esclavos que Dios llevó a cabo en el Éxodo (Éx. 6:6; 15:13; Dt. 7:8), concepto que pasó a formar parte del culto (Éx. 30:12; Núm. 18:15). Los lectores de esta epístola conocían bien este trasfondo veterotestamentario; además, la redención de esclavos, ya fuera gracias a los ahorros de los esclavos mismos, que ellos luego daban a un sacerdote o a un dios para que los comprara, o gracias a la benevolencia de algún familiar que pagaba por su libertad, era una parte vital de la cultura judía[3]. Los lectores, a partir del Evangelio que habían oído, debían haber comprendido que anteriormente habían estado viviendo en esclavitud, estado que habían heredado de sus ancestros, que solo

---

[3] Cf. Gálatas 5:1, donde puede verse lo común que era esta costumbre (A. Deissmann, *Light from the Ancient East* [Grand Rapids, 1978], p. 318-30).

puede significar que habían sido gentiles. Esa "manera de vivir", que no solo incluye sus creencias religiosas, sino también sus valores éticos y sus acciones (cf. 1:15), estaba "vacía", era "vana", es decir, que no tenía valor, que era fútil, si se miraba desde la perspectiva del Evangelio (1 Co. 3:20; Ef. 4:17; cf. Ro. 1:21; 8:20; Stgo. 1:26)[4]. Ésta es la valoración de la adoración pagana que encontramos en toda la Biblia, tanto en el Antiguo como en el Nuevo Testamento (Lv. 17:7; 2 Cr. 11:15; Jer. 8:19; Hch. 14:15). Antes de que recibieran el Evangelio, estos creyentes pertenecían a una cultura con unos valores propios y una religión propia, pero ahora ven que, por muy elevada y bella que fuera, en última instancia no sirve para nada.

Alguien les ha comprado para libertarles de esa situación; alguien ha pagado por su rescate. Pero no ha pagado como se pagaba por la liberación de los esclavos en el mercado, con oro o plata, ya que son bienes que no duran para siempre (1 Co. 9:25; 15:53-54): esta percepción de la futilidad del dinero es típica del Nuevo Testamento (Stgo. 5:1-5; Lc. 12:13-34)[5]; lo que se ha dado para pagar por su liberación es algo mucho más precioso, de mucho más valor.

19 El valor eterno y verdadero se encuentra en la «sangre preciosa [es decir, de gran valor] de Cristo». Aquí nos encontramos con el simbolismo

---

[4] Pedro usa el término πατροπαραδότος, "heredada de vuestros padres", que se usaba en fuentes seculares para referirse a la tradición que se pasaba de generación en generación, refiriéndose tanto a prácticas religiosas como al *modus vivendi* en general. Los antiguos consideraban estas prácticas tradicionales como la base de una sociedad saludable y estable; abandonar la ciudad o la nación propia era visto como una "desviación". Pero Pedro combina ματαίος, "vacía" o "vana", con el término que se refiere a la práctica tradicional y así la contrasta con la nueva y verdadera manera de vivir en Cristo. Esta forma sorprendente de "modificar" el significado de πατροπαραδότος pasó a formar parte de la crítica tradicional que los cristianos hacían del paganismo, como puede verse en W. C. Van Unnik, "The Critique of Paganism in 1 Peter 1:18", en *Neotestamentica et Semitica: Festschrift for Matthew Black* (Edimburgo, 1969), pp. 129-42.

[5] Mientras que la plata puede perder el brillo o deslustrarse, el metal y el oro no se oxidan ni se deterioran. Como en Santiago 5:1-5 y Mateo 6:19-20, lo que se está haciendo es hablar de la relativa seguridad y valor, es decir, que no se está pretendiendo explicar el fenómeno de forma literal. Lo mismo ocurre cuando Jesús se refiere al dinero diciendo Mamón, es decir, un ídolo que lo que hace es devaluar el dinero, aunque también apunta al peligro que conlleva. En la Septuaginta vemos aún otro contraste, pues   puede significar "manchado o estropeado" o "no apto para el culto", como el contraste que vemos con ἄμωμος en Lv. 22:25. Ver W. C. van Unnik, "The Redemption in 1 Peter 1:18-19 and the Problem of the First Epistle of Peter", en *Sparsa Collecta: The Collected Essays of W. C. van Unnik*, II (*NovTSup* 30) (Leiden, 1980), 37-40.

del cordero pascual[6] (aunque más adelante, en 2:22, se hará referencia a Is. 53, parece ser que no era este pasaje el que se tenía en mente, ya que el énfasis en que fuera "sin mancha y sin defecto" era importante para la Pascua, no para la matanza), que estaba estrechamente relacionada con la liberación de Egipto[7]. Así, Cristo, el cordero "sin defecto" (Éx. 29:1; Lv. 22:18-21; Núm. 6:14; cf. Éx. 12:5, donde aparece la misma palabra en hebreo, pero la Septuaginta usa una palabra diferente en griego) y "sin mancha", un término que se usa en el Nuevo Testamento para describir la inexistencia de corrupción moral (1 Ti. 6:14; Stgo. 1:27), y que en ocasiones aparece junto a "sin reproche" o "irreprensibles" (2 P. 3:14). En nuestro contexto, estos términos no son demasiado diferentes, y lo que hacen es reforzarse y hacer más hincapié sobre lo mismo, que es la perfección de Cristo como sacrificio (He. 9:14). Además, el simbolismo pascual es muy adecuado, no solo porque era un símbolo común en el Nuevo Testamento (1 Co. 5:7; Jn. 1:29, 36; 19:36), sino también porque era una parte muy importante de la liberación de Egipto, y la liberación, redención o rescate es el tema que Pedro está tratando[8]. Así, también podría

---

[6] Aunque para el sacrificio pascual podía usarse tanto un cordero como un cabrito (Éx. 12:5), lo más común era utilizar un cordero, y ese es el animal que el Nuevo Testamento recoge.

[7] W. C. van Unnik, "Redemption in 1 Peter", pp. 30-52. Según él, como la Pascua solo servía para recordar la redención de Egipto, es decir, que no tenía ningún poder en sí misma (porque habían sido liberados por "la mano poderosa de Dios") y para ocuparse de la liberación sagrada de los esclavos, tenemos que buscar más para ver el uso que se hace de ella como medio de redención. Concluye que el sacrificio de la conversión al proselitismo en la época anterior al 70 dC era visto como un medio de propiciación, que redimía al recién converso del infierno o *geenna*, por lo que este dato apunta al trasfondo de este texto y nos dice quiénes son los receptores de esta epístola, y la fecha en la que se escribió. Aunque la datación de los materiales rabínicos siempre es incierta, este argumento es bastante posible. Pero como los materiales rabínicos mismos equiparan lo que le ocurría al prosélito (circuncisión, bautismo, sacrificio) con lo que le ocurrió a Israel en el Éxodo (p. ej., b. Ker. 9a, atribuido a Rabí), también debía resultarles fácil explicar la forma en que un judío debía ver al cordero pascual como una redención, es decir, la forma en que la tradición cristiana adoptó esta transición. Así que creemos que el trasfondo general del tema que nos ocupa es el sacrificio prosélito, sobre todo porque cuando estudiamos mejor los argumentos de van Unnik (p. ej., la redención del infierno o geenna y su relación con el término "preciosa") vemos que para que sean ciertos, tanto Pedro como sus lectores debían tener un gran conocimiento de la enseñanza judía, que dudamos tuvieran.

[8] El cordero pascual en el Antiguo Testamento tiene que ver con liberar a alguien de la esclavitud, y no con el perdón de pecados, aunque en escritos del Nuevo Testamento posteriores, por ejemplo Jn 1:29, 36, este símbolo se combina con el del perdón que aparece en Is. 53. Esa combinación no la vemos en 1ª Pedro, aunque sí usa esos dos símbolos por separado.

ser que detrás de este versículo tuviéramos otros textos que dicen que los cristianos hemos sido comprados con la sangre de Cristo (1 Co. 6:20; Ap. 5:9 nótese que el Apocalipsis describe a Cristo en 28 ocasiones como "el cordero que fue inmolado", aunque el término griego que traducimos por "cordero" es diferente del que se usa en el cuarto Evangelio). Puede que el término "Egipto" fuera, para los lectores, algo cultural en vez de algo físico, pero el precio pagado para libertarlos vale mucho más que el dinero, incluso más que la primera pascua, ya que se trata de la sangre de Cristo.

20 No es un accidente que Cristo tuviera que pagar con su sangre; es decir, no es algo que esté fuera del control divino: Dios pagó ese precio de forma deliberada. Se trata de un plan «preparado desde antes de la fundación del mundo». Esto no quiere decir simplemente que Dios predijo que iba a ocurrir[9], sino que es algo que Dios planeó y luego llevó a cabo, ya que cuando hablamos de Dios, los conceptos "predecir" y "predestinar" van de la mano. Los judíos estaban familiarizados con esta idea; por ejemplo, 4° Esdras 6:1-6 dice: "Antes [de que la creación fuera] ... planeé estas cosas, y fueron hechas por mi mano, no por la de otro, de igual modo que el final llegará por mi mano, no por la de otro". Y como parte del transcurso de las edades, los cristianos del primer siglo reconocieron la salvación, el plan de Dios que había sido mantenido en secreto, y que "ahora", cuando era el tiempo adecuado, había sido revelado o dado a conocer (Ro. 16:25; 1 Co. 2:6-10; Tit. 1:2-3)[10].

Pero véase que Dios no solo ha revelado la salvación de forma abstracta, sino que ha revelado a Cristo, que "había venido al final de los tiempos"[11] Si Cristo fue *revelado*, eso implica que ya existía, como el himno que

---

[9] Mientras προγινώσκω puede significar "saber antes de tiempo, con antelación, o tener un conocimiento previo", como en 2 P. 3:17, Hermas, *Mand*. 4.3.4 ("sabiendo todas las cosas de antemano [el Señor] conocía la debilidad del hombre"), y cuando se usa con respecto a Dios, también puede significar "elegir de antemano", como en Ro. 8:29; 11:2, BAGD, p. 710; cf. R. Bultmann, "προγινώσκω", *TDNT*, I, 175-16; P. Jacobs y H. Krienke, "Forknowledge", *DNTT*, 692-93. El énfasis en este pasaje no es que Dios sabe (predice) lo que le va a ocurrir a Jesús, sino que lo que le ocurre forma parte de su voluntad, de su plan, de sus designios, y que ahora ha llegado a su cumplimiento. Así que el segundo significado parece el más apropiado.

[10] En cuanto a la expresión "antes de (o desde) la fundación del mundo", que también aparece dos veces en el Testamento de Moisés 1:11-14, ver F. Hauck, "καταβολή", *TDNT*, III, 620-21.

[11] 1° Enoc 48:6 y 62:7 dicen que el Elegido o el Hijo del Hombre está escondido con el Señor de los Espíritus hasta el momento de su revelación; no se sabe si esto es la expectativa judía precristiana, o si los cristianos interpolaron esta idea en el libro de Enoc.

encontramos en 2 Ti. 3:16 indica (cf. He. 9:26; 1 Jn. 1:2; 3:5), del mismo modo que continúa existiendo antes de su última revelación al final de los tiempos (Col. 3:4; 1 P. 5:4; 1 Jn. 3:2). El período que comenzó con su primera aparición y acabó con su última aparición es lo que Pedro llama "el final de los tiempos"[12] (Hch. 2:16-21; 1 Co. 10:11; He. 9:26). Así, puede decirse que los cristianos están al borde: la última era de este mundo ya ha comenzado, y los elegidos de Dios creen, como ya hemos podido ver en esta epístola, que el final vendrá en el futuro inminente, con la manifestación final de su Rey y Cristo.

Pero a este credo o fórmula (no sabemos si cita una fórmula ya conocida, o si solo recoge unos conceptos que más tarde se concretarían en una fórmula establecida) Pedro añade la estupenda expresión "por amor a vosotros". Otros esperaban y anhelaban esta revelación de Cristo (1 P. 1:10-12); la Iglesia (a la que se refiere con el pronombre "vosotros") ya la ha recibido y se ha beneficiado de ella. Esta idea de tener un lugar en los planes de Dios, la de saber que tienen un estatus privilegiado, y la de que el final es casi inminente, debería animar a estos creyentes a mantenerse firmes aún y las difíciles circunstancias que les ha tocado vivir.

21 Su estatus privilegiado proviene de la confianza en Dios, porque solo "por medio de Él", es decir, de Cristo, "sois creyentes en Dios"[13]. "Por medio de Él" hace referencia a 1:19, la redención realizada por la muerte y la resurrección de Jesús, como tantas veces se enfatiza en el Nuevo Testamento (Jn. 1:7; Hch. 3:16; Ro. 1:8; 2 Co. 1:20; He. 13:15). Dios es el que toma la iniciativa y hace posible que el ser humano responda y se comprometa[14]. Ese compromiso es un compromiso con o hacia Dios, porque Él ha resucitado a Jesús de entre los muertos, y le ha glorificado. La resurrección es un elemento muy importante (Ro. 8:11; 2 Co. 4:14; Gá. 1:1; 1 Ts. 1:10) y, según Pablo, parte de la más básica declaración de fe

---

[12] Literalmente, "el último de los tiempos"; es decir, de todas las épocas o períodos de tiempo que Dios ha determinado, éste es el último. Cf. G. Kittel, "   ", *TDNT* II, 697-98; H.-G. Link, "Goal", *DNTT*, II, 55-59.

[13] O "fieles a Dios". Aunque las evidencias de los manuscritos están bastante equilibradas, en este texto tenemos πιστούς y no πιστεύοντας, que resulta en una lectura muy complicada. No obstante, no cambiaría nada si aceptamos esa traducción, que interpreta que tenemos un adjetivo verbal que más tarde los copistas interpretaron acertadamente como el equivalente de un participio.

[14] Cf. A. Oepke, "διά", *TDNT*, II, 66-67: "Creemos que Dios toma la iniciativa a través de su obra en Cristo y que, así, hace que todo logro humano sea superfluo y que toda autoridad intermedia quede excluida".

(Ro. 10:9). En Hechos 3:13, 15 vemos que Pedro añade a la idea de la resurrección, la de la glorificación. Juntas reflejan la vindicación de Jesús en la resurrección y en la posición que ocupa en la actualidad, exaltado como Señor. Pero en este contexto estas ideas dicen mucho más, ya que en la resurrección Dios demostró que era capaz de resucitar a los muertos (Ro. 4:17; cf. 4:18-24) y por eso puede resucitar a esos cristianos que están amenazados de muerte y glorificarlos, a pesar de la opresión e ignominia que estén sufriendo. Como resultado, su "fe [o confianza] y esperanza están en Dios", porque sabiendo lo que Dios ya ha hecho en Cristo, tienen una base sólida para esperar que Dios puede hacer y hará lo que les ha prometido[15].

3. Simiente incorruptible (1:22-25)

22 Puesto que en obediencia a la verdad habéis purificado vuestras almas para un amor sincero de hermanos, amaos unos a otros entrañablemente, de corazón. 23 [Pues] habéis nacido de nuevo, no de una simiente corruptible, sino [de una que es] incorruptible, [es decir,] mediante la palabra de Dios que vive y permanece. 24 Porque:
Toda carne es como la hierba, y toda su gloria como la flor de la hierba. Sécase la hierba, cáese la flor; 25 mas la palabra del Señor permanece para siempre.
Y esta es la palabra que os fue predicada.

22 Una vez que ha establecido que la base para una vida santa es el carácter de Dios y el precio que ha pagado por la salvación de los creyentes, nuestro autor para de hablar de las consecuencias que esto conlleva. Da por sentado que sus lectores son cristianos comprometidos, ya que dice "puesto que en obediencia a la verdad habéis purificado vuestras almas". La idea de la purificación deriva de los ritos de la purificación

---

[15] La falta de un artículo delante de "esperanza" hace que no podamos traducir "que vuestra fe sea también esperanza en Dios", ya que en 1ª Pedro, la fe y la esperanza son casi sinónimos (ver 1:3, 13; 3:5, 15); hay un equilibrio entre "creer" como resultado de la muerte de Cristo en el v. 21a y como resultado de la obra de Dios en Cristo en el v. 21b, y el énfasis de la frase no está en la esperanza (*versus* fe), sino en el objeto, es decir, Dios. Cf. W. J. Dalton, " 'So That Your Faith May Also Be Your Hope in God' (1 Peter 1:21)", en R. J. Banks, ed., *Reconciliation and Hope* (*Festschrift* for L. L Morris) (Exeter/Grand Rapids, 1974), p. 273-74. Encontrará una posición diferente en R. Bultmann, "πιστεύω", *TDNT*, VI, 207-208, 210 n. 269.

veterotestamentaria que le permitía a uno participar del culto (Éx. 19:10; Jos. 3:5; Jn. 11:55; Hch. 21:14, 26; 24:18). Esta idea se retoma en el Nuevo Testamento y representa tanto la purificación interior a través del arrepentimiento de pecados (Stgo. 4:8; 1 Jn. 3:3) como la iniciación al cristianismo, que incluía el arrepentimiento, el compromiso con Cristo, y el bautismo, como vemos aquí (cf. 1 Co. 6:11)[1]. El tiempo perfecto se usa en griego para indicar un estado en el que uno ya se encuentra, como ya ha quedado claro en 1:14-15. Entraron en ese estado por obedecer a la verdad, que es el Evangelio (Jn. 14:16; Gá. 5:7; Ef. 1:13; 1 Ti. 4:3), y obedecer al Evangelio (como vemos en Ro. 10:16; Gá. 5:7; 2 Ts. 1:8) supone que la conversión no es simplemente un cambio de pensamiento, sino que también requiere una transformación del comportamiento, es decir, responder a un mandamiento (como el de Pedro en Hch. 2:38: "Arrepentíos y sed bautizados cada uno de vosotros...")[2].

El resultado de la conversión es "un amor sincero hacia los hermanos". No obstante, esta frase va seguida inmediatamente de un mandamiento que exhorta a que trabajen para mantener y hacer crecer ese amor. Por la experiencia de la conversión uno pasa "del mundo" o "del reino de las tinieblas" al "reino de Dios" o la Iglesia, por lo que el converso pasa a ser parte de una comunidad, de una familia, y no un creyente aislado. Como en algunas otras comunidades judías[3], no solo se usaban los términos "hermano" y "hermana" para referirse a los miembros de la Iglesia (Hch. 1:15-16; Ro. 1:13; 16:14; del uso común judío, Hch. 2:29; 3:17; Lv. 19:17; Dt. 15:3, 7, 12), sino que se esperaba que se amaran los unos a los otros por el simple hecho de ser hermanos (como en el Antiguo Testamento, Lv. 19:18)[4]. En el Nuevo Testamento esta idea se expresa

[1] F. Hauck, "ἁγνός", *TDNT*, I, 122-24; H. Baltensweiler, "Pure, Clean", *DNTT*, III, 100-102; cf. C. Spincq, *Les Épîtres de Saint Pierre* (París, 1966), p. 72-73: "[Esta frase] es una descripción arcaica del bautismo, análoga a Ef. 5:26 y He. 10:22".

[2] El trasfondo judío de este lenguaje lo encontramos en los manuscritos del Mar Muerto, por ejemplo, en 1QS 3:4s.: "Será limpiado de todos sus pecados por el espíritu de santidad, quien le unirá con su verdad... Y cuando su carne sea rociada y santificada con el agua de la purificación, será limpio por su humilde sumisión a todos los preceptos de Dios".

[3] Por ejemplo, en los Manuscritos del Mar Muerto 1QS 1:9 el converso debe "amar a todos los hijos de la luz".

[4] Los paganos veían con malos ojos ese amor que traspasaba las barreras de las clases sociales y el sexo de las personas; cf. R. Banks, *Going to Church in the First Century* (Chipping Norton, NSW, Australia, 1980), p. 12, donde encontrará unas expresiones muy buenas e imaginativas, o Luciano, *Pereg. Mort.* 13, donde aparecen unos comentarios sarcásticos por parte de los paganos del siglo II.

de forma única con el término griego *filadelfia*, es decir, amor por los hermanos en la fe, que encontramos aquí y en Romanos 12:10, 1ª Tesalonicenses 4:9, Hebreos 13:1 y 2ª Pedro 1:7[5]. No obstante, este concepto va mucho más allá de lo que este término pueda describir, ya que aparece de forma implícita en lugares como el Sermón del Monte (p. ej., Mt. 5:22-24), en el llamamiento a la unidad que Pablo hace (p. ej., Fil. 2:1-4; 4:2), y la preocupación que Santiago muestra por este tema (p. ej., 3:13-18). Como en el resto del Nuevo Testamento, Pedro demanda un amor sincero (el término para "sincero" siempre se usa en este tipo de contextos, Ro. 12:9; 2 Co. 6:6; 1 Ti. 1:5; 2 Tim 1:5; Stgo. 3:17, y significa "no fingido" o "genuino"), apunta a que deber nacer del corazón, de un corazón puro (que significa "sin motivos ulteriores"; cf. Mt. 5:8 y 1 Ti. 1:5, y también 1 Ti. 3:9; 2 Ti. 1:3; 2:22)[6], y exige que sea intenso, profundo, entrañable (como en Lc. 22:44 y Hch. 12:5, los únicos lugares del Nuevo Testamento en los que aparece este término, donde se usa para describir una oración intensa). Está claro que el amor a los hermanos no es un tema secundario, sino uno de los temas principales tanto del autor como de todo el Nuevo Testamento.

23 Este tema tan importante está fundamentado en la vida nueva que estos cristianos han recibido, aunque nuestro autor no deja claro si el nuevo amor es resultado de la nueva vida, o si pertenecer a la misma familia y al mismo Padre exige que los nuevos miembros sean fieles los unos a los otros (1 Jn. 5:1). Pedro ya ha mencionado que han nacido de nuevo (1:3), pero ahora hace hincapié en que este nuevo nacimiento no es de naturaleza o de simiente humana, que es corruptible y solo es capaz de producir vida corruptible, sino que es de simiente incorruptible, es decir, divina, "esperma", una idea que empieza a elaborar en 1:18-19 (aunque el contexto ha cambiado de redención a regene-

---

[5] H. F. Von Soden, "ἀδελφός", *TDNT*, I, 144-46; W. Guenther, "Brother", *DNTT* I, 254-58.

[6] La palabra "puro" suscita una dificultad textual; algunos comentaristas, como por ejemplo J. N. D. Kelly, *The Epistles of Peter and of Jude* (Londres, 1969), p. 80, sostienen que se trata de una interpolación de 1 Ti. 1:5. Es posible, pero la antigüedad de las evidencias textuales respaldan que el original era καθαρᾶς ("puro"), incluido el papiro Bodmer p[72], su distribución geográfica tan extensa, y el ritmo natural que tiene dentro del texto me convencen de que es original, y que la otra forma más breve y aparentemente menos adecuada (ἐν καρδίας, que solo cuenta con el apoyo de A, B, y las antiguas versiones latinas) no lo es.

ración) y que tiene paralelos en Juan y Santiago (Jn. 1:12; 1 Jn. 3:9; Stgo. 1:18)[7].

En el principio Dios creó la vida a través de su palabra, un tema que vemos en Génesis 1 de forma repetida (cf. Sal. 33:6, 9; Ro. 4:17) y en Juan 1:3, y también es una idea muy recurrente en Isaías 40 (especialmente el v. 26, aunque todo el capítulo habla del poder creador y recreador de Dios). Y ahora regenera a través de su palabra (como en Stgo. 1:18), la cual se caracteriza porque vive, es decir, que da vida, "creadora" o "eficaz" (Jn. 6:63; cf. 5:24; Fil. 2:16; He. 4:12; cf. Is. 55:10-11), y porque permanece (Mt. 24:35; en Juan encontramos el mismo verbo pero el énfasis está en que la palabra permanece en la persona, es decir, que no se usa para describir a la palabra)[8]. Esta descripción tiene dos efectos: (1) ayuda a los cristianos perseguidos a darse cuenta de que tienen un fundamento firme sobre el que construir, uno mucho mejor que el mundo corruptible, y (2) habla de la obra interior que Dios hace en la conversión, del mismo modo que la expresión "obediencia a la verdad" habla de la obra del cristiano, ambas mantienen una tensión creadora.

24-25 Tenemos aquí una cita de Isaías 40:6b-8 de la Septuaginta (que básicamente omite 40:7 del texto masorético) con mínimos cambios gramaticales y estilísticos, y con el uso de "Señor" en vez de "Dios" para darle un toque cristiano; estos elementos juegan a favor de la argumentación que Pedro está elaborando[9]. Esta misma cita aparece en Santiago 1:10-11 para hablar de la transitoriedad de los ricos (cf. la misma idea en

[7] Normalmente el Nuevo Testamento expresa este idea con σπέρμα (44 veces en el Nuevo Testamento), pero aquí usa σπορα que, literalmente, significa "sembrar" y este es el único lugar de todo el Nuevo Testamento en donde aparece (y, con este sentido, en la literatura griega solo aparece aquí y en el *Corpus Hermeticum*, p. ej., en el Tratado 13.2 [ἡ σπορὰ τὸ ἀληθινὸν ἀγαθόν], [cf. BAGD, p. 770]). Puede que Pedro haya escogido esta palabra deliberadamente porque en la siguiente línea especifica cuál es la simiente o la siembra, la palabra de Dios que vive y permanece.

[8] "Que vive" y "que permanece" están describiendo la palabra, no a Dios, aunque gramaticalmente cualquiera de los dos podría ser el referente y en Daniel 6:26 (cf. 6:20) se usa este tipo de lenguaje para referirse a Dios. (1) El hilo del argumento, incluido el paralelo entre λόγου y σπορᾶς en la línea anterior, (2) la posición de "Dios" entre "que vive" y "que permanece", que es en sí bastante inusual, y (3) el énfasis en la idea de que la palabra permanece que vemos en la cita de Is. 40:6-8 del versículo siguiente apuntan a que el término que tenemos que reconocer como referente es "la palabra". Cf. E. A. La Verdière, "A Grammatical Ambiguity in 1 Pet. 1:23", *CBQ* 36 (1974), 89-94.

[9] F. W. Danker, "I Peter, 1,24-2,17 A Consolatory Pericope", *ZNW* 58 (1967), 93-95. Según él, esta cita suscita la discusión de 2:1-17, y que el desarrollo de ésta es similar a las ideas que aparecen en 1QH, aunque no apunta a ninguna dependencia

Sal 103:15-16); en el contexto de Isaías se refiere a la destrucción de Israel bajo el juicio de Dios, que contrasta con la palabra de redención de la que Dios está hablando; pero para Pedro el elemento principal del pasaje es la palabra de Dios, "que permanece" o "dura" para siempre, es decir, que no va a dejar de ser eficaz, a diferencia de la inmoralidad y transitoriedad de sus persecutores (situación no tan diferente a la del Israel de Isaías, aunque aquí no se trata de la consecuencia de la infidelidad de los creyentes ni del juicio de Dios). Así, la Escritura misma prueba que la palabra de Dios, por medio de la cual ellos han podido renacer, no puede ser suplantada. Y, por si no ha quedado claro, añade que esa es la misma palabra que les fue anunciada como buenas nuevas cuando oyeron el Evangelio y se convirtieron[10]. Así, este Evangelio es la palabra recreadora y regeneradora de Dios, que no es exactamente lo mismo que su palabra creadora que actuó en el principio o las palabras que Dios habló por medio de sus profetas.

4. Identidad cristiana (2:1-10)

2:1 Por tanto, desechando toda malicia y todo engaño, e hipocresías, envidias y toda difamación, 2 desead como niños recién nacidos, la leche pura de la palabra, para que por ella crezcáis para salvación, 3 si [es que]* habéis probado la benignidad del Señor.

* "ya que" en la versión en inglés [*N. de la T.*]

1 Como Dios ha efectuado la regeneración de los creyentes receptores de la epístola, y esa regeneración es una obra de Dios que permanece, deberían vivir de acuerdo con esa naturaleza, en vez de volver a deleitarse en la vida corruptible. Así que Pedro vuelve la vista al momento de la conversión, cuando se arrepintieron y renunciaron a la vida vieja y se bautizaron para entrar en la nueva, al momento en el que nacieron de nuevo y, usando una palabra que normalmente se

---

textual. El único propósito es la consolación de aquellos que están sufriendo. Esto hace que estos versículos no sean más que versículos de transición, formando un puente entre el argumento anterior y el "midrash" siguiente.

[10] Tenemos aquí dos términos griegos que nosotros traducimos por "palabra": y ῥῆμα. No parece ser que tengamos que interpretarlas de forma diferente, pues la primera aparece en el v. 23 y la segunda en el v. 25, es decir, aparece en la Septuaginta y Pedro la recoge para dejar claro que también puede aplicarse a la palabra de la que ha hablado en el v. 23.

refiere a quitarse la ropa y ponerla a un lado (p. ej., Hch. 7:58), describe a los creyentes como un grupo de gente que ha desechado los vicios de la vida vieja, como si de una ropa sucia se tratara[1].

No es que se hayan deshecho de los grandes vicios del paganismo, sino que aquí se nos habla de vicios que destruyen la comunidad, vicios que, en muchas ocasiones, la Iglesia de hoy en día tolera. Aquí, Pedro –igual que Santiago y Juan en su primera epístola– muestra su preocupación por la solidaridad comunitaria. Sobre todo cuando la comunidad está bajo presión, es fácil que haya una tendencia hacia las riñas y las divisiones, que lo único que logran es que la comunidad sea aún más vulnerable a las presiones del exterior. Pedro les recuerda que al convertirse, renunciaron a esos vicios, enumerando 5 de ellos, que son los típicos que tanto Pablo como las comunidades judías también condenan[2].

El primer vicio es la "malicia". Aunque en algunos contextos este término simplemente significa "maldad", "depravación" o "vicio", en un contexto como el nuestro apunta a "rencor" o "malicia"; es decir, "la fuerza que destruye la comunión" y que es, por tanto, adversa a la comunidad cristiana[3]. Este vicio suele emparejarse con la perversidad, la amargura y la envidia (1 Co. 5:8; Ef. 4:31; Col. 3:88; Tit. 3:3; Stgo. 1:21). En este término encontramos el problema interno del corazón que es la raíz de los comportamientos mencionados en este texto.

A continuación habla del "engaño" y la "hipocresía". El primer término aparece tres veces en 1ª Pedro (2:1, 22; 3:10). Se refiere a hablar o actuar escondiendo la verdadera motivación, es decir, todo lo contrario a hablar de forma honesta o sincera, y lo contrario a decir toda la verdad. Esta es la forma en la que los enemigos de Jesús y de Pablo les trataban (Mr. 14:1 y Mt. 26:4; Hch. 13:10, respectivamente). Se trata de un vicio cuya raíz está en lo más profundo de nuestros corazones (Mr. 7:22; Ro. 1:29). Por tanto, no puede representar la

---

[1] La NVI traduce ἀποθέμενοι (libraos), un participio aoristo usado de forma imperativa, y como si fuera un mandamiento como en Efesios 4:22. Sin embargo, aunque seguro que se les quiere recordar a los lectores que en el bautismo deben tomar una determinación, y en ese sentido es imperativo, el énfasis está en vivir la vida nueva; se da por sentado que la vida vieja es parte del pasado, un capítulo cerrado, y de ahí el uso del aoristo. Por tanto, hemos traducido como un gerundio, para mantener el énfasis que Pedro está haciendo. En cuanto a más información sobre el imperativo, ver más abajo.

[2] Cf. Ro. 1:29-31, que incluye la mayoría de ellos, como también hace el himno de 1QS 10:21-23 y en menor grado 1QS 4:9-11. Ver también S. Wibbing, *Die Tugend- und Lästerkataloge im Neuen Testament* (Berlin, 1959), p. 87-88, 93-94.

[3] W. Grundmann, "κακία", *TDNT*, III, 482-84.

presentación de la verdad de Dios (2 Co. 12:16; 1 Ts. 2:3; cf. 2 Co. 4:2; 6:4-7), ni puede permitirse dentro de la comunidad cristiana. Del mismo modo, la "hipocresía" se refiere a «cualquier tipo de fingimiento o engaño ante Dios o los hombres», o a una incoherencia entre la doctrina y la práctica, el pensamiento y el comportamiento, el comportamiento en la Iglesia y el comportamiento en casa o en el trabajo (p. ej., Mt. 23:28; Mr. 12:15; Lc. 12:1; Gá. 2:13; 1 Ti. 4:2; cf. el uso de "hipócritas" en los Evangelios, especialmente en Mateo)[4]. Ninguna de estas características es compatible con el discurso y el comportamiento verdadero y honesto que demanda el Evangelio.

La "envidia" es una actitud que está detrás de muchas acciones engañosas e hipócritas. Aparece frecuentemente en las listas del Nuevo Testamento que hablan de las características de la vida vieja (Ro. 1:29; Gá. 5:21, 26; Fil. 1:15; 1 Ti. 6:4; Tit. 3:·), y fue una de las razones que llevó a los líderes religiosos a querer la crucifixión de Jesús (Mt. 27:18; Mr. 15:10). En las listas de vicios también suele asociarse a los conflictos dentro de la comunidad y a las divisiones. Obviamente, si uno tiene la mente de Cristo que busca el bien de los demás (Fil. 2:1-5), la envidia sería una total contradicción[5]. La envidia normalmente lleva a la "calumnia" o "difamación". Y aquellos cristianos estaban siendo víctimas de la calumnia (1 P. 2:12; 3:16); sin embargo, eso no significa que ellos no pudieran practicarla. El engaño se hace de forma directa, hablando de forma engañosa con la víctima, pero la persona que actúa con envidia y malicia y critica a la víctima cuando no está presente cae también en la hipocresía. Muchas veces disfrazamos la habladuría o la crítica diciendo que "vamos a compartir un problema" o que "tenemos un motivo de oración", o que "hay algo que nos preocupa". Pero aún así, está mal. Pablo incluye esta actividad en la lista de vicios de 2ª Corintios 10, y Santiago dice que consiste en querer usurpar el lugar de Dios (Stgo. 4:11). Por tanto, la lista de Pedro no deja lugar a cualquier actitud o práctica que no nazca de la verdad y del amor entre los miembros de la comunidad cristiana; los cristianos deberían poder confiar que en las acciones de sus hermanos no hay ninguna motivación engañosa y que ninguno de ellos va a criticarles a sus espaldas.

---

[4] U. Wilckens, "ὑποκρίνομαι", *TDNT*, VIII, 559-70, especialmente 566-70.
[5] D. H. Field, "Envy", *DNTT*, I, 557-58.

2 Como en la conversión estos cristianos se arrepintieron de todo lo malo, deberían volverse hacia el bien. Pero ahora nos encontramos con una sorpresa, ya que en vez de un catálogo de virtudes que va a sustituir a los vicios (como en Gá. 5), nos encontramos con un llamamiento a depender de Dios. Como han nacido de nuevo (cf. 1:2 en cuanto a esta imagen, que es una imagen bautismal), no son más que bebés recién nacidos. Por tanto, deben desear la comida apropiada para esa edad, es decir, leche. Esta orden, "desead", es el único imperativo que aparece en todo el pasaje[6]; las frases anteriores han descrito el escenario con el que nos encontramos, y las frases que le siguen explican lo que significa. De hecho, algunos ven este imperativo como el imperativo más importante de toda la epístola[7]. Al menos, apunta a una búsqueda activa del alimento adecuado, y no a una recepción pasiva.

Los nuevos creyentes deben desear leche. Tanto en 1ª Corintios como en Hebreos 5:13, la leche significa la enseñanza básica para los recién convertidos, pero los cristianos a los que estas dos epístolas están dirigidas deberían desear muchos más, no deberían estancarse en la leche. Aquí en Pedro, la leche no tiene esa connotación negativa, sino que se deja claro que es el alimento adecuado para los recién nacidos; tampoco pretende establecer una comparación con la madurez que aún no tienen. Sencillamente, la leche es un símbolo como el que más adelante se usaba en el judaísmo para referirse al alimento espiritual. Por ejemplo, el Maestro de Qumrán dijo: «Me has puesto como padre de los hijos de la gracia... Ellos abren la boca como recién nacidos... como un niño que juega en la falda de su nodriza» (1QH 7:20-22; cf. 1QH 9:35-36)[8]. De forma similar, las Odas de Salomón, obra judeocristiana, recogen lo siguiente: «Yo les he dado miembros, y les he dado mi propio pecho, para que puedan beber mi leche santa y vivir

---

[6] En 1ª Pedro aparecen 23 imperativos, pero la mayoría están en el pasaje sobre conducta social que va del 2:11 al 4:10. Los que aparecen fuera de ese pasaje son los dos que aquí encontramos, y los que hay en 1:13, 22; 4:13, 15, 16; 5:2, 8, 9 y 12.

[7] Por ejemplo, K. R. Snodgrass, "I Peter II. 1-10: Its Formation and Literary Affinities", *NTS* 24 (1977), 97; J. H. Elliott, *The Elect and the Holy* (Leiden, 1966), p. 22-202, 215-17. De todos los imperativos que aparecen en esta epístola, los únicos candidatos a ser el imperativo más importante son éste y el que aparece en 4:13-16. Pero también podría ser que no hubiera un imperativo central. Este imperativo es el mandamiento central de esta primera sección, mientras que el tema central de la última sección es el gozo en medio del sufrimiento.

[8] O. Michel y O. Betz, "Von Gott gezeugt", en *Judentum, Christentum, Kirche* (*Festschrift* para J. Jeremias) (Berlín, 1960), p. 14; creen que el origen de este tipo de lenguaje está en Números 11:12.

de ella...» (8:15-18; cf. 19:1-5)[9]. De hecho, la imagen de la leche era tan conocida que en la Tradición Apostólica de Hipólito del siglo III, después del Bautismo, junto con el pan y el vino, se daba a los nuevos creyentes un vaso de leche con miel (Hipólito, *Antiguo Testamento*

Esta "leche" que tenían que beber tenía que ser "pura". El término griego es la negación de la palabra que hemos traducido por "engaño" en el versículo anterior. Así que el contraste entre estas dos palabras es una decisión deliberada del autor. En esta "leche" no hay engaño, ni es una leche adulterada[10]. Pueden fiarse de ella. Además, es "espiritual", un término que en el Nuevo Testamento solo aparece en Romanos 12:1, pero que es habitual en griego para describir aquello que es espiritual o está relacionado con la palabra racional o *logos*. Aunque "espiritual" es la mejor traducción, ya que anticipa la "casa espiritual" de 2:5 (el término griego que ahí se traduce por "espiritual" es diferente al de este versículo), esta "leche espiritual" se tiene que estar refiriendo a "la palabra que os fue predicada" o a "la palabra de Dios que vive y permanece" de 1:23, 25[11]. Así, anima a los cristianos a continuar zambulléndose en las enseñanzas sobre Jesús, a no perder el entusiasmo por seguir aprendiendo después de la conversión. Es así como han nacido de nuevo, y es así como lograrán "crecer".

El objetivo de su "crecimiento" (expresión muy acertada al estar hablando de nacimiento y de recién nacidos) es la salvación. Aquí la salvación no aparece como algo que ya tienen, sino, como en 1:5, 9, como una recompensa que recibirán con la revelación de Cristo. En el sentido físico, el nacimiento no es el final de un proceso, donde la vida es un don estático, sino que es el principio de un proceso de vida que culmina en la madurez plena, concepto que también encontramos en Pablo (p. ej., Ro. 5:9; 13:11; 1 Co. 1:18).

---

[9] Esta imagen también era común en el mundo pagano, como vemos claramente en la obra de H. Schilier, "γάλα", *TNDT*, I, 646-47. Siguiendo con esa idea, K. H. Schelkle, *Die Petrusbriefe, Der Judasbrief* (Freiburg, 1980), p. 55, sostiene que el origen de esta expresión lo encontramos en las religiones mistéricas, dando un número de ejemplos, aunque todos son posteriores al siglo I. Sin embargo, nosotros creemos que los ejemplos del judaísmo y el uso extenso de esta imagen en Oriente hacen que la teoría de Schelkle sea muy poco probable; no obstante, el uso común que llegó a tener dentro del paganismo debió de servir para que cuando los cristianos usaran ese concepto, los paganos lo aceptaran sin problema alguno.

[10] Fuera de este contexto, "pura" apuntaría a que no ha sido "rebajada con agua", porque muchas veces los mercaderes le añadían agua para así tener más ganancias (ocurría lo mismo con el vino). Y cuando ocurría eso, el resultado era un producto "engañoso".

[11] Cf. C. Brown, "Word", *DNTT*, III, 1118-19.

3 Lo que debe animarles a aceptar este alimento es recordar su experiencia pasada con "el Señor", lo que recordaban, sobre todo, al tomar la Santa Cena[12]. La partícula condicional "si", que aparece en muchas traducciones, apunta a que sí han tenido esa experiencia (eso también se ve en el verbo, que está en tiempo pasado), por lo que traducimos "ya que" (tiene el mismo sentido que en Mt. 6:30; Lc. 12:28; Ro. 6:8; y 1 P. 1:17). El simbolismo es el mismo que en el Salmo 34:8: «Probad y ved que el Señor es bueno; ¡Cuán bienaventurado es el hombre que en Él se refugia!». La terminología de Pedro es idéntica a la de la Septuaginta[13]. Como es típico del Nuevo Testamento, Pedro toma la expresión "el Señor" que en el Antiguo Testamento se aplicaba a Yahvé para aplicársela a Jesús. La idea de "probar" se refiere a la experiencia que los creyentes tienen del Señor, y es una idea muy apropiada para este contexto de la imagen de la leche. No solo significa "probar" en sentido opuesto a "comer" o "beber" algo, sino que se refiere a "probar" la calidad de algo, ya sea negativo (p. ej., la muerte, Mt. 16:28; He. 2:9) o positivo (Lc. 14:24; Hch. 20:11; He. 6:4-5). De hecho, puede ser sinónimo de «comer con el único objetivo de disfrutar la comida».

[12] Los primeros cristianos asociaban la Eucaristía con el Salmo 34, debido al uso de "probar" en el v. 8 (γεύομαι) (Sal. 33:9 LXX), pero la frase anterior "los que miraron a Él, fueron iluminados" (φωτίσθητε en Sal 33:6 LXX) está normalmente relacionada con el Bautismo (al que los primeros cristianos se referían como φωτισμός). Aunque *Const. Apost.* 8.13, 16; Cirilo, *Cat.* 5:16-20; y San Jerónimo, *Epíst.* 28 (71.6) prueban que en el período postapostólico el uso estaba relacionado con la Eucaristía, E. G. Selwyn, *The First Epistle of St. Peter* (Waco, TX, 1988), p. 90, defiende que el paralelo con He. 6:4-6 indica una referencia al Bautismo o a la iniciación; es decir, que lo que aquí quiere expresarse es lo siguiente: "habiendo probado que la palabra de Dios es buena". K. H. Schelkle, *Die Petrusbriefe*, p. 57, y J. N. D. Kelly, *The Epistles of Peter and of Jude* (Londres, 1969), p. 87, aseguran que tenemos aquí una referencia a la Eucaristía. Pero dado que, por un lado, las citas postapostólicas son bastante posteriores a nuestra epístola y dado que, por otro, algunos expositores interpretan que He. 6:4-6 usa el verbo en cuestión para referirse a la Eucaristía, y no al Bautismo, el debate gira en torno a si en 1ª Pedro tenemos o no referencias al Bautismo. Nos decantamos por la línea de L. Goppelt (*Der erste Petrusbrief* [Göttingen, 1978], p. 138), que tiene muy en cuenta las evidencias, y concluye que "esta experiencia era mediada en la iglesia del Nuevo Testamento una y otra vez a través del Bautismo y de la Eucaristía". Aunque la ingesta regular de la "palabra" (2:2) " debía tener lugar principalmente, aunque no exclusivamente, en el culto de eucaristía que se celebraba en las reuniones en las casas".

[13] Pedro también hace referencia al Salmo más adelante: 1 P. 2:4 = Sal. 34:5; 1 P. 3:10-12 = Sal. 34:12-16. Quizá también tiene este salmo en mente cuando escribe 1:15-17 (= Sal. 34:5, 10); 2:9 (= Sal. 34:6). Encontrará más sobre la relación con este salmo en K. R. Snodgrass, "I Peter II. 1-10", p. 102-103.

Esos creyentes han probado "la benignidad [o bondad] del Señor". Este término en sí puede significar "agradable" o "amable" (p. ej., Mt. 11:30; Ef. 4:32), "bueno" o "delicioso" (Lc. 5:39), o "bondadoso" (Lc. 6:35; Ro. 2:4). Han podido disfrutar de la bondad de Jesús tanto en la Creación (Ro. 2:4) como en la Redención. Es probable que Pedro esté hablando de la bondad experimentada en la Redención. Podría haber aquí también una alusión a "probar" la bondad del Señor en la participación de la Eucaristía después del Bautismo, momento en el que gracias a la muerte de Jesús pueden entrar en esa nueva comunidad de fe[14].

4 Y viniendo a Él como a una piedra viva, desechada por los hombres, pero escogida y preciosa delante de Dios, 5 también vosotros, como piedras vivas, sed edificados* como casa espiritual para un sacerdocio santo, para ofrecer sacrificios espirituales aceptables a Dios por medio de Jesucristo. 6 Pues [esto] se encuentra en la Escritura:
He aquí, pongo en Sion una piedra escogida, una preciosa [piedra] angular, y el que crea en Él no será avergonzado.
7 Este precioso valor es, pues, para vosotros los que creéis; pero para los que no creen,
La piedra que desecharon los constructores, ésa, en piedra angular se ha convertido,
8 y,
piedra de tropiezo, y roca de escándalo;
pues ellos tropiezan porque son desobedientes a la palabra, y para ello estaban también destinados. 9 Pero vosotros sois linaje escogido, real sacerdocio, nación santa, pueblo [adquirido] para posesión [de Dios], a fin de que anunciéis las virtudes de aquel que os llamó de las tinieblas a su luz admirable; 10 pues vosotros en otro tiempo no erais pueblo, pero ahora sois el pueblo de Dios; no habíais recibido misericordia, pero ahora habéis recibido misericordia.[15]

---

[14] Sabemos que esto es cierto más adelante, ya que el Salmo 34 se asocia con la Eucaristía en *Const. Apost.* 8.13, 16, en *Cat.* 5.20 (Cirilo de Jerusalén), y en *Epist.* 71.6 (San Jerónimo), y en otras liturgias antiguas, como hemos comentado más arriba. Ni estos textos, ni los paralelos en las Odas de Salomón 19:1 ("Me presentaron una copa de leche, y la bebí en la dulce gracia del Señor") son tan tempranas como 1ª Pedro, pero encierran una asociación, si no una práctica, que comenzó en una fecha que, aunque sea posterior a 1ª Pedro, es bastante temprana.

[15] Mientras E. G. Selwyn, *The First Epistle of St. Peter*, p. 268-81, defiende que 2:4-9 es un himno, un serio análisis del pasaje según los criterios establecidos por R.

* Más abajo, el autor defenderá que la traducción correcta es "estáis siendo edificados" [*N. de la T.*].

4 Ahora Pedro deja la alimentación para elaborar otra metáfora: ahora habla de la seguridad y el honor. Usando una frase que probablemente provenga del Salmo 34:5 ("Venid a Él" en la LXX, usando una construcción que no aparece en el Nuevo Testamento), Pedro explica que su conversión supuso venir o acercarse a Cristo (como también en Mt. 5:1; 18:1; 23:3; He. 4:16; 7:25). Cristo es una "piedra viva". Aquí aparece el símbolo de la piedra, que se seguirá desarrollando en los próximos cinco versículos y que no designa a Cristo como un monumento o un principio muerto, sino como Aquel que ha resucitado, que vive, y que ofrece vida[16].

Se dicen dos cosas sobre la piedra. En primer lugar, los hombres la desecharon. Aunque Pedro citará el Salmo 118:22 en el versículo 7, ya tiene ese salmo en mente. Esta idea, que ya formaba parte de la tradición oral sobre la enseñanza de Jesús (Mr. 12:10), también aparece en Hechos 4:11. El término "desechado" sugiere que los constructores han examinado la piedra, y luego la apartan porque creen que no sirve para construir el futuro de la nación[17]. Seguro que los lectores pueden identificarse con ese sentimiento, pues estaban experimentando el rechazo de sus compatriotas.

En segundo lugar, Dios no hace el mismo tipo de valoración de los hombres, ya que Él no solo aprueba a Jesús como una piedra en el edificio, sino que lo valora como "una piedra preciosa, una piedra escogida". Aquí tenemos una alusión a Isaías 28:16, que se citará en el versículo 6, y que aquí se interpreta como en la Septuaginta, como la piedra angular. En el judaísmo el Targum interpretaba la piedra de Isaías 28 como el Rey o el Mesías[18], aunque en Qumrán este símbolo se refiere a la comunidad: "[El

---

P. Martín en "Aspects of Worship in the New Testament Church", *Vox Evangelica* (1963), 17-18, demuestra que no contiene la mayoría de características típicas de un himno. Más información en J. H. Elliott, *The Elect and the Holy*, p. 133s.

[16] 1 Co. 10:4 también menciona una roca, pero no se trata de un paralelo exacto. Lo que sí hacen los dos autores es sacar la idea del uso tan común que se hacía en la comunidad cristiana primitiva de los textos veterotestamentarios que contenían este simbolismo. Pedro se basa tanto en el Antiguo Testamento que podemos decir que esta sección es casi un comentario o *midrash* cristiano.

[17] W. Grundmann, "δόκιμος", *TDNT*, II, 255-60, sobre todo la pag. 260.

[18] Cf. J. H. Elliott, *The Elect and the Holy*, p. 23-33; J. Jeremias, "   ", *TDNT* IV, 272-73.

Consejo de la Comunidad] será esa ... preciosa piedra angular, cuyo fundamento no podrá ser sacudido" (1QS 8:7; cf. 1QS 5:5; 4QpIsa[d] 1; 1QH 6:26; 7:8-9). En 1ª Pedro 2:4 el autor tiene en mente la interpretación mesiánica que encontramos en Marcos, aunque en el siguiente versículo aparece la comunidad. Pero el fundamento, la piedra angular del templo de Dios es Jesús, quien, lejos de ser desechado, es una piedra escogida, una piedra preciosa, de valor incalculable, por más que el mundo aún no sea capaz de apreciarlo[19]. Esa es la figura a la que los creyentes se han acercado, a la que han venido, y con la que comparten su doble destino.

5 El resultado de acercarse a Cristo, la piedra viva, es que ellos mismos pasan a ser parte de la casa de la que él es la piedra angular. En este versículo, el simbolismo cambia un par de veces: primero, Cristo es la piedra y los hombres son los constructores, luego los cristianos pasan a ser las piedras y parte del edificio y, finalmente, los cristianos son sacerdotes que sirven en el edificio; estos cambios son naturales, siempre y cuando recordemos que el autor no está escribiendo una descripción teológica fija, sino que está haciendo uso del lenguaje metafórico.

Los cristianos no son por naturaleza "piedras vivas", pero llegan a serlo cuando se unen a Cristo a través de la conversión y el Bautismo (cf. 2 Co. 3:18)[20], porque ese edificio solo es posible en la medida en que los cristianos se acercan a Él. Tampoco se les define como piedras aisladas, colocadas en medio de una explanada o en un lado del edificio, sino que sirven en tanto que colectivo, como parte del gran templo de Dios[21]

[19] Aparte de los artículos a los que hacíamos referencia más arriba, todos los que a continuación nombramos son relevantes: N. Hillyer, " 'Rock-Stone' Imagery in 1 Peter", *TynBul* 22 (1971), 58-81; R. J. McKelvey, "Christ is the Cornerstone", *NTS* (1961-62), 352-59; y C. F. D. Moule, "Some Reflections on the 'Stone' Testimonia in Relation to the Name Peter", *NTS* 2 (1955-56), 56-59.

[20] Quizá tengamos aquí la idea de que son insertados en su medio original, puestos en contacto de nuevo con la roca viva, ya que esas ideas se asociaban en la antigüedad clásica con la terminología de la "piedra viva". Cf. J. C. Plumpe, "Vivum saxum, Vivi lapides. The Concept of 'Living Stones' in Classical and Christian Antiquity", *Traditio* (1943), 1-14.

[21] Creo que estamos ante un simbolismo del templo, lo cual está muy claro por el uso común del simbolismo del edificio en el Nuevo Testamento (1 Co. 3:16-17; 2 Co. 6:16; Ef. 2:20-22; 1 Ti. 3:15; He. 3:6; 10:21-22), y por el uso de "casa" en 4:17 que usa la Septuaginta para referirse al templo, y por la mención tan natural que hace del sacerdocio y el sacrificio. Así, seguimos los argumentos que plantea O. Michel, "οἶκος", *TDNT*, V, 125-28; y R. P. Martin, *The Family and the Fellowship* (Grand Rapids, 1979), p. 122; cf. P. S. Minear, *Images of the Church in the New Testament* (Londres, 1961), y no estamos de acuerdo con J. H. Elliott, *The Elect and the Holy*

claro que Dios es el que coloca juntos en la estructura de este edificio del final de los tiempos; por tanto, el verbo es descriptivo ("estáis siendo edificados"), y no imperativo ("sed edificados") aunque, de hecho, esta es la traducción por la que optan muchas versiones.

La descripción de la Iglesia como un templo no es algo común solo en el Nuevo Testamento (como vimos en la nota al pie 21), sino que también era muy habitual en el judaísmo, especialmente en la Comunidad del Mar Muerto (1QS 5:6; "los de Israel que libremente se han comprometido con la Casa de la Verdad", 8:5; "una Casa de Santidad para Israel, una Asamblea de Santidad Suprema para Aarón"; 1QH 6:25-28; 4QpPs37 2:16, donde el Maestro de Justicia es la casa que la comunidad va a llegar a ser). Es una "casa espiritual" porque el Espíritu es el que la forma y, sobre todo, porque no es física[22]. El concepto de la Iglesia no física que sustituye al templo físico de Jerusalén está bastante extendido en los escritos cristianos (Mr. 14:58; 15:29; Jn. 2:19; 4:21, 23-24; Hch. 7:48; 17:24, junto con algunas de las referencias que acabamos de citar más arriba). Así, la casa de Dios ya no debe verse como un edificio físico, sino como una "casa" viva en la cual Dios habita. Por tanto, es invulnerable, a diferencia de los templos físicos o lugares de reunión, lo cual es un alivio para aquel grupo de cristianos que está viviendo bajo la opresión.

Pero esos cristianos no son solo las piedras que forman la casa, sino que también son los sacerdotes que sirven dentro de la casa. El término que traducimos por "sacerdocio" solo aparece en el Nuevo Testamento aquí y en 2:9. En la última referencia se ve claramente que Pedro ve la Iglesia en relación con la función sacerdotal de Israel, ya que alude a Éxodo 19:6. Otros autores del Nuevo Testamento recogen este tema usando otras palabras (p. ej., Ap. 1:6; 5:10; 20:6: este tipo de lenguaje solo se usa para hablar de Cristo como sacerdote en Hebreos y para hablar del sacerdocio de Aarón en Jerusalén, p. ej., Lc. 1:9; He. 7:5). Los cristianos son sacerdocio santo, lo cual apunta a su consagración a Dios, su separación para Dios (similar a Aarón en Lv. 8-11), no por sus cualida-

---

p. 159, y *Un hogar para los que no tienen patria ni hogar*, Verbo Divino, Navarra, 1995. Págs. 225-236, quien defiende que el único simbolismo que estos versículos encierran es el de la familia.

[22] Cf. E. Best, "I Peter II.4-10 – A Reconsideration", *NovT* 11 (1969), 292-93; P. S. Minear, "The House of Living Stones", *EcR* 34 (1982), 238-48.

des morales, que no son la causa sino el resultado, sino por medio de su conversión y bautismo (como en 1:15-23)[23].

Estos sacerdotes tienen que ofrecer "sacrificios espirituales" "aceptable a Dios por medio de Jesucristo". La última frase encaja muy bien en el lenguaje sacrificial (cf. el uso que encontramos en Ro. 15:16) y se refiere a la necesidad de ofrecer sacrificios en consonancia con lo que a la deidad le agrada[24]. El sacrificio agradará a Dios si se hace "por medio de Jesucristo", y no por el hecho en sí de hacer un sacrificio. Así, incluso la adoración y alabanza del cristiano solo es acepta ante los ojos de Dios gracias a la obra de Cristo[25].

Los "sacrificios espirituales" son, sin duda alguna, la alabanza y la acción de gracias (He. 13:15-16) y el servicio práctico que nace del amor los unos por los otros (Ro. 12:1; Ef. 5:2; Fil. 4:18)[26]. Este aban-

[23] J. H. Elliott, "Death of a Slogan: From Royal Priests to Celebrating Community", *UnaSanc* 25 (1968), 21-25, defiende, siguiendo su exégesis en *The Elect and the Holy* que este pasaje no se refiere al sacerdocio individual de los creyentes, sino al sacerdocio colectivo de la comunidad. Son "un cuerpo de sacerdotes" o "una comunidad sacerdotal". E. Best, "I Peter II.4-10", está de acuerdo en que los sustantivos que acaban en – como ἱεράτευμα en este versículo se refiere a grupos de gente que están ejerciendo en calidad de una función concreta, pero arguye acertadamente (1) que uno no puede separar este pasaje de sus paralelos en el Antiguo y el Nuevo Testamento (incluyendo los paralelos levíticos) y (2) que el pasaje mismo no indica si el cristiano es en sí mismo un sacerdote, o si simplemente forma parte de la comunidad sacerdotal. Ahora bien, defender esta última postura de forma definitiva, como hace Elliott, es ir más allá de las evidencias.

[24] E. G. Selwyn, *The First Epistle of St. Peter*, p. 162, que acertadamente lo relaciona con la frase veterotestamentaria "aroma agradable" (Gn. 8:21; Lv. 2:2; Ef. 5:2; Fil. 4:18) y con otros términos que tienen la misma raíz, como el que se usa en este versículo (Ro. 12:1; 1 Ti. 2:3; He. 13:16).

[25] Algunos comentaristas católicos defienden que tanto "por medio de Jesucristo" como "a fin de que anunciéis" (que aparece en 2:9) significa que los sacrificios a los que se refiere son los de la Eucaristía. Ver, por ejemplo, M.-É. Biosmard, "Pierre (Première épître de)", *DBSup* 7 (1966), col. 1435; A. Feuillet, "Les 'sacrifices spirituels' du sacerdoce royal de baptisés (1 P 2,5) et leur préparation dans l'Ancien Testament", *NRT* 96 (1974), 704-28. Pero dada la cantidad de paralelos con los sacrificios espirituales que mencionamos abajo, ninguno de los cuales apunta a la Eucaristía, estamos de acuerdo con D. Hill, " 'To Offer Spiritual Sacrifices...' (1 Peter 2:5): Liturgical Formulations and Christian Paraenesis in 1 Peter", *JSNT* 16 (1982), 60-61, que comenta que aunque la perspectiva de Pedro no excluye esos actos de adoración, la preocupación o interés del apóstol encaja con un significado del sacrificio mucho más amplio: adoración, alabanza, y obras que nacen del amor, en otras palabras, toda la vida cristiana en sí.

[26] C. Brown, "Sacrifice", *DNTT*, III, 435. J. H. Elliott, "Death of a Slogan", p. 24, argumenta que estos sacrificios no se dirigen dentro de la comunidad (es decir, entre los miembros), sino que se dirigen hacia fuera (hacia el mundo no cristiano), tomando esta idea de 2:9. Sin embargo, parecería extraño de repente descubrir que un concepto que conocemos tiene un nuevo significado, especialmente si la construcción gramatical de 2:9 no apunta a que ese significado sea necesario (ver la exégesis y el comentario de este versículo).

dono de las ofrendas de alimentos ya se había anticipado en el judaísmo (Sal. 50:14; 51:16-19; 141:2; Is. 1:11-15; Os. 6:6; Mi. 6:6-8; 1QS 9:3-5, «La oración ofrecida de forma adecuada será como una fragancia aceptable de justicia, y un camino recto como una ofrenda deleitable y libre»; 1QS 10:6; 4QFlor 1:6-7), pero mientras que el judaísmo del primer siglo nunca vio estas ofrendas espirituales como sustitutas de las ofrendas de animales (aunque para los miembros de la comunidad del Mar Muerto ese tipo de ofrendas era imposible en aquel momento, porque según ellos el templo estaba contaminado), para los cristianos esas eran las únicas ofrendas necesarias, ya que el sacrificio de Cristo, que fue de una vez por todas, puso punto y final a la necesidad de los sacrificios de animales. Estas ofrendas son espirituales porque están inspiradas por el Espíritu, y se ofrecen por el Espíritu, no porque sean totalmente inmateriales, ya que compartir cosas materiales con otros cristianos era una forma de ofrecer un sacrificio espiritual (aunque Dios no reciba esas cosas materiales sobre un altar). También, es probable que podamos incluir en este concepto la adoración asociada a la Eucaristía, que era el momento en el que muchas de estas obras de adoración y de compartir tenían lugar[27].

6-8 Después de hablar de su papel como sacerdotes en el templo de Dios (a lo que volverá en el v. 9), nuestro autor retorna a la imagen de Cristo como el templo, la piedra viva. Establece y amplía esta metáfora usando una encadenación de las Escrituras, que está introducida por una expresión muy poco usual, "esto se encuentra [o 'está contenido'] en la Escritura", y comentada de una forma típicamente judía[28].

Los pasajes citados son Isaías 28:16 (también citado en Ro. 9:33, y se hace alusión a él en Ef. 2:20), Salmo 118:22 (citado en Mateo 21:42 y Hechos 4:11), e Isaías 8:14 (también citado en Ro. 9:33). La terminología de la cita de Isaías 28:16 es la misma que aparece en la Septuaginta, pero a diferencia del Salmo 118:22 no es una cita exacta,

[27] Cf. las interpretaciones tempranas en autores como Did. 14; Justino, *Dial.* 117.1; Hipólito, *AT* 4.2-12, que muestran un cambio: la adoración y el compartir en la Eucaristía era una ofrenda, pero luego la Eucaristía pasó a ser, en sí, un ofrenda. Ver la nota al pie 25, donde aparecen comentaristas que creen que ya en el primer siglo existía esta última concepción.

[28] Este es el único lugar de todo el Nuevo Testamento en el que encontramos la expresión "se encuentra en la Escritura", pero aparece en la Septuaginta (1º Macabeos 15:2; 2º Macabeos 11:16, 22) y en otra literatura judía (Josefo, *A.* 11.104; Test. Leví 10:5). Esta introducción muestra la calidad del griego de 1ª Pedro.

ni concuerda con el texto hebreo. Aparentemente los cristianos usaban una forma abreviada del texto veterotestamentario en sus tradicionales *testimonia*, normalmente entrelazando los dos textos de Isaías (como ocurre en Romanos). Pedro toma su cita de Isaías 28 de esta fuente, la cita del Salmo 118:22 de la Septuaginta, y la de Isaías 8:14 del texto hebreo, no sabemos si directamente o de la tradición de los *testimonia* (que podían transmitirse de forma oral o escrita). Pedro coloca los textos en el orden invertido al del versículo 4. Allí hace referencia al Salmo 118:2 (rechazo) antes de mencionar que Dios ha escogido a "esa piedra" (Is. 28:18). Ahora elabora un quiasmo (en este caso sigue el siguiente patrón, A B C B A, en el que C serían los cristianos como piedras), refiriéndose en primer lugar a Isaías 28 y extendiendo el pasaje del Salmo 118, usando Isaías 8. Podemos ver que detrás de esta construcción hay un concienzudo arte homilético.

A medida que la gente avanza hacia el futuro, Jesús se encuentra con ellos. Este encuentro puede tener dos resultados. La "piedra" en el camino es o bien una piedra angular[29] a la que pueden asociarse sin miedo a que les falle, o bien la "piedra" que, si la rechazan, les hará caer, porque Dios la va a exaltar. La piedra se la van a encontrar sea como sea, ya que está en su camino. La diferencia en la forma de reaccionar ante este encuentro se debe a su fe. Pedro saca a la luz este aspecto haciendo dos inserciones (que introduce en el texto como un típico comentario judío o *midrash*), una en el versículo 7a y otra en el 8b. La primera indica claramente que la diferencia se debe a la fe o al compromiso de los cristianos y a la falta de estos en los incrédulos. La segunda explica que la expresión "de tropiezo" (término que cuando aparece con "caída" también puede referirse a la apostasía) significa que no han llegado a creer "la palabra", la cual, a la luz de 1:23-25, solo puede tratarse del Evangelio. Además, el control deliberado de Dios en este proceso y la división forzosa a la que lleva este encuentro con "la piedra" se ve cuando Pedro escribe "y para ello estaban también

---

[29] Algunos de estos términos tienen dos traducciones posibles, como dice J. Jeremias, a quien hemos citado en la nota al pie 18. El término ἀκρογωνιαῖος, traducido por "piedra angular" también significa la dovela de un arco (como en los Salmos de Salomón 22:7, y en la interpretación de Efesios 2:20), que tiene que ser el significado del otro término que aparece en el Salmo 118:22. Pero al usar Septuaginta tiene que estar refiriéndose a una piedra del fundamento o piedra angular sobre la cual se levanta el edificio, ya que menciona el término "fundamento" dos veces. Así que es probable que Pedro tuviera ese significado en mente y reinterpretara el Salmo 118:22 a la luz de ese significado.

destinados". Este sentido del control que Dios tiene incluso sobre el destino de los incrédulos lo volvemos a ver en 2ª Pedro 2:9, 12, 17 y Ro. 9:14-24 (el otro pasaje del Nuevo Testamento en el que se cita Isaías 28). En todos estos lugares el texto se refiere más bien a un destino colectivo, no tanto a un destino individual, al hecho irónico de que un grupo que antes estaba lejos de Dios ahora es un grupo escogido, y el grupo que parecía contar con el favor de Dios ahora anda muy lejos de su Creador. He aquí un misterio ante el cual, estos autores de creencia monoteísta, solo pueden decir: «todo ocurre según el plan inescrutable de Dios y bajo su control y soberanía».

9 Después de ver que "la piedra" divide a los creyentes de los no creyentes (incluyendo a los perseguidores de los receptores de esta epístola), nuestro autor vuelve al tema de la posición privilegiada que ocupan en el templo de Dios, usando la expresión enfática "pero vosotros" para dejar clara la transición y el contraste que hay entre ellos y los no creyentes. Esta posición se describe aplicando a la Iglesia los títulos que el Antiguo Testamento le confiere al pueblo de Israel (ya que la Iglesia es el verdadero remanente de Israel, como indican los títulos de Israel que encontramos a partir de 1:1), en particular los títulos que aparecen en la Septuaginta de Éxodo 19:5-6 (cf. 23:22) y de Isaías 43:20-21 (cf. Dt. 4:20; 7:6; 10:15; 14:2):

«Ahora pues ... seréis mi pueblo más que ninguna otra nación; porque mía es toda la tierra, y vosotros seréis mi reino de sacerdotes y mi nación santa. Estas son palabras que dirás a los hijos de Israel.» (Éxodo 19:5-6).

«Y las bestias del campo me bendecirán ... porque he puesto aguas y ríos en los desiertos, para dar de beber a mi pueblo escogido, el pueblo que he tomado para mí, para que puedan contar mis hechos gloriosos.» (Isaías 43:20-21).

Estos títulos, que aparecen más veces en el Nuevo Testamento, sobre todo en Apocalipsis (Ap. 1:6; 5:10; 20:6; cf. 1 P. 2:5), están enlazados con expresiones tomadas de Éxodo ("Pero vosotros"), de Isaías ("pueblo escogido"), de Éxodo otra vez ("real sacerdocio" y "nación santa"), y finalmente de Isaías ("Pueblo adquirido para posesión de Dios... virtudes [o hechos]", aquí la estructura gramatical varía levemente para adaptarse a la nueva frase), lo que apunta a un largo período de meditación y de uso de estos textos en la historia de la iglesia. El continuo está, todo el rato, en la colectividad: la Iglesia como una unidad es el pueblo, el sacerdocio, la nación, etc., en vez de hablar de cada cristiano de forma particular e individualizada. Éste es un énfasis típico del Nuevo Testamento, que contrasta con la perspectiva individualista actual. El mundo occidental tiende a centrarse en la relación de las personas (de los individuos) con Dios, mientras que a Pedro (y el resto del Nuevo Testamento; p. ej., el concepto paulino del Cuerpo de Cristo) le interesa más hablar de un pueblo que pasa a formar parte de una nueva entidad colectiva que ha sido escogida por Dios, y se relaciona con Dios.

En este contexto, los términos tienen en sí mismos un significado importante. En primer lugar, son un "pueblo escogido", un término que los une a Cristo (se le aplica a él en 2:4, 6) y que Pedro ya usa para dirigirse a ellos en el saludo (1:1). Este concepto de la elección impregna toda la epístola. En segundo lugar, son un "sacerdocio real"[30] Esto significa dos cosas: que son un sacerdocio, y que pertenecen al rey. En el mundo antiguo era bastante común que el rey tuviera su propio equipo de sacerdotes. En nuestro escrito, estamos seguros de que se está refiriendo al reino de Dios, que indica que aquellos creyentes

---

[30] Algunos autores traducen el término "real" como un sustantivo, en vez de como una adjetivo; ver, por ejemplo, J. N. D. Kelly, *The Epistles of Peter and of Jude* p. 97; E. G. Selwyn, *The First Epistle of St. Peter*, p. 165-66; y J. H. Elliott, *The Elect and the Holy*, p. 149-54. Esta traducción sigue el uso más común del término en griego clásico, koiné y patrístico (p. ej., Lc. 7:25) y particularmente la interpretación de Éxodo 19:6 en 2º Macabeos 2:17 (puede que también Ap. 1:6 y 5:10, pero con el uso gramatical tan peculiar del Apocalipsis, podríamos estar ante un caso de endíadis [*N. de la T.* Figura por la cual se expresa un solo concepto con dos nombres coordinados]). F. J. A. Hort, *The First Epistle of St. Peter I.1-II.17* (Londres, 1898), p. 125, cuya línea sigue E. Best, "I Peter II.4-10", p. 290-91, argumenta que el Targum interpretaba Éxodo 19:6 como "reyes (y) sacerdotes" y que los sustantivos en – suelen ser colectivos igual que los sustantivos en –ευμα.

Por el contrario F. W. Beare, *The First Epistle of Peter* (Oxford, 1970), p. 130-31, y L. Goppelt, *Der erste Petrusbrief*, p. 152-53, comentan que hay muchos ejemplos en el griego clásico en los que esta palabra se usa como adjetivo, que cada título en esta lista contiene un nombre más un adjetivo (es decir, la interpretación anterior rompería el patrón que se repite a lo largo de la lista), y que el hebreo de Éxodo favorece su traducción.

Pero Beare está en lo cierto: Probablemente al autor ya le pareció suficiente tomar la expresión tal y como aparecía en el griego del AT ... y no sintió la necesidad de definir su significado con términos cristianos y de forma más precisa. Nuestra traducción no debería hacer hincapié en el término si Pedro (a diferencia del Apocalipsis) parece no prestarle demasiada atención.

no sirven a la secta terrenal de Israel o a cualquier otra secta, sino que sirven en el reinado que se acaba de inaugurar, cuyo rey es Cristo. Sus tareas sacerdotales ya se han mencionado en 2:5: la ofrenda de sacrificios espirituales. El sacerdote tiene el privilegio de servir en la presencia de la deidad, de "acercarse" a donde nadie más osaría hacerlo (cf. He. 9:1-10:25). Así, si unimos esas dos palabras indican la posición privilegiada que los cristianos tienen ante Dios: pertenecen al rey y sirven en la presencia de Dios. Además, son una "nación santa". No se está hablando de su santidad moral (aunque están llamados a buscarla; cf. 1:15-16), sino de que han sido apartados para Dios. Dios ha apartado a los cristianos para que sean su pueblo, exactamente lo mismo que había hecho con Israel en el Antiguo Testamento. Esto se subraya en la frase final, "pueblo adquirido para posesión de Dios", que enfatiza el hecho de que le pertenecen (y con razón, pues los ha comprado, 1:18; cf. Hch. 20:28, donde se usa el mismo término griego).

El propósito de esa posición especial que los creyentes ocupan (que, recordemos, es colectiva, no individual) es que puedan "anunciar las virtudes" de Dios[31]. El término griego *aretē* normalmente significa "virtud" o "excelencia moral" (p. ej., Fil. 4:8; 2 P. 1:5), pero cuando se usa para referirse a Dios habla de su "gloria" (p. ej., 2 P. 1:3 o el uso que encontramos en la LXX de Isaías 42:8, 12; Ha. 3:3; Zac. 6:13) o de la "manifestación del poder divino", de "los hechos poderosos" (p. ej., los acontecimientos del Éxodo citados en Isaías 43:21, que usa este término en la LXX)[32]. Es probable que Pedro tenga en mente este último sentido. Los cristianos tienen que "anunciar en el extranjero"[33] las obras poderosas de Dios, que incluyen tanto la creación como el milagro de la redención en la vida, muerte, resurrección y revelación de Jesucristo. Podemos ver ejemplos de ello en los himnos del Apocalipsis (4:11; 5:9; 15:3-4; 19:1)

---

[31] J. H. Elliott, *The Elect and the Holy*, argumenta que esta frase define lo que significa ser un sacerdote y que, por tanto, los sacrificios deben realizarse para con los de afuera (comunicar a los de afuera de la comunidad la buena obra de Dios) y no para con los de adentro (hacer buenas obras hacia los que están dentro de la comunidad o alabar y adorar a Dios). Pero resulta extraño relacionar una proposición de finalidad que se refiere a toda la lista de títulos a un único título de esa lista. Sin negar el aspecto interrelacional del pueblo de Israel, el Antiguo Testamento también recoge que Israel, por el simple hecho de ser quien es, proclamaba la gloria de Dios (p. ej., Dt. 4:6-7, 34s.). El énfasis del citado testamento y de nuestro pasaje está en lo que Dios ha hecho por su pueblo, y no en lo que su pueblo ha hecho.

[32] H. –G. Link y A. Ringwald, "Virtue", *DNTT*, III, 927; O. Bauernfeind, " *TDNT*, I, 457-61; cf. F. W. Beare, *The First Epistle of Peter*, p. 151.

[33] J. Schniewind, "ἐξαγγέλλω", *TDNT*, I, 69.

y en las proclamaciones del Evangelio que encontramos en Hechos. Esta alabanza heráldica es la razón de su existencia.

Además, la alabanza está basada en lo que Dios ha hecho por ellos. Pedro hace referencia a la conversión de esos creyentes cuando habla de que han sido "llamados de las tinieblas a la luz admirable". El término "llamados" se refiere a su conversión (p. ej., Ro. 8:30; 1 Co. 1:9; 7:17; Gá. 1:6, 15). La idea de un grupo de gente escogido por Dios que ha de ser luz o que está en la luz a diferencia de los que están lejos de Dios, que están en tinieblas, es un concepto muy común en el Nuevo Testamento (Ro. 2:19; hablando de la actividad misionera de los judíos; Ro. 13:12; 2 Co. 4:6; 6:14; Ef. 5:8, 14; Col. 1:13; 1 Ts. 5:4-5; He. 6:4; 1 Jn. 1:5-7) y en el judaísmo (Sal. 34:9, que ya hemos citado anteriormente, y, p. ej., Sal. 39:9)[34]. La expresión recoge el asombro del converso al verse iluminado por Dios y traído a su presencia, que es el motivo que le mueve a la alabanza y a la proclamación.

10 Ahora Pedro inserta un poema basado en Oseas 1:6, 9-10; 2:23, que también se cita en Romanos 9:25-26[35]. El tema en Oseas gira en torno al rechazo de su mujer infiel y de sus hijos, y de su posterior aceptación. A diferencia de Israel, estos cristianos nunca habían vivido como un pueblo infiel a un pacto, pero sabían que antes habían estado fuera del favor de Dios, es decir, desechados. Hubo un tiempo en el que "no eran pueblo", ya que "el pueblo de Dios" era un término reservado para el pueblo de Israel[36]. Los judíos solían jactarse de ello, gloriarse en su estatus. Pero ahora estos cristianos saben que ellos son escogidos; no son solo un pueblo de Dios, sino que son *el* pueblo de Dios. Ellos son los receptores de la misericordia de Dios, esto es, de su cuidado y preocupación. Este poema resume el tema de la elección en esta sección y consuela al pueblo desechado y sufriente, pueblo que ha de ver que el rechazo en la tierra no es más que un rechazo terrenal. Una cosa es cierta e incuestionable: han sido aceptados por Dios.

---

[34] Jos. Y As. 15:13; 1QS 3:13s.; 1QH 4:5, 6, 23: "Tú has iluminado mi faz a través de tu pacto"; "Tú te has revelado a mí en tu poder como la luz perfecta"; cf. H. Conzelmann, "σκότος", *TDNT*, VII, 423-45; H.-C. Hahn y C. Brown, "Light", *DNTT*, II, 490-96.

[35] En el texto de Romanos, la aplicación es diferente, el orden de las frases también, y en la traducción, se sustituye "habíais recibido misericordia" por "amada mía", que podría reflejar una tradición hebrea diferente. Así, queda bastante claro que Pedro no se basa en el texto paulino, sino que parece ser que los dos interpretan los textos de Oseas de forma muy similar.

[36] H. Strathmann, "λαός", *TDNT*, IV, 32-57.

III. Relación con las instituciones sociales (2:11-4:11)

Después de recordar a aquellos cristianos cuáles son sus privilegios como pueblo escogido por Dios, nuestro autor pasa ahora a hablar de cuál es su lugar en el mundo. Si han sido exaltados, ¿deben someterse a las instituciones sociales? Y si a pesar de sus esfuerzos por vivir en paz, la sociedad les ataca, ¿cuál debe ser su reacción? Dos secciones de la tradición nos dan las respuestas a estas preguntas: (1) después de una breve introducción (2:11-12), Pedro inserta los tradicionales deberes sociales y familiares (*Haustafeln*, si queremos usar el término de Lutero) que son bastante similares a los que encontramos en Efesios 5-6 y Colosenses 3 (también se parece al *Haustafeln* estoico), y (2) a continuación, pasa a hablar de cuál es la actitud adecuada ante el sufrimiento (3:8-4:1). No deberíamos concluir que Pedro creía que sus lectores no conocían este material; quiso animarles usando un material que les era familiar, con el objetivo de ayudarles a mantenerse firmes en su propósito[1].

A. Introducción: exhortación a un estilo de vida ético (2:11-12)

11 Amados, os ruego como a extranjeros y peregrinos, que os abstengáis de las pasiones carnales que combaten contra el alma. 12 Mantened entre los gentiles una conducta irreprochable, a fin de que en aquello que os calumnian como malhechores, ellos, por razón de vuestras buenas obras, al considerarlas, glorifiquen a Dios en el día de la visitación.

11 El vocativo, "amados", marca el comienzo de una nueva sección de la epístola; se trata de una fórmula bastante común a todas las epístolas cristianas, pero en el mundo epistolar griego apenas se usaba (p. ej., Ro. 12:9; 1 Co. 15:58; 2 Co. 7:1; 12:19; Fil. 2:12; 4:1; He. 6:9; Stgo. 1:16, 19; 2:5; 2 P. 3:1, 8, 14, 17). Del mismo modo, "os ruego" vuelve a ser una fórmula que en los escritos cristianos se usa para introducir una exhortación[2]

---

[1] Aunque la forma de este material de 1ª Pedro es mucho más parecida a la del *Haustafeln*, mucho del contenido de la primera sección se parece mucho al que encontramos en Romanos 13:1-7. Cf. H. Goldstein, "Die politischen Paraenesen in Petr. 2 und Röm. 13", *BibLeb* 14 [1973], 88-104.

[2] Cf. C. J. Bjerkelund, *Parakalô: Form, Funktion und Sinn der Parakalô-Sätze in den paulinischen Briefen* (Olso, 1967).

En esta exhortación, Pedro da por sentado que aquellos a los que se está dirigiendo son los que ha descrito en la primera parte de la carta, es decir "extranjeros y peregrinos" (1:1, 17; y, presente, de forma implícita, en muchos otros lugares de la epístola). La combinación de estos dos sustantivos es bastante sorprendente, porque el término "extranjero" suele usarse para describir a un extranjero que ya reside en el lugar de forma permanente, mientras que un "peregrino" es aquel extranjero que permanece en un lugar de forma temporal. Pero a Pedro no le interesa tanto el significado exacto de esas palabras, sino que lo que quiere es transmitir la idea de que somos de otro lugar, pertenecemos a otro lugar; es muy probable que esté usando el lenguaje de la Septuaginta: por ejemplo Génesis 33:4, donde Abraham se describe a sí mismo de este modo, y Salmos 39:12 (38:13 en la LXX), donde el salmista escribe: «Escucha mi oración, oh Señor, y presta oído a mi clamor;/ no guardes silencio ante mis lágrimas;/ porque extranjero soy junto a ti,/ peregrino, como todos mis padres». Encontramos el mismo tipo de lenguaje en Efesios 2:19 (extranjero) y en Hebreos 11:13 (peregrino). Saber que no pertenecen al lugar donde viven no les lleva a retirarse de la vida en sociedad, ni tampoco a comportarse como la cultura en la que viven, sino que les empuja a llevar una conducta digna del lugar al que pertenecen, el cielo; así, su estilo de vida se adecúa al lugar al que se dirigen, y no al lugar en el que viven de forma temporal.

Por tanto, deben "abstenerse de las pasiones carnales que combaten contra el alma". El término abstenerse es muy frecuente en las listas de mandamientos éticos (Hch. 15:20; Fil. 4:18; 1 Ti. 4:3; 5:22). También, el término "deseo" que Pedro ya ha usado anteriormente (1:4) se usa mucho para referirse a los impulsos desenfrenados de los seres humanos (p. ej., 1:24; 6:12; Gá. 5:16*; Ef. 2:3*; Stgo. 1:14-15; 1 P. 4:2-3; 2 P. 2:18*; 1 Jn. 2:16*: el asterisco indica que en estos textos los términos "carne" y "deseo" están relacionados). Aquí, la cuestión está en ver si "carnales" se usa en el sentido general paulino, lo que pertenece a la naturaleza humana o caída, es decir, lo que nace del egocentrismo humano[3], o si se refiere específicamente a los pecados del cuerpo, a los pecados sexuales[4]. Lo más probable es que Pedro tenga en mente el sentido más general (el que hemos mencionado en primer

[3] Por ejemplo, K. H. Schelkle, *Die Petrusbriefe, Der Judasbrief* [Freiburg, 1980], p. 69.
[4] Por ejemplo, J. N. D. Kelly, *The Epistles of Peter and of Jude* [Londres, 1969], p. 104.

lugar), ya que no hay nada en el contexto que apunte de forma específica a los pecados sexuales (las instrucciones que empiezan en 2:13 contienen más pecados relacionados con la actitud que con el cuerpo), así que concluimos que el uso de este término en 1ª Pedro es bastante similar al uso que Pablo le da (quien no lo usa haciendo un énfasis especial en los pecados sexuales). Pero la expresión "que combaten contra el alma" es una pista importante. Aunque la descripción de la vida cristiana como una batalla es muy común (2 Co. 2:3-4; 1 Ti. 1:18; Stgo. 4:1; cf. Ef. 6:10-20), el hecho de que el deseo "combate contra el alma", es decir, la persona o el ego (sin separar el alma del cuerpo) no es una idea muy común en Pablo (quien normalmente diferencia entre la carne y el espíritu) pero concuerda con el pasaje de Santiago 4:1-3, y también con Santiago 1:13-15[5].

En la doctrina judía sobre el mal en el ser humano (al que Pablo llama "pecado" en Ro. 7, y al que Santiago llama "deseo"), éste habita en el cuerpo (es decir, en la carne, a veces en partes concretas de ésta) y lucha por poder controlar a las personas. Sabemos que deberíamos hacer esto o aquello, pero parece que somos incapaces de seguir la luz y la ética que tenemos. Pablo describe esta angustia en Romanos 7, y en Romanos 8 pasa a explicar que el camino a la libertad es la obediencia al Espíritu que habita en los cristianos. Santiago describe esta guerra en 4:1, y llama al arrepentimiento, ya que la gente a la que estaba escribiendo estaba perdiendo la batalla porque no estaba siendo del todo leal a Dios. Pedro no está sugiriendo que aquella era una gente pecadora, ni tampoco ve la necesidad de describir la tensión, sino que se limita a exhortar a los lectores a vivir del modo en el que saben que deben vivir, sin entregarse al deseo desenfrenado[6], ya que eso significaría entregarse al enemigo y caer en el cautiverio.

12 Ahora Pedro añade un matiz afirmativo, ya que los cristianos no solo tienen que "abstenerse" o "dejar de hacer", sino que también tienen

---

[5] Esto está basado en las evidencias recogidas por Peter Davids, *The Epistle of James* [Grand Rapids, 1982], pp. 36, 55-56, 79-85, 156-68.

[6] El deseo en sí mismo era visto como algo bueno y necesario; no se está hablando de volver a la "apatía" (ἀπάθεια) de los estoicos. El problema al que se enfrentaban los judíos y los cristianos era que muchas veces no podemos controlar nuestros deseos: no solo disfrutamos lo que nos pertenece, sino que también queremos tener lo que es del vecino. Cf. F. C. Porter, *The Yeçer Hara: A Study in the Jewish Doctrine of Sin* [New York, 1902], p. 93-156; y S. Schechter, *Some Aspects of Rabbinic Theology* [Londres, 1909)] pp. 242-92.

que luchar por llevar un buen estilo de vida. Usando otra vez un lenguaje que retrata a los cristianos como el remanente de Israel "entre los gentiles [o 'las naciones'] ", les dice que deben tener "una conducta irreprochable", expresión que ya usó anteriormente (1:15) y que también aparece en Santiago 3:13. En 1:15 se nos dice que esta "conducta" o "manera de vivir" tiene que ser santa. Ahora se nos dice que tiene que ser "buena", "irreprochable", tema que va a aparecer a lo largo de toda la exhortación (2:12, 15-16, 20; 3:1-2, 6, 13, 16)[7]. Está claro que el concepto "bueno" no apunta a algo inferior a "santo" (Pedro no les pediría a los cristianos hacer algo que está por debajo de la santidad); sin embargo, 2:14 muestra que ahora se está refiriendo a virtudes que la cultura en la que viven debería aprobar. Por tanto, puede decirse que la lista de virtudes que aparece a continuación casi equivale a las listas paganas y, en general, exhorta a los cristianos a ser buenos ciudadanos en la medida en que les sea posible.

El propósito de esta conducta o estilo de vida es que los incrédulos que viven alrededor de los cristianos pueden observar y considerar sus buenas obras. Pero usa el mismo término ("observar") en 3:2, donde se refiere a una observación detenida y que dura un largo período de tiempo, que puede acabar en la conversión del que observa[8]. Nuestro pasaje no sugiere que necesariamente tenga que llevar a la conversión, al menos no de forma explícita.

El único otro lugar del Nuevo Testamento en el que aparece la expresión "el día de la visitación" es Lucas 19:44 (cf. Lc. 1:68), pero aparece en la Septuaginta en Isaías 10:3 (cf. Gén. 50:24; Job 10:12; Jer. 11:23; Sabiduría 3:7). Aunque la visitación de Dios puede significar la salvación, en el pasaje de Isaías, que es el único paralelo exacto, se refiere al día del juicio. Todo el mundo tendrá que confesar el poder de Dios manifestado en su pueblo, es decir, "glorificar a Dios", aquel día, incluso si antes no hubiera reconocido la justicia de Dios y de su pueblo (cf. Jos. 7:19, donde "glorificar a Dios" es una exhortación a reconocer la justicia y la rectitud de Dios haciendo una confesión antes de la ejecución)[9].

Aunque con el tiempo las conductas irreprochables cristianas harán que todo el mundo glorifique a Dios por lo que verá en los cristianos,

[7] Cf. W. C. Van Unnik, "The Teaching of Good Works in I Peter", *NTS* 1 [1954-55], 92-110; W. Grundmann, "χαλός", *TDNT*, III, 536-50; E. Beyreuther, "Good", *DNTT*, II, 98-107.

[8] Cf. W. Michaelis, "ὁράω", *TDNT*, V, 315s., sobre todo 373-75.

[9] Cf. W. H. Beyer, "ἐπισχέπτομαι", *TDNT*, II, 599-608.

por el momento los incrédulos aún están lejos de actuar así, pues "os calumnian como malhechores" o "criminales". A menudo los paganos despreciaban a los cristianos tan solo porque se abstenían de los "deseos carnales" (como vemos en 4:4). Les acusaban de practicar en sus reuniones secretas crímenes como el asesinato, el incesto, y el canibalismo (haciendo una interpretación incorrecta de expresiones como "unidos en amor", "hermano y hermana", "comer el cuerpo" y "beber la sangre") y, sobre todo, de estorbar la paz y el orden público del Imperio. Por eso, Tácito decía que "eran odiados a causa de sus muchos vicios" (*An.* 15.44), y Suetonio los define como "una clase de gente que se basa en una novela y en una superstición muy peligrosa" (*Nerón* 16.2). Los cristianos recibían todas estas calumnias y más, que formaban parte del discurso público, y que era lo que los jueces tenían en cuenta cuando se les llevaba a juicio. Pedro sabe que es imposible parar esta cadena de rumores o luchar en contra de ella de forma directa, pues se trata de una blasfemia basada en la culpa de aquellos que la pronuncian. Pero, del mismo modo que Jesús (cf. Mt. 5:16, donde aparecen las expresiones "buenas obras" y "glorificar"), Pedro aboga por una vida recta y, según él, al final los paganos no tendrán más remedio que aprobarla.

B. La relación con el Estado (2:13-17)

13 Someteos, por causa del Señor, a toda institución humana, ya sea al rey, como autoridad, 14 o a los gobernadores, como enviados por él para castigar a los malhechores y alabar a los que hacen el bien. 15 Porque esta es la voluntad de Dios: que haciendo bien, hagáis enmudecer la ignorancia de los hombres insensatos. 16 [Andad] como hombres libres, pero no uséis la libertad como pretexto para la maldad, sino [empleadla] como siervos de Dios. 17 Honrad a todos, amad a los hermanos, temed a Dios, honrad al rey.

13 El primer elemento de moralidad pública que Pedro menciona es la relación con el Estado; tratando este tema, sus argumentos son similares a los de Pablo en Romanos 13. Pero la primera parte de esta instrucción ("Someteos... por causa del Señor") es el mandamiento fundamental general que regirá todo lo que viene a continuación, ya que el tiempo verbal de las formas que aparecen en 2:18; 3:1; y 3:7

dan por sobreentendido que el verbo principal es el que tenemos en este versículo[1].

Así, la sumisión es la característica general de esta moralidad pública. Está claro que la sumisión a Dios es algo que, en el cristianismo, se da por sentado (Stgo. 4:7 presenta un lenguaje fuerte porque está dirigido a unos cristianos que creían que se estaban sometiendo, pero no era así). El problema surge cuando se habla de someterse a las personas: hacía falta que una y otra vez se repitieran las reglas de la sumisión que la cultura secular había establecido (Ro. 13:1, 5; 1 Co. 14:34; 16:16; Ef. 5:2, 22, 24; Col. 3:18; Tit. 2:5, 9; 3:1; 1 P. 5:5).

De esta sumisión se dicen dos cosas: "a todo ser humano" y "por causa del Señor". Los dos conceptos son importantes. El primero se trata de una frase de difícil interpretación que también podría traducirse de la siguiente forma: "a toda institución humana" o "a toda institución creada por el hombre"[2]. No obstante, la palabra que hemos traducido por "humana" o "ser.... creado", aunque en el griego clásico se usaba para describir la fundación de una ciudad, no se usa para conceptos abstractos como son las instituciones. En el griego bíblico, Dios crea el mundo y todas las criaturas y es en estos dos sentidos en los que esa palabra se usa 17 veces (aparte de ésta en 1ª Pedro) en el Nuevo Testamento (cf. Ro. 1:25; Col. 1:23). El adjetivo "humano" es necesario porque el mundo como un todo y también los animales son criaturas, ya que los seres humanos no tienen que someterse a la creación no humana (cf. Gn. 1:26-28)[3]. Pero los cristianos están llamados a no

---

[1] Algunos eruditos, por ejemplo H. G. Meecham, "The Use of the Participle for the Imeprative in the New Testament", *ExpT* 58 [1947], 207-208, ver estos participios como formas verbales aisladas, independientes, pero una comparación con otros *Haustafeln* revela el carácter elíptico de los escritos de Pedro.

[2] En cuanto a la primera traducción, ver F. W. Beare, *The First Epistle of Peter* [Oxford, 1970], p. 141, y E. G. Selwyn, *The First Epistle of St. Peter* [Londres, 1947], p. 172. Estas traducciones enfatizan el hecho de que las estructuras sociales mencionadas no son más que instituciones humanas. En cuanto a la última traducción, ver K. H. Schelkle, *Die Petrusbriefe, Der Judasbrief* [Freiburg, 1980], p. 73; E. Best, *1 Peter* (Grand Rapids, 1982), p. 113; y W. Foerster, "χτίζω," *TDNT*, III, 1000-1035, sobre todo 1034-35, quienes dicen que en la Escritura, incluida la Septuaginta, Dios es el sujeto natural de χτίζω y, por tanto, el adjetivo "humano" debe referirse a aquello para lo que han sido creados.

[3] Encontrará más evidencias de que ésta es la traducción correcta en que el término hebreo de la Misná *habberíyôt* (de *br*) se traduce normalmente por "humanidad" o "raza humana" (como en m. Aboth 1:12, atribuido a Hillel) y este uso se asemeja mucho al de χτίσις en este versículo, aunque el hebreo ya significa "humanidad" sin necesidad de usar el adjetivo "humano" (que, de hecho, no existe en hebreo).

contra otros seres humanos por el poder y la autoridad, sino que tienen que buscar el bien de los demás, sometiéndose a ellos (Mr. 10:42-45; Ef. 5:21. Véase que este último pasaje es de un contexto muy similar al de Pedro). Puede que los cristianos creyeran que esa sumisión no incluía someterse a los no creyentes, pero Pedro aclara que sí deben someterse a ellos, y añade algunas de las personas o grupos más significativos: el César y sus gobernadores, sus amos, y sus maridos[4]

La sumisión a estas personas cuenta con una guía, y también con un límite, como podemos ver en la expresión "por causa del Señor". "El Señor" en el Nuevo Testamento suele referirse a Cristo. Uno se somete porque Cristo es Señor, no porque el César lo sea. No se trata de que los gobernadores o los amos tengan autoridad por ellos mismos. Al contrario, no son más que criaturas de Dios. Pero el Señor dio un ejemplo de sumisión y el Señor desea que se hable bien de su enseñanza (más adelante Pedro desarrollará estas dos ideas), así que, por causa de él (o buscando el bien de él), el cristiano se somete. Ahora bien, como hemos dicho, esta expresión también pone un límite: el cristiano no puede someterse a algo que está fuera del agrado del Señor. Estas autoridades son y siempre serán criaturas o creación de Dios; Cristo es el único Señor, el Señor definitivo.

A diferencia de Pablo, que coloca las relaciones familiares en el primer lugar de la lista, Pedro comienza con las autoridades del gobierno. Esto muestra el contexto de persecución en el que se encuentran; está dando por sentado que el gobernante en cuestión será alguien reacio a los cristianos a los que, muy probablemente, oprimirá y perseguirá. El primero de todos es "el rey", ya que él es la "autoridad" suprema, y para los cristianos, quizá es el que menos problemas teológicos les plantea. La palabra "rey" se refiere, claramente, al emperador romano; "César" era el término más usado, pero el Nuevo Testamento usa "rey" en alguna ocasión, sobre todo si quiere enfatizar su posición (p. ej., Jn. 19:15; Hch. 17:7; Ap. 17:12; cf. Mr. 13:9 y la forma en la que los cambios de Lc. 12:11 muestran que Lucas entiende que lo destacable es el cargo en sí). Así, no se está refiriendo a un emperador en particular, ni a los emperadores romanos en general, sino que Pedro está hablando de la conducta adecuada y prudente ante la suprema autoridad gubernamental, independientemente de quién sea. La naturaleza de la sumisión de la que se está hablando la describirá en los versículos 15-17.

[4] Ver J. N. D. Kelly, *The Epistles of Peter and of Jude* [Londres, 1969], p. 108; y L. Goppelt, *Der erste Petrusbrief* [Göttingen, 1978], pp. 182-83.

14 El emperador no es el único ante el que debía someterse; también debían hacerlo ante los "gobernadores", es decir, los procuradores (de las provincias imperiales) y los procónsules (de las provincias senatoriales) que eran las máximas autoridades con las que la gente tenía que tratar normalmente. De hecho, muchas veces era más difícil someterse a ellos que al emperador, ya que sus decisiones tenían un efecto directo sobre las vidas de las personas, y porque sabemos por la Historia, que muchos usaban su poder para oprimir a aquellos que no eran de su agrado. Pero también debían someterse a ellos porque (1) representaban al Emperador ("eran enviados por él") y (2) su propósito era "castigar a los malhechores y alabar a los que hacen el bien" (es decir, "mantener el orden público")[5]. Es muy poco probable que los cristianos esperaran recibir alabanza, incluso en una sociedad en la que rendir honor de forma pública era algo muy normal, porque normalmente pertenecían a las clases más bajas y en tiempos de persecución preferían no tener ningún reconocimiento público para pasar desapercibidos. No obstante, apreciaban el orden público, y lo que Pedro está haciendo aquí es simplemente citar la función que tenían los gobernadores. Todo el mundo debe someterse a ellos porque incluso el peor de ellos preserva alguna conformidad con los valores paganos de bondad, lo cual es mejor que el caos.

Pedro no va tan lejos como Pablo, quien, en Romanos 13:3-4, dice que el orden público es la voluntad de Dios, por lo que el gobernador es, a ese respecto, "siervo" de Dios. En este área, nuestro autor es mucho más esquemático, citando tan solo los principios básicos que encontramos en la tradición. Obviamente, ninguno de ellos necesariamente aprueba los métodos de los gobernantes, ni dice que los cristianos deberían participar en sus actividades. Según el Antiguo Testamento, tanto los asirios como los babilonios eran "siervos de Dios" para "ejecutar su ira" y "castigar a los que estaban haciendo el mal", aunque luego los condenó por sus métodos y por sus motivaciones. Jeremías decía que el pueblo no debía resistirse a Babilonia, pero no decía que debiera unirse a ella.

15 Pedro pasa a clarificar hasta qué punto deben someterse. "Porque ésta es la voluntad de Dios" recoge el mandamiento de los versícu-

---

[5] "Hacer el bien" es mucho más que simplemente obedecer la ley; apunta más bien a hacer un servicio especial por la comunidad. Este concepto viene de la terminología ética griega (no de un trasfondo hebreo). Ver más sobre esto en W. C. Van Unnik, "A Classical Parallel to I Peter ii.14 and 20", *NTS* 2 (1955-56), 198-202.

los 13 y 14 y luego lo condensa en una frase. Pedro es muy consciente de cuál es la voluntad de Dios, que incluso *podría* incluir el sufrimiento de los cristianos (3:17), pero en tal caso, sería por el hecho de ser cristianos, y no por ninguna otra acusación (4:19). Así, la voluntad de Dios es que hagan el bien[6]. Este "bien", como vimos anteriormente, incluye algo más que la obediencia de la ley civil (siempre y cuando ésta no contradiga la justicia de Dios), ya que se refiere a las "buenas obras" de 2:12 (p. ej., la caridad cristiana [o amor cristiano]), que van más allá del simple deber, y que son las que se ven y las que los paganos admiraban.

Hacer el bien "hará enmudecer las acusaciones ignorantes[7] de los hombres insensatos". Vemos que la principal forma de persecución, y también la más insidiosa, era la calumnia. Pedro se muestra piadoso en exceso, ¡pues dice que esa calumnia se debe a la ignorancia de los perseguidores! (el único lugar del Nuevo Testamento en el que vuelve a aparecer el término *agnōsia* es 1 Co. 15:34); pero como ocurre con el término similar de 1ª Pedro 1:14, esa ignorancia proviene de los insensatos, de aquellos que están de espaldas a Dios[8]. Como se han rebelado contra Dios, no conocen sus caminos (los ignoran), por lo que perciben la conducta de los cristianos de una forma distorsionada. Pero esa conducta irreprochable le hará enmudecer, si no ahora (aunque también podría ser, si fueran lo suficientemente reflexivos), en "el día de la visitación" (2:12)[9]

16 Sin embargo, los cristianos podrían objetar: "Esa sumisión a las leyes humanas, ¿no se contradice con nuestra libertad en Cristo?". A

---

[6] Cf. G. Schrenk, "θέλω", *TDNT*, III, 55-59, donde se trata el tema de la voluntad de Dios en el Nuevo Testamento.

[7] Aunque ἀγνωσία significa "ignorancia", está claro que en este versículo la ignorancia está siendo expresada y debe ser acallada. Por eso optamos por la traducción "acusaciones ignorantes".

[8] La palabra "insensato" es muy común en los Proverbios, donde aparece unas 75 veces; también se usa en el Nuevo Testamento para describir a alguien que no conoce a Dios ni sus caminos; Lc. 11:40; 12:20; Ro. 2:20; 1 Co. 15:36. Cf. J. Goetzmann, "Wisdom, Folly, Philosophy", *DNTT*, III, 1023-26.

[9] La escatología apocalíptica que "es el contexto en el que tienen lugar todas las reflexiones teológicas y éticas" es extremadamente importante en 1ª Pedro. Es también una de las principales razones por las que el intento de B. Reicke de ver 1ª Pedro como una epístola cuyo objetivo era conseguir que los cristianos no se levantaran contra Roma es una interpretación errónea (además, también hace alguna interpretación errónea de términos y expresiones específicas). C. F. Sleeper, "Political Responsibility According to 1 Peter", *NovT* 10 (1968), 270-86 (cita de p.277). Cf. B. I. Reicke, *The Epistles of James, Peter, and Jude* (AB 37) (Garden City, NY, 1964).

lo que Pedro contesta: "en absoluto". Los cristianos están llamados a la libertad, pero no a la libertad de los zelotes palestinos que "solo reconocían como a su Señor y Rey a Dios", por lo que atacaban a las tropas de la ocupación romana y a los judíos que cooperaban con ellos o se sometían a ellos[10]; tampoco es la libertad de los estoicos, que luchaban por evitar los dolores y los placeres de la vida[11]; ni la libertad de los antinómicos, a quienes no les importaban las reglas sociales y morales, sino que lo único que buscaban es la gratificación de los impulsos propios (p. ej., el hombre de 1 Co. 5). Pedro está hablando de la libertad de la que Pablo escribió de forma tan elocuente: ser libre del pecado, de la ley y del mundo, no para vivir en independencia, sino para poder servir a Dios. Esta libertad no se conseguía por el esfuerzo personal, sino que era un don del Espíritu de Dios (Gá. 5:1, 13; Ro. 6:22; 8:2; cf. Lc. 4:18-21; Jn 8:32; 1 Co. 7:22; 9:19; 2 Co. 3:17; 2 P. 2:18-20). Pedro raramente menciona al Espíritu, pero es bien consciente de las ramificaciones de la libertad cristiana[12].

Obviamente, el peligro estaba en que los cristianos, oyendo hablar de su libertad, cayeran en la licencia. Eso es exactamente lo que había pasado en 1ª Corintios 5:1-2; 6:12s., y en 2ª Pedro y en Judas. La libertad se convirtió en un eslogan y en un pretexto para encubrir el mal[13]. Pedro entonces explica cuál es la verdad, conocida ya en el Antiguo Testamento (cf. el uso de "siervo" en el Antiguo Testamento), de que la libertad no rescata a alguien de la esclavitud para dejarle en la autonomía, sino que le redime de la esclavitud para que pueda convertirse en un "esclavo" o siervo de Dios. La libertad verdadera se encuentra en el servicio a Dios. Por lo que Pablo escribe: "Pero ahora, habiendo sido libertados del pecado y hechos siervos [o 'esclavos'] de Dios, tenéis por vuestro fruto la san-

[10] Josefo, A. 18.23.

[11] Platón, aunque vivió antes que los estoicos, recoge en uno de sus diálogos a un antagonista llamado Calicles, que dice algo que debía ser el sentimiento común del mundo griego (un sentimiento con el que Platón está en desacuerdo): "¿Cómo puede una persona que sirve a otra ser feliz?" (Gorg. 491E). Y eso incluía a Dios. El judío Filón trata el tema de esta lucha en Quod Omnis Probus, demostrando que el ideal estoico era bien conocido en el mundo judío.

[12] H. Schlier, "ἐλεύθερος", TDNT, II, 487-502; J. Blunck, "Freedom", DNT, I, 715-21; P. Richardson, Paul's Ethic Freedom [Philadelphia, 1979]; y J. Drane, Paul: Libertine or Legalist? [Londres, 1975], que constantemente habla de la lucha paulina por mantener una libertad disciplinada sin llegar al legalismo o el libertinaje.

[13] Este es el único lugar en el Nuevo Testamento en que aparece el término ἐπικάλυμμα ("tapadera"), pero cf. Menander, Frag. 84 (90): "La riqueza de muchos es una tapadera para encubrir la maldad que practican".

tificación, y como resultado la vida eterna" (Ro. 6:22). Como siervos de Dios, la reacción propia de los cristianos es hacer el bien que Él demanda, incluido honrar a los gobernantes.

17 Deben honrar a los gobernantes, pero ahora que acaba esta sección sobre el gobierno, Pedro hace una matización. Encontramos aquí dos declaraciones dobles, rodeadas por el uso inicial y final de "honrad", lo que le da un bello color literario (patrón de quiasmo: A B B A)[14]. La primera pareja está formada por "honrad a todos, amad a los hermanos". No solo hay que honrar al rey, sino a todo ser humano, del noble al esclavo, ya que todos han sido creados a imagen de Dios (Stgo. 3:10-12). "Ben Zoma dijo: ¿Quién es sabio? El que aprende de todos los hombres ... ¿Quién recibe honra? El que honra a la humanidad, como está escrito, los que me honran, a estos honraré, y los que me desprecian, contarán con muy poca estima"[15]. Este refrán judío también refleja el pensamiento que Pedro quiere transmitir.

A los no cristianos se les debe honrar, pero a los cristianos, a los hermanos, se les debe amar. Pedro es el único autor del Nuevo Testamento que une el término que aquí se ha traducido por "hermanos", pero el amor hacia los miembros de la comunidad es un tema de suma importancia en el Nuevo Testamento (Jn. 13:34-35; Ro. 12:9; Ef. 1:15; Fil. 2:2, etc.). Aunque no hay nada en este pasaje que niegue el amor al prójimo (Mt. 5:43-46; Lc. 10:25-37; Ro. 13:8-9), el Nuevo Testamento en todo momento transmite que la Iglesia (término que Pedro no usa) es familia, hermanos y hermanas y, por tanto, todos los miembros de esa familia se deben amar de forma especial[16].

[14] Tenemos aquí cuatro imperativos. El primero es aoristo, y los otros tres están en presente. Algunas versiones interpretan que la primera es la declaración principal, y que las tres siguientes son explicativas de la primera: "Honrad a todos: amad a los hermanos, temed a Dios, honrad al rey". Pero, ¿un cristiano pondría a Dios bajo la categoría "todos"? Y, ¿esta interpretación es fiel al texto griego? La respuesta de la mayoría de comentaristas es negativa. Puede que esto sea una ilustración del final de la distinción entre el aoristo y el presente en el griego Koiné; así, todos los imperativos significan lo mismo. Cf. BDF #337 (2). Ver también E. Bammel, "The Commands in Peter II.17", *NTS* 11 (1964-65), 279-81, aunque no estamos de acuerdo con su conclusión de que Pedro incorpora en su epístola un *Haustafel* antiguo (¿judío?), ya que no cuenta con evidencias de suficiente peso.

[15] m. Aboth 4:1.

[16] Santiago 2:8 usa el mandamiento del amor al prójimo para referirse al amor entre hermanos. El término que aquí se usa para "hermanos", ἀδελφότησ, se usa de forma similar en 1 Clem. 2:4, y en la Septuaginta se usa para referirse a miembros de la comunidad judía (1º Macabeos 12:10, 17; 4º Macabeos 9:23; 10:3, 15). Ver también H. von Soden, "ἀδελφόσ", *TDNT*, I, 144-46.

Una vez ha alcanzado el punto álgido del amor, Pedro continúa en ese nivel con la "reverencia a Dios", antes de volver a descender al "honor debido al rey". Esta pareja podría derivar de Proverbios 24:21 ("Hijo mío, teme al Señor y al rey; no te asocies con los que son inestables [o rebeldes]"), pero si esto es cierto, Pedro ha realizado un cambio, porque, según él, Dios es el único que debe ser reverenciado y temido, porque Él es el único Dios, creencia que los no creyentes de la época no compartían, pues honraban al César (o a otros monarcas) como a un dios o, al menos, como a un semidios[17].

Contrastando con la reverencia que se le debe a Dios, Pedro acaba esta sección bajando de nivel, y hablando del "honor al rey". Jesús también hizo una distinción entre Dios y el César (Mt. 10:28; Mr. 12:13-17), pero eso no supuso una nota de desdén hacia el César. Mientras el César está en el mismo nivel que "todos", aún así deben honrarle. Los judíos eran conscientes de que Dios controlaba la historia y que usaba incluso a paganos para llevar a cabo sus planes. Eso no significaba que Dios aprobara los métodos que estos usaban, y que no los juzgara, sino que lo que hacían no escapaba de su soberanía (Is. 1:20; 5:23-29; 10:5-11; 45:1; Jer. 5:5-17; 16:3; 21:4-7; 25:9; 27:6; 43:10). Como resultado, aunque los judíos en general creían que el Mesías vendría y destruiría a los gobernantes romanos, ofrecían sacrificios y elevaban oraciones por el Emperador (Filón, *Legatio* 157.355-56; Josefo, *G.* 2.197; *Ap.* 2.77). Incluso el orden romano era mejor que la anarquía. Y los cristianos también seguían este patrón, como muestran Mateo 22:21, 1ª Timoteo 2:1-3 y Tito 3:1. Pero, aunque los cristianos debían honrar al Emperador y orar por él, éste no era más que un ser humano, por lo que le debían una lealtad y una reverencia absolutas, las cuales solo debieran dar a Dios. Este equilibrio hizo que la iglesia de los siglos siguientes rechazara la revolución (p. ej., la iglesia de Jerusalén se marchó de la capital en vez de tomar parte en la guerra contra Roma en 66-70 dC) y la participación en

---

[17] Proverbios está ubicado dentro del contexto israelita, pero 1ª Pedro no, así que nuestro autor prefiere los argumentos prácticos a los teológicos: tanto Dios como el rey pueden "castigarte" si ven que eres rebelde. Romanos 13:3, 7 también es diferente. El primer versículo usa "temor" de forma diferente a como Pedro lo usa, y el segundo es mucho más general y no especifica a quién debe dirigirse el temor. Así, aunque Pedro ve necesario hacer una distinción que Pablo no hace, no es cierto que estén en desacuerdo, como muchos comentaristas dicen. En cuanto al significado de "temor", ver también H. Balz, "φοβέω", *TDNT*, IX, 189-219, y W. Mundle, "Fear", *DNTT*, I, 621-24.

el ejército; vivía respetando y hablando bien del orden romano, pero se negaba a gastar un ápice de incienso para adorar al Emperador (que era el equivalente, en Estados Unidos por ejemplo, a saludar la bandera). A los paganos debía chocarles este tipo de conducta, incluso podía parecerles estúpida: los cristianos obedecían las leyes (muchas de las cuales ellos no obedecían) e incomprensiblemente desobedecían la orden de participar en una ceremonia de adoración patriótica, bien sencilla y sin mucho significado. ¿Qué les costaba participar de aquella ceremonia? No lo entendían. Pero, según Pedro, ese equilibrio era el que mejor expresaba la verdad de la cual los cristianos debían testificar.

C. La relación de los siervos con los amos (2:18-25)

18 Siervos, estad sujetos a vuestros amos con todo respeto, no solo a los que son buenos y afables, sino también a los que son insoportables. 19 Porque esto [halla] gracia, si por causa de la conciencia ante Dios, alguno sobrelleva penalidades sufriendo injustamente. 20 Pues ¿qué mérito hay, si cuando pecáis y sois tratados con severidad lo soportáis con paciencia? Pero si cuando hacéis lo bueno sufrís [por ello] y lo soportáis con paciencia, esto [halla] gracia con Dios. 21 Porque para este propósito habéis sido llamados, pues también Cristo sufrió por vosotros, dejándoos ejemplo para que sigáis sus pisadas, 22 el cual no cometió pecado, ni engaño alguno se halló en su boca; 23 [y] quien cuando le ultrajaban, no respondía ultrajando; cuando padecía, no amenazaba, sino que [se] encomendaba a aquel que juzga con justicia; 24 y Él mismo llevó nuestros pecados en su cuerpo sobre la cruz, a fin de que muramos al pecado y vivamos a la justicia, porque por sus heridas fuisteis sanados. 25 Pues vosotros andabais descarriados como ovejas, pero ahora habéis vuelto al Pastor y Guardián de vuestras almas.

18 El siguiente grupo al que Pedro se dirige es el de los siervos. En concreto se está refiriendo a los siervos que trabajaban para una familia, pero lo más seguro es que pensara en los siervos en general (algunos cristianos eran esclavos y, según el v. 16, todos eran "esclavos" de Dios). Lo que a muchos se nos pasa por alto es lo inusual que era que Pedro, Pablo (1 Co. 7:21; Ef. 6:5-8; Col. 3:22-25; 1 Ti. 6:1-2; Tit. 2:9-10) y otros autores cristianos (Did. 4:11; Barn. 19:7), se dirigieran a los esclavos, ya que los códigos de deberes o reglas sociales de los estoicos y los judíos no exigían ninguna demanda moral de los esclavos, solo de los amos.

La razón de que haya esta diferencia entre el código moral de Pedro y el de otros autores de su tiempo es bien simple. Para la sociedad en general, los esclavos no eran personas completas, por lo que no tenían ninguna responsabilidad moral. Para la Iglesia, los esclavos eran personas completas igual que todas las demás y, por tanto, había que dirigirse a ellos de la misma forma que a las demás. La Iglesia nunca habló del "problema social de la esclavitud" (es decir, a la esclavitud en la sociedad en la que vivían), ya que eso estaba fuera de su alcance –la sociedad en aquellos días no se consideraba representante de nada, ya que eso es un concepto que llegó con la Ilustración– pero sí trató la cuestión de la esclavitud dentro del la Iglesia, donde no valían las clases sociales pues todos eran hermanos (Gá. 3:28; 1 Co. 12:13; Col. 3:11; Flm. 16), por más que la sociedad no lograra entenderlo.

La institución humana en la que les había tocado vivir a los esclavos era la esclavitud. Si querían hacer "buenas obras" y así reflejar el Evangelio, tenían que someterse a esa institución, es decir, "estar sujetos a sus amos", deber que encontraremos en todas las listas cristianas de este tipo, y normalmente se añade que deben hacerlo de corazón o con buena voluntad (Ef. 6:5-8; Col. 3:22-25). Sin embargo, Pedro añade "con todo respeto [a Dios]". Creo que este respeto o temor se refiere a temor a Dios, y no a los amos, porque (1) en griego ese sintagma aparece antes de la referencia a los amos, y (2) temor o respeto (gr. *phobos*) en 1ª Pedro siempre está dirigido a Dios, no a las personas, a las cuales los cristianos no deben temer (1:17; 2:17; 3:2, 6, 14, 16). Así, la motivación de su sumisión y servicio no es el respeto hacia sus amos, sino el respeto hacia Dios; Dios recibe su servicio como si estuviera hecho directamente a Él, y es su nombre el que recibe la honra cuando ellos practican una buena conducta. Por tanto, su sumisión no debe depender del comportamiento de sus amos (esto es, si el amo es "bueno y afable"); deben tener la misma actitud aunque el amo sea "insoportable" o "perverso" (de hecho, la traducción literal sería "encorvado") y, en ambos casos, estarán sirviendo y honrando a Dios.

Está claro que en nuestro pasaje Pedro está hablando de una situación social totalmente diferente a la que Pablo plantea en Efesios y Colosenses. A diferencia de Pedro, Pablo también se dirige a los amos cristianos, dando por sentado que éstos trataban bien a sus esclavos cristianos, situación muy común en aquellos lugares donde el cristianismo se consideraba como una forma más del judaísmo, que era visto al menos como una religión moral, lo cual era positivo para la vida del esclavo, siempre que no insistiera en observar las leyes de pureza. Pero Pedro está escribiendo en tiempo de persecución en el que los esclavos, que estaban bajo el control casi absoluto de sus amos, eran especialmente vulnerables. Pedro sabía que algunos amos podían incluso torturar a sus esclavos a causa de su fe. Y aún así, el esclavo tenía que seguir la enseñanza de Jesús sobre el sometimiento (Mt. 5:43-48).

19 Pedro desarrolla esta idea con una frase muy difícil, adjetivo que describe tanto la construcción gramatical, como el contenido o enseñanza. Coherente con el hecho de que considera a los esclavos como personas completas, se refiere a su sufrimiento como "un sufrimiento injusto". Aunque los estoicos decían que con un esclavo se podía actuar con injusticia y, de hecho, así lo hacían, Aristóteles ya había dicho que no se podía tratar a un esclavo con injusticia, usando el argumento de que era una propiedad (*Nic. Et.* 5.10.8). Este argumento no era válido para los cristianos, ya que sabían que su Señor y Dios había tomado forma de esclavo (p. ej., Fil. 2:7) y había tratado a los esclavos como a cualquier otro ser humano. Pero este estatus que la ética cristiana le confiere a los esclavos no debe verse como una búsqueda de los derechos propios, ya que lo que "halla gracia ante Dios" (un uso poco común del término griego *charis*, que otras versiones han traducido por "favor". Encontramos la misma expresión en Lc. 6:32-34, que podría ser la fuente de la enseñanza de Pedro) es el sobrellevar el sufrimiento injusto, que aquí debe estar refiriéndose a los insultos, bofetadas y golpes que podía recibir si el amo estaba de mal humor o le pedía un imposible.

Lo que a uno le ayuda a sobrellevar este sufrimiento no es la apatía estoica, sino la "conciencia ante Dios". La estructura gramatical de este sintagma es bastante compleja. Kelly defiende que se debería traducir de la siguiente manera: "debido a su conciencia de Dios"; o parafrasearla así: "debido al conocimiento que tienen de Dios tanto él como sus hermanos, como miembros del pueblo santo de Dios". Esta traducción tiene la ventaja de mantener el sentido de la forma genitiva "de Dios" de forma clara, pero interpreta la palabra "conciencia" a partir del sentido que tiene su raíz ("conocimiento de") en vez de tener en cuenta el sentido que se le da en todo el Nuevo Testamento ("la facultad de tener discernimiento moral"; cf. 1 P. 3:16, 21; Hch. 23:1;

24:16, y 25 pasajes más)[1]. Así que es más probable que el sintagma "de Dios" esté describiendo el carácter de la conciencia, es decir, ser consciente de Dios y de su instrucción que es la asociación normal que se establece entre Dios y la conciencia en el Nuevo Testamento (ver los dos pasajes de Hechos que hemos citado unas líneas más arriba), aunque Pedro haya hecho esta asociación con una complejidad gramatical excesiva. Por tanto, lo que está queriendo decir es que a Dios le agradan los esclavos cristianos que soportan el sufrimiento injusto, no porque no tengan otra opción o porque sean de carácter optimista, sino porque saben que eso agrada a Dios y que está recogido en la enseñanza de Jesús.

20 Como se trata de una enseñanza dura y poco agradable, Pedro tiene que añadir alguna explicación o argumentación, antes de pasar a fundamentarla en Jesús y en su llamamiento. Empieza con una pregunta retórica ("¿qué mérito hay...?"), que apunta a que no tiene ningún mérito aguantar el castigo que uno merece. Esta es la única vez en todo el Nuevo Testamento en la que aparece el término "mérito" o "gloria" (*kleos*), y hace referencia a la "fama" o "reputación" que uno obtiene al hacer una buena obra[2]. Uno puede aguantar estoicamente, cuando se le castiga de forma merecida[3], pero eso no es digno de alabar ni es ninguna heroicidad[4]. En cambio, hay un tipo de reconocimiento si uno hace el bien y aún así, sufre. En esa situación el aguante es loable porque el sufrimiento no tiene una causa justificada.

Pedro ya ha hablado en esta sección de la idea de "hacer el bien" (2:14); en ese versículo decía que, en teoría, los gobernantes deberían alabar esa conducta bondadosa. Ahora describe un cuadro en el que el amo de un esclavo cristiano castiga al esclavo por algo que bajo la moralidad cristiana

---

[1] J. N. D. Kelly, *The Epistles of Peter and of Jude* [Londres, 1969], p. 116-17; cf. C. Maurer, "σύνοιδα", *TDNT*, VII, 898-919, sobre todo 914-19; y C. Brown, "Conscience", *DNTT*, I, 348-53.

[2] Este término es un sinónimo – pero con un sentido menos fuerte – de "alabar" (ἔπαινος), que aparece en 2:14. Ver van Unnik, "A Classical Parallel to I Peter ii.14 y 20", *NTS* 2 (1955-56), 198-202.

[3] Aunque ἁμαρτάνοντες pude traducirse por "cometéis un pecado" o "pecáis", van Unnik, *ibíd.*, probablemente tenga razón al traducirlo como "cometer un error", ya que nuestro pasaje no apunta a un juicio teológico, sino al punto de vista del amo pagano.

[4] El término que traducimos por "sois tratados con severidad",   , también aparece en Mr. 14:65, pero esto solo prueba que era el término habitual para "bofetada", que el amo solía dar al esclavo holgazán, es decir, que no se trata de una referencia a la Pasión de Cristo.

es "hacer lo bueno". Esto impresiona a Dios o "halla gracia (*touto charis* ante Él*". No hay razón para gloriarse ante Dios (por eso hay un cambio en la terminología; ya no se usa el *kleos* de la primera parte del versículo, ni el *epainos* de 2:14), ni tampoco se trata de un "favor" (o "gracia") cualquiera, ya que viene directamente de la Gracia de Dios[5]. Este aguante halla gracia ante Dios, es decir, es agradable a los ojos de Dios. Se trata de un acto de lealtad con el Dios que les ha regalado su Gracia (1 P. 1:10, 13; 3:7; 4:10; 5:5, 10, 12) y como tal, debe llevarles al paradójico gozo ya mencionado en 1:6-7[6].

21 La referencia a la Gracia nos lleva a reflexionar sobre la vida de Jesús, que es el fundamento de la ética del Nuevo Testamento. Las personas a las que Pedro escribía eran conversas, es decir, bautizadas, cristianas. Así, eran conscientes de que "habían sido llamadas"[7]. Este llamamiento es un llamamiento a Cristo, por lo que tiene muchas implicaciones que tienen que ver con Él: Dios es el que llama (1:15), nos llama a un estatus privilegiado y nos llama a la luz (2:9), su propósito es bendecirles (3:9) y su final es la gloria eterna (5:10)[8]. Pero igual que Cristo no recibió la corona de gloria hasta que no pasó por la corona de espinas, este llamamiento también significa seguir el ejemplo de Cristo y de su sufrimiento.

---

[5] Como K. H. Schelkle, *Die Petrusbriefe* [Freiburg, 1980], p. 80. El problema con esta interpretación es que ignora totalmente las construcciones paralelas en ese contexto y cultura.

[6] Ver el comentario sobre la misma expresión en 2:19 y el artículo de H. Conzelmann, "χαίρω", *TDNT*, IX, 368, 399, quien cita la relación que tiene con el del Antiguo Testamento.

[7] J. D. G. Dunn, *El bautismo del Espíritu Santo*, Editorial La Aurora, Buenos Aires, 1977, argumenta que en 1ª Pedro como en el resto del Nuevo Testamento el aspecto más importante de la iniciación al cristianismo es la experiencia de la recepción del Espíritu, y no el Bautismo. Es cierto que 1ª Pedro no menciona al Espíritu más de 4 veces (1:2, 11-12; 4:14), pero solo menciona el Bautismo una vez. Además, la mayoría del lenguaje que usa sobre el llamamiento y la conversión es paralelo al de Pablo, que hace referencia al proceso del Espíritu. Ciertamente, era la experiencia del Espíritu lo que le decía a una persona que había sido llamada. Pero Dunn también argumenta que el Bautismo era el medio a través del cual uno confesaba su fe ("el Bautismo es el vehículo de la fe salvadora", p. 227); es por eso por lo que se asocia con la conversión (siempre que uno esté pensando en la iglesia primitiva y no en la iglesia actual). Además, la recepción del Espíritu estaba relacionada con el momento de la conversión; por lo tanto, hay una relación entre el llamamiento y el Bautismo, a pesar de que en un estudio como el de Dunn se haga una clara distinción entre estos dos conceptos.

[8] Ver K. L. Schmidt, "καλέω", *TDNT*, III, 487-91.

El ejemplo de Cristo habla de sufrimiento en dos sentidos. En primer lugar, "también Cristo sufrió por vosotros". Esta frase (y otra muy parecida en 3:18) es una adaptación de un credo cristiano muy utilizado, "Cristo murió por nosotros" (o "por nuestros pecados") (1 Co. 15:3; Ro. 5:6; 8:34; 14:9, 15). Mientras Pablo prefiere usar una palabra mucho más concreta, "murió", Pedro, como Lucas (11 veces en los Evangelios y en Hechos) usa continuamente el verbo "sufrir" (12 de las 42 veces que aparece en el Nuevo Testamento), quizá porque es el verbo que Jesús usó para describir su propia muerte (Mr. 8:13; 9:12, y paralelos)[9] y es muy probable que hiciera esta selección léxica porque guarda mucha relación con la situación de sus lectores[10]. El sufrimiento de Cristo es "por vosotros"[11]. Sufrir por los demás es parte del llamamiento de Cristo, por lo que se puede identificar plenamente por ellos, ya que él también sufrió sin merecerlo[12].

En segundo lugar, Cristo dejó "ejemplo para que sigáis sus pisadas"[13]. El tema de seguir o imitar a Cristo es muy común en el Nuevo Testamento (p. ej., 1 Co. 4:16; 11:1; Ef. 5:1; 1 Ts. 1:6; 2:14) y (pensando en el tema de imitar a un maestro) en el mundo helenista (p. ej., Epíteto, *Dis.* 1.12.5.8; 20.15; 30.4)[14]; no obstante, la terminología que aquí se usa es única. El término que traducimos por "ejemplo" no se refiere simplemente al buen ejemplo que uno debe seguir o imitar, sino que es la palabra que se usaba para la caligrafía que tenían que repasar los niños en la escuela si querían aprender a escribir[15]. Como si quisiera subrayar esta idea, Pedro añade que tenemos que "seguir sus pisadas".

[9] Aquí podría haber una alusión a Is. 53. Ver más abajo el comentario de 2:22, donde se trata esta posible relación, y también, que podría tratarse de la fuente de la enseñanza de Jesús.

[10] Algunos manuscritos han cambiado ἔπαθεν (sufrir) por ἀπέθανεν (morir) para que se parezca más a los textos paulinos, pero el uso que Pedro hace, la situación de sus lectores, y el peso de otros manuscritos apuntan a que Pedro usó el verbo "sufrir".

[11] De nuevo, algunos manuscritos cambian "vosotros" por el "nosotros" típico de Pablo y de la liturgia. Pero las evidencias más tempranas apuntan a que la palabra original es "vosotros".

[12] Cf. W. Michaelis, "πάσχω", *TDNT,* V, 904-24; B. Gaertner, "Suffer", *DNTT,* III, 719-26.

[13] Esta frase se convirtió en el tema de la obra de Charles Sheldon, *In His Steps [En sus pasos]* (1897), que fue una lectura devocional muy conocida durante la primera mitad del siglo XX. Aunque mostraba la importancia del concepto de la vida cristiana, el tono optimista típico del tiempo antes de la Guerra Mundial hace que esta obra haya quedado algo anticuada.

[14] Cf. W. Michaelis, "μιμέομαι", *TDNT,* IV, 659-74.

[15] G. Schrenk, "ὑπογραμμός", *TDNT,* I, 772-73.

Este llamamiento a seguir a Cristo es una imagen de mucho peso. M. Hengel, cuando comenta el uso que Jesús hace del término "seguir", que es el uso que Pedro recoge, dice lo siguiente: «'Seguir' significa en primer lugar *compartir de forma incondicional el destino del maestro*, que no acaba cuando uno pasa necesidad y sufre por causa del maestro, y solo es posible si la persona que 'sigue' tiene una confianza plena, si pone su destino y su futuro en las manos del maestro»[16]. Pedro subraya esta idea con la frase "sus pisadas", una expresión que solo aparece una vez en todo el Nuevo Testamento, y es una expresión que se refiere a las huellas de una persona o al rastro de un animal (cf. Sir. 14:22; 50:29, aplicado a la Sabiduría). Así, somos como niños colocando un pie tras otro en las huellas que su padre deja en la nieve, siguiendo un camino seguro, preparado para él. Pero este camino que Cristo ya ha abierto incluye sufrimiento, no como causa de nuestros pecados (él ya ha "sufrido por nosotros"), sino como parte de la vida a la cual hemos sido llamados.

22 Pedro respalda este increíble llamamiento con una cita poética basada en Isaías 53:9: "Aunque nunca hizo violencia [nunca pecó], ni había engaño en su boca". Esta sección de Isaías de las canciones del Siervo se repiten una y otra vez en los versículos siguientes (p. ej., Is. 53:.12 y 3 en 1 P. 2:24; Is. 53:6 en 1 P. 2:25); era la columna vertebral de la meditación de la Iglesia sobre el sufrimiento de Jesús. Las citas están tan bien entrelazadas que parece que el autor pase de forma inconsciente de las palabras de Isaías a la descripción de la crucifixión, ya que está usando fórmulas que hacía tiempo formaban parte del culto de la Iglesia[17]; de hecho, el uso de este pasaje para interpretar la Pasión podría remontarse al mismo Jesús (Mr. 10:45; 14:24; Lc. 22:37). En este caso, las citas siguen la Septuaginta con un solo cambio (que también encontramos en 1 Clem. 16:10), "pecado" (*hamartian* sustituido en el texto veterotestamentario por "violencia" o "maldad" (*anomian*)[18]. Esto relaciona el texto con 2:24 de una forma más clara,

[16] M. Hengel, *The Charismatic Leader and His Followers* [New York, 1981], p. 72.

[17] Toda la sección de 2:22 a 2:.25 tiene un carácter rítmico que hace pensar que Pedro está usando una fórmula que la Iglesia ya conocía.

[18] Es probable que Isaías 53 influenciara la comprensión que Jesús tenía de su propia muerte y, sobre todo, que también influenciara la presentación que los Evangelios hacen de esa comprensión. Así, cuando H. Patsch, "Zum alttestamentlichen Hintergrund von Römer 4,25 und I. Petrus 2,24", *ZNW* 60 [1969], 278-79, argumenta que todo el pasaje de 2:21-24 está influenciado por Isaías 53, es muy probable que esté en lo cierto.

y deja claro que Jesús no solo era inocente según las leyes humanas, sino que lo era ante el mismo Dios (cf. 4:1), un tema muy recurrente en el Nuevo Testamento (Jn. 8:46; 2 Co. 5:21; He. 7:26; 1 Jn. 3:5). No se trata de una inocencia aparente, ya que en Jesús no hay engaño (cf. 2:1; 3:10); Él era la verdad perfecta, sin ningún tipo de encubrimiento.

Esta enseñanza va muy bien para animar a los esclavos que estaban sufriendo, ya que el tema que les preocupaba era que sufrían aún haciendo el bien. Pedro les recuerda que Jesús, su Señor, era totalmente inocente, y aún así, sufrió. Por tanto, pueden ver ese sufrimiento que están experimentando como parte de su identificación con Cristo.

23 No obstante, lo importante de estos textos no es solo que Jesús sufrió aún siendo inocente, sino la forma en la que reaccionó ante este sufrimiento. Y esa reacción tiene que ser una guía para los siervos que están sufriendo. Con un lenguaje que nos recuerda a Isaías 53:7 ("Fue oprimido... pero no abrió su boca"), el autor hace hincapié en que Jesús observó su propia enseñanza sobre el amor a los enemigos (Mt. 5:38-48; Lc. 6:37-38) cuando le insultaron (Mr. 14:65; 15:17-20, 29-32) y torturaron (Lc. 23:24). A diferencia de los mártires macabeos de la historia judía, quienes pedían a Dios que castigara a sus perseguidores (2º Macabeos 7:17, 19, 31, etc.; 4º Macabeos 10:11), Jesús guardó silencio incluso cuando le pedían que se defendiera (Mr. 14:61; 15:5; Lc. 23:9)[19].

Sin embargo, Jesús no era un estoico que buscaba trascender los problemas y el dolor presente. Era un creyente que confiaba en Dios. La Escritura recoge de principio a fin (p. ej., Gn. 18:25 y Ap. 19:2) que Dios juzga con justicia; el creyente, en vez de tomarse la justicia por su mano, le entrega su causa al juez supremo (Jer. 11:20; Ro. 12:17-

---

Además, comenta acertadamente que las variaciones del texto masorético pueden encontrarse en Qumrán y en el Targum Pseudo-Jonatán, entre otros, lo cual quiere decir que aunque bien podría ser que Pedro hubiera usado la Septuaginta, no es necesario llegar a esa conclusión porque todas las características del texto están presentes en el hebreo palestino y en las tradiciones arameas. Estamos de acuerdo con Patsch en que Pedro pudo hacer una traducción propia del pasaje, o que usara una traducción que alguien ya hubiera hecho, pero sospechamos que la fuente de este uso del pasaje de Isaías es Jesús mismo.

[19] Ya había una tradición judía sobre el silencio en tiempo de sufrimiento; cf. Josefo, *A.* 2.5.1: "Ahora Josefo, encomendando todos sus asuntos a Dios, no se defendió, ... sino que sufrió en silencio la situación en la que se encontraba..."; o Test. Benjamín 5:4: "El hombre piadoso es misericordioso con el que de él abusa, cuando guarda silencio".

20; 1 Ts. 5:15; Stgo. 5:6-9; cf. He. 10:30). Esto es precisamente lo que Jesús hizo (cf. He. 5:7) y así, este ejemplo es relevante para los esclavos que están sufriendo y que son a los que Pedro escribe[20].

24 La cita llega ahora al punto en el que se habla del efecto salvífico de la muerte de Cristo, y Pedro lo añade porque no quiere omitir esta parte, ya que lo que recoge consiste en un motivo de gratitud a la imitación de Cristo a la que está llamando. Dos versículos de Isaías 53 forman la columna vertebral de esta meditación:

Mas Él fue herido por nuestras transgresiones,
molido por nuestras iniquidades.
El castigo por nuestra paz, cayó sobre Él,
y por sus heridas hemos sido sanados. (53:5)

Derramó su alma hasta la muerte,
y con los transgresores fue contado,
llevando Él el pecado de muchos,
e intercediendo por los transgresores. (53:12)

Si tomamos 53:12 en primer lugar, nuestro autor empieza recordando que Jesús mismo "llevó nuestros pecados ... en el 'madero'". La descripción plasma una ofrenda por los pecados, con un lenguaje similar al de 1 P. 2:5 (cf. Gn. 8:20; Lv. 11:16; 14:20)[21] Pero a diferencia de He. 9:28, que también usa Isaías 53:12, Pedro no dice que Jesús se ofrece para llevar nuestros pecados, sino simplemente que llevó nuestros pecados en la cruz. Lo que tenemos aquí es una descripción general en la cual Isaías 53:12

---

[20] El sentido general del pasaje no cambia de forma significativa si pensamos que habla de que Jesús "se" encomendaba, o si encomendaba "su causa" (E. G. Selwyn, *The First Epistle of St. Peter* [Londres, 1947], p. 179; J. N. D. Kelly, *The Epistles of Peter and of Jude*, p. 121), o si encomendaba el "juicio" (L. Goppelt, *Der erste Petrusbrief* [Göttingen, 1978], p. 208). La idea de que el juicio le corresponde a Dios queda bien clara en los pasajes citados anteriormente. En cuanto a la fuente de Pedro, aunque tanto Jer. 11:20 como Josefo, *A.* 4.2.4, "deja el juicio para Dios" y 7.9.2., "se encomendó a Dios, para que Él fuera el juez entre ellos", apuntan a encomendar una causa al juicio de Dios, Isaías 53:6 usa el mismo verbo en griego (   ) y "él" como objeto (cf. Lc. 23:46, claramente relevante), y es muy probable que fuera el texto que el autor tenía en mente.

[21] Al usar el plural "pecados" en vez del singular del texto masorético, la redacción de Pedro concuerda con el rollo de Isaías de Qumrán y con otros textos premasoréticos. Cf. H. Patsch, "Zum Alttestamentlichen Hintergrund", p. 279.

se adapta al lenguaje sacrificial del Antiguo Testamento. Pedro hace hincapié en que Jesús realizó esta obra en el cuerpo físico, es decir, en la Historia, en la crucifixión. El uso de "madero" es un eufemismo típico (Dt. 21:11; Hch. 5:30; 10:39; 13:29; Gá. 3:13)[22]. Debido al contenido de Deuteronomio 2:22, el autor debe tener en mente la idea de que aquel que moría en un madero era maldito, pero sin mencionarlo de forma explícita, apunta a que esa muerte fue una muerte vicaria, ya que cargó con "nuestros pecados". Esta idea vuelve a enfatizarse al final del versículo (cambiando ahora a Isaías 53:5), donde dice que sus heridas (las heridas y morados resultado de las bofetadas, puñetazos o latigazos) han hecho que nosotros fuéramos sanados (cf. Barn. 7:2, donde encontrará otra forma de expresar esta verdad). Esta obra sirve de una vez por todas; por eso no solo se benefician de esa muerte los que estaban ante la cruz en aquel momento, sino también la comunidad que no vivió aquel evento (de ahí que tengamos tanto la tercera persona del plural, "nuestros", "muramos", "vivamos", como la segunda del plural, "fuisteis").

El resultado de esta obra es el concepto paulino tan conocido de que ahora estamos muertos al pecado (Ro. 6; 7:4; 2 Co. 5:14-15; Gá. 2:19; Col. 2:20). Es cierto que el verbo que se usa para "muramos" no es un verbo con un sentido muy claro ni fuerte; aún así, el contraste con el verbo "vivamos" indica que el sentido que hemos de ver aquí es el mismo que encontramos en Pablo[23]. La cuestión es que, como Jesús cargó con nuestros pecados, nosotros hemos muerto a esos pecados. Ya no hemos de vivir de esa forma. Nuestras vidas deben caracterizarse por "la justicia", es decir, la conducta ética sobre la que Pedro tiene tanto que decir. La salvación en Cristo no es solo estar libre del juicio futuro y de la culpa, sino estar libre de la vida de pecado para poder vivir como Dios quiere que vivamos.

25 El autor resume este cambio de vida con otra alusión a Isaías 53; esta vez, 53:6:

Todos nosotros nos descarriamos como ovejas,
nos apartamos cada cual por su camino;
pero el Señor hizo que cayera sobre Él
la iniquidad de todos nosotros.

---

[22] Cf. J. Schneider, "ξύλον", *TDNT*, V, 37-41.

[23] Ἀπογίνομαι, (este es el único lugar de todo el Nuevo Testamento en donde aparece), significa "estar lejos de", "no participar de", "separarse de" o "morir". Cf. Teles 59.11-12; Tucídides, *Hist.* 1.39.3; 2.98; Herodoto, *Hist.* 2.136; 5:4; Mit. Lit. 14.31.

El uso del tiempo pasado de verbos como "nos descarriamos" y "nos apartamos", sobre todo el uso del aoristo en este último, apunta a que se está hablando del pasado pagano de aquellos creyentes. En aquel entonces eran ovejas descarriadas, una imagen que se aplicaba a Israel solo cuando no tenía un líder o cuando estaba bajo gobernantes malvados (Núm. 27:16-17; 1 R. 22:17; Sal. 119:176; Jer. 50:6; Ez. 34:5-6). Del mismo modo, el retrato de Dios como pastor de Israel es muy conocido en el Antiguo Testamento (Gn. 48:15; Sal. 23; Is. 40:11; Jer. 23:1-4; Zac. 11:4-17), y en algunos pasajes incluso tiene un tono mesiánico (Jer. 31:10; Ez. 37:24). Pero esta tradición ya pasó a la Iglesia a través de la enseñanza de Jesús, que dijo de sí mismo que reuniría a las "ovejas perdidas" (Lc. 15:2-7 = Mt. 18:12-14; cf. Mr. 14:27; Mt. 10:6; 15:24; 25:32; Lc. 19:10) y en partes de la tradición de Jesús y la reflexión que sobre ella se ha hecho se le llama de forma explícita "el pastor" (Jn. 10, sobre todo el v. 11; He. 13:20; Ap. 7:17)[24].

Así, diremos que Pedro se fundamenta en la enseñanza de Jesús cuando se refiere a él como "el Pastor y Guardián" de vuestras almas (en cuanto a este significado de alma, ver los comentarios de 1:9, 22). Los dos términos están estrechamente relacionados, como podemos ver en Hechos 20:28, donde a los que se ha hecho "supervisores" tienen que cuidar del "rebaño" o "grey" (cf. la relación similar entre anciano –pastor– supervisar en 1 P. 5:1-4 y en la LXX de Ez. 34:11). Esta imagen del pastor dando de comer, cuidando y protegiendo al rebaño puede verse de forma clara en los pasajes anteriormente citados. La imagen del guardián o patrón era muy común en el paganismo, ya que cada ciudad y devoto contaba con una deidad que le cuidaba y velaba por él[25]. Aparece en la Septuaginta, pero en la mayoría de los casos es, no para referirse a Dios, sino para referirse a cargos humanos (Job 20:29; Sabiduría 1:6)[26]. Así, este título doble combina dos imágenes del cuidado y la benevolencia de Dios, uno tomado del trasfondo judío y que les llega por medio de Jesús, y el otro del trasfondo pagano.

Discrepamos con J. N. D. Kelly, *The Epistles of Peter and of Jude*, p. 123, que defiende la traducción "ha acabado con nuestros pecados". Pero esta traducción no recoge el matiz del contraste con "vivir a la justicia".

[24] J. Jeremias, "ποιμήν", *TDNT*, VI, 485-502; E. Beyreuther, "Shepherd", *DNTT* III, 564-69.

[25] H. W. Beyer, "ἐπίσχοπος" *TDNT*, II, 608-22; L. Coenen, "Bishop", *DNTT*, I, 188-92, 200-201.

[26] Ἐπίσχοπος se usa para referirse a Dios en Filón, *De Mut. Nom.* 39.216 y *De Somn.* 1.91.

Para los siervos o esclavos eran buenas nuevas. Puede que estén sufriendo; ciertamente, están sufriendo a causa de su fe. Pero no están acabados ni perdidos. Cristo está con ellos y va a cuidarles, a pesar de que su experiencia presente no sea muy agradable.

D. La relación con un cónyuge no creyente (3:1-7)

3:1 Asimismo vosotras, mujeres, estad sujetas a vuestros maridos, de modo que si algunos [de ellos] son desobedientes a la palabra, puedan ser ganados sin palabra alguna por la conducta de sus mujeres 2 al observar vuestra casta y respetuosa conducta. 3 Y que vuestro adorno no sea externo: peinados ostentosos, joyas de oro ni vestidos lujosos, 4 sino [que sea] el yo interno, con el adorno incorruptible de un espíritu tierno y sereno, lo cual es precioso delante de Dios. 5 Porque así también se adornaban en otro tiempo las santas mujeres que esperaban en Dios, estando sujetas a sus maridos. 6 Así obedeció Sara a Abraham, llamándolo señor; y vosotras habéis llegado a ser hijas de ella, si hacéis el bien y no estáis amedrentadas por ningún temor.
7 [Y] vosotros, maridos, igualmente, convivid de manera comprensiva [con vuestras mujeres], como con un vaso más frágil, puesto que es mujer, dándole honor como a coheredera de la gracia de la vida, para que vuestras oraciones no sean estorbadas.

Pedro se centra ahora en un tercer y último grupo cuyas relaciones deben ser "una conducta irreprochable entre los gentiles" (cf. 2:12). Habla de los maridos y las esposas y, a diferencia del *Haustafeln* paulino, omite a los hijos. Esta omisión se debe a una razón bien sencilla: probablemente para él, los hijos con un solo padre creyente pertenecían a la verdadera familia de Dios, aunque estaba claro que los maridos de algunas mujeres cristianas no pertenecían a esa familia[1]. Lo que a Pedro le interesa en este momento es la relación de la comunidad cristiana con el mundo que la rodea, y no tanto las relaciones dentro de la comunidad cristiana.

---

[1] Partimos de la idea de que Pedro debía estar de acuerdo con el pensamiento paulino de 1 Co. 7:14, que los hijos de una unión mixta no son "impuros", sino que son "santos". Esto quiere decir en lugar de que el paganismo del padre contamine la unión y a los hijos (algunos en Corinto pensaban así), lo que ocurre es que la fe de la esposa los "santifica". Cf. D. Fee, *Primera Epístola a los Corintios*, Nueva Creación, Buenos Aires, 1994. Págs. 340-343.

1 Las esposas deberían mostrar su sumisión "a toda criatura humana", sujetándose a sus maridos. En sí mismo, esta no es una declaración extraña, ya que expresa la expectativa de aquel período, y también la virtud cristiana de la sumisión (cf. Ef. 5:20). Se trata de un consejo necesario, pues en la Iglesia las mujeres encontraban libertad en la adoración bajo la guía del Espíritu, una libertad que no tenían en ninguna otra área de la sociedad, por lo que algunas de ellas rechazaban la autoridad de sus maridos, lo cual era vergonzoso tanto para los hombres como para la Iglesia (cf. 1 Co. 11:2-16). ¡Pero lo más sorprendente para los lectores originales debió ser que al autor se le ocurriera dirigirse a las mujeres al escribir esta sección sobre ética! En aquella cultura se esperaba que las mujeres siguieran la religión de sus maridos[2]; eran libres de tener otra fe si querían, a título personal, pero la religión de la familia era la del marido. Pedro claramente se está dirigiendo a mujeres cuyos maridos no son cristianos (no porque tenga para ellas consejos diferentes que los que les daría a las mujeres con maridos cristianos), y se dirige a ellas como agentes morales independientes; además, les apoya totalmente en su decisión de seguir a Cristo, y les anima a que su objetivo sea ganar a sus maridos para Cristo. Ésta es una actitud bastante revolucionaria para aquella cultura.

Los maridos en cuestión "no son obedientes a la palabra [o 'no creen la palabra']", ya que parece ser que sus mujeres habían intentado hablarles de su nueva fe, y puede que algunos de ellos hubieran visitado las iglesias de sus mujeres para ver de qué se trataba. Como estos hombres no habían aceptado el Evangelio, es muy probable que fueran un obstáculo para que sus mujeres pudieran dedicarse a Cristo o para que pudieran asistir a actividades cristianas, sobre todo al descubrir que ellas ya no aceptaban la religión del hogar. Pedro no está sugiriendo que las mujeres deberían rendirse ante sus maridos y dejar de congregarse con sus hermanos cristianos, sino que no deberían permitir que su libertad en Cristo y los problemas en el hogar (que probablemente incluían dolor y enojo) les hiciera sentirse superiores a sus maridos y con el derecho de desobedecerles en todo. Todo lo contrario: han de ser esposas modelo. Para ganarles para Cristo es mucho más útil intentar agradarles que estar peleándose de forma continua. Además, también servirá para que el resto de la sociedad acabe alabando la fe cristiana. El término "ganar" es un término comercial que significa

---

[2] Cf. Plutarco, *Praec. Conj.* 19.

"obtener una ganancia" o "ganar algo", pero en el lenguaje cristiano es un término evangelístico que significa "conseguir que alguien se convierta al cristianismo", y se usa como sinónimo de "salvar" en 1ª Corintios 9:19-22[3].

2 Lo que hará que los maridos recapaciten será la observación de la "conducta casta y respetuosa [o 'temerosa']" de sus mujeres. Al mencionar la castidad, el autor no se está refiriendo solo a la pureza sexual (como en 2 Co. 11:2), sino a todo el carácter cristiano y al estilo de vida de aquellas mujeres, especialmente la buena conducta hacia su marido, que va a desarrollar en los versículos siguientes. Este sentido más amplio de "pureza" o "castidad" (es decir, la "virtud o conducta cristiana" en general) es bastante común en el Nuevo Testamento (Fil. 4:8; 1 Ti. 5:22; Stgo. 3:17; 1 Jn. 3:3), sustituyendo el sentido veterotestamentario de la "pureza cúltica"[4]. La base de esta virtud es su "reverencia a Dios" o su "temor a Dios". De nuevo, Pedro sorprende al lector, ya que no espera que la mujer tenga que temer a su marido (cf. 3:6). Pero aunque se sujete a él, su motivación es totalmente diferente: una profunda obediencia a Dios. Su marido se dará cuenta de ello cuando vea que su mujer se sujeta a él independientemente de que él sea amable o no cuando lo que él le pide está dentro de lo que "la religión de ella" aprueba, y que se mantiene firme en su posición cuando lo que él le pide es algo que Dios prohíbe. Esto no es simple conformismo social, sino un posicionamiento cristiano radical que entiende y practica el señoría de Cristo[5].

El clásico ejemplo de una mujer con esta virtud lo encontramos en el tributo que San Agustín le rinde a su madre Mónica, quien, llevando

---

[3] H. Schlier, "χέρδος", *TDNT*, III, 672-73. D. Daube, "κερδαίνω as a Missionary Term", *HTR* 40 (1947), 109-20, explica que este uso de κερδαίνω lo comenzaron los rabíes para hablar de "ganar prosélitos". No obstante, ninguno de los términos rabínicos que señala son frecuentes, y las referencias que da son del siglo II en adelante. Así, aunque el judaísmo es una fuente lógica para la creación de la terminología cristiana, aquí podemos decir que no está del todo claro; también podría ser que la predicación misionera cristiana influyera el lenguaje judío.

[4] F. Hauck, "ἁγνός", *TDNT*, I, 122; H. Baltensweiler, "Pure, Clean", *DNTT*, III, 100-102.

[5] Diferenciamos esta posición de la de algunos maestros evangélicos que dicen que la esposa debería sujetarse a *cualquier* demanda de su marido, ya esté dentro de la voluntad de Dios o no, ya que él, y no ella, será el responsable de sus acciones si ella lo hace por obedecerle a él. Pero esto es precisamente lo que Pedro (y Pablo) *no está diciendo*. Pedro trata a las mujeres como agentes morales totalmente responsables ante Dios y deja claro que la sumisión a Dios está por encima de la sumisión al marido.

un estilo de vida cristiano irreprochable, al final pudo ver cómo su marido Patricio se entregaba al Señor[6].

3 A menudo las mujeres han interiorizado la tendencia de los hombres a verlas como objetos sexuales o como posesiones, viviendo como si su apariencia hablara de la riqueza y del poder de sus maridos. El resultado es el vestirse para llamar la atención de los hombres o competir con otras mujeres. Pedro, como todo el Nuevo Testamento en general, condena esta conducta.

Pedro menciona tres tipos de adornos externos que eran y son muy comunes: peinados ostentosos, joyas y ropa cara. Esta crítica sigue la que encontramos en Isaías 3:18-24 y las de muchos maestros tanto judíos como paganos. Por ejemplo, Test. Reuben 5:5 aconseja: "Hijos míos, ... decid a vuestras mujeres y a vuestras hijas que no se adornen el pelo ni se arreglen para engañar a los hombres cabales". Encontramos un consejo similar en Filón (*De. Virt.* 39; *Vita Mosis* 2.243), Plutarco (*Mor.* 1 y 141), Epicteto (*Enchir.* 40), y Séneca (*De Ben.* 7.9)[7]. Y Pedro no es el único autor neotestamentario, pues 1ª Timoteo 2:9 ("no con peinado ostentoso, no con oro, o perlas, o vestidos costosos") se parece tanto a nuestro pasaje, que está claro que este tema era bastante común en la enseñanza ética cristiana.

Sobre este pasaje podemos hacer dos observaciones. En primer lugar, la crítica debía estar dirigida principalmente a las mujeres de clase alta que podían permitirse más de un vestido (o quizá a las aspiraciones de otras mujeres)[8]. Por tanto, se trata de una crítica a todo el sistema, a la vez que es un consejo para algunos miembros de la Iglesia. Aunque es poco probable que en la Iglesia hubiera mucha gente de la clase alta, no era extraño encontrar en la congregación esposas de hombres de clase alta (cf. Hch. 17:12), porque en muchas zonas del Mediterráneo los maridos toleraban que sus mujeres fueran a la sinagoga por considerarlo una superstición inocua (o incluso moralmente positiva), y a veces ocurría lo mismo con la fe cristiana[9].

---

[6] *Conf.* 9.19-22.

[7] Cf. D. L. Balch, *Let Wives Be Submissive: The Domestic Code in 1 Peter* (Chico, CA, 1981), p. 101-102.

[8] Las campesinas y las esclavas normalmente no tenían más de un vestido. De hecho ya se podían sentir contentas si el que tenían estaba en buenas condiciones.

[9] Cf. J. H. Elliott, *Un hogar para los que no tienen patria ni hogar*, Verbo Divino, Navarra, 1995. Págs. 61-83, cf. también págs. 116-125.

En segundo lugar, en aquellos tiempos, esta instrucción sirvió para dos cosas. Por un lado, exigía a las mujeres que vivieran según la moralidad pagana más elevada, que ya habría sido suficiente para impresionar a sus maridos. Así, podríamos decir que tenía una función apologética. Por otro lado, al buscar un vestuario más uniforme, se evitaba en la Iglesia la distinción de clases, promoviendo la armonía, y, al reducir el dinero gastado en la vestimenta, podía aumentar la generosidad que Jesús (que no era amigo de las riquezas) demandaba (p. ej., Mt. 6:19-34). Así, podríamos decir que tenía una clara función dentro de la comunidad cristiana (como muestra su parecido con 1ª Timoteo). Aunque puede que los Padres de la Iglesia fueron demasiado estrictos al aplicar este pasaje de forma literal, creo que al menos en Occidente, donde la mayoría de mujeres son ricas en comparación con el resto del mundo, sería sabio tomar esta exhortación a la sencillez, en serio. Este movimiento hacia la sencillez ha estado presente en el comienzo de muchos avivamientos de la Iglesia, cuando Dios ha permitido que la gente se diera cuenta de lo influenciados que estamos por el mundo.

4 Sin embargo, Pedro no solo quiere decirle a las mujeres lo que no deben hacer. Ahora habla del tema de forma positiva: la virtud es un vestido que toda mujer cristiana puede llevar con orgullo. Es el "yo interno" el que refleja el carácter cristiano, el cual sale a luz a través del cuerpo. Esta extraña expresión (de ahí que se traduzca tantas veces)[10] guarda cierto parecido con algunas declaraciones de Jesús (Mt. 15:8, 18; cf. el énfasis en "lo secreto", Mt. 6:3-4), y con la distinción paulina del hombre interior y el hombre exterior (Ro. 7:20-22; 2 Co. 4:16). Éste es el "yo", el "yo" del corazón, que hay que vestir. El vestido de este "yo" es incorruptible, a diferencia del vestido del cuerpo, y por eso es tan importante.

El vestido o adorno que deberían llevar es "un espíritu tierno y sereno". El "espíritu" no se refiere al Espíritu Santo de Dios[11], porque si fuera así, "lo cual es precioso delante de Dios" sería redundante. Además, uno se pregunta si Pedro atribuiría el Espíritu Santo a las heroínas del Antiguo Testamento. Por tanto, "tierno y sereno" se refie-

---

[10] Aunque ὁ χρυπτὸς τῆς χαρδίας ἄνθρωπος, "la persona escondida del corazón", es una expresión cuya traducción resulta un poco extraña, no es una expresión que haya suscitado mucho debate.

[11] Contra K. H. Schelkle, *Die Petrusbriefe* (Freiburg, 1980), p. 89-90.

ren al carácter del espíritu humano bajo la Gracia de Dios: este espíritu es un atuendo que puede llevarse o quitarse, igual que el espíritu de mansedumbre del que Pablo habla en 1ª Corintios 4:21 y Gálatas 6:1[12]

Las virtudes que caracterizan este espíritu son la ternura y la serenidad, en otras versiones, la mansedumbre y la tranquilidad. "Tierno" o "manso" en el mundo griego definía el carácter amistoso y amable que contrastaba con un trato duro, malhumorado y brusco. Era una virtud muy valorada, sobre todo en las mujeres[13]. En el contexto bíblico este término describía a una persona que no respondía al mal que le habían hecho, no vengativa, porque confiaba en que Dios juzgaría al final; si Dios es justo, uno puede sufrir el mal sin rencor o sentimientos de venganza (Núm. 12:3; Mt. 5:5; 11:29). Así, a los ojos de Pedro, ese carácter tan valioso de los griegos encuentra su base fundamental en Dios. Y esa característica concuerda con "sereno", término que en el Nuevo Testamento solo aparece aquí y en 1 Ti. 2:2, aunque el sustantivo también aparece en Hechos 22:2, 2ª Tesalonicenses 3:12 y 1ª Timoteo 2:11, 12. La idea de estar calmado, sereno y tranquilo, opuesta a estar inquieto, ser rebelde, desequilibrado o insubordinado aparece en cada uno de esos pasajes. Es una buena combinación que "sereno" aparezca con "tierno" y enfatice su significado. Tanto 1 Clem. 13:4 como Barn. 19:4 usan estos dos términos juntos, tomándolos de una versión de Isaías 66:2: "Sobre quién pondré mis ojos, si no sobre el manso y el sereno y sobre aquel que tiembla ante mis oráculos". Además, estos dos adjetivos juntos conforman la respuesta ideal a la calumnia proviniente de los maridos o de otros[14].

Esta virtud no solo agradará a los maridos griegos (mucho más que recibir ataques contra su paganismo o ética), sino que también agrada a Dios. Es algo que tiene valor eterno, como dar a los pobres (Mt. 6:19-20); es algo más precioso que el oro, como la fe que ha sido probada (1 P. 1:7). Ciertamente, es un vestido que vale la pena llevar, y del que uno puede sentirse orgulloso.

5 Si visten así su "yo", estas mujeres no estarán solas. Tienen el ejemplo de las heroínas del Antiguo Testamento. A éstas las llama "santas mujeres", no porque mostraran un valor moral concreto, sino simplemente porque

---

[12] E. Sjöberg y E. Schweizer, "πνεῦμα", *TDNT*, VI, 377-78, 447.

[13] F. Hauck t S. Schulz, "πραΰς", *TDNT*, VI, 464. Plutarco, *Praec. Conj.* 45; *Consol.* 2.

[14] D. L. Balch, *Let Wives Be Submissive*, p. 102-103.

son heroínas de las Escrituras (cf. Mt. 27:15; 2 P. 3:2, donde encontrará otros usos poco comunes de la palabra "santo" aplicada a personas del Antiguo Testamento; normalmente se usa de los cristianos o de Cristo, Hch. 4:27, 30; Ef. 3:5). Para Pedro no hay una discontinuidad entre el pueblo de Dios del Antiguo Testamento y del Nuevo Testamento[15] hecho, esas santas mujeres eran consideradas santas porque "esperaban en Dios". Es decir, como vemos en Hebreos 11:13, confiaban en Dios y tenían la mira puesta en su redención futura, una redención que Pedro sabe que ya se ha realizado en Cristo, pero que aún tiene que consumarse en su relevación final (cf. 1:7). Como las mujeres a las que se está dirigiendo también tienen la mira puesta en una esperanza futura, tienen la misma perspectiva que las mujeres del Antiguo Testamento.

Aunque no respalda su afirmación con ningún pasaje, Pedro argumenta que estas mujeres también preferían el vestido interior de la virtud al vestido exterior de la apariencia. Sin embargo, esa preferencia no es la cuestión que quiere tratar, sino simplemente la base sobre la cual construir la defensa de su argumentación. La cuestión que quiere transmitir es que "estaban sujetas a sus maridos". Lo que a él le preocupa es que se piense que en la Iglesia las animan a ser esposas rebeldes con una actitud de superioridad. Él quiere que se las conozca porque son mujeres que, como saben que Dios las recompensará y hará justicia, muestran una sumisión mansa siempre que su obediencia a Dios se lo permita. La "nube de testigos" del Antiguo Testamento (He. 12:1) también se refiere a ellas.

6 Sara es un ejemplo concreto de este tipo de actitud. Para los judíos, ella era una de las cuatro madres de Israel (junto con Rebeca, Lea y

---

[15] A diferencia de Pablo, Pedro no parece reflexionar sobre la relación de Israel con la Iglesia. En cambio, no hay mucho que hablar porque hay entre los dos una continuidad natural, como vemos también en N. Brox, " 'Sara zum Beispiel'", en P. Müller, ed., *Kontinuität und Einheit: Festschrift für F. Mussner* (Regensburg, 1981), p. 484-93. Brox lo cita como una prueba de que 1ª Pedro fue escrito mucho después que las cartas paulinas, cuando la tensión Israel-Iglesia ya había disminuido. Entonces, uno se pregunta, ¿por qué esta epístola no recoge más del pensamiento paulino? ¿No es más probable que el Pedro histórico usara de forma espontánea o poco reflexiva el Antiguo Testamento como "su libro", sobre todo porque no le preocupaban en exceso las tensiones que tanto preocupaban a Pablo? ¿No es esa la imagen que nos queda de Pedro en Hechos 10-11 y 15 y en Gálatas 2, la de una persona que, precisamente porque no le importaba en gran medida las mismas cosas que a Pablo le preocupaban, solía pronunciarse de forma irreflexiva sobre algunas situaciones (en Hechos 10 como respuesta a la intervención divina y en Gálatas 2, respondiendo a la presión social, pero en ambos casos sin complicarse demasiado)?

Raquel) y la primera mujer de la promesa (cf. He. 11:11). Pedro nos dice que su confianza en Dios se materializó en que "obedeció a Abraham". Pero, ¿cómo lo sabe Pedro? En Génesis 18:12 leemos: "¿Tendrá placer después de haber envejecido, siendo también viejo mi señor?". El término "señor" (en algunas versiones se ha traducido por "marido" o "amo") es *kyrios* en las versiones griegas, palabra que en el Nuevo Testamento se traduce por "señor". No era extraño que Sara usara el equivalente hebreo (*ʾdōní*, un término común para decir "mi señor"), ya que era la forma en la que las mujeres se dirigían a sus maridos (probablemente no tenía ninguna connotación especial, simplemente el mismo sentido que "marido" para las mujeres de hoy en día), sin embargo, los judíos de tiempos de Pedro lo veían como una evidencia de una actitud de respeto hacia los maridos, exégesis que luego se siguió en los textos rabínicos. Aunque para el lector contemporánea no es muy acertado tomar un término aislado de su contexto literario, vemos que en tiempos de Pedro ese tipo de exégesis era bastante común y aceptable, por lo que este término "señor" debió decirles mucho a los lectores de aquella carta.

Del mismo modo que los cristianos son hijos de Abraham (independientemente del sexo) si andan en el camino de la fe ['si hacéis el bien'] (Ro. 4:1-12; Gá. 3:6-29; cf. Mt. 3:9; Jn. 8:39), también las mujeres que lo hacen son hijas de Sara[16]. "Habéis llegado a ser" en el original está en aoristo, indicando que en cierto momento en el tiempo pasaron a ser hijas de Sara, lo cual puede referirse a su conversión y bautismo. Esto también es una muestra de que los cristianos a los que Pedro se dirigía no eran judíos, porque no era normal escribir que una mujer judía *había pasado a ser* hija de Sara por medio de la conversión. Pero ellas demuestran que son hijas al "hacer el bien", es decir, siendo obedientes a sus maridos (teniendo un espíritu "tierno y sereno", en vez de un espíritu rebelde). Muestran cuál es su descendencia guardando un parecido moral con Sara.

A las características morales de Sara, Pedro añade "no estáis amedrentadas por ningún temor", probablemente de Proverbios 3:25 (en la Septuaginta aparecen dos de las mismas palabras griegas). Aquí tenemos la otra parte de la subordinación. Lo más seguro es que a los maridos de estas mujeres no les gustara que ellas fueran a reuniones

---

[16] Brox ha dicho acertadamente que Pedro parece no tener conocimiento del argumento de Pablo, pero la idea paulina sobre "ser descendencia de Abraham según la conducta" es análoga a la de Pedro.

cristianas, y que se negaran a adorar a los dioses de la familia. Así que es probable que usaran todo tipo de intimidación –física, emocional y social– para disuadirlas y hacerlas volver a la creencia de su marido. Así que aunque Pedro las anima a ser mansas y serenas y a sujetarse a sus maridos en las áreas que no tengan que ver con la fe cristiana, también las llama a mantenerse firmes a la luz de la esperanza en la venida de Cristo, y a no abdicar ante las amenazas y los castigos de sus maridos. Tienen que sujetarse, pero se trata de un sometimiento revolucionario, ya que no nace del temor o del deseo de alcanzar una posición social o de cualquier otra ventaja humana, sino que nace de la obediencia a Cristo, quien las trata como personas completas y las capacita para que estén por encima de las amenazas y los temores de esta tierra[17].

7 Después de hablar a las esposas sobre la dura situación que están viviendo, ahora Pedro se dirige a los maridos, quienes también deben vivir sujetos a las instituciones humanas. Está claro que Pedro no piensa en la posibilidad de que un hombre tenga una esposa no cristiana, ya que si la cabeza de la familia en esa cultura cambiaba de religión, se daba por sentado que la esposa, los sirvientes y los hijos le seguían. Como tenía autoridad para prohibir que hubiera ídolos en la casa, por ejemplo, podía lograr que el hogar en cierto grado se conformara al cristianismo. Pero eso no significaba que su relación con su esposa y familia siguiera siendo igual. Según Pedro, también había áreas en las que el marido tenía que someterse, lo cual es una declaración bastante inusual para aquella época.

En primer lugar, los maridos debían convivir de forma considerada o comprensiva con sus mujeres. Este es el único lugar de todo el Nuevo Testamento en el que aparece el término "convivir", pero en el Antiguo Testamento aparece ocho veces. Hace referencia a la relación marital, y normalmente también incluye el sentido sexual (Dt. 22:13; 24:1; 25:5 reflejan más este sentido sexual que Is. 62:5; Prov. 19:14; Sir. 25:8; 42:9; 2 Mac. 1:14). Como en 1 Co. 7:1-5, los autores bíblicos no tienen ningún inconveniente en hablar de la ley de Dios en cuanto a la relación sexual en el matrimonio. Así, los maridos tienen que vivir su matrimonio "de

---

[17] El término "sometimiento revolucionario" fue acuñado por J. H. Yoder en *Politics of Jesus* (Grand Rapids, 1972) como título del capítulo 9, p. 163-92, que habla del *Haustafeln* paulino, y trata el mismo tema que aquí nos ocupa.

manera comprensiva" o "con conocimiento". El término griego *gn* recoge una variedad de significados, pero aquí no se refiere a un conocimiento analítico o a una comprensión religiosa, sino a una comprensión personal que lleva a la persona a desarrollar un amor y un interés por comprender a la otra persona, ya sea en la relación sexual como en cualquier área del matrimonio. Pablo usó la expresión de forma similar en 1 Co. 8:1-13; Fil. 1:9; Col. 1:9-10; 3:10 (cf. 2 P. 3:5-6).

Esta consideración o comprensión se mostrará "dándole honor a la mujer porque es el sexo débil". La expresión "dándole honor", éste es el único lugar de todo el Nuevo Testamento en el que aparece, es una expresión clásica muy común que también encontramos en 1 Clem. 1:3: "dándoles a los mayores el honor que merecen". Significa tanto honrar a una persona de forma verbal, como a través de los hechos, del respeto, y de la defensa de esa persona. Eso era muy necesario porque las esposas eran "el sexo más vulnerable" o "el vaso más frágil". Esta última expresión es bastante compleja ya que, como ha mostrado L. Goppelt[18], "vaso" tiene cuatro significados: "(1) una persona como instrumento (Hch. 9:15), (2) el cuerpo como vaso del espíritu (Hermas, *Man.* 5.1; Barn. 7:3), (3) una persona como criatura, significado muy común en el Antiguo Testamento y en el judaísmo a raíz de la parábola del alfarero de Jeremías 18:1-11, y (4) en los escritos rabínicos *e* 'vaso', para referirse a la esposa"[19]. Es probable que Pedro tenga en mente el segundo y el tercero de estos sentidos (como en 1 Ts. 4:4; cf. 2 Ti. 2:20-21; Ro. 9:21-23); es decir, de las dos criaturas de Dios, el hombre y la mujer, la mujer es de constitución más débil y más vulnerable. Por tanto, el sentido de "más frágil" no hace referencia a una inferioridad moral, opinión que estaba muy extendida en los mundos griego y judío (p. ej. Platón, *Leg.* 6.781b; cf. Ro. 5:6, que usa ese sentido para todos los seres humanos), ni a una conciencia más débil (p. ej., 1 Co. 8:7-11; Ro. 14:1), ya que las exhortaciones previas invitaban a las mujeres a tener una conducta moral y a actuar con fuerza espiritual porque son agentes morales independientes, independientemente de que físicamente sean más débiles que los hombres, como observaban tanto griegos como judíos (p. ej., Platón, *Resp.* 5.455e, 457a; *Leg.* 781a; Filón, *De Ebr.* 55; Papirus Oxy. 261.11-13), y por ello y otras razones

---

[18] *Der erste Petrusbrief* (Göttingen, 1978), p. 221.
[19] El último incluye el significado de posesión. Cf. C. Maurer, "   ", *TDNT* VII, 358-67.

sociales, más vulnerables. Era bastante normal que un marido abusara de su mujer física y sexualmente, o, debido a su poder social, que incluía el poder a divorciarse, que abusara de ella emocionalmente. Y Pedro escribe en contra de todo esto: sobre todo debido a la vulnerabilidad de la mujer, el marido tiene que asegurarse de honrarla de palabra y de hecho; en lugar de aprovecharse de su poder, o, por el contrario, negar que lo tiene, lo que tiene que hacer es prestárselo a ella.

Al dar este mandamiento, Pedro lo respalda con dos razones. En primer lugar, una acción así sirve para reconocer algo que la sociedad no reconoce, que para Dios el marido y la esposa son iguales, coherederos de la gracia de la vida eterna. Como dice Pablo enfáticamente en Gálatas 3:28, en lo que verdaderamente importa no hay diferencia alguna entre el hombre y la mujer. En segundo lugar, si no consiguen que esa sea una relación de amor, es decir, si se rinde ante lo que la sociedad impone y el marido se aprovecha de su esposa, eso afectará a su relación con Dios, ya que no podrá orar[20]. Mateo 5:23, 6:12, 14-15, 1ª Corintios 11:33-44 y Santiago 4:3, entre otros pasajes, apuntan a que los problemas relacionales con otras personas afectan a la relación que uno tiene con Dios, incluida la oración. Como la relación matrimonial es la relación humana más estrecha, la relación con el cónyuge debe cuidarse de una forma muy especial si uno quiere estar cerca de Dios.

E. Resumen del llamamiento a la virtud y el sufrimiento (3:8-22)

Llegado este punto, Pedro se dispone a resumir su exhortación ética sobre cómo vivir de forma adecuada en el mundo, y lo hace citando algunos imperativos éticos para los cristianos en general y en cualquier situación, lo cual está de acuerdo con su línea metodológica de aplicar la enseñanza cristiana básica a sus propósitos particulares[1]. Presenta

---

[20] El término griego "ὑμῶν" ("vuestras") puede referirse tanto a las oraciones de los maridos, como a las de los maridos y sus esposas. Debido a que en 3:7 se está dirigiendo a ἄνδρες ("hombres" o "maridos"), entendemos que este "vuestras" es una referencia colectiva a los maridos, pero reconocemos que como los problemas relacionales suelen afectar a los dos cónyuges, podría tratarse de una referencia tanto a los maridos como a las esposas.

[1] J. Piper, "Hope as the Motivation of Love: 1 Peter 3:9-12", *NTS* 26 (1979-80), 218-23, muestra claramente las afinidades del material que aparece en nuestra sección con el de 1 Ts. 5:15 y Ro. 12:10-17, argumentando que todos están basados en "una tradición oral de consejos o amonestaciones para las diversas relaciones de la vida cotidiana".

este material en dos partes, la primera que empieza con una instrucción general y acaba con un texto del Antiguo Testamento, y la segunda, que parte del tema del sufrimiento para llevarnos al ejemplo de Jesús.

1. Instrucción general (3:8-12)

8 En conclusión, sed todos de un mismo sentir, compasivos, fraternales, misericordiosos y de espíritu humilde; 9 no devolviendo mal por mal, o insulto por insulto, sino más bien bendiciendo, porque fuisteis llamados con el propósito de heredar bendición. 10 Pues El que quiere amar la vida y ver días buenos, refrene su lengua del mal, y sus labios no hablen engaño. 11 Apártese del mal y haga el bien; busque la paz y sígala. 12 Porque los ojos del Señor están sobre los justos, y sus oídos atentos a sus oraciones; pero el rostro del Señor está contra los que hacen el mal.

8 Usando una expresión poco común que se ha traducido por "en conclusión", que vendría a decir algo como "resumiendo" (también aparece en 1 Ti. 1:5), Pedro agrupa este resumen en cinco adjetivos artísticamente ordenados, colocando en el medio *philadelphoi*, el amor de los que pertenecen a la comunidad cristiana. El primer adjetivo y el último se refieren a la forma en la que uno piensa, y el segundo y el cuarto, a la forma en que uno se siente. Los dos primeros términos, "de un mismo sentir" y "compasivos" no aparecen en toda la Biblia, pero son términos bastante comunes en los escritos éticos griegos. No obstante, aunque solo los encontramos en esta sección, son conceptos bien conocidos en el Nuevo Testamento. Pablo repite una y otra vez (Ro. 15:5; 2 Co. 13:11; Gá. 5:10; Fil. 2:2; 4:2) que la unidad de mente y corazón es básica en la comunidad cristiana. Y ésta no es una unidad impuesta desde afuera por unas reglas o por una declaración doctrinal, sino que nace de un diálogo misericordioso y especialmente de un objetivo común en el Señor. Los cristianos tienen que compartir la mente y el espíritu del Señor (1 Co. 2:16; Fil. 2:5-11) y, por tanto, tienen que poder experimentar unidad. Como la humildad era una de las características principales de Jesús (Mt. 11:29; Fil. 2:8), esa unidad se logrará a través del espíritu humilde (Ef. 4:2; Fil. 2:3; Col. 3:12; 1 P. 5:5). Eso no significa que hemos de tener un pobre concepto de nosotros mismos, sino que debemos estar dispuestos a rebajarnos, a realizar un servicio poco visible, y a poner los intereses de los demás antes de nuestros propios intereses. Esta actitud de Jesús es absolutamente necesaria si un grupo formado por caracteres y personas distintas quieren ser de "un mismo sentir".

Para tener unidad uno tiene que "gozarse con los que se gozan y llorar con los que lloran" (Ro. 12:15) y así ser "compasivo" (es decir, identificarse con la experiencia y los sentimientos de los demás). Eso es precisamente lo que Cristo hace con nosotros, ya que Él ha pasado por situaciones similares (He. 4:15, donde se usa un verbo muy cercano a este adjetivo), y es lo que podemos hacer con otros cristianos que están sufriendo (He. 10:34). Este término tiene una vertiente práctica, ya que como entendemos los sentimientos de otro, entonces actuamos en consecuencia para ayudar a nuestros hermanos y hermanas[2]. Por otro lado, "compasivo", adjetivo que Pablo también usa (Ef. 4:32; cf. el sustantivo de la misma familia que encontramos en 2 Co. 7:15; Fil. 1:8; 2:1; Col. 3:12; Flm. 12; 1 Jn. 3:17, y el verbo, que se aplica exclusivamente a Jesús, Mr. 1:41; 6:34; 8:2; 9:22), muestra que la preocupación o interés cristiano por los demás no se limitan a comprender a los demás[3]. Los cristianos se preocupan por sus hermanos y hermanas de forma tan profunda que el sufrimiento de estos se convierte en su propio sufrimiento.

Estas virtudes pueden resumirse diciendo "amaos los unos a los otros", un término que aparece en forma nominal en Romanos 12:10, 1ª Tesalonicenses 4:9, Hebreos 13:1, 1ª Pedro 1:22 (cf. el comentario de este versículo) y en 2ª Pedro 1:7. Jesús les mandó a los cristianos que debían amarse los unos a los otros, y que esa sería una característica por la que se podría reconocer a los cristianos (Jn. 13:34-35). Así, no nos sorprende que esta virtud aparezca tanto en los documentos que contienen enseñanza cristiana y que Pedro la coloque en el centro de este versículo.

Tres de estos términos se usan en el griego del Antiguo Testamento y también tienen paralelos en los Manuscritos del Mar Muerto; por ejemplo, en las Reglas de la Comunidad (1QS 4:3s.) las canciones de luz tienen "un espíritu de humildad, paciencia y caridad [o amor] abundante, bondad infinita ... gran caridad hacia todos los hijos de la verdad". Pero el Nuevo Testamento los sitúa en un nuevo contexto, el contexto de Cristo, que representa todas esas virtudes, y capacita a sus discípulos para que puedan ponerlas en práctica.

---

[2] W. Michaelis, "πάσχω", *TDNT*, V, 935-36.
[3] H. Koester, "σπλάγχνον", *TDNT*, VII, 548-59, sobre todo p. 557. Cf. H.-H. Esser, "Mercy", *DNTT*, II, 599-600.

9 Aunque las virtudes del versículo anterior normalmente se mencionaban en el contexto de la comunidad cristiana, y es en ese contexto donde más se utilizaban, Pedro apunta a que han de usarse más allá de la comunidad; eso podemos verlo en la frase "no devolviendo mal por mal, o insulto por insulto". Aunque es obvio que el amor, la compasión y la humildad ya mencionados podrían ser la base perfecta de su enseñanza, su instrucción se basa en la enseñanza misma de Jesús (Mt. 5:38-48; Lc. 6:27-36), que la iglesia primitiva había tomado muy en serio, como vemos en las frecuentes referencias a ella en los escritos paulinos (Ro. 12:14; 1 Co. 4:12; 1 Ts. 5:15)[4]. En el Antiguo Testamento ya recoge que uno no debe vengarse (Lev. 19:18; Pr. 20:22; 24:29), como también la literatura pseudoapócrifa; por ejemplo, 2° Enoc 50:4 dice: "Si te persiguen o hieren por causa del Señor, sopórtalo por amor al Señor. Y si tienes la oportunidad de tomarte la justicia por tu mano, no te vengues, ni de alguien muy cercano, ni de alguien muy lejano. Porque la venganza es del Señor...". (A diferencia de esto, en los Manuscritos del Mar Muerto encontramos, p. ej., 1QS 1:4; 9:21, que está muy bien resumido en Mt. 5:43). Pero Pedro y el Nuevo Testamento van más allá de la simple declaración "no os venguéis, dejad la venganza al Señor"; el nuevo mandamiento es, en vez de atacar o insultar a los que os atacan, insultan o persiguen (está hablando concretamente de aquellos que persiguen a los cristianos por causa de su fe, cf. 3:13), bendecidles[5].

La palabra que hemos traducido por "bendición" en el griego secular quería decir simplemente "hablar bien de una persona", pero en el Nuevo Testamento, debido al uso que se hace en el Antiguo Testamento de ese término griego, pasó a significar "bendecir". La bendición se veía como algo que revertía para el bien de la persona bendecida. Obviamente, Dios es el mayor agente de bendición (Gn. 12:2; 26:3; 49:25), pero los patriarcas (p. ej., Gn. 27:4, 33) y sobre todo los sacerdotes (Núm. 6:22-26; Sir. 50:20-21) también ejercían esta acción[6]

---

[4] Es posible que la tradición parenética ya hubiera meditado mucho la enseñanza de Jesús. Cf. E. Best, "I Peter and the Gospel Tradition", *NTS* 16 (1969.70), p. 95-113 y la respuesta en R. H. Gundry, "Further 'Verba' on 'Verba Christi' in First Peter", *Bib* 55 (1974), 211-32.

[5] Esta bendición es una de las diferencias entre 1ª Pedro y la tradición parenética estoica (p. ej., Epicteto, *Dis.* 3.12.19; 21.5, y *Henchir.* 10), ya que los estoicos se centraban y confiaban más en la persona.

[6] Cf. H. W. Beyer, "εὐλογέω", *TDNT*, II, 754-63; H. –G. Link, "Blessing", *DNTT* I, 206-15; W. Schrenk, *Der Segen im Neuen Testament* (Berlín, 1967); J. Piper, "Hope as the Motivation of Love", sobre todo p. 222-23.

En Pedro queda claro que todos los cristianos deberían bendecir, porque anteriormente ya ha mencionado que todos los cristianos son sacerdotes (2:9). Esta es una forma práctica y concreta de perdonar a las personas que nos han ofendido, devolviéndoles con bien, tal y como Dios hace.

Lo que Pedro usa como base de su argumento es, precisamente, esa acción de Dios hacia nosotros. En el texto original dice que fuimos llamados "para eso", expresión que, gramaticalmente, se podría estar refiriendo a "bendecir a los enemigos", haciendo que "heredar bendición" fuera resultado de "bendecir a los demás" (siguiendo la misma idea del "dad, y se os dará"), pero lo más seguro es que se refiera a la herencia de una bendición futura. Esta última interpretación concuerda mejor con el contexto (tanto con el contexto inmediato como el contexto teológico general de 1ª Pedro), gramaticalmente hablando es más probable, y se aviene con la misma construcción que aparece en 4:6[7]. Así, Dios ya ha dado a los cristianos una bendición; y los cristianos han de pasar lo que han recibido. Es más, la bendición que los cristianos reciben es una herencia. Mientras que normalmente este término se usa de forma metafórica (como en Mt. 25:34; 1 Clem. 35:3) la idea, que concuerda con el concepto de "ser llamados", habla de bienes recibidos simplemente por ser "herederos" y por la generosidad del testador, no por lo que hayan ganado. Pedro ya ha usado ese concepto en 1:4 en un contexto en el que se habla mucho del favor y de la Gracia de Dios, que no nace de la justicia aplicada de forma estricta, sino de la misericordia. Aquí se recuerda a los cristianos que es una parte concomitante de su llamamiento, un llamamiento que promete la bendición de Dios, que requiere que ellos a su vez bendigan a los demás, aunque no lo merezcan.

10-12 Pedro respalda esta enseñanza con una cita del Salmo 34:12-16a. La cita usa las mismas palabras que aparecen en la Septuaginta, pero la estructura gramatical de los versículos 10-11 son diferentes. La diferencia más visible con la Septuaginta y el texto hebreo está en el

---

[7] J. Piper, *Ibíd.*, defiende la otra posición en contra de la de L. Goppelt, *Der erste Petrusbrief* (Göttingen, 1978), p. 228; E. G. Selwyn, *The First Epistle of St. Peter* [Londres, 1947], p. 190; J. N. D. Kelly, *The Epistles of Peter and of Jude* [Londres, 1969], p. 137; y K. H. Schelkle, *Die Petrusbriefe, Der Judasbrief* [Freiburg, 1980], p. 94. Según él, la estructura y el contenido de 1ª Pedro 2:21 se parece mucho a 3:9 y 4:6, y el contexto más amplio, es decir, la redacción del Salmo 34 en 3:10-12, también apunta en la misma dirección. Sus argumentos son persuasivos, pero no tanto como los que plantean la otra posición.

versículo 10, que en el Antiguo Testamento dice: "¿Quién es el hombre que desea vida y quiere [muchos] días para ver el bien?". Pedro ha combinado la construcción para que el verbo "querer" del Antiguo Testamento (gr. *agapaō*) tenga otro objeto o complemento (que tanto en la Septuaginta como en 1ª Pedro tiene una función parecida a la que tiene en Lc. 11:43; Jn. 3:19; 12:43; 2 Ti. 4:8, 10; Ap. 12:11; en todos estos textos, como en el nuestro, lo que "se quiere" no es una persona, sino un objeto o una acción)[8].

Este pasaje encaja de forma excelente en esta sección de la carta. Refrenar la lengua y hacer el bien son la esencia de lo dicho anteriormente (p. ej., los consejos para los siervos y las mujeres, y también el mandamiento de bendecir) y de lo que se dirá a continuación, como también lo es vivir en paz. El pasaje sugiere que la bendición del Señor está sobre los que así hacen, y al no añadir la última parte del Salmo 34:16, "para cortar de la tierra su memoria", Pedro rebaja el sentido de juicio que encontramos en el Salmo, y lo hace más adecuado para aquellos cristianos que estaban sufriendo, a quienes no quería amenazar ni asustar hablándoles de la ira de Dios[9].

Sin embargo, Pedro interpreta el Salmo de forma diferente a como lo interpreta el Antiguo Testamento. Originalmente, "vida" y "días" se referían a una vida larga y próspera en la Tierra. En un contexto cristiano, especialmente en 1ª Pedro con su énfasis en la herencia eterna venidera, el significado es bastante diferente, es decir, la vida eterna y los días con Dios (ya sea que la experimentemos de forma anticipada ahora, o de forma plena en el futuro). Dicho de otra forma, "vida" y "días" tienen aquí un tono escatológico. No obstante, las virtudes necesarias para obtener esa vida son las mismas.

Nuestro autor probablemente usa este salmo porque ya se usa en la tradición cristiana parenética anterior. No solo se usa aquí y en 2:3 (donde se cita el v. 8 del Salmo 34), sino también en Hebreos 12:14 (donde se cita el v. 14b) y en 1 Clem. 22:2-8[10]. La advertencia

---

[8] Los otros cambios son: (1) el imperativo pasa de estar en segunda persona, a estar en tercera persona, que es menos directo, (2) "Pues" (γάρ) se añade para unir la cita con el pasaje, (3) se elimina el "su" redundante (σου) que acompañaba a "lengua", y (4) se elimina la advertencia sobre la ira de Dios que aparecía al final del pasaje.

[9] Tanto el hecho de que Pedro omite esta frase final, como el hecho de que Piper sobreenfatiza la importancia de γάρ hacen que su argumento de que el uso de este Salmo apunta a que la conducta del amor (3:8) es lo que produce el resultado de una herencia y una bendición (3:9) se debilite. J. Piper, "Hope as the Motivation Love".

[10] Cf. E. G. Selwyn, *The First Epistle of St. Peter*, p. 190, 413-14.

sobre el mal uso de la lengua aparece en Santiago 1:26, 3:1-12, que también condena el maldecir o criticar a los demás (cf. Ro. 12:14). Pablo enseña en Romanos 12:19-21 que debemos hacer el bien aún cuando se espera que hagamos el mal (también en 1 Ts. 5:15, 21-22) y lo hace en el mismo apartado en el que llama a los cristianos a vivir como pacificadores (Ro. 12:18). Es muy probable que este tema esté basado en la enseñanza de Jesús (Mt. 5:9; cf. Stgo. 3:17-18). Por tanto, este salmo fue elegido porque hace hincapié en conceptos que son temas centrales de la instrucción ética dominical y apostólica.

2. El ejemplo de Jesús (3:13-22)

Cuando hablamos de la conducta cristiana, el criterio a tener en cuenta era (y sigue siendo) Jesús. Pedro llama a sus lectores a la *imitatio Cristi*, haciendo una referencia particular a su sufrimiento.

13 ¿Y quién os podrá hacer daño si demostráis tener celo por lo bueno? 14 Pero aun si sufrís por causa de la justicia, dichosos [sois]. Y no os amedrentéis por temor a ellos, ni os turbéis, 15 sino santificad a Cristo como Señor en vuestros corazones, [estando] siempre preparados para presentar defensa ante todo el que os demande razón de la esperanza que hay en vosotros, pero [hacedlo] con mansedumbre y reverencia; 16 teniendo buena conciencia, para que en aquello en que sois calumniados, sean avergonzados los que difaman vuestra buena conducta en Cristo. 17 Pues es mejor padecer por hacer el bien, si así es la voluntad de Dios, que por hacer el mal. 18 Porque también Cristo murió* por [los] pecados una sola vez, el justo por los injustos, para llevarnos a Dios, muerto en la carne, pero vivificado en el espíritu; 19 en el cual también fue y predicó a los espíritus encarcelados, 20 quienes en otro tiempo fueron desobedientes cuando la paciencia de Dios esperaba en los días de Noé, durante la construcción del arca, en la cual unos pocos, es decir, ocho personas, fueron salvadas a través [del] agua. 21 Y correspondiendo a esto, el bautismo ahora os salva (no quitando la suciedad de la carne, sino [como] una petición a Dios de una buena conciencia) mediante la resurrección de Jesucristo, 22 quien está a la diestra de Dios, habiendo subido al cielo después de que le habían sido sometidos ángeles, autoridades y potestades.

* El autor, en el comentario de este versículo (ver más abajo), utilizará "sufrió" [*N. de la T.*].

13 Con la conjunción "Y" el autor resume su argumentación y nos anuncia que retoma la cita anterior, como también retoma dos términos claves, "hacer daño" (que tiene la misma raíz que "hacer el mal") "tener celo por lo bueno" (o "hacer el bien")[1]. La presuposición es que como cristianos, tienen celo por lo bueno (cf. Tit. 2:14; Ef. 2:10 en cuanto al concepto en general, y Hch. 21:20; 22:3; Gá. 1:14 en cuanto al uso de "tener celo")[2]. El término "bueno" ya se ha definido en 2:11-3:9.

Así, la pregunta retórica es "¿Quién os podrá hacer daño?" La respuesta implícita sería "Nadie nos hará daño". Pero esta pregunta ha dado a los comentaristas muchos problemas, ya que Pedro en el siguiente versículo introduce el concepto del sufrimiento por causa de la justicia. Por tanto, algunos comentaristas dicen que "hacer daño" hace referencia a un dolor interior y que refleja una confianza en la salvación final de Dios, no la creencia de que los cristianos no iban a sufrir persecución (cf. Is. 50:9; que usa las mismas palabras clave; Salmos 56:4; 118:6; Mt. 10:28; Ro. 8:31; incluso Platón, *Apol.* 41d, «Ningún daño sufrirá el hombre bueno, ni cuando esté vivo, ni cuando esté muerto, y los dioses no se olvidarán de su causa»)[3]. Pero es evidente que ésta no es la interpretación natural del texto. A no ser que uno quiera interpretar a Pedro de forma silogística, lo normal es entender el término "daño" como equivalente a "daño físico y personal", lo cual queda englobado en el término "sufrir" que aparece en el versículo siguiente. De hecho, Pedro no está construyendo su argumentación de forma silogística, sino de forma proverbial[4]. Si uno se comporta tal como Pedro acaba de describir, lo más probable es que no suscite ni provoque la enemistad ni el odio de los demás. ¿Quién haría daño a una persona así? Pero el versículo siguiente añade una declaración complementaria: Aunque nadie, incluso bajo sus propios códigos (paganos) de buena conducta, tendrá razón para dañar a los cristianos, algunos cristianos

---

[1] Los términos son κακοῦ en la cita y κακώσων en nuestro versículo, y el neutro singular de ἀγαθός en ambos lugares.

[2] El verbo γένησθε indica haberse convertido en un punto en el pasado, con el resultado de que en el presente "tienen celo" o "anhelan".

[3] J. N. D. Kelly, *The Epistles of Peter and of Jude* [Londres, 1969], pp. 139-40; K. H. Schelkle, *Die Petrusbriefe, Der Judasbrief* [Freiburg, 1980], p. 100.

[4] Cf. L. Goppelt, *Der erste Petrusbrief* [Göttingen, 1978], p. 233-43.

sufrirán. Nuestro versículo, pues, es una transición: de la idea en la que el sufrimiento se minimiza por medio de la virtud, pasamos a una nueva enseñanza sobre cómo reaccionar y actuar cuando a uno le toca sufrir.

14 Así que la buena conducta no siempre libra del sufrimiento. De hecho, algunas personas son tan retorcidas que perseguirán a los justos simplemente porque hacen el bien, ya que la justicia les enfurece. Cuando Pedro dice: "Pero si aún sufrís por causa de la justicia" está apuntando a que hay posibilidad de que así ocurra[5]. No es que 1ª Pedro sea fatalista, sino que en esta epístola encontramos un realismo que reconoce la naturaleza humana caída. Además, el sufrimiento, uno de los términos favoritos de Pedro (que lo usa 12 de las 42 veces que aparece en el Nuevo Testamento) no significa "enfermedad" (el verbo nunca se usa en el Nuevo Testamento para describir una enfermedad física), ni "persecución estatal", sino el abuso por parte de los amos, maridos y vecinos no cristianos. Dichoso el que tiene que sufrir algo así. Con esta palabra, "dichoso", Pedro se hace eco de Mateo 5:10, "Dichosos aquellos que han sido perseguidos por causa de la justicia, pues de ellos es el reino de los cielos". (Policarpo también usa la misma palabra, *Phil.* 2:3). Entonces, "dichoso" o "feliz" tiene el mismo sentido que "regocijarse" en 1:6, es decir, tener un gozo profundo aunque a uno las cosas no le vayan bien, porque mira su situación desde la perspectiva de los planes de Dios[6].

A esta bendición escatológica, Pedro le añade un mandamiento: "No os amedrentéis por temor a ellos, ni os turbéis", una cita de la Septuaginta de Isaías 8:12-13. Pedro ha cambiado el texto de Isaías del singular al plural (se dirige a "ellos", no a "él"). La Septuaginta, de hecho, no respeta el texto hebreo original ("No temas lo que ellos temen"), y hace referencia al temor ante la alianza de Asiria y Efraín en Rezín. Al hacerlo plural, Pedro se refiere a los enemigos de los cristianos. Los cristianos no tienen por qué temer a sus perseguidores; es más, siguiendo Mateo 10:28, tienen que tener una perspectiva más amplia y temer a Dios[7].

---

[5] "Suffer" (πάσχοιτε) nos muestra un uso muy poco común en el Nuevo Testamento del modo verbal llamado optativo, modo que indica una posibilidad muy remota.

[6] Cf. F. Hauck, "μακάριος", *TDNT*, IV, 362-70.

[7] El griego podría traducirse tanto por "No temáis lo que ellos temen" como por "No les temáis [No temáis por miedo a ellos]", es decir, tanto como un genitivo subjetivo como un genitivo objetivo, siendo este último un semitismo de la Septuaginta. Optamos por este último debido al contexto tanto de la Septuaginta como de 1ª Pedro.

15 En vez de temer a las personas, los cristianos tienen que temer o reverenciar a Cristo. Pedro completa la cita del versículo anterior con la de Isaías 8:13, insertando "en vuestros corazones" y "Cristo"; así, en vez de "Santificad al Señor y temedle" (la versión de la LXX), nuestro texto dice: "santificad a Cristo como Señor en vuestros corazones". El propósito del versículo está bien claro. Para Pedro, el corazón es el centro de la voluntad y los sentimientos, el centro de la persona. Quiere que el compromiso no sea solo un compromiso intelectual ante la verdad sobre Jesús, sino que sea un compromiso profundo con la persona de Jesucristo (cf. 1:22). Tienen que santificar a Cristo como Señor. Esto no quiere decir hacer a Cristo más santo, sino tratarlo como santo, ponerlo a Él por encima de toda autoridad humana. Este sentido lo podemos ver claramente en el Padre Nuestro: "Santificado sea tu nombre". 'Santificar' el nombre de Dios significa no solo reverenciar y honrar su nombre, sino también glorificarle obedeciendo sus mandamientos, y preparar así la llegada del reino"[8]. Así, Pedro afirma que deben honrar, reverenciar y obedecer a Jesús como Señor. Este versículo también nos revela algo más sobre la cristología de Pedro, ya que toma un pasaje del Antiguo Testamento que habla de Dios, y lo usa para hablar de Cristo, dejando claro que ese es el sentido en el que hemos de interpretar "Señor". Esta forma de presentar una cristología tan elevada es típica de Pedro.

Una vez descartado el temor, Pedro habla de la reacción que los creyentes deben tener ante los no creyentes (incluso ante sus perseguidores), reacción que está basada en el señorío de Cristo. "Presentar defensa ante todo el que os demande razón de la esperanza que hay en vosotros". Tanto "presentar defensa" (Hch. 25:16; 26:2; 2 Ti. 4:16) como "demandar razón" (Ro. 4:12; 1 P. 4:5) se usaban en contextos judiciales formales, pero también en situaciones informales y a título personal (Platón, *Pol.* 285e y 1 Co. 9:3; 2 Co. 7:7 respectivamente)[9] Las expresiones "siempre" y "todo el que" indican que aquí se está hablando de una situación informal. En vez de temer a los no creyentes que les rodean, los cristianos, debido al temor o a la reverencia a Cristo,

---

[8] D. Hill, *The Gospel of Matthew* (Londres, 1972), p. 136. Cf. C. Brown y H. Seebass, "Holy", *DNTT*, II, 224-32.

[9] Así, J. Knox, "Pliny and I Peter", *JBL* 72 (1953), 189, no está en lo cierto ya que limita esta frase a situaciones de defensa judicial, relacionándolo con 4:14-16 e insistiendo en que el cargo legar era "por el nombre". Pero esta interpretación limita mucho el sentido de la frase.

deberían estar preparados para responder a las preguntas continuas y hostiles que los no creyentes les puedan hacer sobre su fe. En m. Aboth 2:14 Eliazer ofrece una versión judía de esta misma idea: "Estudia la Ley y está preparado para dar una respuesta al incrédulo". Lo más probable es que Pedro tuviera en mente la enseñanza de Jesús, ya que en Lucas 12:4-12 dice: "No temáis a los que matan el cuerpo ... temed al que ... tiene poder para arrojar al infierno ... El Espíritu Santo en esa misma hora os enseñará lo que debéis decir".

Se les va a demandar o preguntar sobre "la esperanza que hay en vosotros". Esta es una de las expresiones favoritas de Pedro para describir su fe (cf. los comentarios de 1:3, 13, 21). A algunos les podría parecer increíble que en un momento así se hablara de esperanza. En un momento en que muchos cristianos estaban experimentando sufrimiento y rechazo, su esperanza es la marca de una fe que triunfa y está por encima de cualquier circunstancia.

Pero dar una respuesta no es suficiente; la forma de responder y la vida que hay detrás de la respuesta es mucho más elocuente que la respuesta misma. En primer lugar, tienen que responder con "mansedumbre y reverencia [o respeto]". La mansedumbre es la actitud que deben tener ante sus oponentes. Basada en el ejemplo de Moisés (Núm. 12:3) y de Jesús (Mt. 11:29; 21:5; cf. 2 Co. 10:1), la mansedumbre es una de las virtudes cardinales del Nuevo Testamento (Gá. 5:23; Ef. 4:2; Col. 3:12; " Ti. 2:25; Stgo. 3:13) que Pedro ya ha mencionado anteriormente (3:4). Se trata de rehusar a tomarse la justicia por la mano, a defenderse a uno mismo, a atacar al contrario y, en cambio, poner la causa de uno en manos de Dios. Así, en vez de una respuesta que rebaje a la otra persona o critique al enemigo, Pedro espera una respuesta mansa y humilde de acuerdo con la actitud de Cristo.

La reverencia, por otro lado, no se trata de una actitud hacia las personas, sino de una actitud hacia Dios, porque esa es la forma en que Pedro usa la palabra "respeto", "reverencia" o "temor" en el resto de la epístola (1:17; 2:18; 3:2). Los cristianos pueden responder con mansedumbre debido a la reverencia que le tienen a Dios. Los cristianos cuentan con Dios, que les justifica. Por tanto, no hay necesidad de defenderse o justificarse ante la opinión humana.

16 En segundo lugar, en cuanto a la forma de responder, los cristianos deben tener una "buena conciencia" que les llevará a una "buena conducta en Cristo". A diferencia del uso que Pedro hace del término "conciencia" en 2:19, aquí aparece con su significado más común, el que más veces encontramos en el Nuevo Testamento: saber uno mismo que está teniendo una conducta moral (Hch. 23:1; Ro. 2:15; 9:1; 2 Co. 1:12; 5:11; 1 Ti. 1:5, 19; 3:9; He. 13:18)[10]. Si el cristiano ha desobedecido la ley civil o la ley de Dios, merece ser criticado, y si le critican no está siendo perseguido por causa de Cristo; pero si el cristiano tiene buena conciencia, tiene la conciencia limpia, puede presentarse tranquilo ante la presencia de Dios y si les calumnian, lo único que podrán usar será su buena conducta (esa buena conducta a la que Pedro les ha estado llamando; 2:11-3:7).

La "buena conducta" es "en Cristo". Ésta es una expresión característicamente paulina, que aparece 164 veces en sus epístolas. Parece ser que fue Pablo el que la acuñó, ya que no la encontramos en documentos anteriores a él, aunque sí aparece en escritos posteriores (Juan la usa mucho también). Lo que Pedro quiere decir aquí es bien sencillo: la buena conducta fluye de la relación que el cristiano tiene con Cristo, y está determinada por esa relación, es decir, por su unión con Cristo[11]. Así, Cristo es el que define lo que es la buena conducta, y Cristo es el que nos capacita y nos motiva para que la mantengamos incluso en las situaciones más difíciles.

En tercer lugar, vemos que el resultado será la vergüenza de los que nos calumnian. El término que traducimos por "difamar" solo aparece aquí y en Lucas 6:28, donde encontramos el mandamiento de que hemos de orar por los que así nos tratan. La situación que se está describiendo la encontramos en más lugares del Nuevo Testamento (1 P. 2:12 y Stgo. 4:11; en Ro. 1:30; 2 Co. 12:20; 1 P. 2:1 encontramos términos parecidos), en la que se habla mal de los cristianos, no solo insultándoles sino también acusándoles, para que las cosas les vayan mal[12]. Pero los difamadores no se saldrán con la suya. Serán avergonzados. Por un lado, serán avergon-

---

[10] Cf. C. A. Pierce, *Conscience in the New Testament* (SBT 15) (Londres, 1955).

[11] Cf. G. E. Ladd, *Teología del Nuevo Testamento*, Colección de Teología contemporánea, Clie, Barcelona, 2002. Pags. 508-510; y H. Ridderbos, *El pensamiento del Apóstol Pablo*, Libros Desafío, Grands Rapids, Michigan, 2000. Págs. 75-84.

[12] Tenemos aquí un problema textual, que se ve reflejado en la Reina Valera, "para que en lo que murmuran de vosotros como malhechores". El uso muy poco común de ἐν ᾧ en lugar de un objeto en genitivo con este verbo (καταλαλεῖσθε) ha hecho que en algunos manuscritos encontremos una pequeña variación para que el versículo se parezca al 2:12, y el verbo sea activo en vez de pasivo. Los manuscritos más fiables contienen la estructura gramatical más compleja, y es la versión por la que han optado las traducciones más modernas.

zados cuando los otros vean cuál es la verdadera conducta de los cristianos, y vean qué poco fundamentadas estaban sus acusaciones. Pero, por otro lado, el énfasis que Pedro hace en el juicio futuro de Cristo enseguida nos hace pensar que su baza principal reside en: que los difamadores serán avergonzados cuando tengan que rendir cuentas delante del Juez, el que conoce toda la verdad. Ahí es donde descansa la seguridad del creyente.

17 La razón para mantener una buena conducta es bien lógica: "Es mejor padecer por hacer el bien, que por hacer el mal". Esta frase resume la instrucción que Pedro da en 2:20. De hecho, es una sentencia que forma parte de la ética griega ya conocida en tiempos de Platón: "Actuar de forma injusta es peor, ya que es más vergonzoso que ser tratado injustamente" (*Gorg.* 308c). Pero Pedro es más concreto. En primer lugar, "mejor" debe verse a la luz de las palabras "dichosos" (3:14) y "regocijarse" (1:6) (cf. 4:13 y probablemente 2:20). Cuando se sufre por haber hecho el mal, uno recibe una retribución justa, pero cuando uno sufre por haber hecho el bien, estamos ante una señal de la recompensa escatológica y la identificación con Cristo, quien también sufrió (como veremos en el versículo siguiente). La única forma de ver el sufrimiento de una forma más positiva será si lo vemos con esta perspectiva celestial[13].

En segundo lugar, Dios ha escogido al creyente y aquel que guarda la herencia incorruptible en los cielos es aquel que lo controla todo: "si así es la voluntad de Dios". Estamos ante una expresión idiomática, que equivale al "si es necesario" de 1:6[14]. La estructura gramatical de esta expresión (modo optativo), como la que aparece en 3:14, indica la posibilidad de que la voluntad de Dios general incluya el sufrimiento, pero no necesariamente que ese sea su deseo para nosotros. Los cristianos pueden experimentar sufrimiento, pero si así ocurre, analicemos

---

[13] J. R. Michaels, "Eschatology in I Peter III.17", *NTS* 13 (1966-67), 394-401, está en lo cierto al ver el tono escatológico de este pasaje, sobre todo a la luz del juicio final mencionado en 3:16; pero cuando divide a "los que hacen el bien" y "los que hacen el mal" en "dos grupos en los que puede catalogarse a toda la humanidad, los 'bienhechores' que pueden sufrir en esta era, y los 'malhechores' que sufrirán en la era venidera", va aún más allá que Pedro, que parece estar hablando de la conducta de los cristianos y la recompensa que obtendrán en el día del juicio final.

[14] Cf. el uso del modismo griego "si Dios quiere" en Platón, *Alcib.* 135d y en más lugares, la enseñanza de Jesús sobre la Soberanía de Dios en Lc. 12:6-7, y la bibliografía sobre Stgo. 4:15, por ejemplo, P. H. Davids, *Commentary on James* (Grand Rapids, 1982), p. 173, que hace una lista numérica de paralelos griegos y judíos.

primero si viene por "hacer el bien", y recordemos en todo momento que ninguna situación escapa a la Soberanía de Dios, que solo quiere nuestro bien[15].

18 Para explicar que sufrir por haber hecho el bien es mejor que sufrir por haber hecho el mal, Pedro recurre al ejemplo de Cristo, quien sufrió por hacer el bien[16]. Al sufrir de esta forma, el cristiano se identifica con Cristo y, según Pedro, esta identificación será completa en la resurrección con Cristo.

Pedro se dispone a desarrollar el concepto del sufrimiento de Cristo. Primero, deja claro que sufrió de forma injusta. Usando material de la tradición cristiana (los eruditos coinciden en que en 3:18-24 aparecen elementos de credos e himnos tradicionales, aunque nadie ha logrado presentar una teoría convincente de que todo o parte de este pasaje presente una estructura hímnica), nos recuerda que Cristo sufrió "una sola vez" (el tiempo del verbo está reforzado por el adverbio) del mismo modo que ellos también sufrirán una sola vez[17]. Pablo se está refiriendo a lo mismo en Romanos 6:10, donde argumenta que el pecado ha sido vencido de una vez para siempre (cf. He. 7:27; 9:26, 28; 10:2, 10). La razón por la que

[15] J. N. D. Kelly, *The Epistles of Peter and of Jude*, p. 145-46, comenta acertadamente que no debemos entender el modo optativo como una posibilidad que puede darse, porque la misma estructura de la frase, el uso de este modo en proposiciones generales, y las indicaciones que encontramos dentro del mismo texto, por ejemplo 2:12, 18-20, apuntan a que esos cristianos ya han sufrido, aunque probablemente no se trate de una persecución formal ni estatal.

[16] Así, Cristo se convierte en algo así como un caso que sienta jurisprudencia (aunque duro de seguir, si pensamos que para la gente de aquellos días era muy difícil ver algo bueno en el sistema de la crucifixión), tal como argumenta J. R. Lumby, "1 Peter III.17", *Exp* ser. 5/1 (1890), 142-43.

[17] Nos encontramos ante un problema textual, ya que no sabemos a ciencia cierta si la lectura correcta es "sufrió" (ἔπαθεν) o "murió" (ἀπέθανεν). Ambas lecturas cuentan con un fuerte apoyo de los manuscritos. "Murió" podría tratarse de una adaptación del texto para que se pareciese más al lenguaje paulino que encontramos en Ro. 6:10 o 1 Co. 15:3 y para clarificar en qué consistía el "sufrimiento" original, mientras que "sufrió" podría tratarse de una adaptación al estilo y lenguaje de Pedro (en 1ª Pedro usa el verbo "sufrir" en 12 ocasiones, frente a las 7 veces que aparece en las epístolas paulinas, y 42 en todo el Nuevo Testamento, mientras que las epístolas católicas usan el verbo "morir" una sola vez, y Judas 12 veces, de las 111 en todo el Nuevo Testamento) y el contexto narrativo (3:14, 17; 4:1). Si pensamos que un escriba posterior realizó el cambio o adaptación, lo más lógico es pensar que se cambiara hacia el estilo paulino. Además, la mayoría de textos que contienen "murió" añade "por nosotros [vosotros]" (ὑπερ ὑμῶν o ὑπερ ἡμῶν). Así que creemos que las lecturas en las que aparece "murió" son secundarias. Cf. F. W. Beare, *The First Epistle of Peter* (Oxford, 1958), p. 167).

Cristo sufrió es "por los pecados". Esta fórmula era bien conocida en las ofrendas por los pecados, realizadas en el Antiguo Testamento (Lv. 5:7; 6:23; Sal. 39:7; Is. 53:5, 10; Ez. 43:21-25)[18] y por las descripciones del Nuevo Testamento de la muerte de Cristo (Ro. 8:3; 1 Co. 15:3; 1 Ts. 5:10; He. 5:3; 10:6, 8, 18, 26; 1 Jn. 2:2; 4:10). Es la fórmula de la expiación sustitutoria, en la que la víctima que muere lo hace por los pecados de otro. Así que, usando la fórmula tradicional, ya se recoge que cuando Cristo sufrió era inocente, y no solo era inocente, sino que además decidió sufrir por los pecados de otros.

En segundo lugar, el sufrimiento de Cristo fue el sufrimiento de "el justo por los injustos". Esta idea ya ha salido en 2:21-22; pero además, aquí se vuelve a usar el lenguaje de 3:12 y 14, y uniendo el pasaje y estableciendo un paralelo claro con el sufrimiento de los cristianos. Normalmente el Nuevo Testamento sigue el uso judío y contrasta a los "impíos" (*anomoi*) o "pecadores" (*harmartōli*) con los "justos" (*dikaios* ej., Hch. 2:23-24; 1 Ti. 1:9; 2 P. 2:8; Mt. 9:13; Mr. 2:17; Lc. 5:32; 1 P. 4:18; implícito en muchos otros pasajes), pero en alguna ocasión se utiliza el modismo griego usual (p. ej., Xenofón, *Mem.* 4.4.13, "El que observa la ley es justo, pero el que transgrede la ley es injusto") como ocurre en este versículo (p. ej., Mt. 5:45; Hch. 24:15; cf. 1 Co. 6:1). Quizá la selección léxica de Pedro se ve influida no solo por el amplio contexto bíblico y por el modismo griego, sino también de forma más concreta por Isaías 53:11 donde se dice que el Siervo es justo: "Por su conocimiento, el Justo, mi Siervo, justificará a muchos; y cargará las iniquidades de ellos". Es a raíz de este pasaje que la iglesia primitiva empezó a usar el título "Justo" o "el Justo" para referirse a Cristo (Hch. 3:14; 7:52; 22:14; 1 Jn. 2:1, 29; 3:7; posiblemente Stg. 5:6) y las referencias a Isaías 53 que encontramos en 1ª Pedro (2:22, 24, 25) nos hacen sospechar que nuestro autor también tenía este texto en mente al escribir este versículo del capítulo 3[19] obstante, independientemente del origen del lenguaje que encontramos aquí, Pedro está haciendo hincapié en la muerte sustitutoria de Cristo por aquellos que merecían la muerte[20].

---

[18] En la frase siguiente no hay diferencia entre περὶ y ὑπὲρ, ya que en los pasajes citados vemos cómo se intercambian los dos términos.

[19] G. Schrenk, "ἄδικος", *TDNT*, I, 149-52; "δίκαιος", *TDNT*, II, 182-91; H. Seebass y C. Brown, "Righteousness", *DNTT*, III, 360-62, 370-71.

[20] Está claro que la idea de la expiación sustitutoria tiene un trasfondo judío: 2 Mac. 7:37-38; 4 Mac. 6:28; 9:24; 12:17-18; 17:22; 1QS 5:6-7; 8:2-3; 9:4; 1Qsa 1:3. Sin embargo, Pedro no está recreando este concepto a partir de los materiales judíos, sino

En tercer lugar, el propósito del sufrimiento de Cristo era "llevarnos a Dios". Esta expresión es poco común, pero aunque hay un gran número de expresiones del Antiguo Testamento que son similares (llevar animales a Dios como sacrificio; Éx. 29:10; Lv. 1:2; 1 Clem. 31:3, llevar a alguien ante un tribunal, Éx. 21:6; Núm. 25:6; Hch. 16:20, o llevar a alguien a Dios para otorgarle un cargo, Éx. 29:4; 40:12; Lv. 8:14; Núm. 8:9) y también del Nuevo Testamento ("entrada al Padre" de Pablo, en Ro. 5:1; Ef. 2:18; 3:12, y "acercarse" en Hebreos 4:16; 10:19-22; 12:22)[21], Pedro está creando una nueva metáfora, ya que no hay ningún otro autor neotestamentario que para describir que Jesús lleva al cristiano hacia Dios, utilice una imagen de movimiento tan gráfica (2:21; 4:13). Jesús murió para poder salvar el abismo entre Dios y la Humanidad, tomarnos de la mano, llevarnos a través del territorio enemigo hasta llegar a la presencia del Padre que nos ha llamado.

En cuarto lugar, la muerte de Cristo no acabó con Él, del mismo modo que la muerte no acabará con el creyente que sufre: "muerto en la carne, pero vivificado en el espíritu". El contraste entre la carne y el espíritu aparece en varios pasajes del Nuevo Testamento (p. ej., Mt. 26:41; Jn. 6:63; Gá. 5:16-25; Ro. 8:1-17), algunos de los cuales son un credo, como lo es éste (Ro. 1:3-4; 1 Ti. 3:16). Ese contraste lo vemos aquí con la expresión "muerte en la carne", que obviamente se refiere a la crucifixión de Cristo, y con "vivificado", que si lo comparamos con Juan 5:21, Romanos 4:17; 8:11; 1 Co. 15:22, 36, 45 (cf 2 Co. 3:6; Gá. 3:21) veremos que es sinónimo de "levantar de entre los muertos", que en este pasaje solo se usa con la persona de Cristo. Así, Pedro contrasta la muerte de Cristo con su resurrección; la primera se refiere a la naturaleza humana caída, la carne, y la segunda, a Dios y a la relación con Él, el espíritu[22]. Dicho de otro modo, Pedro no está contrastando dos partes de la naturaleza de Cristo, cuerpo y alma, distinción que

que está usando una enseñanza cristiana ya establecida, como demuestra J. N. D. Kelly, *The Epistles of Peter and of Jude*, p. 149-50.

[21] Cf. K. L. Schmidt, "προσάγω", *TDNT*, I, 131-34.

[22] Como veremos más adelante, ha habido varias interpretaciones de esta frase: (1) murió físicamente hablando, pero continuó viviendo como espíritu, (2) murió su cuerpo físico, pero él siguió viviendo en un cuerpo espiritual (cf. 1 Co. 15), y (3) murió a la existencia humana natural, pero resucitó a una existencia humana glorificada. Tanto (1) como (2) dan la opción de entender que la existencia espiritual de Cristo se refiere tanto a un estado intermedio antes de la resurrección como al estado después de la resurrección.

hacían los griegos y que se verá en los comentarios que los Padres hacen de este pasaje (Orígenes, *C. Cels.* 2.43; Epifanio, 69.52)[23], sino dos modos de existencia[24], como puede verse si se hace un análisis detallado de los pasajes citados. Cristo murió por los pecados; por tanto, murió en la carne, que en el Nuevo Testamento es el modo de existencia de la humanidad no regenerada[25] Pero toda su persona murió, no solo el cuerpo (otro significado de "carne"). Cristo fue vivificado (véase la pasiva; se da por sentado que es el Padre el que le resucita) gracias a su relación con Dios; por tanto, fue vivificado en el espíritu, el modo de existencia de la regeneración o de aquellos que agradan a Dios[26]. El texto no dice que el espíritu o el alma de Cristo estaba muerto y que Dios le dio vida solo al espíritu o alma, ni tampoco que Cristo abandonó la carne, sino que la resurrección le dio la vida a toda su persona, tanto al cuerpo como al espíritu; ya no tiene que identificarse de nuevo con el pecado, ni tiene que morir otra vez (murió o sufrió una sola vez). Ahora vive como una persona resucitada en el modo de existencia del que los cristianos, incluso antes de la resurrección, podemos participar, en cuerpo y alma, aunque la participación plena llegará con "la redención del cuerpo" (cf. Ro. 8)[27].

19 Hasta este momento, Pedro ha desarrollado un credo de contenido y extensión normal, pero ahora inserta un elemento menos común; el último modo de existencia que se ha mencionado, en el espíritu, es en el que Cristo "fue y predicó a los espíritus encarcelados". Este pasaje es extremadamente complejo. En primer lugar, "en el espíritu" está

---

[23] Aparentemente, C. Spicq, *Les Épîtres de Saint Pierre* (París, 1966), p. 135-36, sigue esta interpretación: "Liberado del *sarx* que es débil, el nuevo Adán es un 'espíritu que da vida'". Cf. también en cierta medida A. M. Stibbs, *The First Epistle General of Peter* (Grand Rapids, 1959), p. 141-42.

[24] Que es mejor que la expresión "esferas de la existencia" de F. W. Beare (*First Epistle of Peter*, p. 169). Cf. J. R. Michaels, *1 Peter* (Waco, TX, 1988), p. 204, que recoge muy bien el consenso de los escritores contemporáneos.

[25] E. Schweizer y R. Meyer, "σάρξ", *TDNT*, VII, 98-151, especialmente 131-34; G. E. Ladd, *Teología del Nuevo Testamento*, Págs. 560-608; J. D. G. Dunn, "Spirit", *DNTT* III, 701-702, 705.

[26] E. Schweizer, "πνεῦμα", *TDNT*, VI, 332-455, especialmente 428-30, 438-42; J. D. G. Dunn, "Spirit", *DNTT*, III, 701-702, 705.

[27] Esta interpretación rechaza la idea de que "en el espíritu" se refiere a una existencia intermedia de Cristo entre la muerte y la resurrección y, por tanto, también rechaza la idea de que la predicación de los versículos siguientes es algo que hizo *antes* de la resurrección.

representado en el griego original por un adverbio relativo, *en* Normalmente los relativos hacen referencia a un sustantivo que les antecede (el que más cerca esté) y con el que concuerdan, por lo que parece lógico pensar que la traducción debería ser "en el espíritu", pero ¿significa eso que Cristo viajaba *como* un espíritu o que viajaba *medio del* Espíritu?[28] Lo primero es bastante improbable si la interpretación que acabamos de hacer de 3:18 es correcta, ya que no se menciona la existencia del espíritu aparte de la existencia del cuerpo. Lo último supondría introducir de repente a la persona del Espíritu Santo, que no es imposible si tenemos en cuenta las intervenciones del Espíritu para transportar a la gente tanto en la literatura bíblica como extrabíblica (p. ej. Ez. 8:3; Hech. 8:39; Ap. 4:1-2), pero en una construcción como ésta quedaría muy poco natural, pues el resultado es un cambio repentino del significado de "espíritu". La interpretación más probable es que Pedro esté usando la construcción en un sentido general, "en ese proceso" (Selwyn) o "en su modo espiritual de existencia" (Kelly)[29]. Esta interpretación concuerda con otros usos que Pedro hace de esta expresión (1:6; 2:12; 3:16; 4:4), en los que nunca existe una clara relación con un antecedente, y todos hacen referencia a una situación general.

Así, diremos que después de la resurrección, Cristo fue a algún lugar y predicó a unos espíritus que estaban encarcelados. Todos estos conceptos requieren una explicación más detenida.

Se han dado un buen número de interpretaciones. (1) Los espíritus son las almas de los fieles del Antiguo Testamento y la "cárcel" es simplemente el lugar donde están esperando a Cristo, quien les proclama su redención[30]; (2) los espíritus son las almas de los que

---

[28] Por ejemplo, Nigel Turner, *Gramatical Insights into the New Testament* (Edimburgo, 1965), p. 171; A. Schlatter, *Petrus und Paulus nach dem resten Petrusbrief* (Stuttgart, 1937), p. 137-38, respectivamente.

[29] E. G. Selwyn, *The First Epistle of St. Peter* (Londres, 1947), p. 197-98; J. N. D. Kelly, *The Epistles of Peter and of Jude*, p. 152. Cf. L. Goppelt, *Der erste Petrusbrief*, p. 247, y C. F. D. Moule, *An Idiom-Book of New Testament Greek* (Cambridge, 1968), p. 131-32. Ver BAGD, p. 261, que recoge una variedad de significados de esta expresión.

[30] J. Calvino, *Calvin's Commentaries: Hebrews/1Peter/2Peter*, trans. W. B. Johnston (Edimburgo/Grand Rapids, 1963), p. 292-95. Esta explicación tiene, principalmente, dos problemas: (1) Calvino no interpreta "cárcel" en un sentido negativo, y (2) tiene que explicar ἀπειθήσασιν del v. 20 no tiene que ver con esos espíritus, lo cual es muy poco probable. Es un acierto que sitúa la predicación después de la resurrección de Cristo, aunque cree que Cristo lo hace a través del espíritu, y no en persona.

murieron en el diluvio del Génesis, que están en el Hades, y que oyen el evangelio que Cristo proclama después de su muerte y antes de su resurrección (u oyeron el Evangelio en los días de Noé antes de ser echados en la "cárcel")[31]; (3) los espíritus son los ángeles caídos de Génesis 6:1s. y la cárcel es donde los han encerrado y desde donde escuchan a Cristo que proclama el juicio (o un llamamiento al arrepentimiento anunciado en los días de Noé)[32]; (4) los espíritus son los demonios, la descendencia de los ángeles caídos de Génesis 6:1s., que se han refugiado (no que están encarcelados) en la Tierra, y la proclamación es la proclamación de que Cristo (en la postresurrección) invade su refugio[33]; o (5) los espíritus son los ángeles caídos, pero el predicador es Enoc, que les anunciaba el juicio[34].

A la hora de optar por una de estas interpretaciones, tenemos que examinar el significado de cada término en el contexto, a la luz de su trasfondo lingüístico. "Espíritu" en el Nuevo Testamento siempre se refiere a seres espirituales no humanos a menos que estén cualificados (como p. ej., en He. 12:23; ver Mt. 12:45; Mr. 1:23, 26; 3:30; Lc. 10:20; Hch. 19:15-16; 16:16; 23:8-9; Ef. 2:2; He. 1:14; 12:9; Ap. 16:13,

[31] C. E. B. Cranfield, "An Interpretation of I Peter iii.19 and iv.6", *ExpT* 69 (1957-58), 369-72; y E. Stauffer, *New Testament Theology*, trad. J. Marsh (Londres, 1955), 133-34 [*Die Theologie des Neuen Testaments* (Stuttgart, 1948⁴), 113-15]; H.-J. Vogels, *Christi Abstieg ins Totenreich und das Läuterungsgericht an den Toten* (Freiburg, 1976), como también Beare, Goppelt, Windisch, y Wand entre los comentaristas. Más recientemente ha sido W. Grudem el que ha defendido la idea de Cristo predicando a los seres humanos en el tiempo antes del diluvio a través de la predicación de Noé, *1 Peter* (TC) (Grand Rapids, 1988), 157-61 y 203-39, dedicándole a este tema un apéndice bastante extenso, ya que representa un 16% del comentario.

[32] Esta posición fue propuesta en primer lugar por F. Spitta, *Christi Predigt an die Geister* (Göttinegn, 1890), y muchos comentaristas la han seguido (incluyendo a Selwyn y a Hauck), y J. Jeremias, "Zwischen Kartfreitag und Ostern", *ZNW* 42 (1949), 194-201; B. Reicke, *The Disobedient Spirits and Christian Baptism* (Copenhagen, 1946); W. J. Dalton, "The Interpretation of 1 Peter 3:!9 y 4:6: Light from 2 Peter", *Bib* 60 (1979), 547-55; *Christ's Proclamation to the Spirits* (Roma, 1965). Spitta sitúa la predicación en los tiempos de Noé; pero casi todos los demás la sitúan después de la muerte de Cristo.

[33] J. R. Michaels, *1 Peter*, p. 205-11. Michels no es nada dogmático con esta interpretación, y su segunda opción sería la interpretación anterior. Pero nos comenta, con acierto, concuerda con la idea del reino de Dios y cómo éste invade la esfera de los demonios, que anteriormente era, al parecer, un área protegida (o impenetrable).

[34] E. J. Goodspeed, "Some Greek Notes", *JBL* 73 (1954), 91-92. Esta interpretación incluye la idea de que Enoc originalmente aparecía en el texto. Cf. su obra titulada *Problems of New Testament Translation*. B. M. Metzger, *Chapters in the History of New Testament Textual Criticism* (Leiden, 1963), p. 158-59, que dice que esta conjetura se remonta a William Bowyer (1772).

14)[35]. Así, lo lógico es pensar que aquí significa "seres angélicos o demoníacos". Entonces, en los días de Noé, ¿había espíritus que eran desobedientes? Una lectura de Génesis 6:1-4, sobre todo tal como la hacían los judíos en días de Pedro, deja claro que estos "hijos de Dios" tenían que ver con Noé y eran vistos como ángeles que habían desobedecido a Dios, por lo que fueron encarcelados. En 1° Enoc, por ejemplo, Enoc ve una cárcel y oye estas palabras: "Estos son de entre las estrellas del cielo los que han transgredido los mandamientos del Señor y están encarcelados en este lugar" (21:6)[36]. Así pues, aquí tenemos un evento que incluye todos los elementos a los que Pedro hace referencia, espíritus (en 1° Enoc se usa indistintamente ángeles, estrellas, y guardianes) que desobedecieron ("han transgredido los mandamientos del Señor"), por lo que fueron encarcelados ("Este lugar es una cárcel de ángeles; cumplirán condena aquí para siempre", 1° Enoc 21:10), y todo esto ocurrió en tiempos de Noé.

El texto bíblico nos dice que Cristo fue a esa cárcel, que 2ª Pedro 2:4 describe como Tártaro (cf. Ap. 20:1-3), pero como Judas 6, no habla de ningún lugar concreto, a menos que la mención del Tártaro sirva para ubicarlo en las regiones más bajas[37]. Mientras estuvo allí, "predicó" a esos espíritus. En el Nuevo Testamento el término griego $k\bar{e}ryss\bar{o}$ suele referirse a la proclamación del reino de Dios o del Evangelio (p. ej., 1 Co. 9:27), pero en algunas ocasiones mantiene su significado secular, que es simplemente "proclamar" o "anunciar" (p. ej., Lc. 12:3; Ro. 2:21; Ap. 5:2). Además, Pedro nunca usa este verbo en las cuatro ocasiones en las

---

[35] Normalmente a los seres humanos que han fallecido se les llama "almas" (no "espíritus" ($\pi\nu\epsilon\hat{u}\mu\alpha$) (p. ej., Ap. 6:9), y dos de los ejemplos que se suelen citar para mostrar que "espíritu" a veces puede significar "espíritu humano fallecido", Daniel 3:86 (LXX) y 1° Enoc 22:3-13, usan "alma" como término aclaratorio, lo que apunta a que "espíritu" por sí solo no era lo suficientemente claro.

[36] Ver también 1° Enoc 10-16; 21; Apoc. Bar. 56:12-13; Jub. 5:6; 6QD 2:18-21; 1QgenApoc 2:1, 16; Test. Naphtali 3:5; 2° Enoc 7:1-3. El Nuevo Testamento conoce esta tradición, ya que Judas 1:14-15 y 2ª Pedro 2:4 aluden a la tradición que 1° Enoc encierra.

[37] J. N. D. Kelly, *The Epistles of Peter and of Jude*, p. 155-56, lo ubica en el segundo cielo y, por tanto, como parte de la ascensión de Cristo, pero mientras 2° Enoc lo identifica como un lugar al que se está refiriendo, 1° Enoc y otros libros lo ubican en la Tierra, al Oeste, o bajo la tierra. No hay una razón concreta para decantarse por la ubicación que se apunta en 2° Enoc, aunque Kelly tiene razón al decir que $\chi\alpha\tau\alpha\beta\alpha\acute{\iota}\nu\omega$ sirve mejor que $\pi\circ\rho\epsilon\acute{u}\circ\mu\alpha\iota$ para describir un descenso a las regiones más bajas, y que la ubicación en el segundo cielo concuerda más con la geografía de una ascensión al cielo.

que habla de la proclamación del Evangelio[38]. Aunque el Nuevo Testamento nunca habla de nadie que evangelice a los espíritus, sí que habla de la victoria de Cristo sobre los espíritus (p. ej., 2 Co. 2:14; Col. 2:15; Ap. 12:7-11; cf. Ef. 6:11-12; Is. 61:1; Jon. 3:2, 4 en la LXX). Además, 1º Enoc también contiene una predicación a los espíritus encarcelados (16:3), y es una predicación del juicio. Por tanto, parece probable que este pasaje de 1ª Pedro esté hablando de que Cristo proclamó el juicio a los espíritus encarcelados, esto es, a los ángeles caídos, sellando su destino en el momento que triunfó sobre el pecado, la muerte y el infierno, redimiendo a los seres humanos[39].

20 El paso siguiente en la argumentación de Pedro se centra en el contraste entre los espíritus y los seres humanos. Los ángeles desobedecieron a Dios (aunque no está del todo claro en Génesis 6, sí lo está en 1º Enoc 6), y con ellos, la mayoría de la Humanidad en tiempos del

---

[38] El verbo εὐαγγελίζω aparece en 1:12, 25; 4:6 y el sustantivo   en 4:17; éste es el único lugar de las epístolas de Pedro en el que encontramos   , aunque κῆρυξ aparece en 2 P. 2:5 en una referencia a Noé como predicador de justicia. Si esta referencia a Noé se ve como una evidencia de que la predicación está dirigida a la gente de antes del diluvio (a pesar de los muchos problemas que nos encontramos para relacionar 1º Pedro con 2ª Pedro), deberíamos darnos cuenta de que a quien se hace referencia es a Noé, y no a Cristo, de que es "en la carne", y no "en el espíritu", y que está en una obra que muestra un conocimiento de la literatura enoquiana y, por tanto, de la historia del encarcelamiento de los guardianes. El hecho de que 1ª Pedro se refiere a Cristo, y no a Noé, como el predicador, anula el argumento de Grudem, que decía que el tema es ser testigo en una situación de persecución (es decir, en 1ª Pedro, en contraste con 2ª Pedro, Noé no dice nada, ni tampoco hay ninguna referencia a que sea perseguido).

[39] Reconocemos que aquellos que arguyen que la predicación debía ser la predicación del Evangelio (por tanto, el ofrecimiento de la salvación) tienen de su parte la mayoría de usos de κηρύσσω que se hace en el Nuevo Testamento, pero (1) tal y como hemos visto arriba, el sentido más general también aparece en el Nuevo Testamento, (2) lo que debe determinar el sentido es el contexto, y no la estadística, y (3) la interpretación que tomamos aquí concuerda mejor con la teología general del Nuevo Testamento (cf. arriba, donde la victoria sobre los espíritus, y no la redención de estos, es lo que el Nuevo Testamento nos enseña). Ver R. T. France, "Exegesis in Practice", en I. H. Marshall, ed., *New Testament Interpretation* (Grand Rapids, 1977), p. 271. J. R. Michaels suaviza este problema citando la predicación del reino que Jesús hacía como una proclamación de victoria sobre los espíritus, pero él mismo le resta credibilidad a su argumento cuando interpreta ἐν φυλακῇ con un significado muy poco usual, "en un refugio" o "en un lugar a salvo". Sería la única vez que en el Nuevo Testamento se le diera ese significado; además, ni el Nuevo Testamento ni la literatura apocalíptica judía conciben la tierra como un lugar seguro para los seres demoníacos.

diluvio. Pero Dios no los destruyó de forma inmediata, ya que fue paciente ("cuando la paciencia de Dios esperaba")[40]. En la tradición judía Génesis 6:3 se interpretaba como un indicador de esta paciencia (como vemos en el Targ. Onk.), o, como dice la Misná, "Hubo diez generaciones de Adán a Noé para que se viese la grandeza de su paciencia, ya que todas la generaciones no cesaban de provocarle hasta que hizo caer sobre ellos las aguas del diluvio" (m. Aboth 5:2). Además, por lo que parece, Noé tardó en construir el arca[41], así que ahí tenemos otra indicación de la paciencia de Dios, que continuaba mostrándola incluso después de que hubiera pronunciado el juicio (2 P. 2:5 añade que Noé estuvo predicando todo ese tiempo)[42].

Por otro lado, a diferencia de los espíritus, ocho personas se salvaron (Noé, sus tres hijos, y sus esposas). Aunque fueron solo "unos pocos"[43] eran el remanente justo de aquel entonces. Y fueron salvos "a través del agua", que capta la imagen del arca resistiendo en medio de las aguas del diluvio[44].

[40] El término griego es μακροθυμία y no ὑπαμονή, que pueden funcionar como sinónimos, como en Santiago, pero normalmente en la tradición cristiana tiene el sentido de paciencia en medio de la dificultad (o el sufrimiento).

[41] Según la cronología del Génesis pasaron cien años (los límites nos vienen dados por Gn. 5:32 y 7:6), aunque parece ser que las dos referencias pertenecen a dos tradiciones diferentes (la primera pertenece a una genealogía y la última viene después del colofón de 6:9 que da comienzo a un nuevo apartado), así que de hecho no podemos saber la fecha exacta en que la orden de Dios vino a Noé.

[42] El paralelo con 2ª Pedro es interesante, ya que encontramos el mismo orden de juicio sobre los ángeles y luego la salvación de Noé, un concepto similar de proclamación, y un paralelo con el juicio apocalíptico de 3:5-7, pero véase la nota al pie 38, donde se comentan algunos de los problemas de leer 1ª Pedro a la luz de 2ª Pedro.

[43] Cf. E. F. F. Bishop, "*Oligoi* en 1 Peter 3:20", *CBQ* 13 (1951), 44-45, quien a partir del árabe asegura que – sin tener evidencias del hebreo o arameo – la expresión "pocos" en este versículo y en Mr. 8:7 indica un número entre 3 y 10. Aunque lo más lógico es pensar que significa "pocos" en comparación con el resto de la población mundial. Además, deberíamos saber que ὀλίγοι aquí hace referencia a   . El cambio de πνεῦμα del versículo anterior a ψυχή en esta clara referencia a los seres humanos es otra indicación de que Pedro está haciendo una distinción entre los ángeles desobedientes y las personas obedientes.

[44] La imagen es claramente la de pasar a través del agua, no la del agua como medio de salvación. Es decir, διὰ se usa con el genitivo, no con el acusativo. Además, esa idea está subrayada por el hecho de que se usa διασῴζω, y no σῴζω, que Hermas usa en un contexto similar en *Vis.* 3.3.5. Una traducción alternativa sería la de D. Cook, "I Peter iii.20: An Unnecessary Problem", *JTS* 31 (1980), 72-78, que prefiere: "en la cual unos pocos, es decir, ocho personas, salieron sanas y salvas a través del agua". Según él, esta traducción no solo toma εἰς en su sentido habitual, sino también la pasiva de διασῴζω ... εἰς. Además, la idea de que Noé y su familia escaparon a través del agua (que ya había caído sobre la tierra) y lograron entrar al arca es la forma en que

Ahora ya tenemos el escenario adecuado para poder establecer una analogía. Como Noé, estos creyentes son una minoría pequeña y perseguida, acorralada por una mayoría desobediente a Dios y, si Pedro sigue la teología paulina en este punto, bajo el control de espíritus desobedientes. Pero la proclamación triunfante de Cristo y la cita de la narración del diluvio les recuerda que son la minoría que será rescatada, igual que ocurrió con Noé y su familia, pensamiento que les debía servir de consuelo en aquel tiempo de sufrimiento.

21 Además, han experimentado la salvación de la misma forma que Noé, a través del agua, el agua del bautismo (cf. la analogía similar en 1 Co. 10:1-2). Con esta referencia, Pedro acerca la experiencia de sus lectores a la de Noé, y también escribe uno de los versículos más difíciles de todo el Nuevo Testamento.

Empieza haciendo referencia a la salvación a través del agua de Noé[45]. El Bautismo es un "antitipo" de este acontecimiento[46]. El con-

cualquier intérprete judío entendería Génesis 7:6-7, que no solo menciona el diluvio en primer lugar, sino que subraya en hebreo que Noé entró en el arca *mippᵉnê mê hammabbûl*, "de la faz de las aguas del diluvio". Así, aunque más tarde esto apareció en el *Midrash Rabbah* ("R. Johanán dijo: Le faltó fe: si no hubiera visto cómo el agua le llegaba a los tobillos, no se habría metido en el arca" (Gen. R. comentando Gn. 7:7]), esta expansión no es más que una deducción de cómo un rabí del primer siglo interpretaría el texto. Esta interpretación concuerda bastante bien con la imagen cristiana de pasar a la salvación a través de las aguas del Bautismo. Sin embargo, aunque es muy atractiva, no tiene en cuenta que como paralelo de δι' ὕδατος del 3:20 tenemos la expresión δι' ἀναστάσεως del 3:21. Aunque gramaticalmente hablando no es una estructura muy aceptable, parece ser que para Pedro el agua es el medio de salvación de Noé, no el medio físico, sino en el mismo sentido en el que la resurrección de Cristo es el medio de salvación de los creyentes que se identifican con ella en el Bautismo.

[45] El relativo ὅ es probablemente original, ya que no solo aparece en la mayoría de los manuscritos más antiguos, sino que además, si las otras lecturas (en algunas versiones, y en p[72] y en la versión sinaítica no hay relativo o partícula) fueran originales sería muy extraño que las hubieran modificado para proponer una lectura tan rara, mientras que sustituirla por una lectura más lógica era ya una práctica habitual entre los escribas. La forma natural de interpretar este relativo es que su antecedente es el sustantivo más cercano, agua, aunque es posible que como los relativos en 1:6; 2:8, y 3:19, se esté refiriendo al suceso anterior como un todo, no solo al agua. Como más adelante tiene que explicar que no es la limpieza exterior lo que salva, pensamos que es muy probable que sí se esté refiriendo al agua.

[46] Aunque hay un gran debate en torno a esto. B. Reicke, *The Epistles of James, Peter, and Jude* (New York, 1964), p. 106, cree que ἀντίτυπον solo es un adjetivo que modifica a βάπτισμα: "Solo esto [es el] bautismo análogo [que] ahora os salva" (cf. su obra *The Disobedient Spirits and Christian Baptism*, p. 149-72). Por otro lado, E. G. Selwyn, *First Peter*, p. 203, dice que ἀντίτυπον modifica a las personas, "y el agua ahora os salva a vosotros también, que sois el antitipo de Noé y su compañía, es decir

cepto del tipo y el antitipo también lo encontramos en Pablo (Ro. 5:14; 1 Co. 10:6, 11) y Hebreos (8:5; 9:24; cf. Hech. 7:44); Pedro lo menciona como si fuera un concepto ya conocido por sus lectores. En el uso del Nuevo Testamento, *typos* (tipo) indica, por un lado, (en Hebreos) el santuario real o perfecto en el cielo; el de Moisés no era más que una copia o anuncio de ese santuario. Por otro lado, designa (en Pablo) la correspondencia entre dos sucesos en la Historia en el que un suceso del Antiguo Testamento simboliza o anuncia un suceso del Nuevo Testamento. Como Dios es el mismo en los dos testamentos, es normal que haya una continuidad en la acción. Esta idea aparece de forma clara en 1ª Corintios 10, pasaje en el que el maná del desierto prefigura la cena del Señor, y el Mar Rojo y la nube prefiguran el Bautismo. Así, Pablo desarrolla la idea de que el Antiguo Testamento es una adver-tencia para que los cristianos no repitamos *todos* los sucesos del Antiguo Testamento. Asimismo, Pedro ve una correspondencia entre el Bautismo y el Antiguo Testamento, pero para él, el suceso vetero-testamentario que mejor simboliza el Bautismo no es este acto, sino el episodio de Noé. Como ocurrió entonces, la salvación separa a unos pocos, que son salvos, de una mayoría que va a ser condenada en el juicio (4:3s.); además, la salvación se experimenta ahora a través del agua, del mismo modo que le ocurrió a Noé[47].

Lo que Pedro quiere transmitir es que "el bautismo ahora os salva", y lo hace "mediante la resurrección de Jesucristo", como ya se ha dicho en 3:18-19. Como vimos en 1:3, lo que salva es la unión con el Cristo resucitado, concepto que Pablo desarrolla de forma similar en Romanos 6:4-11 y Colosenses 2:12, usando una analogía bautismal[48]. Pero entonces

---

el agua del bautismo". O. S. Brooks, "1 Peter 3:21 – The Clue to the Literary Structure of the Epistle", *NovT* 16 (1974), 291, arguye que deberíamos mover el punto: "unos pocos, es decir, ocho personas fueron salvadas a través del agua, que corresponde a lo que a lo que vosotros os ha pasado [o 'viene a ser un símbolo de lo que os ha pasado a vosotros']. El bautismo ahora os salva, no ...". Esta última traducción no parece demasiado acertada pues interpreta ὑμᾶς de dos formas diferentes ("correspondiendo a vosotros" y "os salva"). La distancia entre βάπτισμα y ἀντίτυπον deja bastante claro que es muy poco probable que este último término se haya usado como un adjetivo, tal y como Reicke postulaba.

[47] Ver L. Goppelt, "τύπος", *TDNT*, VIII, 246-59; *TYPOS* (Grand Rapids, 1982), especialmente pp. 152-58.

[48] Gramaticalmente, la proposición "mediante la resurrección de Jesucristo" es paralela a la proposición "a través del agua" de 3:20, aunque aquí tenemos una construcción verbal activa (el bautismo salva) y no una construcción pasiva (unos pocos fueron salvados).

surge la siguiente pregunta: *¿cómo* salva el Bautismo? Pedro lo aclara de forma cuidadosa, aunque su razonamiento está tan comprimido que para nosotros sigue siendo difícil de descifrar. Aún así, podemos ver que lo divide en dos puntos.

En primer lugar, aunque el Bautismo consiste en "una limpieza por medio del agua", lo que salva no es esa limpieza exterior ("quitando la suciedad de la carne"). El agua del Bautismo no tiene una cualidad mágica; ni tampoco el ritual en sí[49].

En segundo lugar, el Bautismo salva gracias a "una petición a Dios" por parte de "una buena conciencia" [*N. de la T.* "Petición" es la traducción que encontramos en LBLA; la RV traduce "aspiración", y la NVI, "compromiso". La versión que usa el autor de este comentario traduce "respuesta a Dios"]. Como vemos, el primer término es bastante complejo; además, solo aparece una vez en todo el Nuevo Testamento, por lo que no podemos apoyarnos en una comparación. Diremos que hay dos traducciones posibles. La más cercana y fiel a la raíz del verbo sería "petición". Por tanto, el Bautismo sería un llamamiento a que Dios efectúe la purificación (cf. He. 10:22)[50]. La otra vendría de las veces en que este término se ha usado para oráculos o decisiones (Sir. 33:3; Dan. 4:17 en Teodosio) y la forma en que se usaba en el siglo II para designar un "compromiso o promesa" o una respuesta formal. En este caso el Bautismo sería una respuesta a Dios, respondiendo a las preguntas que hace al catecúmeno a la persona que le bautiza (p. ej., "¿Crees en Cristo Jesús?"). En mi opinión, ésta última es la más probable, porque algunos judíos también hacían declaraciones así cuando pasaban a formar parte de una comunidad (p. ej., en los Manuscritos del Mar Muerto 1QS 1-2; 5:8-10), porque esta es la forma en que los Padres interpretaron este pasaje, porque el Nuevo Testamento apunta a este tipo de pregunta (Hch. 8:37; 1 Ti. 6:12), y porque concuerda con el hilo del pasaje (es decir, lo que salva no es el rito exterior, sino la respuesta o el compromiso interior)[51].

---

[49] El lenguaje que Pedro usa no es muy usual, ya que usa "carne" (   ) en vez de cuerpo, como también ocurre en un contexto similar en el que se habla de un ritual (He. 10:22), y "quitarse" (ἀπόθεσις), las únicas veces en las que aparece en el Nuevo Testamento es aquí y en 2 P. 2:14, en vez de usar un verbo con el significado de "limpiar" o "purificar".

[50] L. Goppelt, *Der erste Petrusbrief*, p. 258-60; H. Greeven, "   ", *TDNT* II, 688-89.

[51] G. T. D. Angel, "Prayer", *DNTT*, II, 879-81; E. Best, *I Peter* (Grand Rapids y Londres, 1971), p. 148; C. Spicq, *Les Épitres de Saint Pierre*, p. 141-42; J. N. D. Kelly, *The Epistles of Peter and of Jude*, p. 162-63; B. Reicke, *The Disobedient Spirits and*

Si esta interpretación es acertada, entonces el aspecto salvífico del Bautismo proviene del compromiso que uno adquiere con Dios como respuesta a las preguntas formales en el momento del Bautismo. Pero esta respuesta ha de darse de buena conciencia. No vale un compromiso a medias; aunque sí sirve para engañar a la gente. Lo importante es la pureza de corazón y la sinceridad ante Dios[52]. No obstante, este compromiso, incluso en su forma más sincera, no serviría de nada sin un objeto salvífico externo al ser humano, esto es, la resurrección de Jesucristo.

22 Del mismo modo que Pedro comenzó esta digresión hablando de Cristo (3:18-19), ahora también la cierra con Cristo, cuya resurrección es nuestro medio de salvación (3:21), y que ahora está reinando en los cielos. Hace tres declaraciones sobre Cristo que, de hecho, pertenecen a la tradición de creencias. Así, no es casualidad que dos de ellas aparezcan en el Credo Apostólico: "Ascendió a los cielos, y está sentado a la diestra de Dios Padre Todopoderoso".

La primera declaración es que Jesús "está a la diestra de Dios". La raíz de estas palabras la encontramos en el Salmo 110:1 que, como vemos, fue interpretado por la iglesia primitiva de forma cristológica. En Romanos 8:34 encontramos las mismas palabras, y el mismo sentido aparece en Hechos 2:34; 5:31; Ef. 1:20; Col. 3:1; He. 1:3; 8:1; 10:11; 12:2. El significado es bien claro: Jesús reina en el presente, pues está sentado en el trono de poder.

La segunda declaración, "habiendo subido al cielo", recoge una idea ya implícita en la primera declaración, y nos habla de la ascensión que siguió a la resurrección de Jesús. Esta expresión también aparece en

---

Christian Baptism, p. 182-85. J. G. Dunn, *El bautismo del Espíritu Santo*, Editorial La Aurora, Buenos Aires, 1977, incluso sugiere, siguiendo C. F. D. Moule, que el término podría indicar un momento específico en la ceremonia de iniciación. D. H. Tripp sugiere algo similar, "Eperōtēma (I Peter 3:21): A Liturgist's Note", *ExpT* 92 (1981), 267-70, pero él cree que el sustantivo significa una súplica hecha por Dios (εἰς θεόν) para que el creyente abandone su conducta anterior y siga las enseñanzas del cristianismo, a lo que supuestamente el creyente respondía con un ὁπολογία. Esta explicación parece menos acertada, en parte porque obliga a interpretar εἰς θεόν de una forma muy poco habitual, y en parte porque convierte a la súplica en el elemento que salva, lo que a su vez convierte en ética lo que en realidad es un contexto escatológico.

[52] J. N. D. Kelly, *The Epistles of Peter and of Jude*, p. 163, aboga por un genitivo objetivo, es decir, "el compromiso de mantener una actitud moral correcta". Sus argumentos no son muy convincentes, y esta interpretación parece introducir una condición legal o jurídica en un texto cuyo tema es que el compromiso de Cristo les ha librado, cosa que no sirve para transmitirles la seguridad de la que el autor les está hablando.

Hechos 1:10, junto con otras descripciones de la ascensión[53]. Probablemente, Pedro la menciona por dos razones diferentes: (1) siempre que se mencionaba la resurrección (3:18) y el lugar que Jesús ocupara a la diestra de Dios, se mencionaba la ascensión y (2), al ascender, Cristo atravesó de forma triunfante la esfera de los principados y las potestades, que ahora están a sus pies.

Así, la tercera declaración expone que Cristo ahora reina sobre "ángeles, autoridades y potestades". Esta idea también proviene del Salmo 110:1, y del Salmo 8:6, ya que si Jesús está sentado en el trono de poder, sus enemigos tienen que estar bajo su sometimiento. El trasfondo de que los asuntos de este mundo están bajo el control de fuerzas espirituales lo encontramos ya en la literatura judía (1º Enoc 61:10; 2º Enoc 20:1; Asc. Is. 1:3; Test. Leví 3:8), y es bastante habitual en Pablo (Ro. 8:38; 1 Co. 15:24-27; Ef. 1:20-22; 2:2; 6:12; Col. 2:15). Son estas potestades, o Satanás como fuerza motriz, las que están detrás del mal, la idolatría y la persecución (Jn. 12:31; 14:30; 16:11; 2 Co. 4:4; 1 Co. 10:19-21; Ap. 9:20)[54] y, por tanto, detrás del sufrimiento de los cristianos a los que Pedro está escribiendo. Al ascender, Jesús atraviesa el "aire" o los cielos (los judíos tenían varias creencias sobre siete o tres cielos, y colocaban a estas potestades a diferentes niveles en esos cielos) de forma triunfante y se sienta al lado de Dios Padre y Soberano. Pedro es plenamente consciente (como Pablo en 1 Co. 15) de que aunque Jesús ya está sentado en el trono y le han sido sometidas las potestades, aún tiene que efectuar la sujeción final y definitiva de esas autoridades malignas (cf. 5:8, donde vemos que el diablo puede dañar a los cristianos). Pero esta tensión del "ya, pero todavía no" está presente en todo el Nuevo Testamento. Esta es la razón por la que algunos de los pasajes citados relacionan la victoria sobre estos poderes con

[53] Cf. B. M. Metzger, "The Ascension of Jesus Christ", in *Historical and Literary Studies, Pagan, Jewish, and Christian* (New Testament Tools and Studies 8) (Leiden, 1968), p. 77-87.

[54] Estas potestades en 1ª Pedro no son necesariamente fuerzas malignas. Así, "ángeles" podría referirse tanto a ángeles buenos como a ángeles caídos. Sin embargo, en Pablo, toda mención de las potestades hace referencia al mal; eso nos hace llegar a la conclusión de que es así como debemos interpretarlas en este pasaje. C. D. Morrison, *The Powers that Be* (Londres, 1960); G. B. Caird, *Principalities and Powers* (Oxford, 1956); G. H. C. MacGregor, "Principalities and Powers: The Cosmic Background of Paul's Thought", *NTS* 1 (1954-55), 17-28; J. H. Yoder, *The Politics of Jesus* (Grand Rapids, 1972), p. 135-62; H. Berkhof, *Christ and the Powers* (Scottdale, Pa, 1972).

la cruz, otros con la resurrección, otros con la ascensión, y otros con el retorno de Cristo, ya que la victoria de la cruz comenzó a efectuarse en la resurrección y se consumará con la venida de Cristo. Según su situación, cada autor enfatizaba más uno u otro aspecto. Pero incluso en medio de esta tensión temporal, esta confesión es de ánimo y aliento para los cristianos. Están sufriendo del mismo modo que Cristo sufrió, pero en el Bautismo están unidos con el Cristo que resucitó y que reina. La aflicción por la que estas potestades les hacen pasar usando el instrumento de sus persecutores no es la última palabra; la última palabra la tiene el reinado de Jesucristo.

F. Exhortación a estar firmes en los últimos tiempos (4:1-11)

4:1 Por tanto, puesto que Cristo ha padecido en la carne, armaos también vosotros con el mismo propósito, pues quien ha padecido en la carne ha terminado con el pecado, 2 para vivir el tiempo que [le] queda en la carne, no ya para las pasiones humanas, sino para la voluntad de Dios. 3 Porque el tiempo ya pasado [os] es suficiente para haber hecho lo que agrada a los gentiles, habiendo andado en sensualidad, lujurias, borracheras, orgías, embriagueces y abominables idolatrías. 4 Y en [todo] esto, se sorprenden de que no corráis con [ellos] en el mismo desenfreno de disolución, [y os] ultrajan; 5 pero ellos darán cuenta a aquel que está preparado para juzgar a los vivos y a los muertos. 6 Porque con este fin fue predicado el evangelio aun a los muertos, para que aunque sean juzgados en la carne como hombres, vivan en el espíritu conforme a [la voluntad de] Dios. 7 Mas el fin de todas las cosas se acerca; sed pues prudentes y de [espíritu] sobrio para la oración. 8 Sobre todo, sed fervientes en vuestro amor los unos por los otros, pues el amor cubre multitud de pecados. 9 Sed hospitalarios los unos para con los otros, sin murmuraciones. 10 Según cada uno ha recibido un don [especial], úselo sirviéndoos los unos a los otros como buenos administradores de la multiforme gracia de Dios. 11 El que habla, [que hable] conforme a las palabras de Dios; el que sirve, [que lo haga] por la fortaleza que Dios da, para que en todo Dios sea glorificado mediante Jesucristo, a quien pertenecen la gloria y el dominio por los siglos de los siglos. Amén.

1 Una vez nuestro autor ha cerrado la sección anterior con el resultado glorioso del sufrimiento de Cristo, ahora se dispone a recoger la idea que plasmó en 3:18, "Cristo sufrió en la carne", idea que quiere que sus lectores se apliquen. (Al final de este párrafo, en 4:6, se vuelve a hacer referencia a este versículo). Pedro anima a los cristianos del noroeste de Asia Menor a que sigan el ejemplo de Cristo.

Tienen que "armarse con el mismo propósito". El lenguaje es muy parecido al de la imagen que encontramos frecuentemente en Pablo: ponerse la armadura espiritual o usar las armas espirituales (Ro. 6:13; 13:12; 2 Co. 6:7; 10:4; Ef. 6:11-17; 1 Ts. 5:8), que tiene algo de raíces en el Antiguo Testamento (Is. 59:17; Sabiduría 5:17-23), aunque en estos pasajes, el que se pone la armadura es Dios, no los israelitas. El lector cristiano, dice el texto, debe armarse de un "propósito" o "perspectiva". (El término griego se usa a menudo de esta forma en los Proverbios de la Septuaginta)[1]. Pedro explica a continuación esa perspectiva: "el que ha padecido en la carne ha terminado con el pecado"[2].

Desafortunadamente, esta frase que para Pedro era tan clara, comprenderla es, para nosotros, extremadamente difícil. Aunque muchos la asocian con Romanos 6:7 ("porque el que ha muerto ha sido libertado del pecado") el lenguaje de ese versículo es bastante diferente al nuestro, por lo que no es fácil establecer una relación. Aquí se está hablando de "padecer", no de "morir", y de "terminar con", no de "ser libertado de"[3]. Más sorprendente es la combinación del aoristo de "ha padecido" (que generalmente indica una única acción que ya ha sido completada) con el tiempo perfecto "ha terminado" (que indica un acontecimiento pasado cuyo resultado continúa en el presente).

Han surgido varias explicaciones que han intentado responder en cuanto al significado de esta frase: (1) cuando en el Bautismo una persona se identifica con la muerte de Cristo, ha terminado con el pecado y con el

---

[1] Ver J. Behm, "ἔννοια", *TDNT*, IV, 968-71. He. 4:12 es el único otro lugar del Nuevo Testamento en el que encontramos esta palabra, y allí se usa en un sentido bastante diferente, aunque I. T. Blazen, "Suffering and Cessation from Sin according to 1 Peter 4:1", *AUSemSt* 21 (1983), 82, apunta a que tanto en aquel texto como en este aparece la idea de "perspectiva e intención"; es decir, la perspectiva que uno gana cuando medita en la muerte y la resurrección de Cristo (3:18-22) y la intención moral de vivir de acuerdo con ella.

[2] Interpretamos ὅτι en un sentido exegético ("es decir, el que ha padecido en la carne") y no en un sendito causal ("porque [Cristo] ha padecido en la carne"), ya que es necesario clarificar de qué "perspectiva" se está hablando. "Cristo padeció en la carne" no sirve como esa clarificación, sino que es la base de esa perspectiva.

[3] ὁ παθὼν σαρκὶ πέπαυται ἁμαρτίας aquí, a diferencia de ὁ... ἀποθανὼν δεδικαίωται ἀπὸ τῆς ἁμαρτίας en Romanos. Todos los elementos son paralelos, también la estructura gramatical, pero de los tres términos principales, solo uno de ellos es idéntico.

poder que éste antes ejercía sobre ella (con Ro. 6:1-12 y 1 Jn. 5:18-19 como ideas paralelas)[4]; (2) cuando una persona padece, acaba con el poder que el pecado (cuya raíz está en su carne) ejerce sobre su vida[5]; (3) cuando una persona decide padecer, ha elegido romper de forma definitiva con el pecado[6]; (4) cuando Cristo padeció, acabó con el pecado (es decir, este versículo no se está refiriendo a los cristianos)[7]; o (5) cuando un cristiano padece (muere), como Cristo (3:18), será libertado del pecado[8].

Aunque es obvio que estamos ante una frase muy difícil, diremos que las interpretaciones (2) y (4) son las que parecen mejor; además es muy probable que ambas estén relacionadas, ya que la (2) expresa el punto principal basándose en la presuposición que aparece en la (4). En primer lugar, el pecado en 1ª Pedro siempre se refiere a pecados concretos, no al poder que el mal ejerce sobre las personas (es decir, el impulso a hacer el mal o *yēṣer* para los judíos, o el principio del pecado para Pablo). Por tanto, aquí se refiere no a acabar con un poder o una influencia, sino a poner fin a los pecados concretos que se estaban cometiendo. En segundo lugar, la idea es extraer un principio de la actitud de Cristo: Él murió[9] por los pecados una vez en el pasado (es decir, durante su vida en la Tierra), lo que quiere decir que ya no tendrá que enfrentarse más al pecado[10]

[4] J. N. D. Kelly, *The Epistles of Peter and of Jude* (Londres, 1969), p. 168-69; F. W. Beare, *The First Epistle of Peter* (Oxford, 1970), p. 179; C. Spicq, *Les Épitres de Saint Pierre* (París, 1966), p. 143-44.

[5] K. H. Schelkle, *Die Petrusbriefe, Der Judasbrief* (Freiburg, 1980), p. 114; E. Best, *1 Peter* (Londres/Grand Rapids, 1982), p. 151-52; E. G. Selwyn, *The First Epistle of St. Peter* (Londres, 1969), p. 209-10.

[6] W. Grundmann, "ἁμαρτάνω", *TDNT*, I, 315; E. Schweizer, "σάρξ", *TDNT*, VII, 143.

[7] W. Schrage, *Die Katholischenbriefe* (Göttingen, 1973), p. 107; L. Goppelt, *Der erste Petrusbrief* (Götingen, 1978), p. 269-70.

[8] I. T. Blazen, "Suffering and Cessation from Sin", p. 27-50.

[9] Nótese que πάσχω en 1ª Pedro normalmente significa sufrir persecución, pero no necesariamente muerte, aunque la muerte es la forma última de dicho sufrimiento y podría haber sido el destino de algunos cristianos, o al menos eso parecía. Pero en el capítulo 3:18 πάσχω se usa claramente para referirse a la muerte de Cristo, en lugar de
La razón es que Pedro desea establecer un paralelismo con el cristiano. Si esto es cierto, en este pasaje πάσχω también significa "sufrir hasta la muerte", lo que implica que "si comprendes lo que le sucedió a Cristo, entonces entenderás que si mueres por Él, serás libre, lo cual no es una pérdida en absoluto".

[10] Este punto hace que la interpretación de Blazen se vuelva bastante difícil. Relaciona este versículo de una forma tan estrecha con 3:18, que según él la relación del cristiano con el pecado debe ser la misma que la relación de Cristo con el pecado. Pero sí que es cierto que puede establecerse una analogía: Cristo murió debido a los pecados aún a pesar de que no eran sus pecados, aunque ahora ya no sufre "en la carne" ni en su estado resucitado. Del mismo modo los cristianos sufren ahora, pero pueden tener la seguridad de que después de su muerte ya no sufrirán más a causa de sus pecados, ni de los suyos propios ni de los de nadie más (p. ej., sus persecutores).

En tercer lugar, esto significa que enfrentarse al pecado y la vida en la carne tiene un final. Por último, diremos que una vez que el cristiano entiende esta perspectiva o pensamiento, se dará cuenta por el ejemplo de Cristo en 3:18-22 de que debe vivir para Dios en el presente (que supone sufrir en la carne y luchar contra el pecado), ya que eso le llevará a una victoria (a un estado en el que habrá terminado con el pecado).

Esta interpretación concuerda con la estructura gramatical de este pasaje (Cristo ya ha dejado de sufrir en la carne, pero ellos aún tienen que vivir en la carne) ya que estas palabras se refieren principalmente a Cristo (ya ha dejado de sufrir), pero apuntan a que los creyentes lleven a cabo la *imitatio Cristi*. Solo tiene sentido si pensamos en el contexto de 1ª Pedro como un todo (carta que se centra en la necesidad de perseverar y, por tanto, de sufrir). Finalmente, concuerda con pasajes como Sir. 2:1-11 en los que el sufrimiento (es decir, la persecución) está considerado como la suerte de la persona que sigue a Dios (ya que la purifica), sobre todo cuando uno ve que Pedro interpreta la liberación no como algo temporal, sino como algo escatológico.

2 Por tanto, como el ejemplo de Cristo muestra que nos enfrentaremos al sufrimiento mientras vivamos "en la carne" antes de que (en la muerte o la parusía) hayamos "terminado con el pecado", los cristianos que estén armados de tal perspectiva vivirán de forma coherente. Aunque el retorno de Cristo está cerca (4:7), Pedro les recuerda cómo deben vivir en el tiempo que aún les queda "en la carne" (o "el *resto* de sus vidas"; es la única vez que el término en cursiva[11] aparece en el Nuevo Testamento). El Bautismo y el retorno de Cristo han dividido las vidas de aquellos creyentes en tres partes, dos de ellas "en la carne" (el período antes del Bautismo y "el resto"; cf. 1:14, 18; 2:1, 9-10, etc.) y una "en el Espíritu" (es decir, una vez resucitados como en 3:18). Nótese que "en la carne" no se usa aquí ni en toda 1ª Pedro (aparece siete veces; todas ellas menos una entre 3:18-4:6) en el sentido paulino de la naturaleza pecaminosa de los seres humanos (como, p. ej., en Ro. 7-8), sino en el sentido judío que define la existencia humana como débil, caída y, por lo tanto, sujeta al dolor y a la muerte. Por eso, Pedro no tiene ningún problema para decir que Cristo vivió "en la carne" (3:18; 4:1).

Por otro lado, como la carne es débil y es una carne caída, es el modo de existencia en el que opera el impulso malvado de los seres humanos.

---

[11] Ἐπίλοιπος

Así, los creyentes tienen que hacer una elección: (1) pueden vivir el resto de sus vidas "para las pasiones humanas", o (2) pueden vivir "para la voluntad de Dios". El uso de "pasiones" para describir este deseo general de "querer" cualquier cosa que a uno le satisfaga ya lo vimos en 1:14 y 2:11. Lo que no es tan usual es el uso que hace aquí del adjetivo "humanas", es decir, para usarlo en el mismo sentido que "carnales" (2:11) y "lo que agrada a los gentiles" (4:3)[12]. Dicho de otro modo, "humanas" está haciendo referencia a la "humanidad no redimida". Así, la elección es bien clara: o toman el camino de no resistirse a sus pasiones naturales, o se comprometen a seguir la voluntad de Dios, a pesar de que ello pueda traerles sufrimiento.

3 Hay una voluntad que es opuesta a la voluntad de Dios, la voluntad de las naciones o "lo que agrada a los gentiles" (a aquellos que no pertenecen al pueblo de Dios), voluntad (p. ej., las costumbres y expectativas culturales) que los cristianos a los que Pedro escribe seguían antes de su conversión (de nuevo, otra indicación de que los receptores de esta carta no eran judíos, sino gentiles). Pero ese "tiempo ya pasado" (expresión que no vuelve a aparecer en todo el Nuevo Testamento)[13] ya fue "suficiente" (término que también aparece en Mt. 6:34; 10:25) para hacer todas aquellas cosas. La ironía de esta declaración es bastante evidente.

Para subrayar los aspectos de la cultura pagana que más le preocupaban, Pedro elabora una lista de vicios muy similar a las que encontramos en Romanos 13:13 y Gálatas 5:19-21, que también cuentan con paralelos bastante parecidos en fuentes judías (p. ej., Test. Moisés 7:3-10; los Manuscritos del Mar Muerto 1QS 4:9-11). Estamos, pues, ante un material perteneciente a la tradición, que debía resultar familiar a los lectores de la epístola[14]. En nuestro pasaje los términos están ordenados de forma artística, lo que explicaría que Pedro vuelva a usar el término "pasiones" que ya usó en el versículo 2 como término genérico [*N. de la T.* El término griego que en nuestra versión se ha traducido por "lujurias" es el mismo que el que se tradujo por "pasiones" en el versículo anterior"][15]. Tres de

---

[12] Es decir, τὸ ἀνθρώπων ἐπιθυμίας (4:2) = τῶν σαρκινῶν ἐπιθυμιῶν (2:11) = βούλημα τῶν ἐθνῶν (4:3).

[13] Ὦ παρεληλυθὼς χρόνος.

[14] Más información sobre esta lista de vicios en S. Wibbing, *Die Tugend- und Lästerkataloge im Neuen Testament* [Berlín, 1959]; y E. Kamlah, *Die Form der katalogischen Paräenese im Neuen Testament* [Tübingen, 1964].

[15] Los tres primeros sustantivos de la lista y el último acaban en – , mientras que el cuarto y el quinto y el adjetivo "abominables" o "ilícitas" acaban en – , coinci-

los términos tienen en este contexto connotaciones sexuales ("sensualidad", "lujurias" y "orgías") y dos hacen referencia a la indulgencia con el alcohol. El último término de la lista no es solo un vicio, sino que es el contexto en el que los otros vicios tenían cabida. Es decir, toda aquella inmoralidad tenía que ver con la adoración a los ídolos. Y Pedro califica esta adoración de ilícita (término que solo aparece en el Nuevo Testamento aquí y en Hechos 10:28)[16], ya que Dios la prohíbe. Las celebraciones religiosas familiares, las fiestas de los gremios (las reuniones oficiales de los gremios comerciales), y los días festivos podían incluir todos estos vicios, que tenían lugar en los templos de las diferentes divinidades (de igual modo que ocurre hoy en algunas fiestas de empresa o celebraciones, aunque los "templos" del mundo occidental no suelen reconocerse como tales). Los judíos hacía tiempo que habían detectado esta conexión entre la idolatría y la inmoralidad (p. ej., Sabiduría 14:12-27), pero no se trataba de un tema en el que pudieran intervenir, pues no eran más que una colonia en tierra extranjera, en medio del mundo griego, a la que habían permitido continuar con sus propias costumbres y leyes. Por otro lado, estos cristianos habían sido parte de esa cultura idólatra, por lo que la no participación era un cambio de conducta bien visible.

4 Los vecinos no creyentes de los cristianos podían notar el cambio de conducta o de estilo de vida, cambio que no podían comprender. Lo que más les molestaba era que no participaran de la lista de vicios que acabamos de ver. Les "sorprendía en gran manera" o les parecía "extraño" (este término solo aparece con este sentido en el Nuevo Testamento aquí y en 4:12, aunque Hechos 17:20 contiene un sentido parecido)[17] que los cristianos no "corrieran con ellos". El verbo "correr" no hace referencia al desenfreno en sí o al total abandono, sino que más bien habla de conformidad cultural, como el Salmo 50:18 en la Septuaginta (49:18 LXX): "Si ves a un ladrón, corres con él". (Cf. Barn. 4:2: "Neguémonos a caminar con los pecadores y los impíos, no sea que lleguemos a ser como ellos"). Pedro describe la conformidad que

---

dencia que quizá no se deba a la casualidad. También podemos ver que hay un equilibrio entre la longitud de los términos.

[16] Ἀθέμιτος.

[17] El término ξενίζονται es en este caso fiel a su raíz ξένος, "extranjero", ya que los griegos veían la conducta de los cristianos como algo extraño o "extranjero", que no pertenecía o era diferente a su cultura. A menudo, esta idea se expresa de forma muy literal; cf. Hechos 16:20, 21; 17:18.

los incrédulos esperan de los cristianos como "el mismo desenfreno de disolución [o libertinaje]"[18]. El exceso en el que caían está expresado por el término "desenfreno" o "*torrente* de libertinaje" (*anachysis* palabra que describe la corriente de un arroyo que lleva grandes cantidades de agua, y que solo aparece aquí en todo el Nuevo Testamento). Su naturaleza es la "disipación" o "disolución" (o "inmoralidad" o "libertinaje"), *asōtia* indica un estilo de vida vacío, desprovisto de salvación, que Efesios 5:18 usa para describir la embriaguez[19].

La reacción de los incrédulos ante este inconformismo ("no conformarse a la cultura") es ultrajar o calumniar a los cristianos. Aunque este término en algunas ocasiones significa blasfemar (p. ej., Mt. 9:3; Stgo. 2:7; Ap. 16:11; indirectamente, Ro. 2:24), aquí está claro que se refiere a una calumnia dirigida no a Dios, sino a los cristianos (aunque eso, de forma indirecta, afecta a Dios; cf. Hch. 9:4; Mt. 5:11), idea que Pedro ya ha expresado con otras palabras en 2:12 y 3:16 (cf. Ro. 3:8; 1 Co. 10:30; Tit. 3:2). Como los cristianos se abstienen de actividades sociales que incluyen una conducta inmoral o idólatra, se les consideraba enemigos de la Humanidad, que además no eran leales al sistema; en definitiva, eran seres anormales. Se les acusaba de cometer crímenes como el canibalismo (porque "comían carne y bebían sangre"). Todo este rechazo debía de ser doloroso, sobre todo cuando se llevaba a cabo en forma de murmuración, ya que entonces no podían defenderse ni corregir la información, o cuando los que antes eran sus amigos o compañeros los condenaban al ostracismo.

5 Aunque los cristianos creyeran que Dios les había abandonado y que no iban a ser capaces de defenderse, los que verdaderamente estaban en dificultades eran sus detractores, porque tendrían que dar cuentas a Dios. La imagen de Dios como el Juez en el juicio final ya ha aparecido anteriormente (1:17; 2:23), y puede que ese sea también el sentido de este versículo (como en Ro. 2:6; 3:6; 14:10), aunque algunos expertos prefieren hablar de que el Juez es Cristo, ya que es una de las funciones que el Nuevo Testamento le atribuye (Mt. 25:31-46; Lc. 21:34-36; Hch. 10:42; 17:31; 1 Co. 4:4-5; 2 Ti. 4:1).

---

[18] Τὴν αὐτὴν τῆς ἀσωτίας ἀνάχυσιν.

[19] El término ἀσωτία es una forma negativa de σώζω, "salvar", "sanar". También aparece en Tit. 1:6. Lc. 15:13 usa un sinónimo de esta palabra para describir el estilo de vida del hijo pródigo. Aristóteles dijo: "Llamamos 'disipados' a aquellos que no tienen control de sí mismos, a aquellos que caen en los excesos, que no saben actuar con moderación" (*Ética a Nicómaco* 4.1.3).

Pero no nos sorprende que Pedro hable de Dios como juez, ya que en este pasaje Jesús aparece como el sufridor modelo, y Dios, como el liberador (y ha sido el agente divino principal desde 3:8); además, las fuentes tanto cristianas como judías de forma natural se refieren a Dios como juez (m. Abot 4:22: "Él [Dios] juzgará ... Vosotros a partir de ahora daréis cuentas al Rey de reyes, al Santo, bendito sea"). Por otro lado, Pedro no solo dice que Dios juzgará, sino que juzgará "a los vivos y a los muertos", usando una frase que la tradición suele utilizar para referirse al juicio de Cristo (Hch. 10:42; 2 Ti. 4:1; cf. Hch. 17:31; Ro. 14:9; y las referencias posteriores en 2 Clem. 1:1; Barn. 7:2; Policarpo, *Fil.* 2:1), frase que era muy conocida. Este argumento parece darle la razón a la teoría de que el juez es Cristo. No obstante, la cuestión aquí no es debatir sobre la persona que juzgará, sino que ni aún los muertos escaparán del juicio final (como también vemos en 1 Co. 15:51-52; Ap. 20:11-15). Así, los perseguidores de esos creyentes tendrán que rendir cuentas de sus actos. Además, este juicio no está muy lejos, pues el juez ya está "preparado" (esta frase en griego también aparece en Hch. 21:13; 2 Co. 12:14; y Da. 3:15 (LXX) para referirse a sucesos inminentes; cf. Stgo. 5:8-9: "la venida del Señor está cerca" y "el Juez está a las puertas"). Como veremos en 4:7, las únicas obras adecuadas serán las realizadas a la luz de este juicio inminente.

6 A la luz de este juicio, la muerte de los cristianos es una tragedia menor de lo que parece a simple vista. Cuando el autor empieza el versículo con "porque", está haciendo referencia a este juicio. Esta partícula también supone la vindicación de los cristianos que han muerto. Esta interpretación parte de dos presuposiciones: (1) que "los muertos" se refiere a los que en ese momento ya estaban físicamente muertos, y (2) que el momento de la predicación fue cuando ellos estaban en vida, no durante el suceso descrito en 3:19.

El primer punto parece bastante fácil de defender. Nuestro autor acaba de referirse a "los vivos y a los muertos" en el versículo anterior, y está claro que eso se refiere a los que están muertos físicamente. No hay ninguna evidencia de que Pedro haga un cambio y que ahora apunte a los muertos espiritualmente. Así, rechazamos la exposición de San Agustín y de Clemente de Alejandría (entre otros Padres de la Iglesia) que espiritualizaron este término.

El segundo punto es más complicado. Según Goppelt, "los muertos" incluye a todos los muertos, creyentes e incrédulos, y el tiempo del suceso (un suceso acabado, como indica el uso del aoristo) coincide con el suceso de 3:19, visto como un suceso escatológico y atemporal. Como el tema principal de 4:6 es la salvación, el objetivo debe ser que los muertos acepten el Evangelio y obtengan la salvación, cumpliendo así el aforismo de 4:1 ("quien ha padecido en la carne ha terminado con el pecado")[20] embargo, no parece que este sea el sentido que Pedro quiere transmitir.

Goppelt está en lo cierto al defender que el Evangelio ha sido predicado a todos los que están muertos. Dios es el juez de los vivos y los muertos; por eso, el autor quiere resaltar que los muertos también serán juzgados por haber aceptado el Evangelio o no. Pero eso no quiere decir que los muertos tengan la oportunidad de aceptarlo ahora que están muertos, pues lo que vemos en 4:4-5 es que la gente será juzgada por las acciones realizadas en vida, independientemente de si en el día del juicio está viva o muerta. Por tanto, Pedro explica que la aceptación de las buenas nuevas ahora que están vivos les asegura que en el juicio serán absueltos, incluso si mueren antes de que éste llegue.

Goppelt también está en lo cierto cuando traduce "el evangelio fue predicado"[21]. Pero cuando usa esta observación para relacionar 4:6 con 3:19, Goppelt no es capaz de ver la diferencia de lenguaje que hay entre los dos versículos. En nuestro pasaje, el verbo significa "predicar el evangelio" (*euangelizō*), mientras que en 3:19 tenemos el verbo *kēryssō*, que simplemente significa "proclamar" y necesita un complemento directo que determine si se trata de proclamar las buenas nuevas o de proclamar la condenación. La proclamación a los que ya están muertos es un hecho pasado y que ya ha sido completado, completado por el mismo hecho de que están muertos (por eso se usa el aoristo). Al elegir este tiempo verbal, Pedro indica que no está hablando de algo continuo, que es lo que Goppelt defiende.

El objetivo de esta proclamación queda claro en la proposición de finalidad que encontramos en la segunda parte del versículo 6. A un

---

[20] L. Goppelt, *Der erste Petrusbrief*, p. 275-78.

[21] Esta traducción parte de la presuposición de que el verbo εὐηγγελίσθη es una pasiva impersonal muy poco habitual, que solo aparece una vez más en todo el Nuevo Testamento, en Ro. 10:10, en contra de lo que J. N. D. Kelly cree, *The Epistles of Peter and of Jude*, p. 173-74, que defiende que "él [Cristo] fue predicado" está más en línea con el uso normal de este verbo (cf. Mt. 11:5; Lc. 7:22; Hch. 5:42; 8:35; 9:20; He. 4:2, 6) y verbos similares (1 Co. 15:12; 2 Co. 1:19; 1 Ti. 3:16). Pero mientras Kelly hace una buena interpretación del pasaje en general, en el uso cristiano, el verbo mismo ya predetermina que el sujeto es "las buenas nuevas", por lo que no es necesario buscar otro sujeto.

observador cualquiera le podría parecer que el Evangelio no tenía ningún resultado visible: los cristianos morían, igual que todos los demás. Y en la enseñanza cristiana y judía, la muerte está asociada con el pecado (Gn. 2:17; 3:19; Ro. 5:12; 6:23)[22]. Así, al morir un cristiano, un observador podría decir con sarcasmo: "La muerte entró en el mundo por la envidia del diablo, y ésta llega a los que pertenecen a su círculo" (Sabiduría 2:24). De hecho, igual que el resto de la Humanidad, los cristianos son juzgados según las "leyes humanas" (como vemos en Ro. 8:5; 1 Co. 3:3; 9:8; Gá. 3:15; cf. 2 co. 5:16). Y como Cristo (3:18), son juzgados "en la carne", es decir, en la esfera del mundo natural. Pero la esperanza de la predicación del Evangelio es que la gente que lo acepte también experimentará la resurrección (como Cristo) y "vivirá en el espíritu conforme a la voluntad de Dios". O, como vemos en Sabiduría 3:4-7, "Aunque fueron castigados en la carne, su esperanza es la inmortalidad ... En el tiempo de su visitación, brillarán ...".

La idea central de este pasaje es que el juicio también es un tiempo de vindicación para los cristianos. Como le ocurrió a Cristo, quizá los incrédulos les han declarado culpables siguiendo sus leyes humanas, ya sea porque murieron igual que otros seres humanos, o porque los asesinaron (ya fuera como condena después de un proceso jurídico, o de forma ilegal, sin haberles hecho un juicio). Puede que en nuestro contexto de la epístola de Pedro no se diera tanto el asesinato en sí, sino más bien la amenaza de muerte, aunque sabemos que en otros lugares sí habían matado a muchos cristianos, lo que nos hace concluir que también podría haberse dado en nuestro contexto (sobre todo si 1ª Pedro es posterior a la muerte de Pedro, Pablo y Santiago). Pero, también como Cristo, Dios tendrá la última palabra, y su veredicto en el juicio final será la vida (es decir, "en el espíritu"). Aunque no responde a la misma pregunta que Pablo trata en 1ª Tesalonicenses 4:13-18, nos da la misma seguridad que Romanos 14:8 y 1ª Corintios 15:51-53; al final, la aceptación del Evangelio marcará la diferencia, independientemente de lo que la gente diga ahora en el presente. Y, Pedro va a subrayar, ese final no está muy lejos.

7 Para Pedro, hablar del juicio final y de la vindicación de los cristianos es algo bien serio, pues "el fin de todas las cosas se acerca". Ésta es la

---

[22] Cf. R. Bultmann, "θάνατος", *TDNT*, III, 10-21; W. Schmithals y L. Coenen, "Death", *DNTT*, I, 430-41, 444-47.

única vez que encontramos esta expresión, pero su significado es bien claro. Jesús en los Evangelios dice que "el que persevere hasta el fin será salvo" (Mt. 10:22; 24:13; Mr. 13:13), y que antes de ese fin han de darse ciertos sucesos (Mr. 13:7; Lc. 21:9). Cuando Pablo habla del final de los tiempos también usa una terminología similar (1 Co. 10:11; 15:24), y Juan (Ap. 2:26). Estas palabras apuntan a ese concepto lineal de la Historia que encontramos en el Nuevo Testamento y, por tanto, y al final de esta etapa histórica y a todas las cosas que tienen que ver con ella ("el fin de *todas* las cosas")[23]. El fin se "acerca", es decir, que está a punto de tener lugar (cf. Mt. 26:45-46; Mr. 14:42, donde este término se usa para hacer referencia a un suceso que ocurrió unos minutos u horas después). Este sentido del *escato* inminente (junto con el sufrimiento y la salvación que están asociadas a este fin inminente) es un tema muy común en el Nuevo Testamento, ya sea que el fin se describa con relación al reino (Mt. 3:2; 4:17; 10:7; Mr. 1:45; Lc. 10:9, 11) o con relación a otro tema (Lc. 21:28; Ro. 13:12; Fil. 4:5; He. 10:25; Stgo. 5:8; Ap. 1:3; 22:10). Esta expectativa de la actuación inminente de Dios para establecer su reinado determina toda la enseñanza neotestamentaria, y si no la tenemos en cuenta no podremos entender la posición ética tan radical que encontramos en toda la literatura del Nuevo Testamento[24].

Si el fin está a punto de ocurrir, deberíamos vivir de acuerdo con esa realidad. Es por eso por lo que Pedro dice: "sed, pues, prudentes y de espíritu sobrio para la oración [o 'para que podáis orar']". La expresión "sed prudentes" se refiere a tener una imagen apropiada de uno mismo, ni demasiado elevada (Ro. 12:3), ni, presumiblemente, demasiado baja (aunque en aquella época éste no era un problema tan evidente). Si pensamos en el contexto en el que aparecen estas palabras, lo que Pedro debía de tener en mente es que no debían dejar que la emoción de que el retorno de Cristo fuera inminente, les llevara a abandonar sus responsabilidades presentes (cf. 1 Ts. 4:11; 2 Ts. 2:2)[25]

Esa prudencia les hará tener un "espíritu sobrio": de todas las veces que esta idea aparece en el Nuevo Testamento, la mitad las encontramos

---

[23] El énfasis de esta frase (πάντων δὲ τὸ τέλος) está, claramente, sobre
Es decir, puede que haya otras "metas" o etapas que han de cumplirse, pero aquello a que lo Pedro está refiriendo es el clímax de la historia de la redención, *la meta* por antonomasia.

[24] Y la literatura post-Nuevo Testamento: Did. 10:6; Barn. 21:3; Hermas, *Vis.* 3.8.9; *Sim.* 9.12.3; 10.4.4.

[25] U. Luck, "σώφρων", *TDNT*, VII, 1097-1104.

en las epístolas de Pedro (1:3; 4:7; 5:8; cf. 1 Ts. 5:6, 8; 2 Ti. 4:5). Lo opuesto al "espíritu sobrio" era la intoxicación (cf. Ef. 4:18), así que este término significaba literalmente "no borracho" y, de forma figurada, tener la mente clara y alerta, libre de la "intoxicación" de ideas o enseñanzas incorrectas[26]. Así, nuestro autor hace un llamamiento a tener la mente despierta para poder ver la vida de forma correcta, esto es, a la luz de ese final inminente. Eso les llevará a la oración[27], no la oración basada en sueños irreales, inalcanzables, ni tampoco la oración basada en la desesperación ante una situación que uno no esperaba, sino la oración que clama al Señor y se somete a Él a la luz de la realidad vista desde la perspectiva de Dios, y así obtener poder y guía para enfrentarse a ella, por malos que sean los tiempos. A esto se refería Jesús cuando dijo "Velad y orad" (Mt. 24:41-42; Mr. 13:35, 38; cf. Hch. 20:31; 1 Co. 16:13; Col. 4:"), ya que la oración correcta no es un "opiáceo" o una huida, sino que sirve para tener una visión clara, y para obtener la visión más clara de todas, la que viene de Dios. La única forma en la que un soldado puede realizar una vigilancia eficaz es teniendo una comunicación continua con el centro de operaciones.

8 La exhortación a la oración y a la comunión por Dios nos lleva a la exhortación a amar a los demás, a relacionarse con los demás en la forma que a Dios agrada[28]. "Sobre todo" es una expresión que encontramos en un contexto similar de exhortación en Santiago 5:12. No significa que tengan que poner el amor por encima de la oración o de la sobriedad, sino que sirve para avisar al lector de que va a cambiar de tema, y de que el amor es el elemento más importante de los cuatro versículos siguientes. El amor verdaderamente importante es el amor hacia otros creyentes. Como en todo el Nuevo Testamento (Mr. 12:30-33; Jn. 13:34-35; 15:12-17; 1 Co. 13:1-13; Gá. 5:13-14, 22; Col. 3:14;

---

[26] Cf. O. Bauernfeind, "νήφω", *TDNT*, IV, 936-39, y el comentario de 1:13.

[27] La frase νήψατε εἰς προσευχάς podría querer decir que se debe orar con espíritu sobrio, o que el espíritu sobrio les llevará a orar. El último significado es el que parece concordar mejor con nuestro contexto y con los paralelos.

[28] Gramaticalmente, las exhortaciones en 4:8-10 son participios que dependen del verbo principal que encontramos en 4:7 (excepto 4:9, que no tiene verbo). No obstante, como son participios imperativos, se sobreentiende que no hay una subordinación lógica. Otra opción es ver el verbo ἐστέ, que nunca aparece en el Nuevo Testamento como imperativo, como el verbo principal; en tal caso, no hay subordinación gramatical. Cf. N. Turner, *Syntax*, en J. H. Moulton, *A Grammar of New Testament Greek* III (Edimburgo, 1963), 343.

Stgo. 2:8; 1 Jn), la unidad y el cuidado de los demás cristianos no es algo opcional, sino que es uno de los principales elementos de la fe. La unidad entre los cristianos (el producto del amor en la literatura joánica) es el tema de epístolas enteras (sobre todo, Filipenses y Santiago). Por tanto, no es sorprendente que Pedro subraye esa virtud en primer lugar con la expresión "sobre todo", y luego añadiendo "sed fervientes", un término que también usó para describir el amor en 1:22. La idea que hay detrás de este término es la de "estirar al máximo". Si lo aplicamos a nuestro tema, la idea es no "aflojar" o "reducir" el amor, sino mantenerlo con todo su vigor. A diferencia de los efesios que "aflojaron" o "redujeron" (Ap. 2:4-5), estos cristianos tienen que mantener la devoción los unos por los otros.

Vemos de nuevo la importancia de esta enseñanza en que Pedro cita Proverbios 10:12, y lo hace usando una forma más cercana al texto hebreo que al griego[29], a diferencia de la mayoría de las citas que aparecen en esta epístola. Esto y el uso que hace Santiago (5:20) podrían apuntar a que ese versículo se había convertido en un proverbio que la gente de la Iglesia usaba. No obstante, en nuestro contexto, es difícil determinar cuál es su significado. En el Antiguo Testamento significa que el amor hace que uno olvide las ofensas que le han hecho y, así, quiera poner punto y final a la discusión: "El odio suscita rencillas, pero el amor cubre todas las trasgresiones". Pablo imparte un enseñanza similar en 1 Co. 13:7 (cf. 1 Co. 6:7 y el uso de Pr. 10:12 en 1 Clem. 49:5)[30].

Sin embargo, algunos comentaristas defienden que en este pasaje se está diciendo que lo que el amor cubre es los pecados propios. Dicen que es así como 2 Clem. 16:4 (entre otros Padres de la Iglesia) interpreta Proverbios 10:12: "Dar limosna es bueno incluso como penitencia por los pecados ... el amor 'cubre multitud de pecados' ... Bendito el hombre que hace estas cosas, ya que dar limosna aligera el pecado". Además, parece ser que Lucas 7:47 respalda esta idea ("Sus pecados, que son muchos, han sido perdonados, porque amó mucho"), y también la interpretación judía (p. ej., Sir. 3:30 y el uso rabínico del texto de

---

[29] En 1ª Pedro encontramos ἀγάπη καλύπτει πλῆθος ἁμαρτιῶν, mientras que en la Septuaginta aparece πάντας δὲ τοὺς μὴ φιλονεικοῦντας καλύπτει φιλία ("el amor cubre a todos los que no son amigos del conflicto"). En hebreo, wᵉ al kol-pᵉ tᵉkasseh 'ahᵉbāh, pone casi lo mismo que pone en griego en 1ª Pedro a excepción de que contiene "todas las transgresiones" en lugar de "multitud de pecados".

[30] Cf. F. W. Beare, *The First Epistle of Peter*, p. 185.

Proverbios)[31]. No obstante, aunque esta posición tiene algo de evidencia bíblica, no es para eso para lo que Santiago usa este pasaje, y no parece concordar demasiado con el contexto de esta epístola, donde se hace especial hincapié en que Cristo llevó nuestros pecados (p. ej., 1:18-19; 2:24-25). Rechazamos, por tanto, esta interpretación.

Aún hay una tercera interpretación que dice que es probable que el proverbio se use con un sentido general, no con un sentido preciso o concreto. El amor de Dios cubre nuestros pecados. Nuestro amor "cubre" (es decir, "pasa por alto", "hace olvidar") los pecados de los demás. Esta interpretación ve el pasaje de Proverbios dentro del contexto de Mateo 6:14-15 y Marcos 11:25[32]. Aunque esta posición es atractiva porque reconoce la imprecisión con la que se suele usar este proverbio, saca más información del proverbio de la que este contiene. Así, puede que cubra las diferentes maneras en las que este proverbio se usaba en la iglesia primitiva, pero la primera interpretación sigue pareciéndonos la mejor opción para este versículo en particular. Concluimos que Pedro cita un proverbio general para decir que el amor nos ayudará a pasar por alto o a olvidar los pecados de los demás miembros de la Iglesia, por lo que es una virtud muy valiosa ya que esta solidaridad será muy necesaria en una comunidad que está sufriendo persecución.

9 Otra forma de amor muy importante en la iglesia primitiva es el amor hacia los cristianos que viajaban, cristianos que no eran miembros de la comunidad local, pero sí eran parte de la familia de Cristo. Por eso, Pedro escribe: "Sed hospitalarios los unos con los otros, sin murmuraciones [o 'quejas']". En el Nuevo Testamento se nombra la hospitalidad de forma explícita en cinco ocasiones (Ro. 12:13; 1 Ti. 3:2; Tit. 1:8; He. 13:2; 1 P. 4:9), y de forma implícita en varios pasajes (p. ej. Mt. 10:11-14; 25:35, 38, 43-44; 1 Ti. 5:10; Stgo. 2:21, 25; 2 Jn 10; 3 Jn. 5)[33]. Vemos que ser hospitalario era un requisito para ser anciano o para las viudas que querían ejercer el cuidado pastoral. Mateo menciona que será un criterio de juicio

---

[31] J. N. D. Kelly, *The Epistles of Peter and of Jude*, p. 178; K. H. Schelkle, *Petrusbriefe*, p. 118; C. Spicq, *Les Épîtres de Saint Pierre*, p. 150. Kelly no cree que el amor sirva para ganar el perdón de Dios, pero argumenta a partir de Mt. 25:31-46 que nuestro amor o la falta de amor será un elemento decisivo para determinar si recibimos o no el amor de Dios.

[32] L. Goppelt, *Der erste Petrusbrief*, p. 284-85; E. G. Selwyn, *The First Epistle of St. Peter*, p. 217.

[33] También era importante en el AT. Cf. M. J. Selman, "Hospitality", *The Illustrated Bible Dictionary* (Wheaton, 1980), II, 665-67.

en el juicio final. Y siguió siendo una cuestión importante en el período postapostólico (p. ej. Did. 11:1-6; 12:1-5). Consistía en ofrecer alojamiento y comida a los cristianos que viajaban (entre los cuales había maestros itinerantes, profetas y apóstoles), cuando estos estaban en la zona de forma legítima. Sabemos que hacia el año 100 dC. en Asia la hospitalidad se había reducido debido a los abusos o, como suele decirse, a la "cara dura" de algunos. Lo que se hacía es que se ofrecía comida y alojamiento por un máximo de tres días (o cuatro, si contamos la comida que se le ofrecía al huésped el último día, para llevar en el viaje); se esperaba que después de tres días el huésped se marchara o que consiguiera un trabajo para autoabastecerse. La hospitalidad era importante por los recursos limitados de muchos cristianos, y por la mala reputación que tenían los lugares públicos de alojamiento; también tenía mucho valor porque este servicio mutuo unía o hacía establecer lazos entre las iglesias, y era una forma de que hubiera comunicación entre ellas. A pesar de lo importante que era la hospitalidad, no obstante, a veces era un acto de amor muy costoso, pues muchos cristianos que la practicaban tenían lo justo para vivir. Por eso, Pedro no solo llama a sus lectores a ser hospitalarios (una virtud que iba a ser más necesaria, en esos momentos en que muchos cristianos quizá tendrían que huir de sus aldeas debido a la persecución), sino a ofrecer hospitalidad sin quejarse. Este término, "murmurar" o "quejarse" (Hch. 6:1; Fil. 2:14; cf. Mt. 20:11; Jn. 6:41, 43; 1 Co. 10:10) está haciendo referencia a frases como "No sé por qué siempre acabamos hospedando a la gente" u "Ojalá Pablo se marche pronto", dichas al oído a alguien de la familia cuando están hospedando a alguien y no tienen mucha comida o la casa está muy llena. Pedro anima a los cristianos a tener un amor que esté por encima de actitudes negativas de ese estilo; él reconoce que practicar la hospitalidad es un sacrificio, pero pide que cuando se haga, se haga con corazón alegre (cf. 2 Co. 8-9).

10 Nuestro autor pasa a hablar de otros servicios. Ha hablado de algo en concreto (la hospitalidad) y pasa a un plano más general. Como Pablo, (1 Co. 12:7) reconoce que todo cristiano ha recibido de Dios en el momento de la conversión un don(es) (*charisma*) de Dios[34]. Como Pedro no recoge

---

[34] Aunque hay diferentes interpretaciones sobre la cantidad de dones y la forma que estos tomaban, está claro que el Nuevo Testamento no puede concebir que un cristiano recién convertido, que ha empezado a seguir a Jesús con toda su alma, mente, corazón y fuerzas no tenga dones espirituales. De hecho, la experiencia del Espíritu se nombra en varias ocasiones como evidencia de la conversión, por ejemplo en Ro. 8 y en 1 Jn.

una lista de dones, no podemos decir si el "don" del que habla es un carisma específico, o simplemente el Espíritu Santo que obra a través del individuo de formas diversas. Lo que sí es evidente es que Pedro habla de dones espirituales, no de habilidades naturales[35]. Así como Pablo, Pedro cree que ese don no es para la gloria personal, ni tan siquiera para el desarrollo o crecimiento personal, sino para el servicio (1 Co. 12:5) o, como diría Pablo, para la edificación del Cuerpo de Cristo (p. ej., 1 Co. 14:3-5; Ef. 4:12).

Así, los cristianos no pueden controlar los dones que Dios les da (aunque, según Pablo, uno puede pedir dones en oración, 1 Co. 12:31; 14:1, 13), pero sí pueden controlar si usan o no los dones que reciben, y cómo los usan. Los dones espirituales no son entidades autónomas fuera del control de la persona, sino que son habilidades que el Espíritu da y que la persona debe desarrollar y usar para servir a los demás[36]. Así, el cristiano es un "mayordomo" o "administrador" de un don. El administrador era la persona (normalmente, un esclavo) que gestionaba los negocios y la propiedad de su amo; también se encargaba de proveer para las necesidades de los miembros de la familia, los esclavos, y los jornaleros[37]. Jesús usó esta imagen en Lucas 12:42 y 16:1-8, y Pablo tomó este término como una descripción de la forma correcta de servicio en la Iglesia (1 Co. 4:1-2; Gá. 4:2; cf. Tit. 1:7). Así, el cristiano según Pedro, es simplemente un trabajador o esclavo que gestiona una parte de la propiedad de Dios, un don que Dios le da. La forma de ese don será diferente a la forma de los dones de los demás cristianos, ya que deriva de la "variada gracia de Dios" (cf. 1:6 donde el término griego "diverso" aparece en otro contexto)[38]

[35] El hecho de que Pablo use χάρισμα de esta forma (Ro. 12:6; 1 Co. 12:4, 9, 28, 30-31: cuando usa este término en otros contextos también se trata de un don espiritual y no de una habilidad humana) y el hecho de que "ha recibido" esté en aoristo parece apuntar a que el don es algo que se obtiene en la conversión/bautismo, y no algo que la persona ha desarrollado o ha tenido siempre.

[36] De hecho, una de las cosas más desconcertantes sobre los dones es que los dones que Dios ha dado se han usado para fines que no agradan a Dios. Ver J. White, *When the Spirit Comes in Power* (Downers Grove, IL, 1988), donde encontrará una discusión sobre las incidencias bíblicas y las incidencias históricas de la Iglesia en relación con este fenómeno.

[37] Cf. O. Michel, "οἶκος", *TDNT*, V, 149-51; J. Reumann, " 'Stewards of God's Grace' — Pre-Christian Religious Application of ΟΙΚΟΝΟΜΟΣ in Greek", *JBL* (1958), 339-49.

[38] Como Pablo mismo indica que los dones que Dios da pueden cambiar con el tiempo y dice que esos dones vienen de un único Espíritu que está en todos los cristianos, pero que se manifiesta de forma diferente a través de diferentes cristianos y de situaciones diversas, no es sabio ver este don de 1ª Pedro como un solo carisma

todos son lo mismo; son, simplemente, administradores de lo que pertenece a Dios. Los dones no son de ellos, pero ellos sí son responsables de usarlos, y de la forma en que lo hacen. Tienen que ser "buenos mayordomos".

11 Pedro da dos ejemplos generales de cómo deben usarse los dones que Dios da. En primer lugar, "el que habla" abarca toda una serie de dones que tienen que ver con "la palabra", es decir, glosolalia (la segunda parte de este término viene del verbo que Pedro usa aquí), profecía, enseñanza, y evangelización (o predicación). No se refiere a una "simple conversación" entre cristianos, ni tampoco a la intervención de los ancianos u otros líderes de la Iglesia, sino a cualquier cristiano que ejerza cualquiera de estos dones "de la palabra". No es necesario que la persona esté expresando sus propias ideas, ni que haya efectuado una exégesis detallada, sino que el requisito es "que hable conforme a las palabras de Dios". Esta expresión hace referencia a las palabras que Dios habla (cf. Hch. 7:38; Ro. 3:2; He. 5:12)[39]. Pablo era muy consciente de que sus palabras eran las palabras de Dios (1 Co. 7:40; 2 Co. 2:17; 4:2, 13; 10:3-6; 11:17), y nuestro autor les está diciendo a sus lectores que se aseguren de que también están hablando "en el Espíritu" (como en 1:12). Aunque el conector "conforme a" (otra posible traducción sería "como si fueran") permite establecer un pequeño distanciamiento entre las palabras de los cristianos y las de Dios (¿acaso hay algún don espiritual que pueda ejercerse de forma cien por cien pura, sin que esté "contaminado" por la naturaleza humana caída?), eso no es una excusa para sustituir la mera habilidad retórica o intelectual por la inspiración de Dios: el mensaje falso o diluido no constituye una buena mayordomía o administración de la Gracia de Dios.

El otro ejemplo general es el del servicio: "el que sirve". Aunque el verbo es el mismo que en 4:10, aquí se usa con un significado más preciso, igual que la distinción entre "la palabra de Dios" y "servir las mesas" de Hechos 6:2 o el sentido que Pablo le da en Romanos 12:7. Probablemente abarca todas las acciones (o servicios) que un cristiano hace por y para otro: la administración, el cuidado de los pobres y los enfermos (incluyendo la contribución de fondos, la administración de fondos, y el cuidado físico), la sanidad, y otros servicios similares que

de la lista de Pablo, sino que es mejor verlo como un grupo de dones que varía según la persona y según Dios esté distribuyendo su gracia en ese momento.

[39] Cf. G. Kittel, "λέγω", *TDNT*, IV, 137-41.

expresan el amor y la misericordia de Dios de una forma concreta[40] Estos actos de servicio deben hacerse "por la fuerza que Dios da". La palabra griega que traducimos por "da" o "proporciona" solo aparece en el Nuevo Testamento aquí y en 2ª Corintios 9:10. Originalmente quería decir "pagar los gastos de los ensayos de un coro" en un teatro griego, o "correr con los gastos de algo"[41]. En 2ª Corintios se usa para referirse a un Dios que "suplirá y multiplicará vuestra sementera". Aquí el cristiano ve un servicio que Dios quiere que se lleve a cabo. Puede intentar hacerlo con sus propias fuerzas (que podría parecer eficaz en algunos ministerios, pero no en otros, p. ej., la sanidad), lo que lleva a una ineficacia última y al desgaste, o puede depender de las fuerzas que Dios provee. Dios ha ordenado que el servicio se lleve a cabo. Dios correrá con los gastos, tanto materiales, como físicos y emocionales. Él respalda el servicio del cristiano que es un buen administrador de sus dones y que sabe depender de Aquel que le ha dado esos dones.

Cuando los dones se usan de esta manera, lo que destacará no será la bondad o la habilidad humana (ya sea "la palabra" o "el servicio"), sino el poder y la voluntad de Dios; así, el resultado será "que en Dios todo será glorificado mediante Jesucristo". La idea es que todas las acciones de los cristianos sirvan para ensalzar la gloria o la reputación de Dios. Quizá será simplemente ser consciente de estar en la presencia de Dios (p. ej. Lc. 23:47; Ap. 15:4) o de la Gracia y la Misericordia de Dios (p. ej., Lc. 18:43; Hch. 4:21) o de que el carácter de Dios se ve reflejado en aquellos con los que se identificó (p. ej., 1 Co. 6:20). Sea como sea, y mediante el don que sea, el objetivo de todo ministerio es darle la gloria (u honor) a Dios (cf. 1:3). Y esto ocurre "mediante Jesucristo", frase de uso litúrgico (Ro. 16:27; Jud. 25) que apunta a que Dios es glorificado a través de la redención realizada por Jesús y del Señorío que ejerce en las vidas de sus seguidores. Sabemos que los dones son *sus* dones (los dones de Dios), distribuidos a través del Espíritu para que toda la Iglesia refleje su carácter (cf. Ef. 4:7-16). Queda claro que Dios solo puede ser glorificado mediante Jesucristo (cf. Hch. 3:12-16).

---

[40] La lista de dones de Romanos 12 no solo ilustra esto, sino que también ilustra aspectos de 1 Co. 12, y los otros usos de διακονία y sus sinónimos en el Nuevo Testamento, por ejemplo Mt. 25:44; Ro. 15:25; 1 Co. 16:15; 2 Co. 8:1-6, 19-20. El "ministerio" (esta palabra también podría traducirse así), es un servicio a la gente que está pasando alguna necesidad. Este es el deber de los diáconos (un término derivado de este palabra, 1 Ti. 3:8, 10, 13).

[41] BAGD, p. 892, *s.v.* χορηγέω.

El mencionar la gloria de Dios lleva a nuestro autor a cerrar esta sección con una doxología: "a quien pertenecen la gloria y el dominio por los siglos de los siglos. Amén". ¿A quién pertenecen? Si comparamos ésta con otras doxologías (p. ej., Lc. 2:14; Ro. 11:36; Ef. 3:20-21; Fil. 4:20; He. 13:20-21; Jud. 24-25; 1 Clem. 20:12; 50:7) y si pensamos en la referencia anterior en este mismo versículo a la glorificación de Dios, veremos que "a quien" se refiere a Dios, no a Cristo. Dios es el que recibe la gloria, porque la gloria le pertenece. No es la expresión de un deseo (por tanto, la traducción de la NVI, "a quien sea la gloria", es incorrecta), sino la afirmación de una realidad (en griego se usa el modo indicativo), como en todas las doxologías del Nuevo Testamento (p. ej., Ro. 1:25; 2 Co. 11:31, donde, como aquí, el verbo es claramente presente): la gloria le pertenece a Dios por derecho. Esta doxología, igual que las que encontramos en 1ª Timoteo 6:16, Judas 24-25 y Apocalipsis 1:6 y 5:13, añaden "dominio", que concuerda muy bien con nuestro contexto más amplio en el que se ha subrayado el poder de Dios para poner al maligno bajo sus pies y traer justicia (cf. 4:5, 7). El dominio o poder en el Nuevo Testamento solo se atribuye a Dios o a Cristo, con una sola excepción (He. 2:14, que dice que el diablo tiene el poder de la muerte, pero también dice que Cristo ha anulado ese poder). Dios es sin duda alguna el "Todopoderoso" (2 Co. 6:18; Ap. 1:8; 4:8). Esta gloria y este dominio son suyos "por los siglos de los siglos" o, dicho de forma más sencilla, "para siempre". Pedro acaba con la respuesta litúrgica apropiada después de oír una confesión como la que acabamos de analizar: "Amén", palabra aramea (o hebrea) que significa "cierto" (Ro. 1:25; Gá. 1:5; y con frecuencia, en las doxologías que hemos mencionado anteriormente)[42].

Pedro concluye así una sección muy importante de esta epístola. Como en la mayoría de las doxologías, ésta aparece como cierre de una sección, no como cierre de la carta o documento (a excepción de Ro. 16:27; 2 P. 3:18; Jud. 25). Por tanto, no es sorprendente encontrarla antes del final de la carta (cf. las cinco doxologías internas de Romanos y las diez de 1 Clem.). Pedro acaba así su sección sobre la relación con los no cristianos y da paso a la última sección sobre el sufrimiento.

---

[42] Aunque 'āmēn significa "cierto" o "fidedigno", se traducía por   , "así sea", en la Septuaginta, y puede ser que la dificultad de la traducción de este término, junto con el uso litúrgico, llevara a los autores neotestamentarios a usar la palabra en arameo.

IV. Luchando en contra del sufrimiento (4:12-5:11)

A. *Sufriendo como cristiano (4:12-19)*

*12 Amados, no os sorprendáis del fuego de prueba que en medio
de vosotros ha venido para probaros, como si alguna cosa extraña
os estuviera aconteciendo; 13 antes bien, en la medida en que
compartís los padecimientos de Cristo, regocijaos, para que también en la revelación de su gloria os regocijéis con gran alegría.
14 Si sois vituperados por el nombre de Cristo, dichosos sois, pues
el Espíritu de gloria y de Dios reposa sobre vosotros. Ciertamente,
por ellos Él es blasfemado, pero por vosotros es glorificado. 15 Que
de ninguna manera sufra alguno de vosotros como homicida, o
ladrón, o malhechor, o por entrometido. 16 Pero si [alguno sufre]
como cristiano, que no se avergüence, sino que como tal glorifique
a Dios. 17 Porque [es] tiempo de que el juicio comience por la casa
de Dios; y si [comienza] por nosotros primero, ¿cuál [será] el fin
de los que no obedecen al evangelio de Dios? 18 Y si el justo con
dificultad se salva, ¿qué será del impío y del pecador? 19 Por
consiguiente, los que sufren conforme a la voluntad de Dios, encomienden sus almas al fiel Creador, haciendo el bien.*

12 Usando el mismo apelativo cariñoso con el que empezó la
sección anterior (2:11-4:11), nuestro autor mira hacia el futuro. Ni
el mejor y más cuidadoso estilo de vida va a impedir que sufran
persecución, como ya había anunciado en 3:14; de hecho, ya la están
experimentando. Por eso quiere animar a los cristianos de Asia
menor, diciéndoles que no se sorprendan como si lo que les está
viniendo fuera "extraño"[1], usando un lenguaje similar al de 4:4. En
1ª Juan 3:13 también se insta a los cristianos a "no maravillarse si
el mundo les odia". Aquí la idea es aún un poco más fuerte: "no
penséis que esto no debería ocurrir". En 4:4 la cultura incrédula veía
el comportamiento de los cristianos como algo "extraño", "forá-
neo", "no natural ni propio de la conducta humana", "algo que no
debería ocurrir". Aquí se insta a los cristianos a no pensar lo mismo
de sus persecutores. A diferencia de los judíos que, durante generaciones, habían sido en la diáspora una minoría culturalmente muy

---

[1] La palabra "extraño" (ξένος) es la raíz de "sorprenderse" (   ).

diferente donde se asentaban (y sufrían como todas las minorías), y en la persecución bajo Antíoco IV Epífanes (cf. 1º y 2º Macabeos) había estado marcada por una desarrollada teología del sufrimiento y del martirio, estos gentiles convertidos al cristianismo hasta ahora no habían sido considerados como una minoría cultural. Antes de su conversión, se sentían como en casa. Pero ahora su propia cultura les marginaba, algo que debía sorprenderles, pues no coincidía precisamente con lo que ellos entendían por la bendición de Dios. Era normal que el sufrimiento les hiciera dudar. Por eso, el autor quiere que quede claro: la persecución no es algo "extraño" para los cristianos. De hecho, está en la línea de las predicciones de Jesús (Mt. 5:11-12; 10:34; Mr. 13:9-13; Jn. 15:18-20).

De hecho, lo que les está sucediendo tiene un buen propósito. Es el "fuego de prueba que ... ha venido para probaros". La imagen es bien clara. Aunque el término "fuego de prueba" o "incendio" solo aparecen en el Nuevo Testamento aquí y en Apocalipsis 18:9, 18, en el Antiguo Testamento griego aparece en Proverbios 27:21: "La prueba [de fuego] es para la plata y el fuego [purificador] para el oro, pero al hombre se le prueba por las alabanzas [que salen] de su boca". La imagen del fuego purificador se recuperó en el período intertestamentario para describir la idea de "probar" (por tanto "para probaros; cf. 1 P. 1:16). Sabiduría 3:1-6 recoge lo siguiente:

Dios los probó y vio que eran dignos de Él.
Los probó como al oro en el horno de fuego,
Los aceptó como a una ofrenda que ha sido quemada.

Y Sir. 2:16 dice:

Mi hijo, cuando vengas a servir al Señor,
Prepara tu alma para que sea probada.
Mantén tu corazón en el camino recto y aguanta con firmeza,
Y no temas en los tiempos de calamidad...
Pues el oro es probado en el fuego,
Y los hombres aceptos [para Dios] en el fuego de la aflicción.

La misma idea aparece en otra literatura del período (Jdt. 8:25-27; 1QS 1:17-18; 8:3-4; 1QM 17:8-9; 1QH 5:16) y también en la literatura posterior (cf. Did. 16:5)[2]. Así, estos cristianos tienen que ver lo que les está ocurriendo como el proceso de purificación que revelará si su fe es genuina o no (la meta de Dios es permitir la prueba) y que, por tanto, es una prueba que en última instancia les beneficia a ellos mismos. Aunque es dolorosa, este tipo de sufrimiento no debería sorprenderles, sino que deberían recibirlo comprendiendo y teniendo en mente cuál es su objetivo último[3].

13 Hay una segunda razón por la que a los lectores no debería sorprenderles la persecución que están sufriendo: es lo mismo que le ocurrió a Cristo, por lo que ese sufrimiento les identifica con Él. Por tanto, "regocijaos ya que compartís los padecimientos de Cristo". Pero, ¿qué padecimientos de Cristo comparten?[4] Pedro ha usado la frase (o el equivalente a la frase) de 1:11, y la volverá a usar en 5:1; una forma verbal que recoge la misma idea aparece en 2:21, 3:18 y 4:1. En todos estos pasajes la referencia es una referencia a los sufrimientos de Cristo durante su vida en la Tierra, especialmente la muerte en la cruz. Pablo menciona los padecimientos de Cristo en 2ª Corintios 1:7 y Filipenses 3:10 (los otros dos pasajes del Nuevo Testamento donde aparecen juntas estas dos ideas de "compartir" y de "sufrimiento"; cf. Ro. 8:17; 2 Co. 4:10-11; Col. 1:24 donde aparecen expresiones similares que usan otros términos), sin embargo estos contextos no contienen ninguna referencia a la muerte de Cristo, sino a su sufrimiento por la Iglesia[5]. Así, aunque

---

[2] F. Lang, "πῦρ", *TDNT*, VI, 950-51; E. T. Sander, ΠΥΡΩΣΙΣ *and the First Epistle of Peter 4:12* (Tesis doctoral no publicada, Universidad de Harvard, 1966), también resumida en *HTR* 60 (1967), 501; P. H. Davids, *Themes in the Epistle of James that are Judaistic in Character* (Tesis doctoral no publicada, Universidad de Manchester, 1974), especialmente pp. 120-15, 139-48.

[3] Aunque puede que la voluntad de Dios incluya permitir el sufrimiento (3:17), tanto aquí como en los pasajes intertestamentarios que hemos citado, no se ve a Dios como el causante del sufrimiento. Los causantes son las personas malvadas, que habrán de responder ante Dios, o el maligno (5:8-9), y Dios lo permite (como en Job) dentro de sus propios planes, haciendo que el mal que algunos causan al final sirva para bien o se convierta en algo bueno. En las Escrituras el sufrimiento nunca se ve como algo bueno en sí mismo, sino como un mal que a veces hay que soportar, con la esperanza de que después vendrá algo mejor.

[4] El término griego κοινωνεῖτε significa "compartir" o "participar de". Cf. F. Hauck, "κοινωνός", *TDNT*, III, 804-809.

[5] Puede que Pablo esté influenciado en este tema por la Cristofanía de Damasco, por ejemplo Hch. 9:4, donde Cristo indica que está sufriendo porque la Iglesia está sufriendo. Cf. S. Kim, *The Origin of Paul's Gospel* (Tübingen/Gran Rapids, 1981), donde se habla de la influencia de este suceso en la teología paulina.

es posible que estemos ante una reflexión sobre la enseñanza de Pablo, lo más probable es que Pedro se esté refiriendo a algo diferente. En vez de centrarse en que Cristo sufre por la Iglesia, está hablando de que la Iglesia comparte el sufrimiento de Cristo, no en un sentido salvífico (no apunta a que eso hace que Dios nos perdone o a que la obra de Cristo no es suficiente y es necesario que los cristianos sufran para alcanzar la salvación), sino en un sentido de total identificación y de unidad genuina. Dicho de otra forma, cuando los cristianos sufren por identificarse con Cristo, pasan a experimentar los padecimientos de Cristo mismo. Esta experiencia les hace concebir su sufrimiento desde otra perspectiva que les permitirá ver el mal[6] como una ventaja. Cada pasaje de esta epístola que contiene estas palabras es, de hecho, la herramienta que Pedro usa para hacernos avanzar en ese proceso de cambiar de perspectiva. Cada uno de esos pasajes nos anima a ver cada situación de sufrimiento como una identificación con Cristo (así podríamos decir que exhorta a que, en medio del sufrimiento, sigan poniendo en práctica la *imitatio Cristi*) que al final nos llevará a participar de su gloria[7].

Debido a ese cambio de perspectiva, los cristianos pueden "regocijarse" aún en medio del sufrimiento (como vemos en Mt. 5:11-12; Lc. 6:22-23; He. 10:32-39; Stgo. 1:2; 1 P. 1:6), ya que tienen una perspectiva escatológica de los problemas por los que están pasando. Esta perspectiva se hace explícita en la promesa de que "en la revelación de su gloria os regocijaréis con gran alegría". Por un lado, ya que han participado de los padecimientos de Cristo, también participarán de la gloria de Cristo (como vemos en Lc. 12:8 [y paralelos]; Ro. 8:17; He. 10:32-39; 11:26; 13:12-14)[8]. Por otro lado, aunque esta revelación de la gloria de Dios es futura (cf. 1:5, 7, 13 en cuanto a la idea de la revelación de Cristo, 4:11 en cuanto a la idea de gloria), ahora, en el presente, pueden regocijarse en la seguridad de que sus sufrimientos le pertenecen a Él porque anuncian el gozo venidero. Este gozo esca-

---

[6] El autor no está intentando decir que el mal y el sufrimiento son ilusorios.

[7] Cf. F. V. Filson, "Partakers with Christ: Suffering in First Peter", *Interp* 9 (1955), 400-412; W. Michaelis, "πάσχω", *TDNT*, V, 913-23; B. Gaertner, "Suffer", *DNTT*, III, 719-26.

[8] La estructura de "Regocijéis con gran alegría" es, de hecho, χαρῆτε ἀγαλλιώμενοι ("alegraos con regocijo"), un verbo finito intensificado con un participio, que podría ser una influencia del hebreo. Encontramos combinaciones de estos verbos en Mt. 2:10; Lc. 1:14 (usando las dos mismas raíces); Jn. 3:29; Ro. 12:15; 1 Ts. 3:9.

tológico es un tema muy común tanto en 1ª Pedro como en Santiago (Stgo. 1:2; 1 P. 1:6).

14 De ahí que diga "si sois vituperados por el nombre de Cristo, dichosos sois". En este versículo hay una clara influencia de las palabras de Jesús que encontramos en Mateo 5:11-12: "Bienaventurados seréis cuando os insulten y persigan por causa de mí" (también Lc. 6:22). Por un lado, si les ocurre eso son dichosos en el presente (en cuanto al significado de "dichosos" ver el comentario de 3:14). La persecución misma es una señal de lo bendecidos que están. Por otro lado, "son vituperados por el nombre de Cristo". Ser vituperado no es simplemente recibir una reprimenda (2:12; 3:6; 4:5), sino como en el caso de los contextos en el que este término aparece en el Nuevo Testamento y en el Antiguo Testamento griego (Is. 37:3; Sal. 89:51-52; 102:8-9; Sal. 69(68):10 como recoge Ro. 15:3; Mt. 27:44; He. 11:26; 13:13), significa ser rechazado por la sociedad (o, incluso, por la Humanidad). Y la razón por la que son rechazados es "el nombre de Cristo"; es decir, su asociación con Cristo ya sea porque se hace evidente en su estilo de vida o porque lo han confesado de forma pública (cf. Mr. 9:37, 39, 41)[9]. Vemos, pues, que los miembros de la sociedad a la que pertenecen les rechazan por su asociación con Cristo; viven marginados. Pero ese no es su estado real, ya que Pedro les dice que son dichosos.

Su dicha está en que en esa situación "el Espíritu de gloria y de Dios reposa sobre ellos"[10]. Esa experiencia del Espíritu de Dios es lo que Jesús prometió en Mateo 10:19-20, "Pero cuando os entreguen ... a esa hora se

---

[9] Este concepto está muy cerca del término rabínico *ľšēm*, "por causa de". En el Nuevo Testamento esta idea se expresa de diversas formas: Mt. 10:22; Mr. 13:13; Lc. 21:17; Jn. 15:21; Hch. 5:14; 9:16; 15:26; 21:13; 3 Jn. 7; Ap. 2:3; 3:8.

[10] Aquí encontramos tanto dificultades textuales como gramaticales, pero esta traducción parece ser la más acertada. El artículo neutro que aparece antes de "de gloria" (τὸ τῆς δόξης) tiene más sentido si antecede a "Espíritu" que también va acompañado de un artículo neutro καὶ τὸ τοῦ θεοῦ πνεῦμα, que aparece después de "y". Las razones que respaldan esta interpretación son las siguientes: (1) "el Espíritu de Dios" era una frase estereotipada, por lo que quizá Pedro no quiso modificarla, (2) que "gloria" aparezca en primer lugar equilibra un poco la balanza, si pensamos que al principio del versículo se mencionan "los insultos" o "las vituperaciones"; lo mismo ocurre con las expresiones "Espíritu de Dios" y "el nombre de Cristo", y (3) los ejemplos del artículo cuando no va acompañado, tan a menudo citados (Mt. 21:21; 1 Co. 10:24; Stgo. 4:14; 2 P. 2:22), de donde se derivaría una traducción tal como "la gloria y el Espíritu de Dios reposa sobre vosotros"; todos estos ejemplos aparecen en frases estereotipadas, y ésta no lo es. Encontrará una opinión diferente en E. G. Selwyn, *The First Epistle of St. Peter* (Londres, 1969), pp. 223-24. Algunos añaden "y con

os dará lo que habréis de hablar; porque no sois vosotros los que habláis, sino el Espíritu de vuestro Padre que habla en vosotros" (Mr. 13:11; Lc. 12:11-12). Esteban vio la gloria de Dios cuando le estaban asesinando a causa de su fe (Hch. 7:55; se nos dice también que era un hombre lleno del Espíritu, 6:15), como ocurriría más adelante con otros mártires (Mart. Pol. 2:2; Pas. Perp y Fel. 1:3; Eusebio, *Hist. Ecl.* 5.1.34-35). Así, los que sufren a causa de Cristo ven ahora a través del Espíritu la gloria que se les ha prometido para el futuro (1:7; 5:4; cf. 2 Co. 4:17; Col. 3:4). De hecho, el mismo sufrimiento es una señal de que la reputación (la gloria) de Dios se ve en ellos, que el Espíritu reposa sobre ellos. Así que ciertamente pueden considerarse dichosos[11].

15 Pero nuestro autor se apresura en añadir que no todos los que sufren pueden considerarse dichosos. Solo entran dentro de esta categoría los que sufren por causa de Cristo, es decir, que sufren por ser cristianos. Por otro lado, aclara que un cristiano no debe sufrir por haber hecho un crimen o una fechoría (a no ser, claro está, que le acusen de algo así como tapadera, como les ocurre a los cristianos bajo algunos regímenes). Para darle fuerza a su argumento, Pedro menciona en primer lugar dos categorías de criminales, el homicida y el ladrón, a lo que sus lectores responderían sin dudar: "¡claro que no!"; pero a continuación añade el término general "malhechor", que cubre todo tipo de malas acciones condenadas por la ley[12].

poder", que aparece en varios manuscritos, pero (1) hay mejores evidencias textuales a favor de la traducción ofrecida anteriormente, (2)καὶ δυνάμεως es más largo, (3) trastoca el equilibrio del pasaje, y (4) parecer ser uno de tantos otros intentos de solucionar la dificultad gramatical que mencionamos al principio.

[11] Algunos manuscritos añaden κατὰ μὲν αὐτοὺς βλασφημεῖται, κατὰ δὲ ὑμᾶς δοξάζεται ("por parte de los otros Él es vituperado, pero por parte vuestra, Él es glorificado"). P. R. Rodgers, "The Longer Reading of 1 Peter 4:14", *CBQ* 14 (1981), 93-95, argumenta que la versión más larga es la original, ya que se asemeja al estilo de Pedro, explicación necesaria ya en tiempos de Cipriano (es decir, una clarificación de que "él" se refiere a "el nombre" al que se ha hecho referencia anteriormente), y aplica Is. 52:5, un versículo que la Iglesia primitiva usaba con frecuencia. Aunque esta teoría resulta interesante, no la aceptamos porque (1) las evidencias textuales son en su mayoría bizantinas y, además, tardías, (2) el estilo y el lenguaje no es tan parecido al de Pedro para llegar a afirmar que sin duda alguna se trata del mismo autor, y (3) es muy difícil defender que estamos ante una alusión a Is. 52:5. Además, parece interrumpir el hilo del argumento que Pedro está desarrollando, por lo que es muy probable que, inspirado por 4:14, algún escriba añadiera esta glosa o comentario.

[12] Encontramos formas sinónimas de κακοποιός ("malhechor") en 2:12, 14 y 3:17, siempre con este significado general. Cf. W. Grundmann, "κακοποιέω", *TDNT*, III, 485-86. No estamos de acuerdo con K. H. Schelkle, *Die Petrusbriefe* (Freiburg, 1980),

El autor utiliza un término más, "entrometido", y, para enfatizarlo o para que le prestemos más atención, lo hace repitiendo el "como": "como homicida, o ladrón, o malhechor, o *como* entrometido". Puede que sea el término que más le interesa a Pedro. Se trata de una palabra muy poco usual; es la primera vez que la encontramos y quizá fuera Pedro el que la acuñó. *Allotriepiskopos* proviene de dos raíces diferentes, *allotrios*, "pertenecer a otro", y *episkopos*, "supervisor". Entre los diferentes significados que se han sugerido tenemos los siguientes: "el que tiene los ojos en las posesiones de los demás", "el vigilante infiel entendiendo 'vigilante' como aquel a quien se le encomienda el cuidado de unos bienes", "el que se entromete en los asuntos ajenos", y "el que es delator o soplón"[13]. Los escritores cristianos que más tarde usan este término (probablemente, retomándolo de Pedro) prefieren el tercero de los significados mencionados arriba, "el que interfiere en los asuntos de los demás"[14]. De hecho, analizando las raíces de las que deriva parece el significado más acertado. Así, es probable que a nuestro autor le preocupara que los cristianos, al rechazar la idolatría y la moralidad pagana o al ser tan celosos del Evangelio se entrometieran en situaciones en las que no deberían involucrarse, se ganaran la crítica de los paganos por transgredir los límites marcados por la misma sociedad. La persuasión amable es una cosa; la denuncia de la idolatría en el patio de un templo, otra bien diferente, porque por bien intencionada que estuviera esa acción, podía estar entrometiéndose en los asuntos de otra familia. Ningún cristiano debería ser culpable de cosas así, pues eso deshonra a Cristo.

16 Por otro lado, los creyentes no deberían avergonzarse de que les acusaran de ser cristianos. El término "cristiano" es una palabra que acuñaron los gentiles (Hch. 11:26), quizá con sentido peyorativo, para referirse a aquellos que seguían de forma comprometida a una persona llamada "Cristo", ya fuera porque lo confesaban públicamente, o porque sus estilos de vida les delataban (p. ej., si evitaban las conductas

---

p. 124, que basándose en la analogía de 1 Co. 5 y Ef. 4:28 Pedro cree que los lectores podían llegar a cometer esos crímenes. Aunque no podemos negar esa posibilidad, lo más razonable es ver los dos primeros términos como ejemplos típicos de crímenes de alto grado, y el tercero, como un término general.

[13] H. W. Beyer, "ἀλλοτρι(Ο)επίσκοπος", *TDNT*, II, 620-22.

[14] Epífanes, *Anacor.* 12.5 y *Haer.* 66.85.6, 315-403 dC; Tertuliano, *Scorp*, 12; Cipriano, *Test.* 3.37. Cf. J. N. D. Kelly, *The Epistles of Peter and of Jude* (Londres, 1969), p. 189.

que aparecen en 4:3)[15]. Según este versículo, parece ser que en aquella situación se podía procesar a alguien por ser cristiano. Aunque ser cristiano quizá no fue ilegal hasta los días de Plinio (110dC, en tiempos de Trajano), está claro que ya en los años 50dC se usaba este título para designar a los creyentes, y a partir del año 64dC se les empezó a perseguir por el hecho de ser cristianos (la persecución de Nerón). Es probable que este título se usara en los alborotos en contra de Pablo y sus compañeros (Hch. 16:19-40; 17:5-10; 19:24-40), que son parte de los sucesos que los Evangelios Sinópticos predicen (Mt. 10:17-22; Mr. 13:9-13; Lc. 12:11-12; 21:12-17), porque de alguna manera debían llamarles o insultarles, y qué otra palabra iban a usar (a pesar de que la base legal para poder atacarles fuera que habían "introducido una religión ilegal" o "que habían formado una asociación ilegal", lo cual estaba prohibido por la ley romana). No hay razón, pues, para pensar que este pasaje refleja un período posterior a la década de los 60 (por más que algunos defiendan que no puede estar refiriéndose a una época anterior al año 100dC)[16].

Nadie debería avergonzarse de una acusación así, avergonzarse de que la sociedad –la gente que conocían– les descubriera y viera cómo les arrastraban al tribunal de su pequeña ciudad. En vez de sentirse avergonzados, deberían mantener la cabeza alta, porque pueden "glorificar a Dios", o darle honra (cf. 4:11). ¿Cómo glorificarán a Dios? Simplemente llevando con dignidad y coherencia el título de "cristianos"[17]. La disposición a sufrir

[15] El término Χριστιανός proviene de una mentalidad gentil, ya que concibe el sustantivo "Cristo" no como un título, Mesías o el Ungido, sino como un nombre, el apellido de un tal Jesús, evolución que vemos en las epístolas paulinas. Resultaría muy extraño que un judío llamara a un grupo al que no pertenecía "seguidores del Mesías". Los otros textos de la literatura cristiana primitiva en los que aparece este término son: Hechos 26:28 (en el contexto de un juicio romano) ; Did. 12:4 (aceptado en una comunidad de Asia Menos alrededor el año 100dC. como término que definía a los creyentes); Ignacio, *Ef.* 11:2; *Rom.* 3:2; *Pol.* 7:3. También aparece en textos paganos: Tácito, *An.* 15:44; Suetonio, *Nerón* 16.2 (ambos refiriéndose a la persecución de Nerón del año 64dC); Plinio, *Epist.* 10.96.1-3; Luciano, *Alex.* 25.38.

[16] Contra F. W. Beare, *The First Epistle of Peter* (Oxford, 1958), p. 30-35, 192-93. Cf. E. G. Selwyn, "The Persecutions in I Peter", *Bulletin of the Society for the New Testament Studies* 1 (1950), 39-50; J. Knox, "Pliny and I Peter: A Note on I Pet 4, 14-16 y 3,15", *JBL* 72 (1953), 187-89.

[17] Hemos interpretado que ἐν tiene un sentido instrumental, y que "como tal" o "con ese nombre" hace referencia al antecedente más cercano, que es "cristiano", no "Cristo" (v. 14). Así, rechazamos el argumento de E. G. Selwyn, *The First Epistle of St. Peter* pp. 225-26, que dice que ἐν tiene un sentido de lugar, y el de J. N. D. Kelly, *The Epistles of Peter and of Jude*, pp. 190-91, que basándose en Mr. 9:41 y 10:41-42 aboga por el sentido idiomático "bajo el título de".

si es necesario, y el hecho de que su fidelidad a Cristo y su estilo de vida son los únicos cargos que la sociedad pueden usar en su contra (a diferencia de los ciudadanos que eran acusados de "homicidas" o "ladrones", o de delitos menos graves como por ejemplo, ser acusado de no pagar los impuestos) servirá para obtener honor y gloria, pero no para ellos ni para su causa, sino para Dios. Ciertamente, esa es razón suficiente para sufrir con gozo y con orgullo.

17 Sin embargo, aun cuando se sufre por una buena causa, el autor cree que hace falta dar una razón más para explicar el porqué de ese sufrimiento. Según él, la razón es bien sencilla: "es tiempo de que el juicio comience". El juicio de Dios ya se ha mencionado varias veces en esta epístola (1:17; 2:23; 4:5-6) y "*el* juicio" solo puede referirse al juicio final (Hch. 24:25; RO. 2:2-3; He. 6:2; 2 P. 2:3; Jud. 4; Ap. 17:1; 18:20), un juicio que el Antiguo Testamento anunciaba que comenzaría con el pueblo de Dios y en el propio templo de Dios. "Pasad por la ciudad ... herid ... Comenzaréis por mi santuario" (Ez. 9:5-6; Jer. 25:29; Mal. 3:1-6). Este tema se desarrolló en el judaísmo intertestamentario como un concepto del juicio purificador: "Por tanto, no escatimó a sus propios hijos ... Fueron castigados una vez para poder ser perdonados" (2 Bar. 13:9-10; cf. 13:1-12). "Porque el Señor juzga primero a Israel por sus pecados, y luego hará lo mismo con las demás naciones" (Test. Benjamín 100:8-9; cf. los Manuscritos del Mar Muerto 1QS 4:18-21; 1QH 8:30-31; 9:10; 11:8-10). La iglesia primitiva retomó este tema y hacía referencia a situaciones en las que Dios estaba juzgando y purificando a su Iglesia (p. ej., 1 Co. 11:31-32)[18]. Así, vemos que para nuestro autor, el juicio final empieza ahora con la Iglesia, la casa o el templo de Dios (cf. 2:5), un juicio que la va a purificar.

Pero esto no debería asustar a los cristianos, ni tampoco sorprenderles. Si Dios es así de duro con su iglesia, ¿cómo tratará a los que "no obedecieron el Evangelio de Dios? (Cf. Lc. 23:31; He. 10:28-31 donde aparece este tipo de argumento)[19]. Como los cristianos son los que han obedeci-

---

[18] Mientras que el "comienzo de dolores" Mr. 13:8-9 no se refiere a la purificación o juicio de la Iglesia, dada la relación entre el sufrimiento y la disciplina de la Iglesia (He. 12:7-11), probablemente sea incorrecto separar el concepto de los "dolores mesiánicos" del concepto de la purificación como hace L. Goppelt, *Der erste Petrusbrief* (Göttingen, 1978), pp. 311-312.

[19] Esta forma o argumento, si X es cierto, entonces Y también es cierto, ya era conocida por los judíos bajo el título *qal wāhômer* (ligero y pesado); es decir, lo que puede aplicarse en un caso menos importante, también puede aplicarse en un caso más importante. Cf. J. Bowker, *The Targums and Rabbinic Literature* (Cambridge, 1969),

do el Evangelio (1:2, 14, 2), los que han desobedecido son los que han oído el Evangelio y lo han rechazado (2:8; 3:1), es decir, los amigos, vecinos y cónyuges de los cristianos, que ahora los marginan y persiguen por desmarcarse de la norma que estipula la sociedad. Si Dios es duro con los cristianos, ¡cuánto más lo será con los que le han rechazado![20] Después de todo, los cristianos no se encuentran en una situación tan desesperada.

18 Nuestro autor respalda su argumento introduciendo una cita del Antiguo Testamento griego, Proverbios 11:31: "Si el justo se salva con dificultad, ¿dónde quedará el impío y el pecador?" (el texto hebreo dice: "Si el justo es recompensado en la tierra, ¡cuánto más el impío y el pecador!")[21]. El Antiguo Testamento se centra en una salvación que tendrá lugar en este mundo, salvación de la enfermedad, de los enemigos, o de peligros similares. En nuestro contexto, este texto veterotestamentario se interpreta desde los parámetros escatológicos del Nuevo Testamento (ya descritos en 4:17). El justo en el Antiguo Testamento era el que obedecía la ley de Dios; aquí, el justo es el que obedece el Evangelio. De forma similar, "el impío y el pecador" no son los que desobedecen las leyes mosaicas, sino los que se niegan a someterse a las exigencias del Evangelio. El juicio ya no es de este mundo, sino apocalíptico; es decir, estamos hablando del juicio final. Las pautas son las mismas que las del Antiguo Testamento, pero elevadas a un plano superior.

Obviamente, Pedro está de acuerdo con la enseñanza de los Evangelios de que incluso para los creyentes es difícil salvarse. Los últimos días, dice Jesús, han sido acortados por causa de los escogidos (quizá, para evitar que se desvíen, Mr. 13:19-20). Entonces, cuando le preguntaron si solo se salvarían unos pocos, respondió: "Esforzaos por entrar por la puerta estrecha, porque os digo que muchos tratarán de entrar y no podrán" (Lc. 13:23-24). De nuevo (como en 1:17) Pedro nos

p. 315, donde aparece una lista de ésta y otras reglas de interpretación rabínica. La lista más antigua se atribuye a Hillel, o a los primeros años del siglo I dC.

[20] En 2 Ts. 1:3-10 encontramos un tema similar, aunque en nuestro pasaje no aparece el concepto de que Dios va a juzgar a los perseguidores por las injusticias que han cometido en contra de los cristianos (en Pablo aparece de forma bien explícita).

[21] En cuanto a las razones por las que la Septuaginta añade μόλις al texto hebreo, ver J. Barr, "*b 'rṣ* -μόλις: Prov. 11:31, 1 Pet. 4:18", *JSS* 20 (1975), 149-64. No hay evidencias de que nuestro autor conociera el texto hebreo; por lo que usó la Septuaginta sin detenerse a considerar todos los detalles que el Profesor Barr menciona en su útil análisis.

advierte de que las pruebas de fe son pruebas serias (cf. 1:6; 4:12; 5:8-9; 2 Co. 13:5-7). El fuego de esas pruebas separará a los que verdaderamente se han comprometido con Cristo de los que tienen un compromiso superficial o parcial. Pedro está seguro de que a los primeros les espera una herencia eterna (1:4); no obstante, no se trata de una seguridad que lleva a la comodidad, ya que al mismo tiempo deben recordar "a quién deben temer" (Mt. 10:28, 32-33; cf. 1 Co. 9:27; 2 Co. 5:10-11; 1 Ti. 4:16).

Entonces, si esto es así con los creyentes, ¿qué va a ocurrir con los incrédulos? Pedro parece estar de acuerdo con Hebreos 10:31: "¡Horrenda cosa es caer en las manos del Dios vivo!". Este es el testimonio del Nuevo Testamento. Aquellos que no han querido someterse a las exigencias del Evangelio quedarán excluidos de la comunión con Dios y no podrán ser partícipes de la salvación futura (Mt. 7:21-23; 25:41, 46; Ap. 20:15). La seriedad de este tema debería ser suficiente para animar a los lectores de Asia Menor a perseverar en la fe incluso en tiempos de persecución, ya que Dios, en su tiempo, juzgará a los que les están haciendo sufrir (cf. 4:5).

19 ¿Cómo deberían vivir los cristianos a la luz de lo dicho anteriormente? Como conclusión de toda esta sección –4:12-19– ("por consiguiente"), nuestro autor dice simplemente: "los que sufren conforme a la voluntad de Dios, encomienden sus almas al fiel Creador, haciendo el bien". "Los que sufren conforme a la voluntad de Dios" se refiere claramente a los cristianos que están sufriendo por el hecho de ser cristianos, no por haber cometido un crimen. En toda la epístola vemos que ese sufrimiento es conforme a la voluntad de Dios (1:6; 2:15; 3:17; 5:6); por tanto, ese sufrimiento no significa que el mundo esté fuera del control de Dios, sino que Dios está cumpliendo su propósito en sus vidas. Estos creyentes tienen que confiar en Dios (es decir, "encomendarse"), y, ¿cómo deben hacerlo?: "haciendo el bien"[22]. El significado de "hacer el bien" ya se ha explicado varias veces en la epístola (2:14-15, 20; 3:6, 17); significa, simplemente, hacer aquello que la sociedad (y Dios) ve como "bueno", por ejemplo obedecer a los amos,

---

[22] Usamos un verbo reflexivo porque en griego aparece ψυχάς. Como en 1:9, 22; 2:11, 25; 3:20, este término no hace diferencia entre alma y cuerpo, sino que simplemente se refiere a la persona, quizá con algún matiz, ya que es cierto que los persecutores pueden dañarles el cuerpo, pero no el alma (cf. Mt. 10:28).

seguir las leyes, y someterse a los maridos, dentro de los límites prescritos por la obediencia a Cristo. Encomendarse a Dios es hacer el bien a pesar de las consecuencias.

La actitud interna que se desarrolla al actuar de tal forma es la confianza. La idea de "encomendarse" aparece de forma frecuente en el Nuevo Testamento (p. ej., Lc. 12:48; 1 Ti. 1:18; 2 Ti. 2:2), incluyendo la de encomendar gente a Dios (Hch. 14:23; 20:32). Significa "dejar a alguien algo de valor al cuidado de alguien"[23] En nuestro contexto, lo que el creyente le deja a Dios es su posesión más valiosa: su ser. Puede que esta imagen se haya sacado del Salmo 31:5 (30:5 en griego): "En tu mano encomiendo mi espíritu; tú me has redimido, oh Señor, Dios de verdad". Siguiendo a Cristo (que citó este salmo cuando le perseguían, Lc. 23:46), tienen que entregar su ser a Dios, ya que Él es "el fiel Creador". La idea de la fidelidad de Dios aparece no solo en el pasaje del Antiguo Testamento, sino que también aparece en varios lugares del Nuevo Testamento (Ro. 9:6; 11:29; 2 Co. 1:18; 2 Ti. 1:12; 2:13; He. 10:23). Obviamente, la gente solo le confiará algo a alguien que sea de fiar, que sea fiel; y más aún si se trata de su propio ser. Éste es el único lugar del Nuevo Testamento en el que aparece el término "Creador", aunque el concepto aparece de forma implícita (Jn. 1:3; Col. 1:15-16; He. 11:3; Stgo. 1:17-18)[24]. Sin embargo, parece ser que Jesús usó la imagen de Dios como Creador para que la gente creyera en Él: Mt. 6:25-33; 10:29-31. Como Dios da vida a las personas, también es perfectamente capaz de cuidar de las personas; Dios sabe lo que hace. Como Dios es fiel, sabemos que no ha cambiado y que no cambiará, por lo que podemos confiar en Él. Ese es el Dios en el que el creyente debe descansar, aunque esté sufriendo amenazas, o incluso físicamente. Y esta imagen es muy apropiada para resumir lo que el autor ha estado comentando sobre la persecución, antes de pasar a reforzar en la siguiente sección las defensas internas que la Iglesia tiene para luchar contra el sufrimiento.

---

[23] Cf. C. Maurer, "παρατίθημι", *TDNT*, VIII, 162-64.

[24] El término es más común en la literatura intertestamentaria, por ejemplo 2 R. 22:32 (LXX); Sir. 24:8; 2 Mac. 1:24-25; 7:23; 4 Mac. 5:25; 11:5. También aparece en los Padres apostólicos, por ejemplo 1 Clem. 19:2. Cf. W. Foerster, " ", *TDNT*, III, 1000-1035, sobre todo p. 1029.

B. La respuesta de la Iglesia ante el sufrimiento (5:1-5)

5:1 Por tanto, a los ancianos entre vosotros, exhorto yo, anciano como ellos y testigo de los padecimientos de Cristo, y también participante de la gloria que ha de ser revelada: 2 pastoread el rebaño de Dios entre vosotros, velando por él, no por obligación, sino voluntariamente, como [quiere] Dios; no por la avaricia del dinero, sino con sincero deseo; 3 tampoco como teniendo señorío sobre los que os han sido confiados, sino demostrando ser ejemplos del rebaño. 4 Y cuando aparezca el Príncipe de los pastores, recibiréis la corona inmarcesible de gloria. 5 Asimismo, [vosotros] los más jóvenes, estad sujetos a los mayores; y todos, revestíos de humildad en vuestro trato mutuo, porque Dios resiste a los soberbios, pero da gracia a los humildes.

1 Después de hablar de la conducta de los creyentes de Asia Menor en el contexto del conflicto con la cultura en la que viven, y de sufrimiento, nuestro autor se centra ahora en asuntos internos de la Iglesia. A primera vista, la partícula introductoria ("por tanto") aparece solo para suavizar la transición entre dos secciones inconexas, y no tanto para indicar que hay una conexión lógica. Así sería si en los versículos siguientes solo tuviéramos unos términos o situaciones específicas. Pero esta sección, intercalada entre 4:12-19 y 5:6-11 (secciones que tratan sobre el sufrimiento), no está ahí por casualidad. Al contrario, es una explicación necesaria que, en medio de la persecución, se precisa que en el seno de la Iglesia haya solidaridad. Cualquier presión sobre un grupo social puede hacer que éste se desintegre, y el liderazgo del grupo siempre es el blanco de todos los ataques, tanto de los de fuera, como de los de dentro. Este es el tema en el que se va a centrar nuestro autor[1].

---

[1] Hay más de una razón para que este material aparezca en esta parte de la epístola. J. H. Elliot, "Ministry and Church Order in the New Testament", *CBQ* 32 (1970), 371, dice que 1 Co. 16:15-16; 1 Ts. 5:12-15; He. 13:7, 17 revelan una tradición de colocar instrucciones para los líderes de la Iglesia al final de la carta, antes de la conclusión epistolar. Según él, Pedro en este caso lo añade antes del último resumen temático, aunque el hecho de que ya lo tiene en mente puede verse en los términos similares que aparecen en 2:13-3:7.

La exhortación está dirigida principalmente a los "ancianos entre vosotros"[2]. No se está refiriendo a la gente más mayor de la Iglesia, sino a los líderes de la comunidad; es decir, se trata de un cargo, no de una información sobre la edad de ese grupo de gente. El término "anciano" aparece muy pocas veces en el Nuevo Testamento (Hch. 11:30; 14:23; 15:2-6, 22-23; 16:4; 20:17; 21:18; 1 Ti. 5:17, 19; Ti. 1:5; Stgo. 5:14)[3] Véase que cuatro de las seis referencias que aparecen en Hechos se aplican a la iglesia de Jerusalén, ya que el trasfondo de esta expresión es judía. La frecuente mención en los Evangelios de los ancianos de los judíos (p. ej., Mt. 16:21; 21:23; Mr. 14:43, 53; Lc. 20:1; Hch. 4:5, 8; 25:15) muestra que la nación judía se estructuraba en grupos de ancianos (hebreo, usando un préstamo, *sanedrín*, o gr. *gerousia*, Hch. 5:21), ya fuera a nivel nacional (el Sanedrín de Jerusalén), a nivel municipal (el tribunal de cualquier ciudad o aldea) o en el seno de la sinagoga dentro o fuera de Palestina. Por ejemplo, en el Manual de Disciplina de la comunidad del Mar Muerto dice: "Cada hombre se sentará en su lugar: primero los sacerdotes, luego los ancianos, y todos los demás según su rango" (1QS 6:8, una estructura bastante similar a Hch. 15). Así, vemos que para la iglesia primitiva, que al principio no era más que una sinagoga "mesiánica" alternativa e, incluso en zonas gentiles, era un grupo de judíos el que la iniciaba, era natural mantener esta estructura (que tampoco era demasiado extraña para el mundo grecorromano)[4].

[2] Como en el texto griego no aparece el artículo definido, podríamos traducir como hace J. R. Michaels, *1 Peter* (Waco, TX, 1988), p. 279, "cualquier anciano entre vosotros". Pero aunque esta traducción es posible, no es algo muy seguro llegar a la conclusión de que algunas iglesias estaban dirigidas por ancianos (como en He. 13:17) y otras no, ya que en 5:5 aparece una construcción idéntica para referirse a los "más jóvenes", y lo más seguro es que eso no signifique que algunas iglesias no tenían jóvenes. Creo que Pedro, al usar esta construcción genérica, lo que está haciendo es dividir la congregación en dos grupos: (1) los ancianos y (2) los que no son ancianos.

[3] Pablo se refiere a los líderes usando otros términos (normalmente en relación con los dones, y no con un cargo), como por ejemplo "administradores" (1 Co. 12:28), "los que os dirigen" (Ro. 12:8 y 1 Ts. 5:12, si esa es la traducción correcta; otros traducen "los que os ayudan" o "los que os cuidan"), "supervisores" (Fil. 1:1; cf. 1 Ti. 3:1s.; Tit. 1:7); no obstante, dado el trasfondo judío de Pablo y dado que sus epístolas asumen la estructura de la Iglesia (en vez de enseñarla), sería demasiado arriesgado intentar distinguir entre una estructura carismática en los textos paulinos y una estructura oficial en Jerusalén, que luego se fusionaron en las Pastorales, como dice L. Goppelt, *Der erste Petrusbrief* (Göttingen, 1978), p. 321.

[4] L. Coenen, "Bishop", *DNTT*, I, 192-201; G. Bornkamm, "πρέσβυς", *TDNT*, VI, 651-83; E. Schweizer, *Church Order in the New Testament* (Londres, 1961), especialmente la sección 9, "The Church in 1 Peter"; L. Goppelt, *Apostolic and Post-Apostolic Times* (Londres, 1970), p. 185-86.

Nuestro autor se identifica a sí mismo como "anciano como ellos y testigo de los padecimientos de Cristo". El término que traducimos por "anciano como ellos" no vuelve a aparecer en todo el NT[5], pero es parecido a varios términos compuestos que Pablo usaba para designar a hombres y mujeres que trabajaban con él en su misión: "colaborador" (Ro. 16:3, 9, 21; Fil. 2:25; 4:3; Col. 4:11; 1 Ts. 3:2; Flm. 1, 24), "compañero de milicia" (Fil. 2:25; Flm. 2), "consiervo" (Col. 1:7; 4:7; cf. Ap. 6:11; 19:10; 22:9), y, con un significado algo distinto, "compañero de prisión o prisiones" (Ro. 16:7; Col. 4:10; Flm. 23). Por tanto, está claro que estamos ante un término inclusivo que, más que enfatizar la autoridad de Pedro, transmite su empatía hacia los ancianos y sus tareas, ya sea porque como Pablo tiene sobre él "la preocupación por todas las iglesias" con las que ha trabajado (1 Co. 11:28), o porque al escribir las iglesias con las que no ha tenido contacto cree que el acercamiento empático es el más apropiado[6] El vocabulario que usa también concuerda con la tendencia que había entre los líderes de la iglesia primitiva de evitar el uso de grandes títulos, como los que luego se les aplicaron en el siglo II (cf. Stgo. 1:1; Jud. 1, y Pablo en los contextos en los que no le hacía falta defender su autoridad).

El término "testigo de los padecimientos de Cristo" es algo más complejo de analizar. A primera vista se podría pensar que como Pedro era uno de los doce, quiere decir que estuvo con Cristo cuando sufrió, por lo que es testigo ocular de sus padecimientos (en pasiva, sentido jurídico; Mt. 18:16; 26:63; Mr. 14:63; Hch. 7:58; 2 Co. 13:1; 1 Ti. 5:19). Otro sentido de "testigo" es aquel que proclama lo que ha visto, que podría ser el sentido de Lucas 24:48 y Hechos 1:8; ese es el sentido de Hechos 1:22. En este caso el testigo garantiza que lo que proclama es verdad, que ha tenido lugar de verdad. La cuestión es si Pedro fue testigo de los padecimientos de Cristo en este sentido, ya que parece ser que no estuvo presente durante el clímax de los padecimientos, es decir, la muerte en la cruz[7]. Pero el

---

[5] Συμπρεσβύτερος no se ha encontrado aún en ninguna pieza literaria antigua, así que podría haber sido acuñado por Pedro.

[6] Aquí Pedro es como Ignacio, quien, aún siendo obispo, habla de sí mismo de forma muy humilde llamándose "consiervo" de los diáconos, en vez de identificarse con el obispo o los ancianos de las iglesias a las que escribe (*Ef.* 2:1; *Magn.* 2:1; *Fild. Esmirn.* 12:2); del mismo modo en Ap. 19:10; 22:9 el ángel se refiere a sí mismo como un "consiervo". Cierto es que Pedro no tenía que probar su autoridad como le ocurría a Pablo; además, ya la ha dejado clara en 1:1.

[7] Por tanto, no estamos de acuerdo con E. G. Selwyn, *The First Epistle of Peter* (Londres, 1947), p. 228. En Marcos 14:27, 50 vemos que Pedro abandonó a Cristo en el episodio de la cruz.

término "testigo" también incluía a aquellos que proclamaban el evangelio verdadero y su experiencia del Cristo resucitado según ese evangelio (Hch. 22:20; AP. 1:5; 2:13; 3:14; 11:3; 17:6; probablemente también Hch. 22:15; He. 12:1) y, al menos en Apocalipsis, aparece la idea del sufrimiento como resultado de esa proclamación. Parece ser que nuestro autor tiene en mente este último sentido, ya que el hecho de que incluya un término con el que los lectores pudieran identificarse concuerda con la identificación de Pedro con los "ancianos entre vosotros"[8], y esta interpretación del término también concuerda con la frase que aparece a continuación[9]. Por tanto, Pedro quiere decir que no está hablando solo de los padecimientos de Cristo, sino que como consecuencia de ser testigo también se identifica con ellos (cf. 4:13).

Esto lleva de forma natural a la frase final, "participante de la gloria que ha de ser revelada", ya que en 4:13 se ha dicho que la identificación con Cristo en sus padecimientos hará que nos gocemos en la revelación de su gloria (Ro. 8:17; 2 Ti. 2:12); o, como dijo Jesús, los que confiesan a Cristo, luego Él les confesará como suyos (Mt. 10:32-33). Pedro ya ha apuntado anteriormente la idea de que la gloria de Cristo "está a punto de revelarse"[10]. Véase que lo importante en este versículo es que lo espera de forma tan viva que ya se considera un "participante" de esa gloria. Como sabe que ahora está siendo fiel, ya puede anticipar que podrá ser "participante" de lo que está por venir (cf. el gozo anticipado de 1:6; 4:12). Esta idea debería animar a los "ancianos como él" a continuar en la misma línea de testimonio y participación.

2 La exhortación de Pedro a los ancianos es bien sencilla: "pastoread el rebaño de Dios". La imagen de pastorear al pueblo de Dios (o la de que el pueblo es el rebaño de Dios) ya aparece en el Antiguo Testamento (Sal. 23; Is. 40:11; Jer. 23:1-4; Ez. 34:1-31; cf. Sal. Salomón 17:45) y es muy habitual en el Nuevo Testamento (Mt. 18:10-14; 26:31;

---

[8] Así J. R. Michaels, *1 Peter*, p. 280, está en lo cierto al escribir " ... es virtualmente equivalente al no tan común σύμμαρτυς, "cotestigos".

[9] Cf. H. Strathmann, "μάρτυς", *TDNT*, IV, 474-514, sobre todo, 494-95; L. Coenen y A. A. Trites, "Witness", *DNTT*, III, 1038-51.

[10] En cuanto a la forma de esta construcción gramatical ver BDF #474 (5a); cf. Ro. 3:25; 8:18; Stgo. 1:5 donde aparecen construcciones similares. Esta fraseología difiere de la que encontramos en Ro. 8:18, porque la de Pedro es menos refinada, lo cual es una evidencia más de que el autor de 1ª Pedro no conocía la carta de Romanos, y de que Pedro escribió antes de que la carta a los romanos se hiciera muy conocida en medio de la iglesia romana.

Lc. 12:32; Jn. 10:1-18; 21:15-17; He. 13:20), pero el mandamiento a los ancianos de que deben pastorear solo aparece aquí y en Hechos 20:28-29. En ambos casos la pastoría está estrechamente relacionada con la idea de "velar", por lo que vemos que pastorear incluye la tarea de "supervisar"[11]. Esta idea también la encontramos en otros documentos judíos. Por ejemplo, en Qumrán aparece: "Esta es la regla para el Supervisor [*mᵉbaqqēr* = *episkopos*] del campamento ... Amará [a la congregación] como un padre ama a sus hijos, y les guiará a través de los problemas como un pastor guía a sus ovejas" (CD 13:7-9)[12]

Tito 1 se dice que los ancianos deben ser supervisores. En cuanto a este tema, Pedro apunta a dos cuestiones importantes: (1) usa el aoristo ingresivo para indicar que esto debe hacerse con un vigor renovado, y no como una pesada rutina, y (2) aclara que se trata de "el rebaño de Dios" para apuntar a que los supervisores no tienen ningún derecho de propiedad sobre él. Estas dos cuestiones anticipan afirmaciones que se van a hacer más adelante sobre el servicio activo de los ancianos y sobre quién es el verdadero dueño del rebaño.

Después de lanzar el mandamiento básico, nuestro autor lo amplía usando tres veces la misma estructura de contraste ("no ..., sino..."). En primer lugar, tienen que cuidar del rebaño "no por obligación, sino voluntariamente, de forma que agrade a Dios"[13]. Es cierto que los ancianos no se ofrecían de forma voluntaria o se proponían ellos

---

[11] "Velando por él" (ἐπισκοποῦντες) no aparece en todos los manuscritos: , B, 33, y el sahídico. Sin embargo, sí aparece en p⁷², A, el texto bizantino y el antiguo texto latino. Tal vez algunos copistas lo añadieran, sacando la idea de 2:25 y de pasajes como Hechos 20:28, donde aparece con el verbo "pastorear", o bien desapareció posteriormente cuando pasó a significar "ejercer el oficio de obispo", porque ese no era un mandamiento adecuado para los ancianos. Aunque las evidencias textuales están equilibradas, el hecho de que la tendencia del autor es que aparezcan esas dos palabras juntas (en 2:25, un pasaje lo suficientemente lejano como para que el copista no apreciara la relación) hace que la segunda explicación sea más probable. Además, como observa J. R. Michaels, *1 Peter*, p. 283, Pedro suele colocar el imperativo antes del participio (p. ej., 2:13 seguido de 2:18s.; 4:7 seguido de 4:8s.), así que vemos que concuerda con el estilo de nuestro autor.

[12] El primero en descubrir esta semejanza en Qumrán fue W. Nauck, "Probleme des frühchristlichen Amstsverständisses (1 Ptr 5,2f.)", *ZNW* 48 (1957), 200-220, aunque exagera sus argumentos, convirtiendo una demostración sobre una característica en común en un argumento para defender que el Nuevo Testamento se basó en los documentos de Qumrán.

[13] Éste es el único lugar del Nuevo Testamento en el que aparece término griego muy poco común, mientras que ἑκουσίως aparece en He. 10:26, aunque con un significado diferente. No obstante, en el resto del Evangelio encontramos términos bastante parecidos; por ejemplo, Flm. 14: κατὰ ἀάγκην y

mismos, sino que los elegían los demás (p. ej., Hch. 14:23; Tit. 1:5); sin embargo, no debían ver su labor como algo impuesto o algo que tenían que hacer por obligación[14]. Aún en el caso de que hubieran deseado esa labor (vemos que en 1 Ti. 3:1 se anima a desear ese tipo de responsabilidad), el estrés de pastorear (que muchas veces supone trabajar aparte muchas horas para mantenerse económicamente) y el peligro añadido que podía acechar al anciano y su familia (si no, ¿quiénes iban a ser los primeros objetivos de los perseguidores?) podrían ejercer una presión suficientemente fuerte para que nadie quisiera responsabilizarse de este ministerio. Como el autor de Hebreos (He. 13:17), nuestro autor quiere que los ancianos hagan su trabajo "con alegría y no quejándose" o, como dice, "voluntariamente". En el mundo judío el voluntario era una persona que se ponía a disposición de Dios, ya fuera para ir al ejército (Jue. 5:2, 9; 1 Mac. 2:42) o como sacrificio (Sal. 54:6 [53:8 LXX]). Los escritores de los Manuscritos del Mar Muerto se llamaban a sí mismos "voluntarios" (1QS 1:7, 11; 5:1-10, 21-22). Y Pablo le dice a Filemón: "no quise hacer nada sin tu consentimiento, para que tu bondad no fuera como por obligación, sino por tu propia voluntad" (Flm. 14). También en el norte de Asia Menor los ancianos deben actuar de forma voluntaria, porque eso es lo que quiere decir la expresión "como quiere Dios". Después de todo, la obra que Dios ha hecho por la Humanidad no la ha hecho por obligación, sino de forma voluntaria, como un regalo.

En segundo lugar, tienen que hacer su trabajo "no por la avaricia del dinero, sino con sincero deseo"[15]. Normalmente los ancianos tenían su recompensa por los servicios según la enseñanza de Jesús (Mt. 10:10), y como vemos en la correspondencia paulina (1 Co. 9:3-14; 1 Ti. 5:17-18: "Los ancianos que gobiernan bien son dignos de todo su salario"). También

---

[14] En muchas culturas e incluso en algunas iglesias de Occidente sería impensable negarse a servir en la comunidad si uno es elegido para dirigir, incluso si ejercer ese liderazgo supusiera pagar un coste personal muy elevado.

[15] Preferimos traducir αἰσχροκερδῶς por algo como "por beneficio propio" porque sí tiene un tono negativo en este contexto, pero no implica necesariamente algo como un desfalco o robo. Este término griego significa sacar beneficio de forma ilegítima (así aparece en Aristóteles, *Ética a Nicómaco*, 4.1.43), pero el uso que Jesús hace del término "mamón" en Mt. 6:19-24, que le da al dinero el mismo rol que a los ídolos del AT, convertía incluso una paga merecida en algo ganado de forma ilegítima si la razón por la cual se realizaba el ministerio era recibir esa ganancia (cf. Mt. 10:8-9, donde se prohíbe a los discípulos que cobren por su servicio, y que reciban la hospitalidad que se les ofrece gratuitamente). Obviamente, esto no exime a la Iglesia de la responsabilidad de mantener a los ancianos y también a otros trabajadores.

estaban al cargo de las ofrendas de la Iglesia (Hch. 5:1-5; 2 Co. 8:20) y, obviamente, ejercían una influencia considerable sobre otros miembros de la misma. Por tanto, del mismo modo en que la Biblia animaba a que se apoyara y animara a los ancianos y a otros siervos, también advertía a aquellos que tendían a convertir su ministerio en un negocio, arrastrados por su naturaleza humana o quizá influidos por algunos maestros y filósofos griegos que sacaban provecho de la enseñanza que impartían (p. ej., 2 Co. 11:7-21; 1 Ti. 6:5-6; Tit. 1:11)[16]. En cambio, deberían servir "con sincero deseo". Este término habla de celo, de energía, de entusiasmo por el trabajo encomendado (cf. términos parecidos en Mt. 26:41; Mr. 14:38; Hch. 17:11; RO. 1:15; 2 Co. 8:11-12, 19; 9:2)[17], y ese entusiasmo es lo opuesto al espíritu calculador de aquellos que "hacen" teniendo en mente la recompensa económica.

3 En último lugar, deben servir "no teniendo señorío, ... sino siendo ejemplo". Jesús ya había dicho que aunque el modelo del mundo era que los líderes dominaban a los que dirigían[18], y que lo que esperaban era la obediencia y los beneficios del liderazgo, ese no era el modelo que debían seguir sus discípulos (Mr. 10:42). Sus discípulos tenían que ser siervos, no jefes; ministros, no ejecutivos.

Lo que no tienen que dominar es la "porción" que les ha sido encomendada. Este término aparece en Mr. 15:24 (y paralelos) y Hechos 1:26, y significa algo así como la "participación", "porción" o "parte" que le toca a uno, independientemente de que le toque "echándolo a suertes" o no (cf. Hch. 1:17, 25, donde sí se relaciona con la idea de "echar a suertes"; Hch 8:21;26:18; Col. 1:12, donde no se relaciona)[19]. Aquí, esta palabra se refiere al rebaño, por lo que habla

---

[16] Aunque lo que se tendría que haber hecho es no darle a esa gente el cargo de anciano (1 Ti. 3:3, 8; Tit. 1:3; Did. 15:1), era bueno que se recogieran estas normas porque ese tipo de gente solía buscar esos cargos. Policarpo, *Fil.* 11 (cf. 5:2) habla del caso de un anciano llamado Valens que cayó presa de la avaricia.

[17] K. H. Rengstorf, "προθύμος", *TDNT*, VI, 694-700; no está claro que este término sea exactamente el antónimo de "avaricia", pero concuerda con la idea de trabajar de forma voluntaria.

[18] Hay tres versiones de las palabras de Jesús: Mt. 20:20-28; Mr. 10:35-45; Lc. 22:24-27. Tanto Mateo como Marcos usan el mismo término que Pedro, (traducido por "enseñorearse"), pero tanto Lucas como Juan usan   , lo que demuestra que aunque es muy probable que Pedro tuviera en mente estas palabras de Jesús, no conoce ninguno de los evangelios escritos. Cf. J. H. Elliott, "Ministry and Church Order", p. 374-75.

[19] Κλῆρος en BAGD, p. 436. J. Eichler, "Inheritance", *DNTT*, II, 295-304.

de la porción del pueblo de Dios que un anciano tiene que supervisar (como en 5:2), probablemente el grupo que se reunía en su casa, ya que las iglesias de las ciudades en aquel entonces normalmente estaban formadas por grupos que se reunían en diferentes casas[20].

Así, en vez de dominar a, o enseñorearse de, la iglesia o grupo de gente que le ha sido confiado, tiene que dirigirlo "siendo ejemplo para el rebaño". Este modelo de liderazgo es muy común en el Nuevo Testamento. Jesús, con frecuencia, se presentaba como ejemplo (Mt. 10:24-25; Mr. 10:42-45; Lc. 6:40; Jn. 13:16; 15:20). Pablo también escribió: "Observad a los que andan según el ejemplo que tenéis en nosotros" (Fil. 3:17), "nos ofrecimos como modelo a vosotros, a fin de que sigáis nuestro ejemplo" (2 Ts. 3:9), y "Sed imitadores de mí, como también yo lo soy de Cristo" (1 Co. 11:1; cf. Hch. 20:35). También se esperaba que otros líderes fueran ejemplo (1 Ts. 1:6-7; 1 Ti. 4:12; Tit. 2:7; Stgo. 3:1-2)[21]. De hecho, si pensamos en el patrón del mundo antiguo y especialmente del judaísmo, podríamos concluir que en el Nuevo Testamento enseñar y dirigir era una cuestión de seguir un ejemplo marcado, y no tanto obedecer un mandamiento o aplicar una enseñanza. Ser ejemplo encaja muy bien con el concepto de "rebaño", ya que el pastor de la Antigüedad caminaba al frente de sus ovejas y las llamaba para que le siguieran.

4 Lo dicho anteriormente no significa que el ministerio no tenga recompensa. Nuestro autor dice que hay recompensa, pero que no se hará realidad hasta la parusía, hasta el retorno de Cristo. Pedro ya ha

---

[20] Cf. por ejemplo, D. Birkey, *The House Church* (Scottdale, PA, 1988), p. 40-62. J. R. Michaels, *1 Peter*, p. 286; quizá está pensando en la misma idea cuando relaciona "porción" con las "congregaciones locales". Estamos de acuerdo con E. G. Selwyn, *The First Epistle of St. Peter*, p. 231 (que cree que hay una posible alusión a Dt. 9:29), y L. Goppelt, *Der erste Petrusbrief*, p. 327-28; y no estamos de acuerdo con W. Nauck, "Probleme des frühchristlichen Amstsverständisses (1 Ptr 5,2f.)", 200-220, y J. N. D. Kelly, *The Epistles of Peter and of Jude* (Londres, 1969), p. 202-203; dice basándose en Hipólito, *AT* 3.5; 9.7 y en Qumrán (1QS 5:20-24; 6:22; 9:7; 6QD 13:12), argumentan que esto quizá servía para "impedir que los líderes de las iglesias tomaran un actitud despótica a la hora de nombrar cargos y distribuir funciones [= "porción"]". Tampoco estamos de acuerdo con la idea de que se refiere a "fondos comunitarios" o "lugares en la comunidad escatológica". El término griego que equivale a porción,   , se convirtió más adelante en la raíz del término "clero".

[21] El término griego en 1ª Pedro y en la mayoría de pasajes citados es   . Ver L. Goppelt, "τύπος", *TDNT*, VIII, 246-59. Ὑπογραμμόν se usa en 2:21 para hablar del ejemplo de Cristo, pero transmite una idea similar a τύπος, que es el término que aparece en este versículo.

hecho referencia al retorno de Cristo (1:20, hablando de la Encarnación; pero en 1:7 se usa un término similar para hablar de la segunda venida, como también en Col. 3:4; 1 Jn. 2:28; 3:2)[22]. La imagen de Cristo como el Príncipe de los pastores es muy apropiada en este contexto, porque como la expresión "rebaño de Dios" de 5:2, recuerda a los ancianos que el rebaño no les pertenece y que son pastores "empleados", a quienes se les ha confiado el rebaño de Otro (cf. Jn. 10:11, 14, las ovejas son del "buen pastor"; Jn 21:15-17, "Apacienta *mis* corderos..."). El término en sí[23] ya denotaba una ocupación reconocida (p. ej., Test. Judá 8:1: "Tenía a Hiram y Adulamita como cabeza de los pastores"), y esa imagen también aparece en el NT (He. 13:20: "el gran Pastor de las ovejas").

Cuando el Príncipe de los pastores aparezca, pagará a los pastores que han estado haciendo el trabajo que les encargó. El verbo "recibir" se usa mucho para referirse a "recibir una paga o un salario". En nuestro contexto, como ocurre frecuentemente en el Nuevo Testamento, la paga resulta ser la recompensa escatológica (Ef. 6:8; Col. 3:25; He. 10:36; 11:13, 39), que contrasta con la ganancia temporal que los ancianos no deben codiciar. No obstante, esta recompensa no es oro ni plata, sino que es una corona[24]. Esta imagen también es muy conocida en el Nuevo Testamento (1 Co. 9:25, "una corona incorruptible"; 2 ti. 4:8; Stgo. 1:12; Ap. 2:10; 3:11; 4:4). Tampoco se trata de una corona de laurel, de hiedra, o de olivo, como las coronas que servían para recompensar a los ciudadanos de la antigua Grecia. Estas coronas se marchitaban, y el honor que un día se les había rendido a los galardonados pasaba al olvido. Pero la corona que Jesús da no se marchitará jamás (cf. el término semejante en 1:4), y es una corona de "gloria" u honor. Esta imagen aparece en el Antiguo Testamento (Is. 28:5; Jer. 13:18; cf. Sir. 47:6; 1QS 4:6-8; 1QH 9:25; Test. Benjamín 4:1, "Sed imitadores de [el buen hombre] ... para que podáis llevar coronas de gloria"). Aquí, la misma imagen se usa para referirse al honor eterno o reputación que Cristo dará a los ancianos que sirven bien cuando venga por segunda vez. Puede que ahora la gente les desprecie (de hecho, sufrían el rechazo

---

[22] En 1:7 aparece ἀποκάλυψις, mientras que en 1:20 y en este versículo encontramos φανερωθέντος.

[23] "Príncipe de los pastores" o "Pastor Supremo" es la traducción del término griego ἀρχιποίμην. Aparece en la literatura bíblica griega en la traducción de 2° Reyes 3:4 de Símaco.

[24] W. Grundmann, "στέφανος", *TDNT*, VII, 629-31.

de sus propios vecinos), pero en el cielo recibirán honor. Trabajar y sufrir por una recompensa así es algo que merece la pena.

5 Después de dirigirse a los ancianos, es normal que nuestro autor se dirija a los que no lo son y les exhorte a realizar las tareas que les corresponden. Sin embargo, esta exhortación no es tan clara como parece a simple vista. Empieza diciendo "asimismo", pero el uso de este término no tiene demasiado sentido, ya que no les va a decir a los "jóvenes" que sean como sus ancianos, sino que se sujeten a ellos. No obstante, en otros pasajes donde se habla de la sujeción, también aparece este término (3:1, 7), así que tampoco está tan fuera de lugar, y podemos verlo como una coherencia de estilo, con respecto a las expresiones ya utilizadas anteriormente[25].

El segundo término que encontramos también es bastante complejo: "vosotros los más jóvenes"[26]. Es cierto que el término que se ha usado para "ancianos" también significa "gente mayor", pero en el contexto anterior está claro que se refiere a los líderes de la iglesia, aunque es muy probable que entre ellos hubiera bastante "gente mayor". Entonces, ¿qué quiere decir "vosotros los más jóvenes" con relación al otro término? Se han sugerido varias respuestas: (1) nuestro autor ha cambiado su significado por *presbíteros* y ahora sí que lo usa como "gente mayor", un cambio similar al que vemos en 1ª Timoteo 5:1, 17[27] (2) "los más jóvenes" no se refiere a cualquier miembro de la iglesia,

---

[25] J. N. D. Kelly, *The Epistles of Peter and of Jude*, p. 204-205, argumenta que este versículo era parte de la sección de los caps. 2-3, y que Pedro la ha insertado aquí. Sin embargo, sin la instrucción correspondiente a la gente mayor (es decir, del mismo modo que encontramos instrucciones para los padres y los hijos, los maridos y las esposas, y los siervos y los amos, sería lógico encontrar instrucciones para los jóvenes y los mayores; no obstante, los ancianos mencionados en el pasaje anterior son, según su hipótesis, líderes de la iglesia, y no gente mayor *per se*) y sin que haya secciones similares en otros pasajes sobre los deberes en el hogar (p. ej., Ef. 5-6), esta conclusión no tiene fundamento. Se basa en M. É. Boismard, "Une liturgie baptismale dans la Prima Petri", *RB* 64 (1957), 161-83, 177-80, y *Quatres hymnes baptismales dans la première épître de Pierre* (Lectio Divina 30) (París, 1961), p. 133-63. Esta posición recibe la crítica, a mi parecer muy acertada, de J. H. Elliott, "Ministry and Church Order", pp. 388-90, quien concluye que el material es catequético, pero que 5:1-5 pertenece a la misma tradición. Además, no hay una forma convincente de reeditarlo en una catequesis fluida, ya que uno debe ubicarlo en el contexto de una tradición oral general.

[26] Es decir, νεώτεροι. Cf. C. Spicq, "La place ou le rôle des jeunes dans certaines communautés néotestamentaires", *RB* 76 (1969), 508-27.

[27] J. N. D. Kelly, *The Epistles of Peter and of Jude*, p. 204-205.

sino a un clero por debajo de los ancianos, por ejemplo diáconos, que también tienen que servir como los ancianos (de ahí el "asimismo"), pero también estar sujetos a ellos; (3) "los más jóvenes" son un grupo concreto de la iglesia que tenía que sujetarse a los líderes[28]; o (4) "los más jóvenes" se refiere a todos los miembros de la iglesia que no son ancianos, por lo que la exhortación es un llamamiento a que el resto de la iglesia se sujete a los ancianos[29].

Hay pocas evidencias de que la expresión "los más jóvenes" se usara para referirse a los diáconos o a cualquier responsable de la iglesia por debajo de los líderes oficiales. Los que defienden que así era se aferran a textos como Éxodo 24:5 o Ezequiel 39:14, y también interpretan así Hechos 5:6[30]. Por otro lado, sí que hay evidencias de que "los más jóvenes" era un grupo de la iglesia primitiva (p. ej., Tit. 2:6-8; 1 Ti. 5:1-2)[31], y podría ser que la iglesia estuviera dividida en dos o tres grupos según la edad (Hch. 2:17; 5:6, 10; 1 Jn. 2:12-14), como ocurría en el Antiguo Testamento (2 Cr. 15:13; Sal. 148:2) y en el judaísmo (p. ej., Filón, *Quod Omnis Probus* 81, describiendo a los esenios, aunque algunos esquemas más complejos que encontramos en los documentos de Qumrán indicarían que lo que Filón recoge es una simplificación). Sin embargo, el contexto de esta sección es diferente al de los pasajes citados anteriormente que dividen a la iglesia (o a Israel) en "mayores" y "jóvenes", ya que aquí se habla de los ancianos, no de los mayores (1 Ti. 5 es diferente ya que hay una sección que separa 1 Ti. 5:1-2 de 5:17), y varios de los pasajes citados (sobre todo Hechos 5) no establecen un contraste entre los mayores y los jóvenes (y por si el debate era demasiado sencillo, en 1ª Juan 2 nos encontramos un término más,

---

[28] C. Spicq, "La place ou le rôle", pp. 508-27, los ve como un grupo organizado, mientras que K. H: Schelkle, *Die Petrusbriefe* (Freiburg, 1980), p. 130, solo apunta al hecho de que los jóvenes normalmente encuentran difícil someterse a los líderes, citando a Policarpo, *Fil.* 5:3. Cf. F. W. Beare, *The First Epistle of Peter* (Oxford, 1970), p. 201-202.

[29] L. Goppelt, *Der erste Petrusbrief*, p. 330-31.

[30] Como G. Stählin, *Die Apostelgeschichte* (NTD 5) (Göttingen, 1962), p. 84.

[31] J. H. Elliott, "Ministry and Church Order", p. 377-78. Este autor nos dice, sin embargo, que 1 Ti. 5 se dirige a los ancianos en 5:17, que Tit. 2:6 usa lugar del término más normal νέους, y que Tit. 2:7 anima a Tito a ser un ejemplo (del mismo modo que Pedro anima a los ancianos. No obstante, ya hemos observado que la pareja "los más ancianos"-"los más jóvenes" puede equipararse a las otras parejas semánticas que Pedro usa en 2:13-3:7, así que no nos sorprende que una expresión aparezca cerca de la otra. Lo que queda claro es que en ninguno de estos pasajes encontramos evidencias de que existiera un grupo de líderes inferior al grupo de líderes principal al que se le llamara "los más jóvenes".

"hijitos"). Por tanto, parece ser que lo mejor es ver "los más jóvenes" de este texto como la gente joven de la Iglesia (si tenemos en cuenta el pensamiento judío, nos estaríamos refiriendo a cualquier persona menor de treinta años, y quizá de algo más de treinta)[32]. A veces esos jóvenes eran ayudantes de los líderes (aunque no necesariamente), con disposición a aprender y trabajar con los que dirigían la Iglesia (quizá lo que se ve en Hechos 5), pero ese compromiso y esas ganas de trabajar podían hacer que fueran impacientes con los líderes, quienes quizá por sabiduría pastoral o por el conservadurismo que se suele adquirir con la edad, no están dispuestos a avanzar de forma tan rápida y tan radical como a los jóvenes les gustaría. Tenía sentido exhortar a los jóvenes a que se sujetaran a sus ancianos. De hecho, sobre todo en tiempo de persecución, tomar posiciones radicales sin detenerse a considerar las consecuencias podía poner a la Iglesia en peligro[33].

Nuestro autor continúa, dirigiéndose ahora a toda la Iglesia: "y todos vosotros, revestíos de humildad en vuestro trato mutuo"[34]. El concepto de revestirse de una virtud es bastante común en el Nuevo Testamento (p. ej. Ro. 13:12; Ef. 6:11, 14; Col. 3:12; 1 Ts. 5:8; los últimos pasajes incluyen la imagen de la armadura espiritual). Este término solo aparece una vez en todo el Nuevo Testamento. Su raíz hace referencia a un

---

[32] Por ejemplo, m. Abot 5:21, que se cree que es de finales del siglo II, "... a los 18 [uno ya puede] casarse, a los 20 ya puede responder [a un llamamiento], a los 30 puede ejercer autoridad, a los 40 tiene discernimiento, a los 50, puede aconsejar, a los 60 puede ser anciano, a los 70 ya tiene canas...". J. H. Elliott, "Ministry and Church Order", p. 379-86 (y *Un hogar para los que no tienen patria ni hogar*, Verbo Divino, Navarra, 1995. Págs. 218-221), lleva esto mucho más lejos y defiende, en parte basándose en los paralelos que ha encontrado en los manuscritos del Mar Muerto, que el término se refiere a los "recién bautizados" o a los "jóvenes en la fe". Aunque esta interpretación es posible, a diferencia de la comunidad de Qumrán, las primeras comunidades cristianas no contaban con jóvenes que creían dentro de la comunidad, sino que como la Iglesia se estaba extendiendo rápidamente, estaban formadas por adultos que hacía relativamente poco tiempo que se habían convertido (este período coincide, claro está, con el del Nuevo Testamento). Así, a menos que la Iglesia tuviera la influencia de Qumrán, no tenía la costumbre de pasar de llamar a alguien "joven" para llamarle "recién bautizado" ("novicio" o "neófito") como hacían los qumramitas. Aunque este cambio de término es posible, como la metáfora de 1 Jn. 2, Elliott no ha logrado probar que su teoría sea cierta.

[33] Tanto la tradición de m. Abot 5 citada anteriormente y la de Sanh. 36b muestran la tendencia judía a promover el matrimonio entre los jóvenes (cuanto más jóvenes mejor), en parte para que los radicales sentaran la cabeza y, así, evitar una revolución.

[34] Lo más lógico es que la función de δέ sea dividir dos proposiciones en lugar de unir πάντες ... ἀλλήλοις a la proposición anterior (y que el sentido sea "jóvenes, estad sujetos a vuestros ancianos, y los unos a los otros"), ya que eso significaría que la frase siguiente empezaba sin una partícula de transición.

delantal que se ponían los esclavos o pastores sobre la túnica para no ensuciársela[35]. Esto nos recuerda al pasaje de Juan 13:4, en el que Jesús lava los pies de los discípulos, aunque como Juan no usa la misma terminología, vemos que Pedro no conocía el texto del otro apóstol[36]

Esta imagen encaja muy bien con la virtud que aquí se menciona: la humildad. Pedro ya la ha mencionado en 3:8, pues es una virtud cristiana fundamental (Hch. 20:19; Ef. 4:2; Fil. 2:3; Col. 3:12; cf. Mr. 10:42-45), apuntando a una actitud de servicio hacia los demás. Siguiendo el ejemplo de Jesús, el Nuevo Testamento valora en gran medida esta cualidad, a diferencia de la cultura helena o judía[37]. Nuestro autor refuerza esta enseñanza (como también en 2:12; 3:18 y 4:8) añadiendo una cita del Antiguo Testamento, Proverbios 3:34, que parece ser que se usaba mucho en la iglesia primitiva, ya que también aparece en Santiago 4:6 (y posteriormente en 1 Clem. 30:2 e Ignacio, *Ef.* 5:3). Estamos ante un lenguaje paradójico, lenguaje que encontramos con mucha frecuencia tanto en el Antiguo como en el Nuevo Testamento (p. ej., 1 S. 2:7-8; Sal. 28:27; 31:23; Ez. 17:24; Sof. 2:3; Sir. 10:14-15; Lc. 1:51-53; 6:24-26; Stgo. 2:5). Dios rechaza y destruye a los poderosos y autosuficientes, mientras que enriquece a los humildes y a los que se sujetan a Él otorgándoles dones y exaltándoles (p. ej., Núm. 12:3; Jue. 6:15). Esta enseñanza, cuyo máximo representante fue el mismo Jesús, es razón suficiente para que los cristianos se humillen y estén dispuestos a servirse los unos a los otros. Y si lo hacen, la Iglesia funcionará de forma más eficaz, aún si están viviendo en tiempo de dificultades y persecución.

C. *Exhortación final a mantenerse firmes en medio de la persecución (5:6-11)*

6 Humillaos, pues, bajo la poderosa mano de Dios, para que Él os exalte a su debido tiempo, 7 echando toda vuestra ansiedad sobre Él, porque Él tiene cuidado de vosotros. 8 Sed [de espíritu] sobrio, estad alertas. Vuestro adversario, el diablo, anda [al acecho] como

---

[35] G. Delling, "ἐκομβόομαι", *TDNT*, II, 339; BAGD, p. 215, "ponerse o atarse algo". Este término no aparece en la Septuaginta ni en los Padres apostólicos.

[36] Pero si el apóstol Pedro es el autor (incluso en el caso de que fuera Silvano, transmitiendo el pensamiento de Pedro), y Juan 13:1s. está narrando un hecho histórico, aunque Pedro no conociera el cuarto evangelio, sin duda alguna debía de recordar aquel incidente.

[37] W. Grundmann, "ταπεινός", *TDNT*, VIII, 1-26; H. –H. Esser, "Humility", *DNTT* II, 259-64.

*león rugiente, buscando a quien devorar. 9 Pero resistidle firmes
en la fe, sabiendo que las mismas experiencias de sufrimiento se van
cumpliendo en vuestros hermanos en [todo] el mundo. 10 Y después
de que hayáis sufrido un poco de tiempo, el Dios de toda gracia,
que os llamó a su gloria eterna en Cristo, Él mismo os perfeccionará, afirmará, fortalecerá [y] establecerá. 11 A Él [sea] el dominio
por los siglos de los siglos. Amén.*

6 La cita de Proverbios 3:34 actúa como lazo de unión entre una
sección y otra, porque aunque la razón principal por la que el autor
alude a este texto es la humildad hacia (y la sumisión) los demás, el
versículo habla de la humildad sin ningún calificativo concreto, y pasa
a poner el énfasis en Dios. Así, Pedro logra redirigir el texto para volver
al tema de Dios y al sufrimiento de sus lectores. Ya ha mencionado
que la persecución que están padeciendo los cristianos fieles es la
voluntad de Dios (3:17), que es algo inherente a su naturaleza como
seguidores de Cristo (4:12-16) y que, de hecho, ese sufrimiento es el
fuego purificador de Dios (4:17-19). Si esto es así, el creyente no puede
resistirse (es decir, no puede atacar a sus persecutores o enojarse con
Dios), sino que debe "humillarse bajo la poderosa mano de Dios"[1]
concepto de "humillarse" ya aparece en el versículo anterior. Jesús
mismo considera que es muy importante tener esta actitud ante Dios
(Mt. 18:4; cf. Mt. 5:3; donde "pobres en espíritu" es, probablemente,
otra forma de expresar el concepto subyacente hebreo de la
'ᵃnāwîm de Dios), así que no nos sorprende descubrir que los seguidores de Jesús también la consideren una actitud importante (por difícil
que sea llevarla a la práctica). "La poderosa mano de Dios" también
es una imagen bíblica, profundamente arraigada en el Antiguo Testamento. Esa fue la mano que liberó a Israel del poder de Egipto (p. ej.,

---

[1] La construcción gramatical y la terminología que se usa en 1 P. 5:5-9 es muy
parecida a la que encontramos en Stg. 4:6-10, incluyendo el contexto más amplio de
Santiago –el de rechazar el conflicto dentro de la comunidad–, que lleva a una cita
sobre la humildad, igual que ocurre aquí en el v. 5. Esto sugiere que estamos ante
una tradición parenética común, que probablemente provenía de la iglesia de Jerusalén. Pero
M. É. Boismard argumenta en *Quatres hymnes baptismales dans la première épître de
Pierre* (París, 1961), p. 135, que este es el cuarto himno bautismal que aparece en
1ª Pedro, después de 1:3-5, 20; 2:22-25; y 3:18, 22. Sus argumentos apenas tienen
fundamento. En este fragmento no hay ningún ritmo o estructura poética aparte de la
que encontramos en la cita veterotestamentaria. Podríamos decir lo mismo de los otros
"himnos", a diferencia, por ejemplo, de Fil. 2:6-11 o 1 Ti. 3:16, que sí tienen una
estructura hímnica.

Éx. 3:19; 6:1; 13:3, 9, 14, 16; Dt. 9:26, 29; 26:8; Jer. 21:5; Ez. 20:33-34), y fue la mano que estuvo tras los acontecimientos narrados en el Nuevo Testamento (Lc. 1:66; Hch. 4:28, 30; 11:21; 13:11), la mayoría de los cuales son los milagros y señales, pero también se refiere al juicio (Hch. 13:11), incluyendo la muerte de Jesús (Hch. 4:28) que es, según Pedro, el arquetipo del sufrimiento de la Iglesia[2]. Por tanto, los creyentes tienen que ver que tras ese sufrimiento está la mano de Dios y someterse, humillarse, ya que su propósito es exaltarles "a su debido tiempo".

El tema de que la humillación lleva a la exaltación lo encontramos a lo largo de toda la Escritura (p. ej., 1 S. 2:7-8; Ez. 17:24; Mt. 23:12; Lc. 1:52; 14:11; 18:14; Stgo. 1:9)[3]. El propósito de Dios no es humillar a la gente sin razón alguna; después de que la gente se humille ante Él (esta idea también aparece como "morir a uno mismo")[4], les exaltará en y con Cristo. Y lo hará "a su debido tiempo", que para Pedro es el retorno de Cristo, la parusía: esta expresión es una versión abreviada de la que encontramos en 1:5[5]. Entonces Dios vindicará a los creyentes, juzgará a sus perseguidores, y recibirán la herencia que ya está preparada para ellos en los cielos (1:3). Por tanto, vale la pena humillarse, ya que los que nieguen a Dios (los soberbios), no la recibirán.

7 Nuestro autor no solo dice que los creyentes deben humillarse, sino que también les explica cómo tienen que hacerlo: "echando toda su

---

[2] Cf. E. Lohse, "χείρ", *TDNT*, IX, 424-34, especialmente 431. La doble imagen de "humillarse" y "la mano de Dios" podría estar haciendo referencia al juicio (cf. Sal. 105:42) o a la obediencia. Vemos, pues, que el contexto determina el significado exacto.

[3] Como Jesús subrayó esta idea paradójica que ya aparece en el AT, diciendo "todo el que se ensalce, será humillado; y el que se humilla, será ensalzado" (Lc. 14:11; 18:14), creemos que la tradición común que encontramos en Santiago y en 1ª Pedro es una aplicación que la Iglesia hace de esta enseñanza de Jesús. Cf. C. Spicq, *Les Épîtres de Saint Pierre* (París, 1966), p. 172-73, "Esta es una enseñanza de sabiduría (Sir. 2:1-18), pero sobre todo es una enseñanza de Jesús (Mt. 23:12; Lc. 14:11; 18:14)...".

[4] Aunque "morir a uno mismo" como expresión clásica en la literatura devocional es apropiada en este contexto, es más exacto, bíblicamente hablando, y más útil, psicológicamente hablando, ver que la Escritura no habla nunca de una aniquilación, muerte o bajo concepto de la persona, sino que habla de una persona robusta que se somete a Dios. Es decir, como Adán llevó a cabo su propia voluntad en vez de la de Dios, el cristiano sigue a Cristo para hacer la voluntad de Dios en vez de la suya propia.

[5] Aunque la expresión ἐν καιρῷ en el griego clásico solo significaba "en un tiempo o momento oportuno" (Tucídides, *Hist.* 1.21; 4.59; 6.9), en el Nuevo Testamento el uso de καιρός para referirse al final de los tiempos es tan común (p. ej., Mt. 8:29; Mr. 13:33; Lc. 21:8; 1 Co. 4:5; Ap. 1:3) que incluso si no tuviéramos las otras referencias de 1ª Pedro podríamos pensar que ese es el significado que tiene en este versículo.

ansiedad sobre Él"[6]. Y la razón por la que pueden hacerlo es "porque Él tiene cuidado de vosotros". La imagen de echar toda ansiedad sobre Dios es muy viva y gráfica (en el Nuevo Testamento solo encontramos este verbo aquí y en Lc. 19:35, cuando los discípulos echaron los mantos sobre el pollino que Jesús iba a montar). El lenguaje que Pedro usa es único[7], pero la enseñanza que hay detrás es una enseñanza firmemente arraigada al Nuevo Testamento. Jesús en Mateo 6:25-34 (cf. Mt. 10:19; Lc. 10:41) enseña que no deberíamos tener ansiedad al pensar qué vamos a comer o qué ropa nos vamos a poner, porque si Dios cuida de los pájaros y de los lirios, ¡cómo no va a cuidar de sus discípulos! De hecho, la ansiedad puede llegar a ahogar el fruto de la obra de Dios en nuestras vidas (Mr. 4:9; Lc. 21:34). Pablo retoma esta idea cuando escribe a los filipenses: "Por nada estéis afanosos" (4:6). En 2ª Corintios 8-9 combina esta seguridad del cuidado de Dios con la generosidad de los macedonios para animar a que se tenga esa actitud. Su propia confianza en la capacidad de Dios en medio de la persecución apareció previamente en 2ª Corintios 1:8-11. Dicho de otro modo, en 1ª Pedro 4:19 nuestro autor argumentaba que en la persecución el creyente lo único que tiene que hacer es entregar su vida "al Creador fiel". Aquí explica esta actitud de forma más detallada. Cuando los cristianos están bajo presión, la reacción adecuada no es la ansiedad, porque eso nace de la creencia de que tenemos que cuidarnos nosotros mismos, y demuestra una falta de confianza en Dios. La reacción adecuada es una entrega confiada a Dios (la máxima expresión de ellos

---

[6] "Echar" en griego (ἐπιρίψαντες) es un participio circunstancial que depende del verbo principal "humillarse" (ταπεινώθητε), así que no es un mandamiento aparte, como muestran algunas traducciones (p. ej., la NVI). Aquí la idea de 5:7 parece estar muy estrechamente relacionada con la de 5:6, que resulta extraño verlo como dos mandatos separados. Además, como dice J. R: Michaels, *1 Peter* (Waco, TX, 1988), p. 296, ya contamos con otros participios que son claramente imperativos, y en este versículo está claro que tenemos un aoristo.

[7] La construcción μέλει + dativo de persona + περί solo volvemos a encontrarla en el Nuevo Testamento en Juan 10:13 y 12:6, aunque Mt 22:16, Mr. 4:38 y 1 Co. 9:9 tienen una construcción gramatical muy parecida. El Salmo 54:23 de la Septuaginta –"Echad vuestras ansiedades sobre el Señor, y Él os animará" (55:22 en hebreo)– es similar a la primera parte de este versículo; y Sabiduría 12:13 –"Porque no hay ningún otro dios que cuide de todos los hombres"– es similar a la segunda parte, aunque el pasaje de los Salmos es el único que es suficientemente parecido sintáctica y semánticamente al nuestro para poder decir que el autor podría estar refiriéndose a Él. Fuera de la Biblia también encontramos referencias al cuidado de Dios: Filón, *Flacc.* 102, y Josefo, *A.* 7.45. Más tarde, Eusebio apunta a que los "filantrópicos" dioses paganos cuidan de los estatutos, no de los seres humanos (*Preparación Evangélica* 5.34).

es la oración, como dice Pablo de forma explícita en Fil. 4:6) sabiendo que Dios cuida de nosotros y que ese cuidado ocurre dentro del marco del poder y de la voluntad divinos de hacer lo mejor por los suyos.

8 Sin embargo, Dios no es el único que está interesado en el creyente. Su interés está caracterizado por querer el bien para los suyos, pero la razón por la que hay persecución y dificultades es que el diablo quiere destruir a los que se han entregado a Dios. Lo que él quiere es que en medio de la persecución, el creyente desconfíe de Dios. Así, después de escribir esas palabras de ánimo sobre Dios, Pedro tiene que añadir unas palabras de advertencia: "¡Sed de espíritu sobrio! ¡Estad alertas! Vuestro adversario el diablo está al acecho".

Jesús ya enseñó una y otra vez que los cristianos debemos estar alerta, con espíritu sobrio, especialmente ahora que el final apocalíptico se acerca (Mt. 24:42-43; 25:13; 26:38-41 = Mr. 13:34-38; Lc. 12:37) y también es una enseñanza que aparece en todo el Nuevo Testamento en general (1 Ts. 5:6 usa estas dos expresiones; cf. 1 Ts. 5:8; 2 Ti. 4:5, donde se usa "sed de espíritu sobrio", y Hch. 20:31; 1 Co. 16:13; Col. 4:5; Ap. 3:2-3; 16:15, donde se usa "estad alertas")[8]. Hay que estar alerta por dos razones: (1) porque el final, y la venida de Cristo, son inminentes, y Jesús compensará a los fieles y castigará a los que no están preparados, y (2) porque la fe pasa por diversas pruebas, ya sean los deseos interiores, el ataque del demonio, o la presión humana externa (p. ej., Mr. 14:35-38 y paralelos; Hch. 20:31; 1 Co. 16:13)[9] Pedro ya ha hablado de la necesidad de "ser sobrios" en 1:13 y 4:7; como esos versículos, aquí el significado no es la sobriedad literal –por oposición a la embriaguez– sino la lucidez que viene de la libertad de la confusión mental o la pasión[10]. De igual modo que "estar alerta", que en un contexto militar se refiere a un soldado que hace guardia, que vigila, es lo contrario al letargo mental y espiritual (cf. cuando los

---

[8] Tanto νήψατε (que también podría traducirse por "¡prestad atención!") y γρηγορήσατε son aoristos ingresivos de imperativo, con los que se llama a los creyentes a empezar a estar alerta y a continuar estándolo hasta que Cristo vuelva (aunque el tono de Pedro no significa que los creyentes en Asia Menor no estuvieran alertas). Cf. BDF, p. 173 (#337 [1] y [2]); N. Turner, *Syntax*, Vol. III en J. H. Moulton, *A Grammar of New Testament Greek* (Edimburgo, 1963), p. 74-77, que observa que el aoristo es más "fuerte, duro e implacable" que el presente de imperativo; y J. R. Michaels, *1 Peter* p. 297.

[9] E. Löverstam, *Spiritual Wakefulness in the New Testament* (Lund, 1963).

[10] Cf. BAGD, p. 540.

apóstoles en Marcos se duermen en sentido literal) que nos impediría reconocer un ataque a nuestra fe y, por ello, también nos impediría reaccionar[11].

Según Pedro, el ataque, que puede venir por medio de sus perseguidores, viene de "vuestro adversario el diablo"[12]. El término "diablo" es la traducción griega de la palabra hebrea   , que significa "adversario" o "enemigo" (con este sentido general lo encontramos, p. ej., en Núm. 22:22, 32; 1 S. 29:4; 2 S. 19:22), y en la literatura veterotestamentaria posterior pasó a designar a una figura angélica (a uno de los "hijos de Dios"), al enemigo por excelencia, Satán o Satanás (1 Cr. 21:1; Job 1-2; Zac. 3:1-2). Este adversario espiritual, bastante indefinido en el Antiguo Testamento, fue tomando más forma en el período intertestamentario y, en ese contexto, aparece ya en el Nuevo Testamento como una figura bien conocida, ya sea como Satán o Satanás (que sería una transliteración de la forma hebrea; p. ej., Mr. 1:13, 8:33 y sus paralelos; 1 Co. 5:5; 7:5) o como "el demonio" como en nuestro versículo (que es una traducción del término hebreo, que significa "calumniador"; p. ej., Mt. 4:1, 8, 11; Ef. 4:27; 6:11; cf. 1 Ti. 3:11; 2 Ti. 3:3; Ti. 2:3 en cuanto al uso general de esta palabra)[13]. Nuestro autor, además, lo describe como un "adversario", término que originalmente hacía referencia a "la parte contraria en un juicio" (Mt. 5:25; Lc. 12:58; 18:3) y podría ser que ese fuera el sentido en este versículo (si Pedro tenía en mente la imagen de Job o Zacarías, o la escena en Ap. 12:10, en la que Satanás acusa al justo ante Dios), pero se usa más en su sentido general de "adversario" o "enemigo", uso que encontramos también en el Antiguo Testamento griego (1 R. 2:10;

---

[11] Cf. A. Oepke, "γρηγορέω", *TDNT*, II, 338-39; C. Brown, "Guard", *DNTT*, II, 136-37. J. R. Michaels, *1 Peter*, p. 297, está en lo cierto cuando dice que no hay ninguna referencia directa al incidente de Getsemaní, pero seguro que una razón por la que se incluyó en los Evangelios es para que sirviera de ejemplo a los cristianos en cuanto a la necesidad de estar alertas en tiempo de prueba. Así que podríamos decir que el incidente de Getsemaní es, de hecho, parte del trasfondo de la primera epístola de Pedro.

[12] Cf. Eusebio, *Hist. Ecl.* 5.1.25, que, describiendo la persecución de Lyon en la Galia, escribe: "Biblis, también, una de los que había renegado [de la fe cristiana], fue torturada por el diablo [ὁ διάβλος] (que pensaba que ya se había rendido y quería también que la condenaran por blasfema) ... Pero se recuperó [ἀνένηψεν] aún en medio de la tortura, y se despertó [ἀνεγρηγόρησεν] de un sueño muy profundo ... Y después de todo esto, se confesó cristiana y fue añadida a la lista de los mártires".

[13] W. Foerster, "διάβολος", *TDNT*, II, 72-81; H. Bietenhard, "Satan", *DNTT*, III, 468-72.

Is. 41:11; Sir. 36:6), puesto que en este pasaje no se hace ninguna referencia a un tribunal[14].

El diablo no es un enemigo neutral, sino un enemigo que busca activamente la destrucción del creyente. Mientras las pastorales dicen que el diablo pone trampas a los cristianos (1 Ti. 3:7; 2 Ti. 2:26), nuestro autor lo describe como mucho más agresivo, como un "león rugiente". Esta imagen debe estar sacada de Salmos 22:13, "Ávidos abren su boca contra mí, como un león rapaz y rugiente" (cf. 2 Ti. 4:17)[15]. La idea de merodear ya aparece en Job 1:7, lo que apunta a la importancia de estar alerta, pues cuando el león está al acecho no es tiempo de dormirse.

El objetivo del acecho es encontrar a una víctima a la que devorar[16] El término "devorar" es muy gráfico, pues describe cómo una bestia se engulle a su víctima de un solo trago. Por ejemplo, en Jeremías 28:34 en el Antiguo Testamento griego (= 51:34 en hebreo) leemos: "[Nabucodonosor] me ha tragado como un monstruo; ha llenado su estómago...". Se usa el mismo término para referirse al pez que se tragó a Jonás (Jon. 2:1; cf. Tob. 6:2). Esta descripción tan gráfica muestra el gran empeño que tiene el diablo por aniquilar al creyente[17].

9 Como los buenos soldados, los cristianos no deben temer al enemigo (al diablo) ni huir de él, sino que deben "resistirle firmes en

---

[14] Cf. BAGD, p. 73. Obviamente, los eruditos que creen que la persecución de 1ª Pedro es una persecución oficial por parte de las autoridades romanas apuntan al significado técnico de ἀντίδικος, pero dado su uso más general que encontramos incluso en la Septuaginta, este término por sí solo no es una evidencia de que estemos ante una persecución judicial (para ello hacía falta un contexto específico).

[15] En Timoteo, Ap. 13:2 y en los manuscritos del Mar Muerto (1QH 5:9, 13-14; 4QpNah 1:5-7; 4QpHos 1) la imagen del león representa a los enemigos humanos del pueblo de Dios o gobernantes concretos, lo que muestra que esto es aún una metáfora viva más que una descripción fijada o establecida. R. Perdelwitz, *Die Mysterienreligionen und das Problem des I. Petrusbriefes* (Giessen, 1911), p. 101-102, sugiere que esta imagen vino del uso del león para referirse a Cibeles, la madre-diosa frigia, pero creo que eso es muy poco probable pues en el pasaje no encontramos otras características de Cibeles y, en cambio, el judaísmo sí provee de un trasfondo para la imagen del león.

[16] El texto a partir de este punto es bastante difícil de interpretar. Aceptamos que originalmente ponía ζητῶν τινα καταπιεῖν, lectura compleja gramaticalmente hablando, pero posible, ya que el resto de lecturas solo parecen un intento de mejorar esa construcción gramatical. Cf. BDF #368 (p. 186).

[17] L. Goppelt, "πίνω", *TDNT*, VI, 158-59. Véase que en el Nuevo Testamento este término "excepto en el proverbio de Mt. 23:24, ... describe la acción (escatológica) de sujetos suprahumanos". καταπιεῖν no es exactamente la misma forma gramatical que Eusebio usará más adelante (καταπεπωκέναι); la primera es un infinitivo aoristo segundo, y la segunda un infinitivo perfecto, pero el significado es el mismo.

la fe". Todos los conceptos que aparecen en esta expresión resultan familiares a cualquier lector del Nuevo Testamento. En Santiago 4:7 aparece una expresión casi idéntica: "Resistid, pues, al diablo", y anuncia que el resultado de esta acción será que "huirá de vosotros". En Efesios 6:11-12, aunque con otras palabras, se describe una imagen similar cuando se nos habla de ponernos la armadura de Dios para "que podáis estar firmes contra las insidias del diablo". Pablo añade que el cristiano lucha contra potestades espirituales, y no contra los seres humanos a través de los que éstas pueden actuar. Está claro que la idea de "resistir" proviene de los Evangelios, como por ejemplo el relato de la tentación de Jesús (Mt. 4 y paralelos). Es evidente que éste era un tema común e importante en el seno de la iglesia primitiva[18]

La forma de resistir al diablo es estando "firmes en la fe". Esta expresión no se refiere a creer en una serie de afirmaciones doctrinales, que es uno de los significados que encontramos en las pastorales (p. ej., 1 Ti. 1:19; 6:21; 2 Ti. 2:18), sino a confiar en Dios y a depender de Él plenamente, independientemente de las circunstancias. La palabra "firme" originalmente se utilizaba para referirse a la firmeza o la robustez física, como por ejemplo para describir un fundamento firme o sólido (2 Ti. 2:19), o un alimento sólido (He. 5:12, 14) o (en su forma verbal) pies firmes (es decir, pies que pueden sostener el peso de la persona, Hch. 3:7, 16). En nuestro texto este término se aplica al carácter[19], lo mismo que ocurre con la forma verbal de Hechos 16:5,

[18] Por otro lado, J. N. D. Kelly, *The Epistles of Peter and of Jude* (Londres, 1969), p. 210-11, no es muy convincente cuando concluye que esta sección tiene que ser parte de una instrucción prebautismal, basándose en los argumentos de que es una tradición parenética común (que también encontramos en Hermas, *Man.* 12.5) y de que las tradiciones bautismales posteriores contenían una renuncia del diablo (p. ej., Hipólito, *AT* 21.9). Aunque mucho del material que encontramos en 1ª Pedro son enseñanzas básicas, como las que se enseñarían por ejemplo antes o poco después del Bautismo, no puede usarse material del siglo IV para relacionar material del siglo I con el Bautismo; no toda la tradición parenética existente estaba relacionada con el Bautismo. Tampoco hemos encontrado ninguna alusión al Bautismo en Santiago o en Efesios.

[19] Normalmente, cuando στερεός se aplica a las personas, suele tener un sentido negativo, ya que describe un carácter tozudo o testarudo (cf. E. G. Selwyn, *The Epistles of St. Peter* [Londres, 1947], p. 238). Pero como está claro que ese no es el caso en nuestro texto, J. R. Michaels (*1 Peter*, p. 300), siguiendo a Selwyn, argumenta que es probable que Pedro aún tenga en mente la imagen de la piedra o roca que vimos en 2:4-8, y que podemos relacionar con Is. 50:7: "por eso como pedernal he puesto mi rostro (στερεὰν πέτραν), y sé que no seré avergonzado". No obstante, aunque ese es el tipo de dureza del que Pedro está hablando, y la cita de Is. 50:7 aparece en Barn. 5:14; 6:3, no hay ninguna evidencia en la epístola de que Pedro tuviera en mente ese texto (p. ej., no hay ninguna mención a una roca, ni a

donde dice que las nuevas iglesias se hacían firmes en cuanto al com- promiso que adquirían con Cristo (= fe)[20]. En Colosenses 1:23 aparece la misma idea, pero expresada de forma diferente: "permanecéis en la fe bien cimentados y constantes, sin moveros de la esperanza del Evangelio que habéis oído"; o en Colosenses 2:5 (donde encontramos una palabra sinónima): "regocijándome al ver vuestra buena disciplina y la estabilidad de vuestra fe en Cristo". Apocalipsis 12:9-11 muestra el efecto que esa fe firme tiene sobre el diablo: "Ellos lo vencieron [al diablo] por medio de la sangre del Cordero y por la palabra del tes- timonio de ellos, y no amaron sus vidas, llegando hasta sufrir la muerte". Éste es el compromiso y la confianza que el autor quiere ver en sus lectores (como ya había apuntado en 4:19)[21].

Algo que hará que su compromiso sea más firme es saber[22] que no son los únicos que están sufriendo. ¡A veces lamentos como "por qué yo" o "por qué nosotros" hacen que el sufrimiento parezca tan injusto! Sin embargo, aquí Pedro dice que "vuestros hermanos en todo el mundo" están experimentando el mismo sufrimiento. Pedro enfatiza esta unidad de dos maneras: primero, usando el término colectivo "hermanos" (literalmente es "vuestra fraternidad"); él es el único autor del Nuevo Testamento que usa este término; cf. 2:17, o 1:22 y 3:18, donde lo usa para describir el "amor fraternal"); en segundo lugar, añadiendo la expresión "en todo el mundo", entendiendo que usa "mundo" en su sentido global y físico (como en Mr. 4:8; 14:9; Ro. 1:8; 1 Co. 14:10; 1 P. 1:20; cf. 2 Mac. 3:12) y no en sentido ético (es decir, la cultura humana, que se ha desmarcado de Dios, como en Jn. 15:18-19; 16:33; Stgo. 4:4). Nuestro autor nunca usa el término "mundo" en

ser o no ser avergonzado). Por tanto, aunque la teoría de Michaels es posible, diremos que no es más que pura conjetura.

[20] J. D. Quinn, "Notes on the Text of the P[72] in 1 Pt 2:3; 5:14, and 5:9", *CBQ* (1965), 246-47, dice que este uso de στερεοί es tan poco usual que el escriba de p[72] lo sustituyó por el término más común ἑραῖοι, "sedentario, firme".

[21] Vemos una diferencia entre Pedro y Santiago, pues para Pedro estar firme en la fe tiene mucho que ver con la presión externa, que puede producir algo de disensión interna (5:1-5), pero que sigue siendo, en su mayoría, externa. En Santiago también aparece la presión externa, pero de una forma menos directa, y los principales proble- mas de la comunidad son las luchas internas (4:1-4) y la falta de compartir (cap. 2). En Pedro el diablo actúa por medio de los perseguidores; en Santiago, el diablo actúa por medio de la naturaleza caída de los creyentes y por medio de su gran aliada, la lengua del ser humano.

[22] En griego "sabiendo que" es simplemente εἰδότες, pero es lo mismo que ὅτι, como vemos en Lc. 4:41; 1 Clem. 43:6; 62:3. Cf. BDF, p. 204 (#397 [1]), que dice que eso se refiere a percibir o ser consciente de algo.

este último sentido, y se centra más en la venida de Cristo que en la muerte de los cristianos. Por eso, sabemos que no está haciendo un contraste entre los cristianos vivos (los que aún están en este mundo presente de maldad) y los muertos (nuestros hermanos en el cielo), sino que se está refiriendo a la iglesia esparcida por todo el Imperio (= todo el mundo).

Según Pedro, los lectores de su epístola saben que la Iglesia en el resto del mundo está pasando por las mismas dificultades que ellos[23] Eso no significa que los cristianos estuvieran siendo perseguidos en todos los lugares, sino que el tipo de rechazo y abusos que estaban padeciendo era similar al de otros cristianos, cruda realidad que los líderes cristianos que viajaban de un lugar a otro conocían muy bien (como dice Pablo en 1 T s. 2:14), y que seguro que había llegado a oídos de nuestros lectores a través de la red de comunicación creada entre las diferentes comunidades cristianas (p. ej., Ro. 1:8; Fil. 1:30; 1 Ts. 1:7-8). Igual que en el caso de los soldados, que se sienten con la moral más alta al saber que el ejército entero está enfrascado en la misma lucha, el conocimiento de que no están solos debería servirles a estos cristianos para animarse aún más a resistir al diablo y a no rendirse en medio de la persecución[24].

[23] F. W. Beare, *The First Epistle of Peter* (Oxford, 1970), p. 205-206 cree que es mejor traducir "sabiendo cómo cumplir el mismo deber religioso con respecto al sufrimiento", diciendo que οἶδα sin ὅτι se traduce por "sabiendo cómo" en vez de "sabiendo que", y que ἐπιτελέω en el medio significa "cumplir con un deber religioso" o "llevar a cabo las obligaciones de la piedad". E. Best, *I Peter* (Londres/Grand Rapids, 1982), p. 175, defiende un significado algo diferente: "sabiendo cómo pagar el mismo impuesto de sufrimiento". Sin embargo, Lc. 4:41 y 1 Clem. 62:3 muestran claramente que οἶδα puede significar "sabiendo que" cuando va seguido de un sintagma de infinitivo. Cf. BDF #397 (1) (p. 204). Además, en la Septuaginta y en el Nuevo Testamento ἐπιτελέω en la voz activa siempre significa "cumplir", "llevar a cabo", "realizar", "establecer". No hay nada en el texto que apunte a un deber religioso o al pago de impuestos. Los ejemplos que se han escogido para establecer estos dos significados están sacados de autores clásicos, no de textos más cercanos escritos en Koiné. (Cf. G. Delling, "ἐπιτελέω", *TDNT*, VIII, 61-62). Por estas razones, y porque este sentido concuerda mejor con nuestro contexto, optamos por interpretar como una pasiva con "hermanos" (dativo de desventaja) y οἶδα como "sabiendo [o dándonos cuenta de] que".

[24] J. D. Quinn, "Notes on the Text of the P72 in 1 Pt 2:3; 5:14, and 5:9", p. 247-49, defiende que deberíamos seguir p72 y leer ἐπεὶ τελεῖται en vez de y así tendríamos "dándoos cuenta de que en todo el mundo vuestros hermanos están sufriendo de forma similar porque están siendo perfeccionados". Pero yo creo que la otra lectura más compleja por la que hemos optado es la más acertada por las 3 razones siguientes (aunque deberíamos estar dispuestos a cambiar de opinión si se encontraran evidencias de que p72 no es idiosincrásico en este punto): (1) se duda de que eso fuera

10 Además, nuestro autor añade que el "general" del "ejército" de los creyentes no ha abandonado a sus "tropas" y que la batalla es temporal. Usando una terminología parecida a la de 1:6 (el único cambio está en el uso de "sufrido", porque este es el verbo que ha estado empleando en esta sección de la epístola)[25], dice que el sufrimiento solo durará "un poco de tiempo". Y solo durará un poco de tiempo, no porque los perseguidores cambiarán de parecer, sino porque "el fin de todas las cosas se acerca" (4:7). Incluso en ese contexto presente de sufrimiento, pueden confiar en el carácter de Dios.

La estructura de este versículo es como la de muchos versículos neotestamentarios que aparecen al final de los documentos, como por ejemplo 1ª Tesalonicenses 5:23-24; 2ª Tesalonicenses 2:16-17 (que cierra una sección de la epístola; cf. 3:16); Hebreos 13:20-21. Pero la diferencia está en que lo que aparece como un deseo o una oración en los pasajes paralelos, aquí aparece como una promesa.

Las expresiones que encontramos aquí fluyen de forma natural del espíritu de esta epístola. "El Dios de toda gracia" es una continuación natural de 1:13; 4:10 y 5:5 (y el uso que ahí se hace de Proverbios 3:34), versículos en los que se presenta a Dios como el dador de la gracia. Es una expresión análoga a "el Dios de paz" que encontramos en las epístolas a los tesalonicenses y a los hebreos, o "el Dios de toda consolación" de 1ª Corintios 1:3. Aunque esta carta es muy consciente del juicio de Dios (4:17), lo que más le interesa es transmitir a sus lectores que Dios es un Dios de amor y de gracia. Ese es el Dios "que les llamó a su gloria eterna en Cristo".

Esta idea de "llamar" es, de nuevo, la continuación de una idea que ya ha aparecido anteriormente (1:15; 2:9, 21). Dios no los rechaza, sino que los ama y los acepta. La meta de este llamamiento es "la gloria eterna", concepto que por un lado retoma la idea de la promesa ("herencia en 1:4; "gloria" en 4:13; 5:1, 4) y, por otro lado, marca el claro contraste que hay entre el carácter eterno de la gloria y el carácter temporal del sufrimiento. No han sido llamados a algo abstracto, sino que han sido llamados a un destino concreto, un destino magnífico.

---

lo que el escriba quiso transmitir, (2) esta teoría apunta a la realización de varios cambios (según Quinn, ilustrados por las diversas manos del Vaticanus), y (3) el escriba ya ha demostrado en este mismo versículo que es perfectamente capaz de insertar términos más usuales en lugar de usar términos que le resultan extraños.

[25] En 1:6 es ὀλίγον ... λυπηθέντες, y aquí, ὀλίγον παθόντας.

Este llamamiento y esta gloria son "en Cristo". Tanto Pedro como Pablo tienen muy claro que el llamamiento a los creyentes se hace efectivo "en Cristo", es decir, a través de la identificación de los creyentes (por el arrepentimiento y el Bautismo) con el Cristo crucificado y resucitado (1:3; 4:13; cf. 3:16). También vemos que para nuestro autor la gloria pertenece a Cristo en primer lugar, y a los cristianos en segundo lugar, como consecuencia de estar unidos a Él (1:11; 4:13; 5:1). Por tanto, no es de extrañar que los comentaristas no se pongan de acuerdo en determinar si "en Cristo" va con "gloria" o con "llamó". Gramaticalmente hablando, las dos opciones son posibles. Por un lado, es normal pensar que va con "gloria", porque está más cerca de esa palabra, pero por otro lado, la ausencia del artículo delante de "en" hace probable la relación de "en Cristo" con "llamó"[26]. Pero dado que la frase es un todo, lo más lógico es que Pedro no pretendiera distinción alguna, y que podemos decir que Dios les "llamó en Cristo", y "a su gloria eterna en Cristo"[27].

Este llamamiento se define, además, usando cuatro imágenes muy vivas de lo que Dios mismo hará (nuestro autor es enfático, dejando claro que Dios no les ha abandonado, sino que está actuando de forma personal), es decir, la forma en la que les dará gracia o les exaltará (5:5-6; Pr. 3:34). Aunque los verbos que aquí se usan están en tiempo futuro (no suele ocurrir así en las bendiciones que aparecen al final de las epístolas), por su contenido o significado está claro que todo eso ya ha empezado a tener lugar en el presente, incluso en medio de las dificultades que están viviendo: es decir, Dios hace que el mal que los enemigos ejercen en contra de ellos se vuelva para su bien. En primer lugar, Dios les "restaurará" o "perfeccionará", un término muy común en la enseñanza ética del Nuevo Testamento (Lc. 6:40; 1 Co. 1:10; 2 Co. 13:11; Gá. 6:1; 1 Ts. 3:10; He. 13:21), que significa "poner en orden", "establecer" o "confirmar". Se refiere sobre todo al carácter de los creyentes. Por medio del sufrimiento, Dios va a perfeccionar su carácter o, dicho de otra forma, va a crear en ellos un carácter totalmente restaurado[28].

---

[26] Así lo ve L. Goppelt, *Der erste Petrusbrief* (Göttingen, 1978), p. 394; J. N. D. Kelly, *The Epistles of Peter*, p. 212; J. R. Michaels, *1 Peter*, p. 302.

[27] Así lo ve también E. G. Selwyn, *The First Epistle of St. Peter*, p. 240. Esta interpretación sirve para evitar el peligro de caer en querer precisar más de lo que el mismo autor pretendía.

[28] G. Delling. "καταρτίζω", *TDNT*, I, 476.

En segundo lugar, "los afirmará", que también es un tema muy común en el Nuevo Testamento (p. ej., Lc. 22:32; Hch. 14:22; Ro. 16:25; 1 Ts. 3:2, 13; 2 Ts. 2:17; 3:3; Stgo. 5:8; Ap. 3:2). Este término significa "establecer", "fortalecer" o "apoyar". La idea es que Dios afirmará su fe (cf. 5:9)[29].

En tercer lugar, Dios los "fortalecerá". Ésta es una palabra poco común que significa "os hará fuertes", y ésta es la única vez que la encontramos en el griego bíblico (en 3 Mac. 3:8 aparece un término similar); en el griego secular tampoco es muy corriente[30].

Por último, Dios los "establecerá", término que significa "cimentar" o "colocar sobre un fundamento" (Mt. 7:25; Ef. 3:17; Col. 1:23). Esta imagen simboliza seguridad, un grupo de gente que, pase lo que pase, se mantendrá en su lugar. Resume muy bien el resto de los términos[31] Aunque hemos intentado definirlos con exactitud, vemos que son similares, que todos transmiten la misma idea. Lo que Pedro ha hecho es usar una serie de palabras con un significado muy parecido, y así hacer hincapié en el bien que Dios quiere para los creyentes incluso ahora, en medio de todo ese sufrimiento[32].

11 Ante todo lo dicho anteriormente, la única respuesta que uno puede tener es alabar a Dios. Por eso, nuestro autor cierra el cuerpo de la carta con una breve doxología. "A Él sea el dominio por los siglos. Amén". Esto es tan solo una abreviación de la doxología que encon-

---

[29] J. R. Michaels, *1 Peter*, p. 303, dice acertadamente que στηρίξει a veces describe la forma en la que los creyentes nos deberíamos apoyar los unos a los otros (Ro. 1:11; 1 Ts. 3:2), y otras, la forma en que Dios apoya a los cristianos (Ro. 16:25; 1 Ts. 3:13; 2 Ts. 2:!7; 3:3). Pero también deberíamos mencionar que donde más a menudo encontramos este sentido aplicado a Dios, es decir, que Dios apoya y afirma, es precisamente en las bendiciones finales y en las conclusiones, como ocurre aquí en 1ª Pedro.

[30] Σθενώσει. BAGD, p. 756.

[31] Θεμελιώσει. J. Blunck, "Firm", *DNTT*, I, 660-63; cf. el comentario de H. Schoenweiss en el mismo artículo, p. 660. Este término nos plantea un problema textual, ya que sí lo encontramos en א y en p[72], pero no aparece en A y en B. Como la parte final del término es tan parecida a σθενώσει que le precede, y como no es uno de los temas principales de 1ª Pedro, lo más probable es que se perdiera debido a un homeoteleuton, y no que se añadiera por analogía a Col. 1:23 (cuya estructura, de todos modos, no es muy parecida).

[32] J. R. Michaels, *1 Peter*, p. 303, cree que estamos ante un intento deliberado de establecer una relación entre στερεοί de 5:9 y la idea de la "roca" que aparece en 2:6-8. Este último término, θεμελιώσει, nos recuerda en particular a la casa construida sobre la roca de Mt. 7:25. Aunque es una relación sugerente, no podemos probar que todo eso estuviera en la mente del autor.

tramos en 4:11 (de hecho, algunos manuscritos han intentado hacerla más larga para que coincidiera con la del cap. 4), pero siendo que aparece a continuación de 5:10, que ya es en sí una exaltación de Dios, no hay necesidad de que sea más extensa[33]. Después de hablar de los planes que Dios tiene para ellos, enfatiza el poder de Dios (cf. 5:6, "la poderosa mano de Dios")[34]. El que ha elaborado un plan y ha hecho una promesa es el mismo que el que tiene el poder para llevar a cabo el plan y cumplir la promesa. ¿Pueden esperar una seguridad mejor? Ante esa magnífica seguridad, la única respuesta que surge de los labios de Pedro es la expresión litúrgica "Amén", que así sea.

V. Conclusión y saludos (5:12-14)

12 Por conducto de Silvano, nuestro fiel hermano (porque así [lo] considero), os he escrito brevemente, exhortando y testificando que esta es la verdadera gracia de Dios. Estad firmes en ella. 13 La que está en Babilonia, elegida juntamente con vosotros, os saluda, y [también] mi hijo Marcos. 14 Saludaos unos a otros con un beso de amor. La paz sea con todos vosotros los que estáis en Cristo.

12 La carta ya ha llegado a su fin. Solo queda que nuestro autor añada una conclusión adecuada, y los saludos típicos, y así lo hace en tan solo tres versículos. En griego, normalmente las cartas acababan con unas breves palabras a modo de conclusión, quizá precedidas de (1) un juramento, (2) una expresión de buenos deseos, (3) un compromiso, y (4) una mención de la persona que entregaba la carta[1]. Pero los autores del Nuevo Testamento (especialmente Pablo, aunque le nombramos a él quizá porque tenemos tantas cartas suyas en relación con las que tenemos de otros autores) escriben conclusiones más extensas. Para estos líderes de iglesia era normal incluir (1) saludos (que no solían aparecer en las cartas griegas seculares; sin embargo, era más

---

[33] En 4:6 se menciona a Jesucristo, y algunos creen que él es el objeto de la alabanza, lo que haría de 5:11 un versículo equilibrado (J. R. Michaels, *1 Peter*, p. 304), pero como hemos defendido que 4:6 se refiere al poder y a la gloria de Dios a través de Jesucristo, creemos que 5:11 es, simplemente, una versión abreviada del anterior.

[34] τό κράτος recibe todo el énfasis puesto que no aparece ningún otro epíteto.

[1] Cf. L. Goppelt, *Der erste Petrusbrief* (Göttingen, 1978), p. 345-46; F. O. Francis, "The Form and Function of the Opening and Closing Paragraphs of James and I John", *ZNW* 61 (1970), 110-26.

característico de las cartas orientales, y en las iglesias se valora como una herramienta para reforzar la unidad entre las iglesias: 2 Co. 13:12; Fil. 4:22; 2 Jn. 13), (2) algún comentario sobre el mensajero (Ro. 16:1; 1 Co. 16:17; 2 Co. 8:17; Ef. 6:21; Fil. 2:25; Col. 4:7-8; Fil. 11-12), (3) un apunte sobre el propósito de la carta (Gá. 6:11-17; 1 Ti. 6:20-21; Flm. 21-22; He. 13:"2; Stgo. 5:19-20; 1 Jn. 5:21), y (4) una bendición o una oración (Ro. 16:20; 1 Co. 16:23; 2 Co. 13:13; Gá. 6:18; Ef. 6:24; Fil. 4:23; Col. 4:18; He. 13:25). Otra característica de los autores neotestamentarios es que, llegado este punto, solían tomar el relevo del escriba en escribir la conclusión con su propio puño y letra (aunque no siempre, si las salutaciones eran muy extensas) y, muy probablemente, así lo hizo Pedro con esta epístola (Gá. 6:11; 2 Ts. 3:17). Sin embargo, a pesar de los paralelos por lo que a la estructura se refiere, no creemos que nuestras epístolas se basaran en las fórmulas paulinas (pues entre unas y otras hay diferencias considerables), sino que más bien diremos que hay un parecido general con las cartas de Pablo como también con las demás cartas del Nuevo Testamento.

El primer elemento de la conclusión es la referencia a Silvano. Creemos que se está refiriendo al Silvano que conocemos en Jerusalén en Hechos 15:22, 27, 32-33 como profeta y ministro de confianza de la Iglesia; las misiones diplomáticas que requerían sensatez no se las encargaban a cualquiera. En Antioquía Pablo lo eligió como colaborador para sustituir a Bernabé (lo que habla también de sus cualidades; Hch. 15:40), y durante el segundo viaje misionero de Pablo se le menciona en repetidas ocasiones (Hch. 16:19, 25, 29; 17:4, 10, 14-15; 18:5). Como es natural, Pablo cita su nombre en las cartas que escribe a las iglesias que fundaron juntos (2 Co. 1:19; 1 Ts. 1:1; 2 Ts. 1:1).

La referencia a Silvano o Silas (forma abreviada) significa una de estas tres cosas: (1) él es el mensajero que lleva la carta (Hch. 15:23, donde está claro que ni Judas ni Silas habían escrito aquella breve carta, sino que solo la estaban entregando; cf. Ignacio, *Ro.* 10:1; *Fld.* 11:2; *Esmirn.* Policarpo, *Fil.* 14:1), (2) el autor dictó la carta y él es el secretario o amanuense que la escribió (Ro. 16:22), o (3) alguien le encargó escribir una carta, y él la redactó (Eusebio; *Hist. Ecl.* 4.23.11, cita a Dionisio de Corinto que usa la misma construcción gramatical que se usa aquí para referirse a la carta que Clemente escribió de parte de la iglesia de Roma en el 96 dC). Como dice "brevemente", parece que la primera opción es menos probable (aunque también es posible que Silvano llevara la carta, aunque la carta misma no recoja esa información); tiene más sentido que "brevemente" se refiera al proceso de escritura que al transporte de la carta[2]. La segunda opción es posible, pero dado que Pedro ve necesario describir a Silvano como "nuestro fiel hermano" y mencionar que es colaborador suyo (quizá coapóstol), la teoría de que era un simple escriba no nos convence. Así, nos queda la tercera opción. Se cita a Silvano como el verdadero autor de la carta, aunque el contenido y las ideas son de Simón Pedro (ver la Introducción).

Por eso era necesario hablar bien de Silvano, para asegurar a los lectores el valor de la obra que tenían entre manos. La expresión «porque así lo considero» no expresa duda (es decir, no sugiere «otros quizá no lo consideren un hermano fiel, pero yo sí»), sino que se trata de una descripción positiva para que quede claro que Pedro le da plena autoridad (como en Ro. 3:28; 8:18; 2 Co. 11:5; cf. 2 Co. 8:23, que cumple la misma función, pero usando otras palabras). Esta descripción dice así: "fiel hermano". La fidelidad es una característica muy relevante en este momento, ya que una tarea como esta solo podía confiarse a alguien de fiar (1 Co. 4:17 [de Timoteo]; Ef. 6:21; Col. 4:7 [de Tíquico]; Col 1:7 [de Epafras]; Col. 4:9 [de Onésimo]. Esta descripción asegura a los lectores que Silvano ha transmitido con precisión lo que Pedro le ha encargado que escribiera. El término "hermano" puede aplicarse a cualquier cristiano, pero como Pedro no lo ha usado en toda la epístola (aunque ha usado palabras similares), podría ser que lo utilizara con su segunda acepción de "colega" o "colaborador" (1 Co. 1:1; 2 Co. 1:1; 2:13; Ef. 6:21; Col. 1:1; 4:7; Flm. 1), identificando a Silvano como un colaborador de Pedro, del mismo modo que ya fue un colaborador de Pablo[3].

---

[2] Contra J. R. Michaels, *1 Peter* (Waco, TX, 1988), p. 306-307, que argumenta que διὰ Σιλουανοῦ se refiere a Silvano como el mensajero de la carta. No menciona el pasaje de Romanos 16:22 donde el autor se refiere al escriba, no al mensajero (aunque usa una construcción algo diferente), y pasa por alto el hecho de que aunque γράφειν en el pasaje de Eusebio se refiere al autor y no al escriba, está claro que no se refiere al mensajero de la epístola. Así que su argumento no es convincente. Ni tampoco el argumento que plantea para decir que Silvano fue el mensajero, pero que no hizo el recorrido entero, sino que encomendó la carta a otros (cita Cipriano, *Test.* 37.39). ¿Qué diferencia había en creer a alguien que decía "Silvano trajo esta carta al puerto de la ciudad" a creer "Pedro ha enviado esta carta desde Roma"? El mensajero hacía todo el recorrido que se le había encomendado; si no, no se describiría el recorrido.

[3] Este uso es semejante al uso de la entonación o adjetivos para designar ciertos cargos en las Asambleas de Hermanos o entre los Cuáqueros, ya que estos dos grupos, como la iglesia primitiva, no tienen términos oficiales para designar el servicio que hacen los hermanos que lideran sus comunidades [*N. de la T.* Puede que esta información solo sea relevante en inglés, pues a los cargos de las Asambleas de Hermanos les llaman *leading brothers*, "hermanos dirigentes", y a los de los Cuáqueros, *weighty*

Pedro añade que ha escrito "brevemente". Si bien 1ª Pedro con sus 105 versículos no es una epístola extensa si la comparamos con el resto de epístolas del Nuevo Testamento, tampoco podemos decir que sea un escrito breve, aunque sí es concisa si tenemos en cuenta el tema que trata. Pero cuando nos damos cuenta de que el autor de la epístola a los Hebreos dice lo mismo de su obra (13:22), vemos que esta descripción no es un dato preciso, sino más bien una norma establecida para finalizar las cartas, pues, supuestamente, las cartas eran breves[4]

Pedro continúa explicando cuál es el propósito al escribir la carta. En primer lugar, su deseo es animarles, exhortarles. Anteriormente ha usado este término dos veces (2:11; 5:1); en ambas ocasiones abría una sección de parénesis o exhortación ética (un uso muy común en el resto del Nuevo Testamento, p. ej., Ro. 12:1; 1 Co. 1:10; 4:16; Ef. 4:1; Fil. 4:2). Según él, lo único que les puede animar es vivir de forma correcta aun estando perseguidos.

En segundo lugar, su propósito es testificar «que esta es la verdadera gracia de Dios». La palabra griega que aquí traducimos por "testificar" (o declarar) no aparece en ningún otro lugar del Nuevo Testamento[5]. El objetivo de esta carta es, simplemente, testificar que «esta es la verdadera gracia de Dios». Pero, ¿cuál es el antecedente de "ésta"? ¿A qué hace referencia? Veremos las tres respuestas que se han dado a esta pregunta. Primero, sabemos que Pedro ha hablado de la Gracia de Dios en tres ocasiones (1:13; 5:5, 10), y esas declaraciones incluyen tanto la recompensa futura que recibirán cuando Cristo venga (1:13; 3:7; 5:10) y la relación que ya tienen con Dios (5:5; cf. 1:10; 4:10, 14), que es un anticipo de lo que podrán experimentar de forma completa y perfecta en el futuro (1:6; 2:10). Así, aunque sea difícil asociar su situación pre-

---

friends, "amigos de peso". Pero hemos considerado que mantener esta información era interesante por el comentario que viene a continuación]. En las iglesias a las que iba dirigida esta carta, el término "anciano" era un título conocido. Pero el Nuevo Testamento nunca presenta a un líder de una iglesia como "un anciano de la iglesia que hay en x", así que parece ser que este título no se usaba en la comunicación entre iglesias, sino solo como una diferenciación de funciones dentro de la misma iglesia local.

[4] Ignacio, *Rom.* 8:2; Policarpo; *Fil.* 7:3; Isócrates, *Epist.* 2.13; 8.10; Plinio, *Epist.* 3.9.27; "he escrito" (ἔγραψα, una única palabra, y el verbo principal de esta frase) es un aoristo epistolar.

[5] Ἐπιμαρυρῶν no es enfático, pero hace más hincapié en el concepto de verdad que cualquier otro verbo con el sentido de "decir" o "comunicar". Cf. H. Strathmann, "ἐπιμαρτυρέω", *TDNT*, IV, 508.

sente con la Gracia de Dios, si lo miran desde la perspectiva adecuada podrán ver que ciertamente están recibiendo esa gracia[6]

Segundo, según otros comentaristas, la palabra griega que traducimos por "esta" hace referencia al sufrimiento de los cristianos, tanto al presente, como al que probablemente padecerán en el futuro. Así, lo que para los creyentes es una carga, de hecho, forma parte de la multiforme gracia de Dios (4:10)[7].

Tercero, "esta" podría referirse a toda la carta. Es decir, Pedro podría estar diciendo: «Os he escrito una carta breve para animaros y testificar que esta enseñanza es verdaderamente un regalo [gracia] de Dios»[8]

De hecho, la primera y la tercera explicación son bastante parecidas. La segunda es la menos probable por las razones que ya exponemos en el pie de página. El propósito de la carta es ver el sufrimiento desde una perspectiva escatológica, es decir, hacerles ver la Gracia de Dios que recibirán y que ya están recibiendo, y así animarles a seguir confiando en Dios (el uso de "gracia" al que la primera sugerencia hacía referencia). Pero dado que estas palabras aparecen inmediatamente después de la recomendación de Silvano, lo más probable es que esté haciendo referencia a toda la carta, no a las menciones de la Gracia que la carta recoge. Sea como sea, estas palabras subrayan que Dios no es indiferente ante su sufrimiento, sino que lo valora y lo recompensa.

De ahí Pedro pasa a una breve exhortación: «Estad firmes en ella»[9] Ahora no es momento de rendirse, sino que es hora de mantenerse

---

[6] L. Goppelt, *Der erste Petrusbrief*, p. 350; J. N. D. Kelly, *The Epistles of Peter and of Jude* (Londres, 1969), p. 216-17.

[7] N. Brox, *Der erste Petrusbrief* (Zürich, 1986), p. 244-45. Para respaldar su teoría cita las palabras de 2:19-20: χάρις παρὰ Θεῷ. Desafortunadamente no coinciden con las que aquí tenemos, χάριν τοῦ Θεοῦ, ya que en el pasaje anterior se está haciendo referencia a las acciones humanas que agradan a Dios, y en este versículo se está hablando de la gracia que Dios otorga. Ταύτην es femenino, pero eso no quiere decir necesariamente que esté haciendo referencia a la palabra femenina   que aparece anteriormente, ya que el pronombre femenino puede concordar con un sustantivo atributivo (o atributo), en lugar de concordar con su antecedente (BDF, p. 73 [#132(1)]).

[8] C. Bigg, *A Critical and Exegetical Commentary on the Epistles of St. Peter and St. Jude* (Edimburgo, 1910), p. 196; J. R. Michaels, *1 Peter*, p. 309-10. Michaels explica que aunque la teoría del sustantivo atributivo es suficiente para explicar el género femenino, puede que ἐπιστολη, esté sobreentendido, lo que influiría en la elección de ese género.

[9] Textualmente, la expresión εἰς ἣν στῆτε es bastante fiable, aunque muchos de los manuscritos tardíos lo equiparan a Romanos 5:2; 2 Co. 1:24, y como resultado contienen ἑστήκατε, «en la cual estamos firmes». Pero también es bastante compleja, gramaticalmente hablando. En primer lugar, uno esperaría una explicación de lo que "esta" significa, pero eso no ocurre. Eso ha llevado a algunos comentaristas (p. ej., M. Zerwick y M. Grosvenor, *A Grammatical Analysis of the Greek New Testament*

firmes en la fe (del mismo modo que ya han sido exhortados a resistir al diablo firmes en la fe, 5:9) y de aferrarse a lo que ya tienen, es decir, la Gracia de Dios. Éste es el principal propósito de la epístola.

13 Después de haber resumido su carta, como es de esperar en todas las cartas, nuestro autor pasa a los saludos finales. Era normal enviar saludos de la iglesia donde el autor estaba en ese momento, nombrando a los líderes de los grupos que se reunían en las casas si estos eran conocidos por los receptores (p. ej., Ro. 16:23; 1 Co. 16:19-20) o dando un saludo general si los receptores no conocían a nadie. Pedro opta por la segunda fórmula: «La que está en Babilonia, elegida juntamente con vosotros, os saluda». Algunos comentaristas del pasado interpretaron que "la" hacía referencia a la esposa de Pedro, pues parece ser que le acompañaba en sus viajes (1 Co. 9:5; cf. Mt. 8:14). Sin embargo, es muy extraño que no la mencione en toda la carta si los receptores, los cristianos de Asia Menor, la conocían lo suficientemente bien para que ella enviase saludos, y también es extraño que en vez de asociarse a él mismo con Babilonia, la asocie a ella. Así, como ocurre en 2ª Juan 1:13, la "hermana" en cuestión es la "ekklesia"[10]. Ella es la que ha sido «elegida juntamente con vosotros» (en griego, palabra compuesta que no aparece en ningún otro lugar del Nuevo Testamento)[11], porque los cristianos de Babilonia cristianos también habían sido "escogidos", "llamados" o "elegidos" al igual que los cristianos de Asia Menor (1:1, 15; 2:9, 21; 3:9; 5:10); además, tienen algo más en común (cf. 5:9, donde vemos que las otras iglesias también están padeciendo).

Pero, ¿dónde estaba esa iglesia, y por qué usa Pedro el término de "Babilonia"? Veamos tres propuestas diferentes. En primer lugar, al-

---

[Roma, 1979], p. 716) a defender que lo que vemos en el texto es lo que Pedro escribió, pero que quiso decir otra cosa. En segundo lugar, este es el único lugar en las epístolas neotestamentarias en el que encontramos un claro ejemplo del caso en el que la partícula εἰς se usa como ἐν, aunque esta confusión es bastante común en el Koiné. La rara estructura gramatical que tenemos aquí nos sugiere que, o bien como ya era el final de la carta el autor ya estaba cansado de escribir (los problemas gramaticales de 5:8 y 9 podrían deberse a la misma razón), o bien fue otra persona la que redactó la conclusión. Sea como sea, no es sorprendente encontrar un imperativo a modo de conclusión de la epístola; cf. 1 Jn. 5:21 o Stgo. 5:13-20.

[10] De hecho, varios manuscritos, א incluido, a esta frase le añaden la palabra ἐκκλησία (iglesia) para que pueda entenderse mejor.

[11] Si interpretamos que el referente femenino es la esposa de Pedro, entonces συνεκλεκτή significaría «elegida juntamente conmigo». La partícula en sí simplemente significa «elegida juntamente con».

gunos dicen que esa Babilonia estaba en Egipto, ya que Estrabón (*Geog* 17.1 y 30) y Josefo (*A.* 2.15.1) mencionan a una guarnición romana con ese nombre, y la ubican en Egipto cerca del Cairo, y según la tradición de la Iglesia, Juan Marcos está relacionado con la fundación de la iglesia en Egipto (Eusebio, *Hist. Ecl.* 2.16 y 24). Pero la tradición no asocia a Pedro con Egipto (de hecho, en la misma sección Eusebio sitúa a Pedro en Roma), y a Marcos se le asocia con Alejandría, no con zonas más al Sur. Además, no es lógico que para referirse a un lugar un autor usara, sin dar más explicaciones, el nombre de una guarnición militar. Por tanto, podemos olvidarnos de esta teoría.

Obviamente, es posible que "Babilonia" se refiera a la ciudad de Mesopotamia. Es posible que años antes Pedro hubiera estado viajando, pero durante el reino de Claudio la comunidad judía marchó de Babilonia y se fue a Seleucia (Josefo, *A.* 18.9.8-9), y esa es aproximadamente la misma época en la que Pedro tuvo que marchar de Jerusalén debido a la persecución de Herodes Agripa I. Además, durante el siglo I Babilonia sufrió una crisis general, razón por la cual Trajano se encontró con una ciudad fantasma cuando llegó allí en el año 115 (Dión Casio, *Hist.* 68.30). Finalmente, en la tradición siria no encontramos ningún indicio de que Pedro viajara por la región mesopotámica. Así, es altamente improbable que Pedro estuviera en Babilonia en la misma época que Silvano (quien, como sabemos, viajó a Asia Menor y a Grecia con Pablo).

Así, Roma sería la única opción viable. Es bien sabido que tanto fuentes judías como cristianas en muchas ocasiones usaban el término "Babilonia" para referirse a Roma. En la tradición cristiana vemos que en Apocalipsis 14:8; 17:5, 18; 18:2 "Babilonia" se refiere a Roma. La tradición judía, Sib. Or. 5:143, 159 (referencias a Nerón) y 2 Bar. 11:1; 67:7 (referencia a Vespasiano), y también los escritos rabínicos tardíos (demasiado tardíos para nuestro estudio), se refieren a Roma bajo el nombre de Babilonia. Aunque 1ª Pedro es probablemente anterior a todas estas obras (a menos que uno relacione el Apocalipsis con la persecución de Nerón), todas usan el simbolismo veterotestamentario. Babilonia es el lugar de exilio (Sal. 137; Is. 43:14 en contexto con 5-6) y es una ciudad perversa y altiva (Is. 13; Jer. 50-51; Da. 5:17-31). En el Apocalipsis también es el lugar de persecución (Ap. 17:5-6, aunque esta idea también aparece implícita en el símbolo de la matanza en los pasajes del Antiguo Testamento). Todos estos significados serían apropiados para 1ª Pedro. A nuestro autor le preocupaba el tema de la santidad (1:15-16), así que para él Roma debía ser el centro del mal en el mundo (cf. Ap. 18). También le preocupaba la persecución, y la persecución ordenada por Nerón venía desde Roma (puede que los cristianos también vieran la expulsión de los judíos de Roma bajo el gobierno de Claudio como persecución). Por último, otro concepto importante es el del exilio (1:1, 17; 2:11; implícito en pasajes que hablan de que culturalmente, se sienten como extranjeros), así que Roma casi acaba siendo un sinónimo de Babilonia, y se convierte en un bello símbolo de la capital del exilio, lejos de la verdadera herencia en los cielos. Pedro dice algunas cosas positivas sobre el gobierno (2:13-17), pero estas contrastan y están limitadas porque ese mismo gobierno es la capital del mal. Al mencionar esta realidad, de nuevo subraya su solidaridad con los cristianos de Asia Menor y con su sufrimiento[12]

El que también envía saludos es "mi hijo Marcos". Está claro que se trata de Juan Marcos, cuya casa se convirtió al parecer en un lugar habitual para Pedro (Hch. 12:12-17; puede que Pedro viviera allí normalmente, o que hicieran allí las reuniones de los líderes de la iglesia). Había viajado con Pablo, hasta que abandonó la misión (Hch. 12:25; 13:13). Parece ser que más adelante su actitud cambió, cosa que convenció a Bernabé, que era familiar suyo. Al principio, no ocurrió lo mismo con Pablo (Hch. 15:36-39), pero con el tiempo, éste también llegó a valorar mucho a Marcos, sobre todo porque estuvo con

[12] K. Heussi, *Die römische Petrustradition in kritischer Sicht* (Tübingen, 1955), y M.-É. Boismard, "Une liturgie baptismale dans la Prima Petri", *RB* 63 (1956), 182-208, defienden que como Babilonia es un símbolo, podría ser que en vez de referirse a un lugar concreto, estuviera haciendo referencia al mundo como lugar de exilio. Creo que no es una teoría acertada debido a la asociación directa que hay entre Babilonia y Roma tanto en la tradición judía como en la cristiana, y a la naturaleza de los saludos en las epístolas neotestamentarias, que siempre citan a personas específicas, a las que se las ubica en lugares conocidos. L. Goppelt, *Der erste Petrusbrief*, p. 352, argumenta que la visión positiva que generalmente Pedro tiene del gobierno indican que el tema que le preocupa no es la cuestión del exilio en sí, sino el símbolo de Roma como el poder mundial del final de los tiempos y su tendencia hacia la persecución y la presión a conformarse. Dadas las referencias a Babilonia que tenemos en el AT, que la presentan como un lugar de exilio, juntamente con el uso que Pedro hace de este término, ¿por qué excluirlo? Aunque tampoco deberíamos usarlo para excluir las asociaciones apocalípticas a las que Goppelt apunta. Puesto que el apóstol solo hace una breve referencia a ese símbolo tan rico, tenemos que concluir que nuestro autor probablemente intenta introducir toda la amplitud de su significado; al menos no excluye ningún aspecto de su significado. Finalmente, estamos de acuerdo con Goppelt en que Babilonia es un símbolo, no un nombre en clave: lo único que podía ofender a un romano que leyera la epístola era el cristianismo que Pedro ya había estado predicando de forma pública.

él durante su encarcelamiento en Roma (Col. 4:10; Flm. 24; 2 Ti. 4:11). Así que es natural que tuviera una relación muy estrecha con Pedro (a quien debió de conocer en Jerusalén) cuando vino a Roma, como recoge Eusebio (Eusebio, *Hist. Ecl.* 3.39.15; esto tendría mucho sentido, sobre todo si entonces Pablo ya estuviera muerto).

Pedro llama a Marcos "mi hijo". Como Marcos era de Jerusalén, no de Galilea, no podía ser el hijo sanguíneo de Pedro, y no hay razón para creer que se convirtiera a través de Pedro y que por eso Pedro le llamara hijo en un sentido espiritual (1 Co. 4:15; Gá. 4:19; Flm. 10). Tampoco hay razón para pensar que Pedro usara la metáfora del cuidador paternal que Pablo usa en tantas ocasiones (1 Ts. 2:11-12). Creo que lo que aquí tenemos es una relación entre un cristiano maduro y uno más joven, es decir, una relación de maestro-discípulo (un uso que, como podemos ver en Mt. 12:27 y Hch. 23:6, al parecer era normal en los círculos judíos)[13]. Esto no significa que Marcos no fuera un líder de la iglesia, sino que en relación con Pedro, tenía una responsabilidad de menor peso, puesto que en una cultura como aquella, todo adulto quedaba por debajo de sus mayores hasta que estos murieran. Aunque no sabemos de ningún viaje de Marcos a Asia Menor, lo que está claro es que Pedro da por sentado que las iglesias en aquella zona van a reconocer ese nombre, le conozcan en persona o no[14].

14 Ya no hay más saludos provinentes de Roma. Ahora que la carta ya ha llegado a su final, es bueno que los lectores se saluden unos a otros en la forma en la que solían hacerlo, es decir, «con un beso de amor». Pablo menciona el «ósculo o beso santo» al final de sus epístolas (Ro. 16:16; 1 Co. 16:20; 2 Co. 13:12; 1 Ts. 5:26), esperando que los lectores se saludaran así cuando en el culto se llegara al final de la carta. Pedro usa una expresión más informal, "beso de amor", que define muy

[13] L. Goppelt, *Der erste Petrusbrief*, p. 352-53, defiende esta teoría de la relación maestro-discípulo basándose en materiales judíos. Pero las evidencias que hay son rabínicas, por lo que son demasiado tardías. Las citas del Nuevo Testamento tampoco son lo suficientemente numerosas para indicar que se trataba de un uso muy extendido. Pablo usa τέκνον en este sentido en 1 Co. 1:17; 1 Ti. 1:2; 2 Ti. 1:2. Lo que nos causa problemas es el uso en singular y con este sentido que Pedro hace de   (en los ejemplos citados arriba aparece en plural).

[14] Col. 4:10 y Flm. 24 muestran que Marcos era conocido en Colosas; 2 Ti. 4:11 asume que también se le conoce en Éfeso. Estas dos ciudades estaban en la provincia de Asia. La tradición que dice que Marcos estaba con Pedro en Roma había llegado a oídos de Papías y de un "presbítero" que le había precedido (Eusebio, *Hist. Ecl.* 2.15.1 y 3.39.15).

bien el significado de ese acto[15]. En el mundo antiguo, para saludarse era normal besarse entre los miembros de la familia (padres e hijos; hermanos y hermanas; siervos y amos) y, a veces, entre comerciantes y sus clientes. El beso erótico es secundario, y en la literatura no ocupa un lugar predominante. Creo que es este beso familiar el que está detrás de la práctica neotestamentaria, pues todos los cristianos estaban considerados como hermanos y hermanas. Este beso afectuoso solía darse en las mejillas, en la frente o en las manos. Podemos pensar que esta era la práctica normal a la que Pedro hace mención. Aunque no sabemos exactamente en qué parte del culto se realizaba, es probable que fuera una forma de saludo (Lc. 7:45; 15:20) o de despedida (Hch. 20:37). La influencia podría venir de los discípulos, que parece ser que también tenían esta práctica (Mr. 14:44-45 y paralelos; al contrario, no hay ningún documento que recoja que esta práctica también estuviera presente en las sinagogas). Por otro lado, también es posible que este beso fuera ya una costumbre que precediera a la Eucaristía, como símbolo de la reconciliación entre la "familia" de Dios[16]. Al llamarlo el "beso de amor", no solo subraya el significado etimológico de "beso" (*philēma* en griego, que viene del verbo *phileō*, que significa amar como se ama a un familiar o amigo [distinto al amor erótico]), sino que también expresa el debido tipo de relación entre los miembros de la comunidad cristiana (la palabra griega que aquí se traduce por "amor" es el conocido término *agapē*, que también aparece en 1:22; 4:8).

Una vez ha acabado con los saludos, el autor concluye con una sencilla bendición[17]. En lugar de la repetida petición de Pablo de que

---

[15] J. R. Michaels, *I Peter*, p. 313, sugiere que Pablo habla de un "beso santo" para acentuar la pureza sexual de las expresiones de amor en las congregaciones cristianas. Puede ser cierto, pero no tenemos ninguna evidencia de que "ósculo santo" no fuera la expresión común en sus iglesias para referirse al saludo entre los hermanos.

[16] G. Stählin, "φιλέω", *TDNT*, IX, 118-24, 138-46. Las evidencias que asocian el beso con la Eucaristía son claras en cuanto al siglo II (Justino, *Apol.* 1.65), pero no en cuanto al siglo I; cf. el argumento de que el propósito de 1 Co. 16:22 es introducir la Eucaristía. Dado el escaso conocimiento que tenemos de la liturgia del primer siglo, no podemos asegurar, como tampoco negar, que el saludo o beso estuviera relacionado con la Eucaristía. R. Banks, *Going to Church in the First Century* (Chipping Norton, NSW, Australia, 1980), p. 12-15, 39, habla sobre el uso del beso en los saludos y las despedidas.

[17] J. D. Quinn, "Notes on the Text of P72", p. 246, observa que en el manuscrito p72 no aparece la bendición, ni tampoco en su ejemplar. Argumenta que la bendición era algo que se solía añadir al final de los sermones que se pronunciaban en la Iglesia y que luego pasó a formar parte de la mayoría de manuscritos de 1ª Pedro. No obstante, ninguna de las epístolas que utilizan las fórmulas de saludos acaba así. Todas acaban

la Gracia de Dios esté con los lectores (Ro. 16:20: 1 Co. 16:23; 2 Co. 13:13; Gá. 6:18; también al final de las otras nueve epístolas del corpus paulino; Pedro menciona la Gracia en 5:12), Pedro le pide a Dios que les dé paz (3 Jn. 15; Pablo también hace lo mismo en algunas ocasiones, Ro. 15:33; 2 Co. 13:11; Gá. 6:16; Ef. 6:23; 2 Ts. 3:16, pero nunca como bendición final). Lo más probable es que esta bendición signifique lo mismo que el saludo hebreo *šālōm*, que deseaba buena salud y buenas relaciones tanto con las personas como con Dios. Este deseo coincide con el que encontramos en 1:2, y con la situación de dificultad en la que se encontraban los receptores de la carta. Esa paz es para «todos vosotros los que estáis en Cristo», que no significa que algunos de ellos no estén en Cristo, sino que es para ellos *porque* están en Cristo. Su buena conducta (3:16), su esperanza futura (5:10), y la paz que tienen en el presente son consecuencia de su relación con Cristo, de su identificación con Él. Por tanto, su paz no es la paz de este mundo, sino la bendición de la era venidera y de su Señor, la cual ya pueden experimentar en su "familia" como anticipo de lo que ha de venir.

con una bendición final. Así, antes de llegar a la conclusión de que el manuscrito p[72] refleja el texto original, deberíamos preguntarnos por qué Pedro acaba la carta de forma abrupta y no usa la típica fórmula de cierre epistolar. La conclusión alternativa sería que el escriba de p[72] o uno de sus antecesores usó un ejemplar que tenía un trozo dañado.

BIBLIOGRAFÍA ADICIONAL
de la edición en castellano

Barbieri, Louis A. *Primera y segunda de Pedro*. Portavoz. Chicago 1981.

Barclay, William. *Santiago, I y II Pedro*. El Nuevo Testamento comentado, v. 14. La Aurora. Buenos Aires 1974.

Bartina, S. "Pedro Manifiesta su Poder Primacial." *CultBíb* 21 (1964), 333-36.

Bojorge, H. «Fundamentación y normas de la conducta cristiana según la 1ª carta de Pedro.» *RevistB* 37 (1975), 269-77.

Brox, Norbert. *La primera carta de* Pedro. Sígueme. Salamanca, 1994.

Cervantes Gabarrón, José. *La pasión de Jesucristo en la Primera carta de Pedro*. Verbo Divino. Estella, 1991.

Cordero, M. G. «El Sacerdocio Real en 1 P. 2:9.» *CultBíb* 16 (1959), 321-23.

Cothenet, E. *Las cartas de Pedro*. Verbo Divino. Estella, 1990.

Díaz, R. M., y Camps, G. M., *Epístoles Catòliques*. Montserrat, 1958.

Elliot, John H. *Un hogar para los que no tienen hogar; Estudio crítico social de la carta primera de Pedro y de su situación y estrategia*. Verbo Divino. Estella, 1995.

Fermín de la Cot. *Epístolas católicas*. Barcelona: Labrana, 1921.

Fickett, H. *Los principios del pescador*. Ed. CLIE, Terrassa, Barcelona, 1976.

Fitzmyer, J. "Primera epístola de San Pedro», en *Comentario Bíblico San Jerónimo*. Ed. Cristiandad. Madrid, 1972.

Franco, R. *Cartas de San Pedro*. Ed. B.A.C. Madrid, 1962.

Green, Eugenio. *1 y 2 Pedro*. Comentario Bíblico Hispano Americano. Caribe. Miami, 1993.

Griffith, T. *El Apóstol Pedro*. CLIE. Terrassa, 1984.

Henry, Matthew. *Comentario Bíblico*. CLIE. Terrassa, 1999.

Kistemaker, Simon J. *1 y 2 Pedro, Judas*. Libros desafío. Grand Rapids, 1994.

Ladd, G. E. *Teología del Nuevo Testamento*. Colección de Teología contemporánea, Clie. Barcelona, 2002.

McClanahan. *1ª Pedro: mensaje de estímulo*. Ed. C.B.P. El Paso, Texas, 1982.

Meyer, F.B. *Probado por fuego; Comentario a la 1ª Epístola de Pedro*. CLIE. Terrassa, 1983.

Ordóñez, V. «El Sacerdocio de los fieles (Sentido escriturístico textual).» *Revista española de teología* 64 (1956), 359-79.

Ramos, F. F. «El sacerdocio de los creyentes (1 Pe. 2:4-10).» En *Teología del Sacerdocio*. Burgos: Ediciones Aldecoa, 1970, 11-47.

Salguero, J., y Cordero, M. García. *Epístolas Católicas. Biblia Comentada* 7. Madrid, 1965.

Schelke, Karl Hermann. *Cartas de Pedro, Carta de Judas*. Fax. Madrid, 1974.

Schwank, Benedikt. *El Nuevo Testamento y su mensaje: Primera carta de Pedro*. Herder. Barcelona, 1979.

VV.AA. *Pedro en la Iglesia Primitiva* (de. R. Aguirre). Verbo Divino. Estella, 1991.

Tuñí, Josep-Oriol y Xavier Alegre. *Escritos joánicos y cartas católicas*. Verbo Divino. Estella, 1995.

BIBLIOGRAFÍA
de la edición original

Aalen, S. "Oversettelsen av ortet ἐπερώτημα i dåpstedet 1 Petr. 3:21." *TTKi* 43 (1972), 161-75.

Adinolfi, M. "Stato civile dei cristiani 'foprestieri e pellegrini' (1 Pt 2:11)." *Ant* 42 (1967), 420-34.

Adinolfi, M. "Temi dell'Esodo nella 1 Petr." *AtSetB* 19 (1966), 319-36.

Agnew, F. H. "1 Peter 1:2—An Alternative Translation." *CBQ* 45 (1983), 68-73.

Alford, H. *Hebrews-Revelation.* Vol. 4, *Alford's Greek Testament.* 5th ed. London: Rivingtons, 1875; rpt. Grand Rapids: Baker, 1980.

Andrianopoli, L. *Il mistero di Gesù nelle lettere di San Pietro.* Turin: Societa editrice internazionale, 1935.

Anonymous. "Quel est le vrai sens de 'tradebat autem judicanti se iniuste' de 1 Petr. 2,21?" *AmiDuCl* 49 (1932), 48.

Antoniotti, L.-M. "Structure littéraire et sens de la premiere Épître de Pierre." *Revue tomiste* 85 (1985), 533-60.

Arichea, D. C., Jr. "God or Christ? A Study of Implicit Information." *BibTr* 28 (1977), 412-18.

Arichea, D. C., and Nida, E. A. A *Translator's Handbook on the First Letter from Peter. Helps for Translators.* New York: United Bible Societies, 1980.

Arvedson, T. "Syneidēseōs agathēs eperōtēma (1 Petr. 3:21)." *SEÅ* 15 (1950), 55-61.

Ashcraft, M. "Theological Themes in I Peter." *Theological Educator* 13 (1982), 55-62.

Augusti, J. C. W. *Die katholischen Briefe, neu übersetzt und erklärt mit Excursen und einleitenden Abhandlungen herausgegeben.* Lemgo: Meyer, 1801-08.

Baker, J. "Priesthood of All Believers." *Th* 69 (1966), 60-65.

Balch, D. L. "Early Christian Criticism of Patriarchal Authority: 1 Peter 2:11-3:12." *Union Seminary Quarterly Review* 39 (1984), 161-73.

Balch, D. L. "Hellenization/Acculturation in 1 Peter." In *Perspectives on First Peter.* Ed. C. H. Talbert. Macon, GA: Mercer University Press, 1986, 79-102.

Balch, D. L. *Let Wives Be Submissive: The Domestic Code in 1 Peter.* SBLMS 26. Ed. J. Crenshaw. Chico, CA: Scholars Press, 1981.

Baldwin, H. A. *The Fisherman of Galilee.* New York: Fleming H. Revell, 1923.

Balocco, A. A. "Avviando alla lettura di S. Pietro." *RivLasall* 33 (1966), 180-213.

Baltensweiler, H. *Die Ehe im Neuen Testament. Exegetische Untersuchungen über Ehe, Ehelosigkeit und Ehescheidung.* Zürich: Zwingli Verlag, 1967.

Balthasar, H. U. von. "Abstieg zur Hölle." *ThQ* 150 (1970), 193-201.

Balz, H., and Schrage, W. *Die katholischen Briefe: Die Briefe des Jakobus, Petrus, Johannes und Judas.* 11th ed. NTD 10. Göttingen: Vandenhoeck & Ruprecht, 1973.

Bammel, E. "The Commands In 1 Peter 2:17." *NTS* 11 (1964-65), 279-81.

Banks, R. *Going to Church in the First Century.* Chipping Norton, NSW, Australia, 1980.

Banks, W. L. "Who are the Spirits in Prison? (1 Pt. 3:19)." *Eter* 16,2 (1966), 23-26.

Barbieri, L. A. *First and Second Peter.* 2nd ed. Chicago: Moody Press, 1978.

Barclay, W. *The Letters of James and Peter. Daily Study Bible.* 2nd ed. Philadelphia: Westminster, 1976.

Barnes, A. *Notes on the New Testament, Explanatory and Practical—James, Peter, John and Jude.* Grand Rapids: Baker, 1951.

Barnett, A. E. *Paul Becomes a Literary Influence.* Chicago: University of Chicago Press, 1941.

Barr, A. "Submission Ethic in the First Epistle of Peter." *HartfQ* 20 (1961), 27-33.

Barr, J. "*b 'rs*—μόλις: Prov. 11:31,1 Pet. 4:18." *JSS* 20 (1975), 149-64.

Bauer, J. B. "Aut maleficius aut alieni speculator (1 Petr. 4,15)." *BZ* 22 (1978), 109-15.

Bauer, J. B. "Der erste Petrusbrief und die Verfolgung unter Domitian." *ErfTSt* 38 (1977), 513-27. Also in *Die Kirche des Anfangs: Festschrift für H. Schürmann.* Ed. R. Schnackenburg. Leipzig: St. Benno Verlag, 1978, 513-27.

Bauer, J. B. *Der erste Petrusbrief.* Die Welt der Bibel, Kleincommentar 14. Düsseldorf: Patmos, 1971.

Bauer, W. *A Greek-English Lexicon of the New Testament and Other Early Christian Literature.* 2nd ed. Trans. W. F. Arndt and F. W. Gingrich. Chicago: University of Chicago Press, 1979.

Beare, F. W. *The First Epistle of Peter.* 3rd ed. Oxford: Basil Blackwell, 1970.

Beare, F. W. "Review of *The First Epistle of Peter,* by E. G. Selwyn." *JBL* 65 (1946), 329-33.

Beare, F. W. "Some Remarks on the Text of I Peter in the Bodmer Papyrus (p^{72})." In *SE* Ed. F. L. Cross. Berlin, 1964, 263-65.

Beare, F. W. "The Teaching of First Peter." *ATR 27* (1945), 284-96.

Beare, F. W. "The Text of I Peter in Papyrus 72." *JBL* 80 (1961), 253-60.

Beasley-Murray, G. R. *Baptism in the New Testament.* Grand Rapids: Wm. B. Eerdmans, 1962.

Beasley-Murray, G. R. *The General Epistles: James, 1 Peter, Jude, 2 Peter.* Bible Guides 21. Nashville: Abingdon, 1965.

Beck, J. T. *Erklärung der Briefe Petri.* Ed. V. J. Lindenmeyer. Gütersloh: C. Bertelsmann, 1896.

Beelen, J. T., and Van Der Heeren, *A. De Katholieke Brieven.* Brügge: K. Beyaert-Storie, 1932.

Bengel, J. A. *Gnomon Novi Testamenti.* 3rd ed. Curante E. Bengel. Tübingen, 1773.

Bennett, W. H. *The General Epistles: James, Peter, John, Jude.* CBC. New York: H. Frowde, 1901.

Berger, K. "Unfehlbare Offenbarung: Petrus in der gnostischen und apokalyptischen Offenbarungsliteratur." In *Kontinuität und Einheit: Festschrift für F. Mussner.* Ed. P. Müller. Regensburg, 1981, 261-326.

Berkhof, H. *Christ and the Powers.* Scottdale, PA: Herald Press, 1962.

Bernard, J. H. "The Descent into Hades and Christian Baptism (A Study of 1 Peter 3:19ff)." *Exp* ser. 8/64 (1916), 241-77. Cf. "Odes of Solomon," in *Texts and Studies,* Vol. 8, nr. 3 (1912).

Besser, W. F. *Die Briefe St. Petri in Bibelstunden für die Gemeinde ausgelegt. Vol. 8.* Bibelstunden. Halle, 1854.

Best, E. *1 Peter.* NCB. London: Oliphants and Grand Rapids: Wm. B. Eerdmans, 1971.

Best, E. "I Peter II.4-10—A Reconsideration." *NovT* 11 (1969), 270-93.

Best, E. "I Peter and the Gospel Tradition." *NTS* 16 (1969-70), 95-113.

Best, E. "Spiritual Sacrifice—General Priesthood in the New Testament." *Interp* 14 (1960), 273-99.

Bieder, W. "Der Descensus Jesu Christi und die Mission der Christen." *Kirchenblatt für die reform Schweiz* 119 (1963), 306-309.

Bieder, W. *Grund und Kraft der Mission nach dem ersten Petrusbrief. Theologische Studien 29.* Zürich: Evangelischer, 1950.

Bieder, *W. Die Vorstellung von der Höllenfahrt Jesu Christi: Beiträg zur Entstehungsgeschichte der Vorstellung vom sogenannte Descensus ad inferos.* Zürich: Zwingli, 1949.

Bigg, C. A. *A Critical and Exegetical Commentary on the Epistles of St. Peter and St. Jude.* 2nd ed. ICC. Edinburgh: T. and T. Clark, 1902.

Bindley, T. H. "1 Peter 3,18f." *ExpT* 41 (1929), 43.

Biser, E. "Abgestiegen zu der Hölle." *MTZ* 9 (1959), 205-11.

Bishop, E. F. F. *"Oligoi* in 1 Peter 3:20." *CBQ* 13 (1951), 44-45.

Bishop, E. F. F. "Word of a Living and Unchanging God." *MuslimW* 43 (1953), 15-17.

Bisping, *A. Erklärung der sieben katholischen Briefe.* EHNT 8. Munich: Aschendorff, 1871.

Bjerkelund, C. J. *Parakalô: Form, Funktion und Sinn derParakalô-Sätze in den paulinischen Briefen.* Oslo, 1967.

Blazen, I. T. "Suffering and Cessation from Sin according to 1 Peter 4:1." *AUSemSt* 21 (1983), 27-50.

Blendinger, C. "Kirche als Fremdlingschaft; 1 Petrus 1:22-25." *Com Via* 10 (1967), 123-34.

Blenkin, G. W. *The First Epistle General of Peter.* CGT. Ed. R. St.-J. Parry. Cambridge: Cambridge University Press, 1914.

Blevins, J. L. "Introduction to 1 Peter." *Review and Expositor* 79 (1982), 401-13.

268

Blinzler, J. "IEPATEYMA: zur Exegese von 1 Petr. 2:5 and 9." In *Episcopus: Studien ... Kardinal von Faulhaben dargebracht.* Regensburg, 1949, 49-65.

Blum, E. A. "1 Peter." *The Expositor's Bible Commentary* 12. Ed. F. Gaebelein. Grand Rapids: Zondervan, 1981.

Boatti, A. *Le Lettere Cattoliche tradotte dal testo greco e annotate.* Sale Tortonexe: Ermite, 1932.

Boismard, M.-É. "Pierre (Première épître de)." *DBSup* 7. Paris, 1966, 1415-55.

Boismard, M.-É. *Quatres hymnes baptismales dans la première épître de Pierre.* Lectio Divina 30. Paris: Editions du Cerf, 1961.

Boismard, M.-É. "La typologie baptismale dans la première épître de Saint Pierre." *Vie spirituelle* 94 (1956), 339-52.

Boismard, M.-É. "Une liturgie baptismale dans la Prima Petri. I. Son influence sur Tit., 1 Jo. et Col." *RB* 63 (1956), 182-208.

Boismard, M.-É. "Une liturgie baptismale dans la Prima Petri. II. Son influence sur l'epitre de Jacques." *RB* 64 (1957), 161-83.

Bolkestein, M. H. "De Kerk in haar vreemdelingschap volgens de eerste brief van Petrus." *NieuweTS* 25 (1942), 181-94.

Boobyer, G. H. "The Indebtedness of 2 Peter to 1 Peter." *New Testament Essays. Studies in Memory of T. W. Manson.* Ed. A. J. B. Higgins. Manchester: Manchester University Press, 1959, 34-53.

Borchert, G. L. "The Conduct of Christians in the Face of the Fiery Ordeal (1 Peter 4:12-5:11)." *Review and Expositor* 79 (1982), 451-62.

Bornemann, W. "Der erste Petrusbrief—eine Taufrede des Silvanus?" *ZNW* 19 (1919/20), 143-65.

Bomhauser, K "Jesus Predigt für die Geister." *AlEvLKZ* 54 (1921), 322-24.

Bousset, W. "Zur Hadesfahrt Christi." *ZNW* 19 (1919), 50-66.

Bovon, F. "Foi chrétienne et religion populaire dans la première épître de Pierre." *ETR* 53 (1978), 25-41.

Bowker, J. *The Targums and Rabbinic Literature.* Cambridge: Cambridge University Press, 1969.

Brandt, W. "Wandel als Zeugnis nach dem 1. Petrusbrief." In *Verbum Dei manet in aeternum. Festschrift für O. Schmitz.* Ed. W. Förster. Wittenberg: Luther-Verlag, 1953.

Bratcher, R. G. A *Translator's Guide to the Letters of James, Peter, and Jude.* London: United Bible Societies, 1984.

Brooks, O. S. "1 Peter 3:21—the Clue to the Literary Structure of the Epistle." *NovT* 16 (1974), 290-305.

Brown, C., ed. *The New International Dictionary of New Testament Theology.* 3 vols. Grand Rapids: Zondervan, 1967-71.

Brown, J. P. "Synoptic Parallels in the Epistles and Form-History." *NTS* 10 (1963-64), 27-48.

Brown, R. E., Donfried, K. P., and Reumann, J., eds. *Peter in the New Testament.* Minneapolis: Augsburg, 1973.

Brox, N. *Der erste Petrusbrief.* 2nd ed. EKKNT 21. Zürich: Benziger, 1986.

Brox, N. "Der erste Petrusbrief in der literarischen Tradition des Urchristentums." *Kairos* 20 (1978), 182-92.

Brox, N. "'Sara zum Beispiel . . .'; Israel im 1. Petrusbrief." In *Kontinuität und Einheit: Festschrift für F. Mussner.* Ed. P. Müller. Regensburg, 1981, 484-93.

Brox, N. "Situation und Sprache der Minderheit im ersten Petrusbrief." *Kairos* 19 (1977), 1-13.

Brox, N. "Tendenz und Pseudepigraphie im ersten Petrusbrief." *Kairos* 20 (1978), 110-20.

Brox, N. *Zeuge and Märtyrer: Untersuchungen zur frühchristlichen Zeugnis-Terminologie.* Munich, 1961.

Brox, N. "Zur pseudepigraphischen Rahmung des ersten Petrusbriefes." *BZ* 19 (1975), 78-96.

Bruce, F. F. *New Testament History.* Garden City, NY: Doubleday, 1969.

Bruce, F. F. *Peter, Stephen, James and John.* Grand Rapids: Wm. B. Eerdmans, 1979.

Bruce, F. F. *This Is That.* Exeter: Paternoster Press and Grand Rapids: Wm. B. Eerdmans, 1968.

Bruce, F. F. *The Time Is Fulfilled.* Exeter: Paternoster Press and Grand Rapids: Wm. B. Eerdmans, 1978.

Brun, L. *Forste Petersbrev tolket.* Oslo: Aschehoug, 1949.

Brunk, G. R., III. "The Missionary Stance of the Church in 1 Peter." *Mission-Focus 6* (1978), 1-4.

Bultmann, R. "Bekenntnis- und Liedfragmente im ersten Petrusbrief." In *Exegetica.* Ed. E. Dinkler. Tübingen: J. C. B. Mohr, 1967, 285-97.

Burtness, J. H. "Sharing the Suffering of God in the Life of the World." *Interp 23* (1969), 277-88.

Caird, G. B. *Principalities and Powers.* Oxford: Oxford University Press, 1956.

Calloud, J., and Genuyt, F. *La première Épître de Pierre: Analyse sémiotique.* Paris: Editions du Cerf, 1982.

Calvin, J. *Calvin's Commentaries: Hebrews/1 Peter/2 Peter.* Trans. W. B. Johnston. Edinburgh: Oliver and Boyd and Grand Rapids: Wm. B. Eerdmans, 1963.

Carrington, P. "Saint Peter's Epistle." In *The Joy of Study.* Ed. S. E. John-son. New York: Macmillan, 1951, 57-63.

Cerfaux, L. "Regale sacerdotium." *Recueil Lucien Cerfaux II.* BETL 7. Gembloux, 1954, 283-315.

Chadwick, H. "St. Peter and St. Paul in Rome: The Problem of the Memoria Apostolorum ad Catacumbas." *JTS* 8 (1957), 30-52.

Charue, A. *Les Épîtres Catholiques. La Sainte Bible* 12. 3rd ed. Paris: Gabalda, 1951.

Chase, F. H. "Peter, First Epistle of." *Dictionary of the Bible 3.* Ed. J. Hastings. New York: Scribner, 1898-1904.

Cherian, C. M. "The Christian Way." *ClerMon* 24 (1960), 81-90.

Chevallier, M. A. "1 Pierre 1:1 à 2:10: Structure littéraire et conséquences exégétiques." *RHPR* 51 (1971), 129-42.

Chevallier, M. A. "Condition et vocation des chrétiens en diaspora: remarques exégétiques sur la 1re Épître de Pierre." *RechSR* 48 (1974), 387-400.

Chevallier, M. A. "Israel et l'Église selon la Première Épître de Pierre." In *Paganisme, Judaisme, Christianisme: influences et affrontemonts dans le monde antique: Mélanges offerts à Marcel Simon.* Paris: Boccard, 1978, 117-30.

Choine, J. "Descente du Christ aux enfers." *DBSup 2.* Paris, 1934, cols. 395-431.

Cipriani, S. "L'unitarieta del disegno della storia della salvezza nella 1 Lettera di S. Pietro." *RevistB* 14 (1966), 385-406.

Clemen, C. "Die Einheitlichkeit des 1. Petrusbriefes verteidigt." *TSK* 77 (1905), 619-28.

Clemen, C. "The First Epistle of St. Peter and the Book of Enoch." *Exp* ser. 6/4 (1902), 316-20.

Clemen, C. "'Niedergefahren' zu den Toten," *Ein Beitrag zur Würdigung des Apostolikums.* Giessen: J. Riecker, 1900.

Colecchia, L. F. "Rilievi su 1 Piet. 2:4-10." *RevistB* 25 (1977), 179-94.

Collins, J. J. *Apocalypse: The Morphology of a Genre. Semeia* 14. Decatur, GA: Scholars Press, 1979.

Collins, J. J. *The Apocalyptic Imagination: An Introduction to the Jewish Matrix of Christianity.* New York: Crossroad, 1984.

Combrink, H. J. B. "The Structure of 1 Peter." *Neot 9* (1975), 34-63.

Cook, D. "I Peter iii.20: An Unnecessary Problem." *JTS* 31 (1980), 72-78.

Coppens, J. "Le sacerdoce royal des fidèles: un commentaire de I Petri 11,4-10." In *Au service de la parole de Dieu: Mélanges offerts à Mgr. A. M. Charue.* Gembloux: Duculot, 1969, 61-75.

Cothenet, E. "Liturgie et vie chrétienne d'après 1 Pierre." *Conférences Saint-Serge 25* (1978), 97-113.

Cothenet, E. "Le réalisme de 'l'esperance chrétienne' selon I Pierre." *NTS* 27 (1981), 564-72.

Cothenet, E. "Le sacerdoce des fidèles d'après la Iª Petrie." *EspV* 11 (1969), 169-73.

Coutts, J. "Ephesians I.3-14 and I Peter 1.3-12." *NTS* 3 (1956-57), 115-27.

Cramer, J. A. *Catena in Epistolas Catholicas. Catenae in Novum Testamentum* 8. Oxford: Oxford University, 1840.

Cramer, J. "Exegetica et critica. Het glossematisch karacter van 1 Petr. 3:19-21 en 4:6." *NieuweB* 7 (1891), 73-149.

Cranfield, C. E. B. *1 and 2 Peter and Jude.* Torch Bible Commentaries. London: SCM, 1960.

Cranfield, C. E. B. *The First Epistle of Peter.* London: SCM, 1950.

Cranfield, C. E. B. "An Interpretation of I Peter iii.19 and iv.6." *ExpT* 69 (1957-58), 369-72.

Crehan, J. *Early Christian Baptism and the Creed.* London: Burns, Oates & Washbourne, 1950.

Cross, F. L. *1 Peter: A Paschal Liturgy.* London: Mowbray, 1954.

Cullmann, O. *Petrus. Jünger-Apostel-Märtyrer.* 2nd ed. Zürich: Zwingli, 1960; English translation *Peter: Disciple, Apostle, Martyr.* Philadelphia: Westminster, 1962.

Dalton, W. J. "Christ's Proclamation to the Spirits." *AusCathRec* 41 (1965), 322-27.

Dalton, W. J. *Christ's Proclamation to the Spirits: A Study of 1 Peter 3:18-4:6.* AnalBib 23. Rome: Pontifical Biblical Institute, 1965.

Dalton, W. J. "Christ's Victory over the Devil and the Evil Spirits." *BibToday* 2 (1965), 1195-1200.

Dalton, W. J. "The Church in 1 Peter." *Tantur Yearbook* (1981/82), 79-91.

Dalton, W. J. "Interpretation and Tradition: An Example from 1 Peter." *Greg* 49 (1967), 17-37.

Dalton, W. J. "The Interpretation of 1 Peter 3:19 and 4:6: Light from 2 Peter." *Bib* 60 (1979), 547-55.

Dalton, W. J. "Proclamatio Christi spiritibus Facta: inquisitio in textum ex prima epistolas S. Petri 3:18-4:6." *VerDom* 42 (1964), 255-40.

Dalton, W. J. "'So That Your Faith May Also Be Your Hope in God' (1 Peter 1:21)." In R. J. Banks, ed., *Reconciliation and Hope: New Testament Essays on Atonement and Eschatology Presented to L. L. Morris on his 60th Birthday.* Exeter: Paternoster Press and Grand Rapids: Wm. B. Eerdmans, 1974, 262-74.

Daniélou, J. *Sacramentum Futuri.* Paris: Beauchesne, 1950.

Danker, F. W. "I Peter 1,24—2,17: A Consolatory Pericope." *ZNW* 58 (1967), 93-102.

Danker, F. W. *Invitation to the New Testament. Epistles IV: A Commentary on Hebrews, 1 and 2 Peter, 1, 2, and 3 John and Jude.* Garden City, NY: Image, 1980.

Daris, S., ed. *Un Nuovo Fragmento della Prima Lettera di Pietro.* Barcelona, 1967.

Daube, D. "Appended Note: Participle and Imperative in I Peter." In *The First Epistle of St. Peter,* by E. G. Selwyn. 2nd ed. London: Macmillan, 1947; rpt. Grand Rapids: Baker, 1981, 467-88.

Daube, D. "κερδαίνω as a Missionary Term." *HTR* 40 (1947), 109-20.

Dautzenberg, G. "Σωτηρία ψυχῶν (1 Pet. 1:9)." *BZ* 8 (1964), 262-76.

Davey, G. R. "Old Testament Quotes in the Syriac Version of 1 and 2 Peter." *ParOr* 3 (1973), 353-64.

Davey, G. R. *Philological Notes in the Two Epistles of St. Peter: An Examination of the Greek and Syriac Texts of the Two Petrine Epistles, of their Interrelation and their Theology.* Ph.D. Dissertation, Melbourne, 1970.

Davids, P. H. *The Epistle of James.* NIGTC. Grand Rapids: Wm. B. Eerdmans, 1982.

Davids, P. H. "Suffering: Endurance and Relief." *First Fruits,* July/August 1986, 7-11.

Davids, P. H. *Themes in the Epistle of James that are Judaistic in Character.* Unpublished Ph.D. thesis, Victoria, University of Manchester, 1974.

Davies, P. E. "Primitive Christology in I Peter." In *Festschrift to Honor F. W. Gingrich.* Ed. E. H. Barth. Leiden: Brill, 1972, 115-22.

De Ambroggi, P. *Le Epistole cattoliche. La Sacra Biblia* 14. Turin: Marietti, 1949.

Déaut, R. Le. "Le Targum de Gen 22:8 et 1 Pt 1:20." *RechSR* 49 (1961), 103-106.

Deichgraber, R. *Gotteshymnus and Christushymnus in der frühen Christenheit.* SUNT 5. Göttingen: Vandenhoeck & Ruprecht, 1967.

Deissmann, A. *Light from the Ancient East.* Grand Rapids: Baker Book House, 1978.

Deist, F. E. " `Van die duisternis tot sy merkwaardige lig' (1 Pe 2,9) in die lig van Elephantine." *NGTT* 11 (1970), 44-48.

Delling, G. "Der Bezug der christlichen Existenz auf das Heilshandeln Gottes nach dem ersten Petrusbrief." In *Neues Testament und christliche Existenz. Festschrift für H. Braun.* H. D. Betz. Tübingen: J. C. B. Mohr, 1973, 94-113.

Denzler, *G., et al. Petrusamt and Papsttum.* Stuttgart: Katholisches Bibelwerk, 1970.

Deterding, P. E. "Exodus Motifs in First Peter." *ConJ* 7 (1981), 58-65.

De Wette, W. M. L. *Kürze Erklärung der Briefe des Petrus, Judas, and Jacobus.* Leipzig: Weidmann, 1847.

Dibelius, M. *Der Brief des Jakobus.* 11th ed. Ed. von H. Greeven. EKKNT 15. Göttingen: Vandenhoeck & Ruprecht, 1964.

Dibelius, M. *James.* Trans. Michael A. Williams. Hermeneia. Philadelphia: Fortress Press, 1976.

Dierkens, L. H. B. E. "'Nauwelijks zalig' (vix salvabitur 1 Pet. 4,18)." *NieuweTS* 2 (1919), 188.

Dietrich, *W. Das Petrusbild der lukanischen Schriften.* BWANT. Stuttgart: Kohlhammer Verlag, 1972.

Dijkman, J. H. L. "1 Peter: A Later Pastoral Stratum?" *NTS* 33 (1987), 265-71.

Dinkler, E. "Die Petrus-Rom Frage. Ein Forschungsbericht." *Theologische Rundschau* n.f. 25 (1959), 189-230; 27 (1961), 33-64.

Dinkler, E. "Die Taufaussagen des Neuen Testaments." In *Zu Karl Barths Lehre von der Taufe.* Ed. F. Viering. Gütersloh: n.p., 1971, 60-153.

Dodd, C. H. "Notes from Papyri: *teleios.* " *JTS* 26 (1924), 78.

Doehler, G. "Descent into hell." *Spfdr* 39 (1975), 2-19.

Douglas, J. D., ed. *The Illustrated Bible Dictionary.* Leicester: Inter-Varsity Press and Wheaton: Tyndale House Publishers, 1980.

Drane, J. W. *Paul: Libertine or Legalist?* London: SPCK, 1975.

Dunn, J. D. G. *Baptism in the Holy Spirit.* SBT 15. London: SCM, 1970.

Dunn, J. D. G. *Christology in the Making.* Philadelphia: Westminster Press, 1980.

Duplacy, J. "Critique Textuelle du Nouveau Testament." *RechSR* 50 (1962), 242-62.

du Toit, A. B. "The Significance of Discourse Analysis for New Testament Interpretation and Translation: Introductory Remarks with Special Reference to 1 Peter 1:3-13." *Neot* (1974), 54-80.

Ebright, H. K. *The Petrine Epistles: A Critical Study of Authorship.* Cincinnati: Methodist Book Concern, 1917.

Eisenschmid, G. B. *Die Briefe desApostelsPetrus übersetzt, erläutert und mit erbaulichen Betrachtungen begleitet.* Ronnenberg, 1824.

Elliott, J. H. "Death of a Slogan: From Royal Priests to Celebrating Community. *UnaSanc* 25 (1968), 18-31.

Elliott, J. H. *The Elect and the Holy: An Exegetical Examination of 1 Peter 2:4-10 and the Phrase* βασίλειον ἱεράτευμα.. *NovTSup* 12. Leiden: Brill, 1966.

Elliott, J. H. *1 Peter: Estrangement and Community.* Chicago: Franciscan Herald, 1979.

Elliott, J. H. "1 Peter, Its Situation and Strategy: A Discussion with David Balch." In *Perspectives on First Peter.* Ed. C. H. Talbert. Macon, GA: Mercer University Press, 1986, 61-68.

Elliott, J. H. *A Home for the Homeless: A Sociological Exegesis of 1 Peter, Its Situation and Strategy.* Philadelphia: Fortress, 1981.

Elliott, J. H. "Ministry and Church Order in the New Testament: A Traditio-Historical Analysis (1 Pt. 5:1-5 and plls)." *CBQ* 32 (1970), 367-91.

Elliott, J. H. "Peter, Silvanus and Mark in I Peter and Acts: Sociological-Exegetical Perspectives on a Petrine Group in Rome." In *Wort in der Zeit: Festschrift für K Rengstorf* Eds. W. Haubeck and M. Bachmann. Leiden: Brill, 1980, 250-67.

Elliott, J. H. "The Rehabilitation of an Exegetical Stepchild: 1 Peter in Recent Research." *JBL* 95 (1976), 243-54. Reprinted in *Perspectives on First Peter.* Ed. C. H. Talbert. Macon, GA: Mercer University Press, 1986, 3-16.

Erbes, K. "Noch etwas zum *allotrioepiskopos?*" *ZNW* 20 (1921), 249. Erbes, K. "Was bedeutet *allotrioepiskopos 1* Pet. 4,15?" *ZNW* 19 (1919), 39-44.

Ewald, H. *Sieben Sendschreiben des Neuen Bundes übersetzuand erklärt.* Göttingen, 1870.

Fascher, E. "Petrus." In *Sokrates und Christus. Beiträge zur Religionsgeschichte.* Leipzig, 1959, 175-223 (= PW 38 [1938], cols. 1335-61).

Feinberg, J. S. "1 Peter 3:18-20, Ancient Mythology, and the Intermediate State." *Westminster Theological Journal* 48 (1986), 303-36.

Felten, J. *Die zwei Briefe des hl. Petrus and der Judasbrief* Regensburg: Manz, 1929.

Felten, J. "Zur predigt Jesu an 'die Geister im Gefaengnis,' 1 Petr. 3:19 and 4:6." In *Festschrift der Vereinigung katholischer Theologen "Aurelia."* Bonn, 1926.

Ferris, T. E. S. "A Comparison of 1 Peter and Hebrews." *ChQuRev* 111 (1930), 123-27.

Ferris, T. E. S. "The Epistle of James in Relation to 1 Peter." *ChQuRev* 128 (1939), 303-308.

Feuillet, A. "Les 'sacrifices spirituels' du sacerdoce royal des baptisés (1 P 2,5) et leur préparation dans l'Ancien Testament." *NRT* 96 (1974), 704-28.

Filson, F. V. "Partakers with Christ: Suffering in First Peter." *Interp* 9 (1955), 400-412.

Fink, P. R. "The Use and Significance of *en hōi* in 1 Peter." *Grace Journal* 8 (1967), 33-39.

Finkbiner, F. L. *Church and State from Paul to 1 Peter.* Doctoral dissertation, Southern California School of Theology, 1960.

Fitch, W. "Glory of the Cross." *ChrT* 3 (March 16, 1959), 7-9.

Fitzmyer, J. "The First Epistle of Peter." In *JBC* (1968), Vol. 2, pp. 362-68.

Flusser, D. "The Dead Sea Sect and Pre-Pauline Christianity." *In Aspects of the Dead Sea Scrolls.* Eds. C. Rabin and Y. Yadin. *Scripta Hierosolymitana* IV. Jerusalem, 1965.

Foster, O. D. *The Literary Relations of the First Epistle of Peter with their Bearing on Place and Date of Authorship.* Ph.D. dissertation, Yale University, 1911.

Foster, O. D. "The Literary Relations of 'The First Epistle of Peter' with their Bearing on Date and Place of Authorship." *Transactions of the Connecticut Academy of Arts and Sciences* 17 (1913), 363-68.

France, R. T. "Exegesis in Practice: Two Examples." In *New Testament Interpretation: Essays on Principles and Methods.* Ed. I. H. Marshall. Grand Rapids: Eerdmans, 1977, 252-81.

Fransen, I. "Une homelie chrétienne: la première Épître de Pierre." *BVC* (1960), 28-38.

Frattalone, R. "Antropologia naturale e soprannaturale nella prima lettera di San Pietro." *StMor* 5 (1967), 41-111.

Frattalone, R. *Fondamenti dottrinali dell'agire morale cristiano nella prima lettera di S. Pietro.* Doctoral dissertation, Academiae Alfonsianae, Rome, 1966.

Frederick, S. C. *The Theme of Obedience in the First Epistle of Peter.* Ph.D. dissertation, Duke University, 1975.

Fridrichsen, A. "1 Petr. 3:7." *SEÅ* 12 (1947), 143-47.

Frings, J. "Zu 1 Petr. 3:19 and 4:6." *BZ* 17 (1925), 75-88.

Frisque, J., and Maertens, T. "Deuxième dimanche du temps pascal." *ParLi* 47 (1965), 338-50.

Fritsch, C. T. *"to antitypon."* Festschrift for *T. C. Vriezen.* Wageningen, 1966, 100-107.

Fronmüller, J. *Die zwei Briefe des hl. Petrus and der Judasbrief.* Regensburg, 1929.

Fronmueller, G. F. C. "The First Epistle General of Peter." *Lange's Commentary on the Holy Scriptures.* Grand Rapids: Zondervan, n.d.

Fuller, R. H., *et al. Hebrews, James, 1 and 2 Peter, Jude, and Revelation.* PC. Ed. G. Krodel. Philadelphia: Fortress, 1977.

Funk, R. W., trans. and ed. *A Greek Grammar of the New Testament and Other Early Christian Literature.* Chicago: University of Chicago Press, 1961.

Furnish, V. P. "Elect Sojourners in Christ: An Approach to the Theology of 1 Peter." *PSTJ* 28 (1975), 1-11.

Galbiati, E. "L'escatologia delle lettere di S. Pietro." *AtSetB* 19 (1966), 413-23.

Galot, J. "Christ's Descent into Hell." *ThD* 13 (1965), 89-94.

Galot, J. "La descente du Christ aux enfers." *NRT* 83 (1961), 471-91.

Ganschinietz, R. *"Katabasis."* PW (1919), cols. 2359-2449.

García del Moral, A. "Crítica Textual de 1 Pt. 4:14." *EstBíb* 20 (1961), 45-77.

García del Moral, A. "Sentido trinitario de la expresión 'Epirito de Yave' de Is 11,2 and 1 Pedr 4,14." *EstBíb* 20 (1961), 169-90.

García del Moral, A. "El sujeto secundario de los Dones del Espíritu Santo, a la luz de 1 Pe 4,14." *TeolEspir* 5 (1961), 443-58.

Gennrich, P. *Die Lehre von der Wiedergeburt in dogmengeschichtlichen und religionsgeschichtlicher Beleuchtung.* Leipzig, 1907.

Georgi, D. "Predigt." *EvT* 31 (1971), 187-92.

Gerhardsson, B. *The Testing of God's Son.* Lund: C. W. K. Gleerup, 1966. Gewalt, D. *Petrus.* Ph.D. dissertation, Heidelberg, 1966. Cf. *TLit 94* (1969), 628ff.

Glaze, R. E. "Introduction to 1 Peter." *Theological Educator* 13 (1982), 23-34.

Goebel, S. *Die Briefe des Petrus, griechisch, mit kurzer Erklärung.* Gotha, 1893.

Goguel, M. "La seconde génération chrétienne." *RHistR* 136 (1949), 180-202.

Goldingay, J. "Expounding the New Testament." In *New Testament Interpretation: Essays on Principles and Methods.* Ed. I. H. Marshall. Grand Rapids: Eerdmans, 1977, 351-65.

Goldstein, H. "Die politischen Paraenesen in 1 Petr. 2 and Rom. 13." *Bib-Leb* 14 (1973), 88-104.

Goldstein, H. "Die Kirche als Schar derer, die ihrem leidenden Herrn mit dem Ziel der Gottesgemeinschaft nachfolgen. Zum Gemeindeverständnis von 1 Petr. 2:21-25 and 3:18-22." *BibLeb* 15 (1974), 38-54.

Goldstein, H. *Paulinische Gemeinde im ersten Petrusbrief.* SBS 80. Stüttgart: Katholisches Bibelwerk, 1975.

Golembiewski, E. "L'Épître (du 3e Dimanche après la Pentecôte) (1 Pe. 5:6-11): Dieu nous console dans l'épreuve." *AsSeign* 57 (1965), 17-23.

Gontard, L. *Essai critique et historique sur la première épître de Saint Pierre.* Lyons, 1905.

Goodspeed, E. J. "Some Greek Notes [Pt. 4: Enoch in 1 Pt 3:19]." *JBL* 73 (1954), 84-92.

Goppelt, L. *Apostolic and Post Apostolic Times.* Trans. Robert A. Guelich. London: A. and C. Black, 1970.

Goppelt, L. *Der erste Petrusbrief.* MeyerK 12. Ed. F. Hahn. Göttingen: Vandenhoeck & Ruprecht, 1978.

Goppelt, L. "Prinzipien neutestamentlicher Sozialethik nach dem 1. Petrusbrief." In *Neues Testament und Geschichte: historisches Geschehen und Deutung im Neuen Testament: Festschrift für O. Cullmann.* Eds. H. Baltensweiler and B. Reicke. Tübingen: Mohr, 1972, 285-96.

Goppelt, L. *TYPOS: The Typological Interpretation of the Old Testament in the New.* Trans. D. H. Madvig. Grand Rapids: Eerdmans, 1982.

Gourbillon, J. G., and du Buit, F. M., *La première épître de S. Pierre.* Evangile 50. Paris, 1963.

Greijdanus, S. *Petrus, Johan en Judas. Commentaar op het NT* 13. Amsterdam, 1933.

Griffith-Thomas, W. H. "A Study of 1 Peter 3:19ff." *Exp* ser. 8/69 (1916), 237-41.

Grillmeier, A. *Der Gottessohn im Totenreich. Soteriologische und christologische Motivierung der Descensuslehre in der älteren christlichen Überlieferung.* Freiburg, 1975.

Grosheide, F. W. "1 Peter 1:1-12." *GerefThT* 60 (1960), 6-7.

Grudem, W. A. "Christ Preaching Through Noah: 1 Peter 3:19-20 in the Light of Dominant Themes in Jewish Literature." *Trinity Journal* 7 (1986), 3-31.

Grudem, W. A. *The First Epistle of Peter.* TC. Grand Rapids: Wm. B. Eerdmans, 1988.

Gryglewicz, F. "Pierwotna Liturgia chrzto Sw Jako zrodlo pierwszego listu Sw. Pietra." *RuchBibLit* 11 (1958), 206-10.

Gschwind, K. *Die Niederfahrt Christi in die Unterwelt. Ein Beitrag zur Exegese des Neuen Testaments und zur Geschichte des Taufsymbols.* NTAbhand 2/3-5. Münster: Aschendorff, 1911.

Güder, E. *Die Lehre von der Erscheinung Jesu Christi unter den Toten. In ihrem Zusammenhänge mit der Lehre von den letzten Dingen.* Bern: Jent and Reinert, 1853.

Gundry, R. H. "Further 'Verba' on 'Verba Christi' in First Peter." *Bib* 55 (1974), 211-32.

Gundry, R. H. "'Verba Christi,' in I Peter: Their Implications Concerning the Authorship of I Peter and the Authenticity of the Gospel Tradition." *NTS* 13 (1966-67), 336-50.

Gunkel, H. "Der erste Brief des Petrus." In *Die Schriften des Neuen Testaments* 3. 3rd ed. Eds. W. Bousset and W. Heitmuller. Göttingen: Vandenhoeck & Ruprecht, 1917.

Haenchen, E. "Petrus-Probleme." *NTS* 7 (1960-61), 187-97.

Hall, R. "For to This You Have Been Called: The Cross and Suffering in 1 Peter." *ResQ* 19 (1976), 137-47.

Hallencreutz, C. F. "Ett Folk pa Vaeg." *SvM* 66 (1978), 13-29.

Hamblin, R. L. *An Analysis of First Peter with Special Reference to the Greek Participle.* Ph.D. dissertation, Southwestern Baptist Theological Seminary, 1960.

Hanson, A. T. *Jesus Christ in the Old Testament.* London: SPCK, 1965. Hanson, A. T. "Salvation Proclaimed, Pt. 1: 1 Pet. 3:18-22." *ExpT* 93 (1982), 100-105.

Harris, J. R. "An Emendation to 1 Peter 1,13." *ExpT* 41 (1929-30), 43.

Harris, J. R. "A Further Note on the Use of Enoch in 1 Peter." *Exp* ser. 6/4 (1901), 346-49.

Harris, J. R. "On a Recent Emendation in the Text of St. Peter." *Exp* ser. 6/5 (1902), 317-20.

Harris, R. "The Religious Meaning of 1 Pet. 5,5." *Exp* ser. 8/18 (1919), 131-39.

Harris, J. R. "Two Flood Hymns of the Early Church." *Exp* ser. 8/10 (1911), 405-17.

Hart, J. H. A. "The First Epistle General of Peter." In *The Expositor's Greek Testament* 5 London: Hodder & Stoughton, 1900; rpt. Grand Rapids: Wm. B. Eerdmans, 1979.

Haselhurst, R. S. T. "Mark, My Son." *Th* 13 (1926), 34-36.

Hastings, J. *The First and Second Epistle of St. Peter, and the Epistle of St. Jude.* The Speaker's Bible. London: Speaker's Bible Office, 1924.

Hauck, F. *Die Briefe Jakobus, Petrus, Judas, und Johannes.* 8th ed. NTD 10. Göttingen: Vandenhoeck & Ruprecht, 1957.

Hemer, C. J. "The Address of 1 Peter." *ExpT* 89 (1978-79), 239-43.

Hengel, M. *The Charismatic Leader and His Followers.* Trans. James Greig. New York: Crossroad, 1981.

Hensler, C. G. *Der erste Brief desApostels Petrus übersetzt und mit einem Kommentar versehen.* Sulzbach: J. E. Seidel, 1813.

Heussi, K. *Die römische Petrustradition in kritischer Sicht.* Tübingen: J. C. B. Mohr, 1955.

Hiebert, D. E. "Designation of the Readers in 1 Peter 1:1-2." *BibSac* 137 (1980), 64-75.

Hiebert, D. E. *First Peter: An Expositional Commentary.* Chicago: Moody Press, 1984.

Hiebert, D. E. "Peter's Thanksgiving for our Salvation." *StMiss 29* (1980), 85-103.

Hiebert, D. E. "Selected Studies from 1 Peter Part 1: Following Christ's Example: An Exposition of 1 Peter 2:21-25." *BibSac* 139 (1982), 32-45.

Hiebert, D. E. "Selected Studies from 1 Peter Part 2: The Suffering and Triumphant Christ: An Exposition of 1 Peter 3:18-22." *BibSac* 139 (1982), 146-58.

Hiebert, D. E. "Selected Studies from 1 Peter Part 3: Living in the Light of Christ's Return: An Exposition of 1 Peter 4:7-11." *BibSac* 139 (1982), 243-54.

Hiebert, D. E. "Selected Studies from 1 Peter Part 4: Counsel for Christ's Under-Shepherds: An Exposition of 1 Peter 5:1-4." *BibSac* 139 (1982), 330-41.

Hill, D. "On Suffering and Baptism in 1 Peter." *NovT* 18 (1976), 181-89.

Hill, D. "'To Offer Spiritual Sacrifices . . .' (1 Peter 2:5): Liturgical Formulations and Christian Paraenesis in 1 Peter." *JSNT* 16 (1982), 45-63.

Hillyer, N. "'Rock-Stone' Imagery in 1 Peter." *TynBul* 22 (1971), 58-81.

Hillyer, N. "First Peter and the Feast of Tabernacles." *TynBul* 21(1970), 39-70.

Hofmann, J. C. K. von. *Der erste Brief Petri.* Nördlingen, 1875.

Holdsworth, J. "The Sufferings in 1 Peter and 'Missionary Apocalyptic.'" In *Studia Biblica* 3. Ed. E. A. Livingstone. Sheffield: JSOT Press, 1980, 225-32.

Holmer, U., and De Boor, W., *Die Briefe des Petrus and der Brief des Judas.* Wuppertal: Brockhaus, 1976.

Holtzmann, H. "Höllenfahrt im Neuen Testament." *AR* W 11(1908), 285-97.

Holtzmann, O. *Die Petrusbrief.* In *Das Neue Testament nach dem Stuttgarter griechischen Text ibersetzt und erklart* 2. Giessen, 1926.

Holzmeister, U. *Commentarius in Epistulas SS. Petri et Iudae Apostolorum:* Pars I, *Epistula prima S. Petri Apostoli.* Paris: Lethielleux, 1937.

Holzmeister, U. "'Dei . . . Spiritus super vos requiescit' (1 Petr. 4,14)." *VerDom* 9 (1929), 129-31.

Holzmeister, U. "Exordium prioris Epistulae S. Petri." *VerDom* 2 (1922), 209-12.

Hoops, Merlin H. "First Peter: A Community at Witness." *Trinity Seminary Review* 7 (Fall 1985), 30-39.

Hort, F. J. A. *The First Epistle of Peter 1.1–11.17.* London: Macmillan, 1898; rpt. in *Expository and Exegetical Studies,* Minneapolis: Klock and Klock, 1980.

Ho-Sang, D. *The New Age and the Interpretation of 1 Peter.* Unpublished Ph.D. thesis, Oxford University, 1989.

Hottinger, J. I. *Epistolae Jacobi atque Petri cum versione germanica et commentario latino.* Leipzig, 1815.

Huidekopper, F. *The Belief of the First Three Centuries Concerning Christ's Mission to the Underworld.* 8th ed. New York: D. G. Francis, 1890.

Hunter, A. M., and Homrighausen, E. G. "The First Epistle of Peter: Introduction, Exegesis and Exposition." *IB* 12. Nashville: Abingdon, 1957, 76-159.

Hunzinger, C. H. "Babylon als Deckname für Rom and die Datierung des 1. Petrusbriefes." In *Gottes Wort and Gottes Land: Festschrift für H. W. Hertzberg.* Göttingen, 1965, 67-77.

Hunzinger, C. H. "Zur Struktur der Christus-Hymnen in Phil. 2 and 1 Petr. 3." In *Der Ruf Jesu und die Antwort der Gemeinde: Festschrift für J. Jeremias.* Göttingen, 1970, 142-56.

Huther, J. E. "Epistles of Peter and Jude." In *Kommentar zum Neuen Testament.* Ed. H. A. W. Meyer. N.p., 1880.

Huther, J. E. *Kritisch-exegetisches Handbuch über den 1. Brief des Petrus, den Brief des Judas and den 2. Brief des Petrus.* 4th ed. MeyerK 12. Göttingen: Vandenhoeck & Ruprecht, 1877. English translation D. B. Croom, *Critical and Exegetical Handbook to the General Epistles of Peter and Jude.* Edinburgh: T. and T. Clark, 1881.

Hutting, J. A. "A Ruling from First Peter." *Exp* ser. 8/23 (1922), 420-27.

Jachmann, K. R. *Commentar iber die Katholischen Briefe mit genauer Berücksichtigung der neusten Auslegungen.* Leipzig: J. A. Barth, 1838.

James, S. A. "Divine Justice and the Retributive Duty of Civil Government." *Trinity Journal* 6 (Autumn 1985), 199-210.

Jensen, P. *Laeren om Kristi Nedfahrt til de doede. En Fremstilling of Laerepunktets Historie tilligemed et Indloeg i dette.* Copenhagen, 1903.

Jeremias, J. *The Prayers of Jesus.* London, 1967 and Naperville, IL: Allenson, 1967.

Jeremias, J. "Zwischen Kartfreitag und Ostern: Descensus und Ascensus in der Kartfreitagstheologie des Neuen Testaments." *ZNW* 42 (1949), 194-201. Also in *Abba.* Göttingen, 1966, 323-31.

Ji, W. Y. "4th Sunday of Easter." *ConJ* 9 (1983), 65-66.

Johnson, D. E. "Fire in God's House: Imagery from Malachi 3 in Peter's Theology of Suffering (1 Pet. 4:12-19)." *JETS* 29 (1986), 285-94.

Johnson, S. E. "Preaching to the Dead." *JBL* 79 (1960), 48-51.

Johnston, G. "The Will of God: V. in 1 Peter and 1 John." *ExpT* 72 (1961), 237-40.

Johnstone, R. *The First Epistle of Peter.* Edinburgh: T. and T. Clark, 1888.

Jones, P. R. "Teaching First Peter." *Review and Expositor* 79 (1982), 463-72.

Jones, R. B. "Christian Behavior Under Fire." *RE* 46 (1949), 56-66.

Jonsen, A. R. "The Moral Teaching of the First Epistle of St. Peter." *SciEcc* 16 (1964), 93-105.

Josephson, H. "Niedergefahren zur Hölle." *Der Beweis des Glaubens* 33 (1897), 400-418.

Jost, W. ΠΟΙΜΗΝ. *Das Bild vom Hirten in der biblischen Überlieferung und seine christologische Bedeutung.* Doctoral dissertation, Giessen, 1939.

Jowett, J. H. *The Redeemed Family of God.* 4th ed. London: Hodder and Stoughton, 1921.

Juster, J. *Les juifs dans l'empire romain.* Paris, 1914.

Käsemann, E. "Eine urchristliche Taufliturgie." In *Festschrift für Rudolf Bultmann.* Stuttgart, 1949, 133-48.

Kaiser, W. C. "The Single Intent of Scripture." In *Evangelical Roots.* Ed. K. S. Kantzer. Nashville: Nelson, 1978.

Kakot, M. "Znaczenie 'nasienia niezniszczalnego' w 1 P. 1:23." *CollTheol* 44 (1974), 35-44.

Kamlah, E. *Die Form der katalogischen Paräenese im Neuen Testament.* Tübingen: J. C. B. Mohr, 1964.

Kamlah, E. *Die Frau in den paulinischen Briefen. Under besonderer Berücksichtigung des Begriffes der Unterordnung.* Zürich, 1960.

Kamlah, E. 'ΥΠΟΤΑΣΣΕΣΘΑΙ *in den neutestamentlichen 'Haustafeln.' "* In *Verborum Veritas. Festschrift für G. Stählin.* Wuppertal, 1970, 237-43.

Kasser, R., ed. *Papyrus Bodmer* XVII. Geneva-Coligny: Bibliotheca Bodmeriana, 1961.

Kayalaparampil, T. "Christian Suffering in 1 Peter." *Biblehashyam 3* (1977), 7-19.

Keil, C. F. *Kommentar über die Briefe des Petrus und Judas.* Leipzig, 1883.

Kelly, J. N. D. *A Commentary on the Epistles of Peter and of Jude.* BNTC. London: A. and C. Black and New York: Harper and Row, 1969.

Kelly, W. *The First Epistle of Peter.* 2nd ed. London: T. Weston, 1923.

Kelly, W. *Preaching to the Spirits in Prison.* London: T. Weston, 1900.

Kelsey, M. T. *Healing and Christianity.* London: SCM Press, 1973.

Kendall, D. W. "The Christian's Vocation: The Call to Holiness According to the First Epistle of Peter." *Asbury Seminary Review* 40 (1985), 3-12.

Kendall, D. W. "The Literary and Theological Function of 1 Peter 1:3-12." In *Perspectives on First Peter.* Ed. C. H. Talbert. Macon, GA: Mercer University Press, 1986.

Kendall, D. W. "On Christian Hope: 1 Peter 1:3-9." *Interp* 41 (1987), 66-71.

Kennard, D. W. "Petrine Redemption: Its Meaning and Extent." *JETS* 30 (1987), 399-405.

Ketter, P. "Das allgemeine Priestertum der Gläubigen nach dem ersten Petrusbrief." *TTZ* 56 (1947), 43-51.

Ketter, P. *Hebräerbrief Jakobusbrief Petrusbriefe, Judasbrief.* Die Heilige Schrift für das Leben erklart 16/1. Freiburg: Herder, 1950.

Keulers, J. *De Katholieke Brieven en het Boek der Openbaring.* De boeken van het NT 7. Roermond, 1946.

Kilpatrick, G. D. "1 Peter 1:11, τίνα ἢ ποῖον καιρὸν." *NovT* 28 (1986), 91-92.

Kilpatrick, W. D. "The Theology of First Peter." *SWJT 25* (1982), 58-81.

Kim, S. *The Origin of Paul's Gospel.* Tübingen: J. C. B. Mohr and Grand Rapids: Wm. B. Eerdmans, 1981.

King, M. A. "Jude and 1 and 2 Peter: Notes on the Bodmer Manuscript." *BS* 121 (1964), 54-59.

Kira, K. "1 Pe. 3:18—4:6 et la descente aux enfers du Christ." *JReIS* 34 (1960), 62-76.

Kirk, G. E. "Endurance in Suffering in 1 Peter." *BibSac* 138 (1981), 46-56.

Kittel, G., and Friedrich, G., eds. *Theological Dictionary of the New Testament.* Trans. and ed. G. W. Bromiley. Grand Rapids: Wm. B. Eerdmans, 1964-74.

Kline, L. "Ethics for the Endtime: An Exegesis of 1 Pt. 4:7-11." *ResQ* 7 (1963), 113-23.

Knapp, P. "1 Petri 3:17ff and die Höllenfahrt Jesu Christi." *Jahrbücher für Deutsche Theologie* 23 (1978), 177-228.

Knippel, C. T. "2nd Sunday of Easter." *ConJ* 9 (1983), 62-64.

Knoch, O. "Petrus and Paulus in den Schriften der Apostolischen Väter." In *Kontinuität und Einheit: Festschrift für F. Mussner.* Ed. P. Müller. Regensburg, 1981, 241-60.

Knoch, O. *Die "Testaments" des Petrus and Paulus: Die Sicherung der apostolischen Überlieferung in der spätneutestamentlichen Zeit.* SBS 62. Stüttgart: Katholisches Bibeiwerk, 1973.

Knopf, R. *Die Briefe Petri und Judae.* 7th ed. MeyerK 12. Göttingen: Vandenhoeck & Ruprecht, 1912.

Knox, J. "Pliny and I Peter: A Note on I Peter 4,14-16 and 3,15." *JBL* 72 (1953), 187-89.

König, J. L. *Die Lehre von Christi Höllenfahrt nach der heiligen Schrift, der ältesten Kirche, den christlichen Symbolen and nach ihrer vielumfassenden Bedeutung dargestellt.* Frankfurt: H. Zimmer, 1842.

Koerber, J. *Die katholische Lehre von der Höllenfahrt Jesu Christi.* Lanshut, 1860.

Koester, H. *Introduction to the New Testament.* 2 vols. Philadelphia: Fortress Press, 1982.

Kowalski, S. *La descente de Jésus-Christ aux enfers selon la doctrine de saint Pierre.* Roznan, 1938.

Krafft, E. "Christologie and Anthropologie im ersten Petrusbrief." *EvT* 10 (1950-51), 120-26.

Kramer, S. N. "Innana's Descent to the Nether World: The Sumerian Version of 'Ishtar's Descent.' " *RA* 34 (1937), 93-134.

Kroll, J. *Gott und Hölle. Der Mythos vom Descensuskämpfe.* Studien der Bibliothek Warburg 20. Leipzig: B. G. Teubner, 1932.

Kubo, S. *P72 and the Codex Vaticanus.* Studies and Documents 27. Ed. J. Geerlings. Salt Lake City: University of Utah Press, 1965.

Kühl, E. *Die Briefe Petri und Judae.* 6th ed. MeyerK 12. Gottingen: Vandenhoeck & Ruprecht, 1912.

Kümmel, W. G. *Einleitung in das Neue Testament.* 14th edition. Heidelberg: Quelle and Meyer, 1964; English translation Nashville: Abingdon, 1975.

Kuss, O. "Zur paulinischen and nachpaulinischen Tauflehre im Neuen Testament." In *Auslegung und Verkündigung* I. Regensburg, 1963, 121-50.

La Verdière, E. A. "Covenant Theology in 1 Pet. 1:1-2:10." *BibToday* 42 (1969), 2909-16.

La Verdière, E. A. "A Grammatical Ambiguity in 1 Pet. 1:23." *CBQ* 36 (1974), 89-94.

Laconi, M. "Tracce dello stile e dal pensiero di Paolo nella prima lettera di Pietro." *ATSetB* 19 (1966), 367-94.

Ladd, G. E. *A Theology of the New Testament.* Grand Rapids: Wm. B. Eerdmans, 1972.

Lamau, M. L. "Exhortation aux esclaves et hymne au Christ souffrant dans la Première Épître de Pierre." *Mélanges de Science Religieuse* 43 (1986), 121-43.

Landeira, J. *Descensus Christi ad Inferos in 1 Pet. 3:18-20.* Doctoral dissertation, Pontifical University, Lateranensis, 1966.

Lauterburg, M. "Höllenfahrt Christi." *RE* (3rd ed.; Leipzig, 1900) 7, pp. 199-206.

Lea, T. D. "1 Peter—Outline and Exposition." *SWJT* 22 (1982), 17-45.

Lea, T. D. "How Peter Learned the Old Testament." *SWJT* 22 (1980), 96-102.

Leaney, A. R. C. "1 Peter and the Passover: An Interpretation." *NTS* 10 (1963-64), 238-51.

Leaney, A. R. C. *The Letters of Peter and Jude.* CBC. Cambridge: Cam-bridge University Press, 1967.

Lecomte, P. "Aimer la vie: 1 Pierre 3:10 (Psaume 34:13)." *ETR* 56 (1981), 288-93.

Leconte, R. *Les Épîtres Catholiques. La Sainte Bible de Jérusalem.* Paris: Editions du Cerf, 1953.

Leighton, R. *Commentary on First Peter.* 1853; rpt. Grand Rapids: Kregel, 1972.

Leighton. *Das christliche Leben nach dem ersten Petrusbrief in Biblestunden dargestellt.* Witten: Bundes-Verlag, 1928.

Lejeune, R. *Christoph Blumhardt and His Message.* Rifton, NY: Plough Publishing, 1963.

Lenski, R. C. H. *The Interpretation of the Epistles of St. Peter, St. John, and St. Jude.* Minneapolis: Augsburg, 1966.

Lewis, J. M. *The Christology of the First Epistle of Peter.* Ph.D. dissertation, Southwestern Baptist Theological Seminary, 1952.

Lewis, C. S. *A Grief Observed.* London: Faber and Faber, 1961 and Greenwich, CN: Seabury, 1963.

Lewis, C. S. *The Problem of Pain.* London: Collins and New York: Macmillan, 1940.

Lilje, H. *Die Petrusbriefe and der Judasbrief.* Bibelhilfe für die Gemeinde 14. Kassel: J. G. Oncken, 1954.

Lillie, J. *Lectures on the First and Second Epistles of Peter.* Charles Scribner's Sons, 1869; rpt. Minneapolis: Klock and Klock, 1978.

Lippert, P. "Leben als Zeugnis. Ein Beiträg des ersten Petrusbriefes zur pastoraltheologischen Problematik der Gegenwart." *StMor* 3 (1965), 226-68.

Ljungvik, H. "Aus der Sprache des Neuen Testament Falle von Ellipse oder Brachylogic." *Eranos* 66 (1968), 74-51.

Lohmeyer, E. "Probleme paulinischer Theologie: I. Briefliche Grussüberschriften." *ZNW* (1927), 158-73.

Lohse, E. "Paränese and Kerygma im 1. Petrusbrief." *ZNW* 45 (1954), 68-89. Also *in Die Einheit des Neuen Testaments.* Göttingen, n.d., *307-28.* English translation "Parenesis and Kerygma in 1 Peter." Trans. J. Stuly. In *Perspectives on First Peter.* Ed. C. H. Talbert. Macon, GA: Mercer University Press, *1986.*

Love, J. P. "The First Epistle of Peter." *Interp* 8 (1954), 63-87.

Lövestam, E. *Spiritual Wakefulness in the New Testament.* Lund: C. W. K. Gleerup, 1963

Lumby, J. R. *The Epistles of St. Peter.* ExB. New York: A. C. Armstrong and Son, 1893

Lumby, J. R. "1 Peter III.17." *Exp* ser. 5/1 (1890), 142-47.

Lundberg, P. *La typologie baptismale dans l'ancienne Église.* ASNU 10. Leipzig: A. Lorentz, 1942.

McCabe, H. "What is the Church? VII. A Royal Priesthood." *LifeSpir* 18 (1963), 162-74.

MacCaughey, J. D. "On Re-Reading 1 Peter." *AusBR* 31(1983), 33-44.

MacCaughey, J. D. "Three 'Persecution Documents' of the New Testament." *AusBR* 17 (1969), 27-40.

MacCulloch, J. A. *The Harrowing of Hell.* Edinburgh: T. and T. Clark, 1930.

MacGregor, G. H. C. "Principalities and Powers: The Cosmic Background of Paul's Thought." *NTS* 1 (1954-55), *17-28.*

MacInnes, J. M. *Peter the Fisherman Philosopher: A Study in Higher Fundamentalism.* New York: Harper, 1930.

McNabb, V. "Date and Influence of the First Epistle of St. Peter." *Irish Ecclesiastical Record* 45 (1935), *596-613.*

Maier, G. "Jesustraditionen im 1. Petrusbrief?" In *Gospel Perspectives, V: The Jesus Tradition Outside the Gospels.* Ed. D. Wenham. Sheffield: JSOT Press, 1984, 85-128.

Manson, T. W. "Review of E. G. Selwyn, *The First Epistle of St. Peter.*" *JTS* 47 (1946), *218-27.*

Margot, J. C. *Les Épîtres de Pierre.* Geneva: Labor et Fides, 1960.

Martin, R. P. "The Composition of 1 Peter in Recent Study." In *VoxEvangelica: Biblical and Historical Essays by the Members of the Faculty of the London Bible College.* Ed. R. P. Martin. London: Epworth, 1962, 29-42.

Martin, R. P. *The Family and the Fellowship: New Testament Images of the Church.* Grand Rapids: Wm. B. Eerdmans, 1979.

Martini, C. M., ed. *Petri Epistulae ex Papyro Bodmeriena.* 2 vols. Milan, 1968.

Marxsen, W. "Der Mitälteste and Zeuge der Leiden Christi: eine martyrologische Begründung das 'Romprimats' im 1. Petrusbrief." In *Theologia crucis—signum crucis: Festschrift für E. Dinkler.* Ed. C. Andresen. Tübingen: J. C. B. Mohr, 1979, 377-93.

Massaux, E. "Le texte de la Iᵃ Petri du Papyrus Bodmer VIII." *EphThL* 39 (1963), 616-71.

Masterman, J. *The First Epistle of St. Peter* (Greek Text). London: Macmillan, 1900.

Mayerhoff, E. T. *Historisch-kritische Einleitung in die petrinischen Schriften.* Hamburg: F. Perthes, 1835.

Meecham, H. G. "The Use of the Participle for the Imperative in the New Testament." *ExpT* 58 (1947), 207-208.

Meinertz, M., and Vrede, W. *Die katholischen Briefe. Die Heilige Schrift des Neuen Testaments.* Bonner NT 9. Ed. F. Tillman. 4th ed. Bonn: Hanstein, 1932.

Metzger, B. M. *Chapters in the History of New Testament Textual Criticism.* London: SCM Press, 1955 and Grand Rapids: Wm. B. Eerdmans, 1963.

Metzger, B. M. *Historical and Literary Studies, Pagan, Jewish, and Christian.* Leiden: Brill, 1968.

Michaels, J. R. "Eschatology in I Peter III.17." *NTS* 13 (1966-67), 394-401.

Michaels, J. R. "Jewish and Christian Apocalyptic Letters: 1 Peter, Revelation, and 2 Baruch 78 87. *SBL Seminar Papers* 26 (1987), 268-75.

Michaels, J. R. *1 Peter.* Word Biblical Commentary 49. Waco, TX: Word Books, 1988.

Michl, J. *Die katholischen Briefe.* 3rd ed. RNT 8/2. Regensburg: F. Pustet, 1968.

Miguens, M. "La 'Passion' du Christ total, 1 Pe 2:20b-25." *AsSeign* 2,25 (1969), 26-31.

Millauer, H. *Leiden als Gnade: eine traditionsgeschichtliche Untersuchung zur Leidenstheologie des ersten Petrusbriefes.* Bern: H. Lang, 1976.

Miller, D. G. "Deliverance and Destiny: Salvation in First Peter." *Interp* 9 (1955), 413-25.

Minear, P. S. "The House of Living Stones: A Study of 1 Peter 2:4-12." *EcR* 34 (1982), 238-48.

Minear, P. S. *Images of the Church in the New Testament.* London, 1961 and Philadelphia: Westminster, 1960.

Mitton, C. L. *The Epistle to the Ephesians.* Oxford: Clarendon Press, 1951.

Mitton, C. L. "The Relationship between I Peter and Ephesians." *JTS* n.s. 1(1950), 67-73.

Moffatt, J. *The General Epistles of James, Peter and Jude.* Moffatt New Testament Commentaries. London: Hodder and Stoughton, 1928 and Garden City, NY: Doubleday, Doran, 1928.

Mole, J. "Laymanship." *SJT* 14 (1961), 380-89.

Monnier, J. *La Première Épître de l'Apôtre Pierre.* Macon: Protat frères, 1900.

Monnier, J. *La descente aux enders: Étude de pensée religieuse, d'art et de littérature.* Paris: Fischbacher, 1904.

Moorehead, W. G. *Outline Studies in the New Testament: Catholic Epistles James, 1 and 2 Peter, 1, 2, 3 John and Jude.* New York: Revell, 1910.

Morris, W. D. "1 Peter 3, 10." *ExpT* 38 (1926), 470.

Morrison, C. D. *The Powers that Be.* London, 1960 and Naperville, IL: Allenson, 1960.

Moule, C. F. D. *An Idiom-Book of New Testament Greek.* 2nd ed. Cambridge: Cambridge University Press, 1959.

Moule, C. F. D. "The Nature and Purpose of 1 Peter." *NTS* 3 (1956-57), 1-11.

Moule, C. F. D. "Sanctuary and Sacrifice in the Church of the New Testament." *JTS* 1 (1950), 29-41.

Moule, C. F. D. "Some Reflections on the `Stone Testimonia' in Relation to the Name Peter." *NTS* 2 (1955-56), 56-59.

Moulton, J. H. *A Grammar of New Testament Greek* Vol. I: *Prolegomena.* 3rd ed. Edinburgh: T. and T. Clark, 1908.

Moulton, J. H., and Howard, W. F. *A Grammar of New Testament Greek* Vol. II: *Accidence and Word Formation.* Edinburgh: T. and T. Clark, 1919-29.

Mounce, R. H. *A Living Hope: A Commentary on 1 and 2 Peter.* Grand Rapids: Wm. B. Eerdmans, 1982.

Munro, W. *Authority in Peter and Paul.* SNTS 45. Cambridge: Cambridge University Press, 1983.

Nauck, W. "Freude im Leiden: zum Problem einer urchristlichen Verfolgungstradition." *ZNW* 46 (1955), 68-80.

Nauck, W. "Probleme des frühchristlichen Amtsverständnisses (1 Ptr 5,2f.)." *ZNW* 48 (1957), 200-220.

Neugebauer, F. "Zur Deutung and Bedeutung des 1. Petrusbriefes." *NTS* 26 (1979-80), 61-86.

Neyrey, J. H. "First Peter and Converts." *BibToday* 22 (1984), 13-18.

Nixon, R. E. "The Meaning of 'Baptism' in I Peter 3,21." *SE* 4 (1968), 437-41.

Nordblad, C. *Foerestaellningen om Kristi hadesfoerd undersoekt till sitt ursprung: En religionshistorisk studie.* Uppsala, 1912.

O'Brien, P. T. *Introductory Thanksgivings in the Letters of Paul. NovTSup* 49. Leiden: Brill, 1977.

Odeberg, H. "Nederstigen till dodsriket." *BibMan* 18/12 (1944), 357-59.

Odland, S. "Kristi praediken for 'aanderne i forvaring' (1 Petr. 3:19)." *NorTT* 2 (1901), 116-44, 185-229.

Olson, V. S. *The Atonement in 1 Peter.* Unpublished Ph.D. dissertation, Union Theological Seminary (Virginia, 1979).

Omanson, R. "Suffering for Righteousness' Sake (1 Pet. 3:13-4:11)." *Review and Expositor* 79 (1982), 439-50.

Orbe, A. "Supergrediens angelos (S. Ireneo, Adv. haer. V,36,3)." *Greg* 54 (1973), 5-59.

Patsch, H. "Zum alttestamentlichen Hintergrund von Römer 4,25 und I. Petrus 2,24." *ZNW* 60 (1969), 273-79.

Penna, A. S. *Pietro.* Brescia: Morcelliana, 1954.

Perdelwitz, R. *Die Mysterienreligionen and das Problem des I. Petrusbriefes.* RVV 11,3. Giessen: A. Töpelmann, 1911.

Perrot, C., et al. *Études sur la Première Lettre de Pierre.* Paris: Editions du Cerf, 1980.

Pesch, W. "Zu Texten des Neuen Testaments über das Priestertum der Getauften." In *Verborum Veritas. Festschrift für G. Stählin.* Wuppertal, 1970, 303-15.

Pfitzner, V. C. " `General Priesthood' and Ministry." *LTJ* 5 (1971), 97-110.

Philipps, K. *Kirche and Gesellschaft nach dem 1. Petrusbrief* Gütersloh: Mohn, 1971.

Pierce, C. A. *Conscience in the New Testament.* SBT 15. London: SCM, 1955.

Piper, J. "Hope as the Motivation of Love: 1 Peter 3:9-12." *NTS* 26 (1979-80), 212-31.

Plooij, D. "De Descensus in 1 Petrus 3:19 en 4:6." *TT* 47 (1913), 145-62.

Plumptre, E. H. *The General Epistles of St. Peter and St. Jude.* Cambridge Bible for Schools and Colleges. Cambridge: Cambridge University, 1893.

Plumptre, E. H. *Spirits in Prison and Other Studies on Life After Death.* London: W. Isbister, 1884.

Poelmann, R. "St. Peter and Tradition." *LumVit* 21 (1966), 50-65.

Porter, F. C. *The Yeçer Hara: A Study in the Jewish Doctrine of Sin.* New York, 1902.

Prete, B. "Gesu agnello di Dio." *SacDoc* 1 (1956), 12-23.

Pryor, J. W. "First Peter and the New Covenant (1)." *Reformed Theological Review* 45 (January-April 1986), 1-4.

Pryor, J. W. "First Peter and the New Covenant (2)." *Reformed Theological Review* 45 (May-August 1986), 44-51.

Purkiser, W. T. *Hebrews, James, Peter.* Beacon Bible Expositions 11. Kansas City: Beacon Hill, 1974.

Pury, R. de. *Ein Petrusbrief in der Gefängniszelle.* Zurich: Evangelischer Verlag, 1944.

Quillet, H. "Descente des Jesus aux enfers." *DTC 4.* Paris, 1911, cols. 565-619.

Quinn, J. D. "Notes on the Text of the P^{72} in 1 Pt 2:3, 5:14, and 5:9." *CBQ* 27 (1965), 241-49.

Radermacher, L. "Der erste Petrusbrief und Silvanus." *ZNW* 25 (1926), 287-99.

Ramsay, W. M. *The Church in the Roman Empire Before A.D. 70.* 5th ed. London: Hodder and Stoughton, 1897.

Rees, P. S. *Triumphant in Trouble: Studies in 1 Peter.* Westwood, NJ: Revell, 1962.

Refoule, F. "Bible et ethique sociale: Lire aujourd'hui 1 Pierre." *Supplement* 131 (1979), 457-82.

Reicke, B. *The Disobedient Spirits and Christian Baptism: A Study of 1 Pet. iii.19 and its Context.* ASNU 13. Ed. A. Fridrichsen. Copenhagen: Munksgaard, 1946.

Reicke, B. *The Epistles of James, Peter, and Jude.* AB 37. Garden City, NY: Doubleday, 1964.

Reicke, B. "Die Gnosis der Männer nach I. Ptr 3,7." *In Neutestamentliche Studien für Rudolf Bultmann.* Ed. W. Eltester. BZNW 21. Berlin: A. Töpelmann, 1954, 296-304.

Reitzenstein, *R. Die hellenistischen Mysterienreligionen nach ihrer Grundgedanken und Wirkungen.* 3rd ed. Leipzig: B. G. Teubner, 1927.

Rendtorff, H. *Getrostes Wandern: Eine Einführung in den ersten Brief des Petrus.* 7th ed. Hamburg: Furche, 1951.

Rengstorf, K. H. "Die neutestamentlichen Mahnung an die Frau, sich dem Manne unterzuordnen." In *Verbum Dei manet in aeternum. Festschrift für O. Schmitz.* Witten, 1953, 131-45.

Reuss, J. *Die katholischen Briefe. Die Heilige Schrift in deutscher Übersetzung.* Würzburg: Herder, 1959.

Richard, E. "The Functional Christology of First Peter." In *Perspectives on First Peter.* Ed. C. H. Talbert. Macon, GA: Mercer University Press, 1986, 121-40.

Richards, G. C. "1 Pet. 3:21." *JTS* 32 (1930), 77.

Richardson, P. *Paul's Ethic of Freedom.* Philadelphia: Westminster, 1979.

Richardson, R. L., Jr. "From 'Subjection to Authority' to 'Mutual Submission': The Ethic of Subordination in 1 *Peter."* *Faith Mission* 4 (1987), 70-80.

Riesner, R. *Jesus als Lehrer.* Tübingen: Mohr/Siebeck, 1980.

Ridderbos, H. *Paul: An Outline of His Theology.* Grand Rapids: Wm. B. Eerdmans, 1975.

Rigg, W. H. "Does the First Epistle of St. Peter Throw any Light on the Johannine Problem?" *Exp* ser. 9/1 (1924), 221-29.

Rissi, *M. Die Taufe für die Toten.* ATANT 42. Zürich: Zwingli, 1962.

Robertson, P. E. "Is I Peter a Sermon?" *Theological Educator* 13 (1982), 35-41.

Rödding, G. "Descendit ad inferna." In *Kerygma and Melos: Festschrift für C. Mahrenholz.* Ed. V. W. Blankenburg. Kassel: Bärenreiter, 1970, 95-102.

Rodgers, P. R. "The Longer Reading of 1 Peter 4:14." *CBQ* 43 (1981), 93-95.

Rolston, H. *The Apostle Peter Speaks to Us Today*. Atlanta: John Knox, 1977.

Ru, G. de. "De Heilige Doop—gebed of gave? (1 Pe 3,20b.21)." *NedTTs* 20 (1966), 255-68.

Russell, R. "Eschatology and Ethics in 1 Peter." *EvQ* 47 (1975), 78-84.

Ryan, T. J. *The Word of God in First Peter: A Critical Study of 1 Peter 2:1-3*. Ph.D. dissertation, Catholic University of America, 1973.

Sainte-Croix, G. E. M. de. "Why Were the Early Christians Persecuted?" *Past and Present 26* (1963), 6-39.

Sainte-Croix, G. E. M. de. "Why Were the Early Christians Persecuted?—A Rejoinder." *Past and Present* 27 (1964), 28-33.

Sander, E. T. ΠΥΡΩΣΙΣ *and the First Epistle of Peter 4:12*. Ph.D. dissertation, Harvard University, 1966.

Scharfe, E. *Die Petrinische Strömung der neutestamentlichen Literatur*. Berlin: Reuther & Richard, 1893.

Scharlemann, M. H. "'He Descended into Hell': An Interpretation of 1 Peter 3:18-20." *CTM 27* (1956), 81-94.

Scharlemann, M. H. "Why the Kyriou in 1 Peter 1:25?" *CTM* 30 (1959), 352-56.

Schattenmann, J. "The Little Apocalypse of the Synoptics and the First Epistle of Peter." *TToday* 11 (1954-55), 193-98.

Schechter, S. *Aspects of Rabbinic Theology*. London, 1909 and New York: Schocken, 1961.

Schelkle, K. H. "Das Leiden des Gottesknechtes als Form christlichen Lebens (nach dem 1. Petrusbrief)." *BibK* 16 (1961), 14-16.

Schelkle, K. H. "Petrus in den Briefen des Neuen Testaments." *BibK 23* (1968), 46-50.

Schelkle, K. H. *Die Petrusbriefe, Der Judasbrief*. HTKNT 13/2. 5th ed. Freiburg: Herder, 1980.

Schelkle, K. H. "Spätapostolische Schriften als frühkatholisches Zeugnis." In *Neutestamentliche Aufsätze. Festschrift für J. Schmid*. Regensburg, 1963, 225-32.

Schembri, G. "Il messagio pastorale di S. Pietro nella sua prima Epistola." *Ant* 42 (1967), 376-98.

Schierse, F. J. "Ein Hirtenbrief and viele Bücher: Neue Literatur zum ersten Petrusbrief." *BibK* 31(1976), 86-88.

Schiwy, G. *Die katholischen Briefe: 'Der Christ in der Welt'*. Aschaffenburg: Pattloch, 1973.

Schiwy, G. *Weg ins Neue Testament. Kommentar und Material. IV: Nach-Paulinen*. Würzburg: Echter, 1970.

Schlatter, A. *Die Briefe des Petrus, Judas, Jakobus, der Brief an die Hebräer, die Briefe und die offenbarung des Johannes*. 4th ed. Erläuterungen zum Neues Testament 3. Stüttgart, 1928.

Schlatter, A. *Petrus und Paulus nach dem ersten Petrusbrief*. Stüttgart: Calwer, 1937.

Schlier, H. "Eine adhortatio aus Rom. Die Botschaft des ersten Petrusbrie fes." In *Strukturen christlicher Existenz. Festschrift für F. Wulf*. Würzburg: Herder, 1968, 59-80, 369-71.

Schmid, J. "Petrus als 'Fels' und die Petrusgestalt der Urgemeinde." In *Begegnung der Christen*. Eds. M. Roesle and O. Cullmann. Stuttgart, 1959, 347-59.

Schmidt, B. *Die Vorstellungen vor der Hllenfahrt Christi in der alten Kirche*. N.p., 1906.

Schmidt, D. H. *The Peter Writings: Their Redactors and their Relationship*. Ph.D. dissertation, Northwestern University, 1972.

Schmidt, K W. C. *Die Darstellung von Christi Höollenfahrt in den deutschen and den ihnen verwandten Spielen Mittelalters*. Marburg, 1915.

Schmidt, P. "Zwei Fragen zum ersten Petrusbrief." *ZWT* 1 (1908), 24-52.

Schnackenburg, R. "Episkopos und Hirtenamt." In *Schriften zum Neuen Testament*. Munich, 1971, 247-67.

Schneider, J. *Die Briefe des Jakobus, Petrus, Judas and Johannes*. NTD 10. Göttingen: Vandenhoeck & Ruprecht, 1961.

Schott, T. *Der erste Brief Petri erklärt*. Erlangen: A. Deichert, 1861.

Schrage, W., and Balz, H. *Die katholischen Briefe*. NTD. Göttingen: Vandenhoeck & Ruprecht, 1973.

Schrage, W. "Zur Ethik der neutestamentlichen Haustafeln." *NTS* 21 (1974-75), 1-22.

Schrenk, W. *Der Segen im Neuen Testament*. Berlin, 1967.

282

Schrieber, P. L. "6th Sunday after Pentecost." *ConJ* 9 (1983), 107-108.

Schroger, F. "Ansätze zu den modernen Menschenrechtsforderungen im 1. Petrusbrief." In *Der Dienst für den Menschen in Theologie.* Ed. R. Hubner. N.p., 1981, 179-91.

Schröger, F. *Gemeinde im ersten Petrusbrief. Untersuchungen zum Selbstverständnis einer christlicher Gemeinde an der Wende vom. 1. zum 2. Jahrhundert.* Passau, 1981.

Schröger, F. "Die Verfassung der Gemeinde des ersten Petrusbriefes." In *Kirche im Werden.* Ed. J. Hainz. Munich: Schöningh, 1976, 239-52.

Schückler, G. "Wandel im Glauben als missionarisches Zeugnis." *ZMissW* 51 (1967), 289-99.

Schürer, E. *The History of the Jewish People in the Age of Jesus Christ.* Ed. G. Vermes *et al.* Edinburgh: T. and T. Clark, 1986.

Schutter, W. L. "Ezekiel 9:6, 1 Peter 4:17, and Apocalyptic Hermeneutics." *SBL Seminar Papers* 26 (1987), 276-84.

Schutz, H. G. *'Kirche' in spät-neutestamentlichen Zeit: Untersuchungen über das Selbstverstlindnis des Urchristentums an der Wende vom 1. zum 2. Jahrhundert anhand des 1 Petr., des Hebr. and der Past.* Ph.D. dissertation, Bonn, 1964.

Schwank, B. "Le 'Chrétien Normal' selon le Nouveau Testament." *AsSeign* 14 (1973), 26-30.

Schwank, B. "Diabolus tamquam leo rugiens (1 Petr. 5:8)." *ErbAuf* 38 (1962), 15-20.

Schwank, B. "Des éléments mythologiques dans une profession de foi, 1 Pe. 3:18-22." *AsSeign* 14 (1973), 41-44.

Schwank, B. *Der erste Brief des ApostelsPetrus.* Düsseldorf: Patmos, 1963. *Première Lettre de l'Apôtre Pierre expliqué.* Trans. C. Nys. Tournai: Desclée, 1968.

Schwank, B. "Wir Freie—aber als Sklaven Gottes (1 Petr. 2:16): Das Verhältnis der Christen zur Staatsmacht nach dem ersten Petrusbrief." *ErbAuf* 36 (1960), 5-12.

Schweizer, A. *Hinabgefahren zur Hölle als Mythus ohne biblische Begrundung Burch Auslegung der Stelle 1 Petr. 3:17-22 nachgewiesen.* Zürich, 1868.

Schweizer, E. *Der erste Petrusbrief.* ZBK. 3rd ed. Zürich: Theologischer Verlag, 1972.

Schweizer, E. "1 Petrus 4:6." *TZ* 8 (1952), 152-54.

Scott, C. A. "The 'Sufferings of Christ': A Note on 1 Peter 1:11." *Exp* ser. 6/12 (1905), 234-40.

Selwyn, E. G. "Eschatology in I Peter." In *The Background of the New Testament and Its Eschatology. Festschrift for C. H. Dodd.* Ed. W. D. Davies and D. Daube. Cambridge: Cambridge University Press, 1964, 394-401.

Selwyn, E. G. *The First Epistle of St. Peter.* 2nd ed. London: Macmillan, 1947; rpt. ed. Grand Rapids: Baker, 1981.

Selwyn, E. G. "The Persecutions in I Peter." *Bulletin of the Society for New Testament Studies* 1 (1950), 39-50.

Selwyn, E. G. "Unsolved New Testament Problems: The Problem of the Authorship of 1 Peter." *ExpT* 59 (1948), 256-58.

Semler, J. S. *Paraphrasis in Epistolam 1 Petri cum Latinae Translationis Varietate et Multis Natis.* Halle, 1783.

Senior, D. "The Conduct of Christians in the World (1 Pet. 2:11-3:12)." *Review and Expositor* 79 (1982), 427-38.

Senior, D. *1 and 2 Peter.* New Testament Message 20. Wilmington: Michael Glazier, 1980.

Senior, D. "The First Letter of Peter 5:12." *BibToday* 22 (1984).

Sheldon, C. *In His Steps.* New York: Grosset & Dunlap, 1935.

Sherwin-White, A. N. "The Early Persecutions and Roman Law Again." *JTS* 3 (1952).

Sherwin-White, A. N. "Why Were the Early Christians Persecuted?—An Amendment." *Past and Present* 27 (1964), 23-27.

Shimada, K. "A Critical Note on 1 Peter 1:12." *AnJaBl* 7 (1981), 146-50.

Shimada, K. "The Christological Credal Formula in 1 Peter 3:18-22 Re-considered." *AnJaBl* 5 (1979), 154-76.

Shimada, K. *The Formulary Material in First Peter: A Study according to the Method of Traditionsgeschichte.* Unpublished Ph.D. dissertation, Union Theological Seminary, 1966.

Shimada, K. "Is I Peter a Composite *Writing?"AnJaBl* 11(1985), 95-114.

Sieffert, E. A. "Die Heilsbedeutung des Leidens und Sterbens Christi nach dem ersten Briefe des Petrus." *Jahrbücher für Deutsche Theologie* 20 (1975), 371-440.

Sisti, A. "Il cristiano nel mondo (1 Pt. 2:11-19)." *BibOr* 8 (1966), 70-79.

Sisti, A. "Sulle orme di Gesu sofferente (1 Piet. 2:21-25)." *BibOr* 10 (1968), 59-68.

Sisti, A. "Testimonianza di virtu christiana (1 Pt. 3:8-15)." *BibOr 8* (1966), 117-26.

Sisti, A. "La vita cristiana nell'attesa della Parusia (1 Pt. 4:7-11)." *BibOr* 7 (1965), 123-28.

Sleeper, C. F. "Political Responsibility According to 1 Peter." *NovT* 10 (1968), 270-86.

Smathers, E. R. "A Letter from Babylon." *ClassJr* 22 (1926), 203-209.

Smith, M. L. "1 Peter 3:21: *Eperōma*." *ExpT* 24 *(1912)*, 46-49.

Snodgrass, K. R. "I Peter 11.1-10: Its Formation and Literary Affinities." *NTS* 24 (1977-78), 97-106.

Soden, H. von. *Hebräerbrief Briefe des Petrus, Jakobus, Judas.* 3rd ed. HTKNT *3,2.* Freiburg: J. C. B. Mohr, 1899.

Soltau, W. "Die Einheitlichkeit des 1. Petrusbriefes." *TSK* 79 *(1906)*, 456-60.

Souček, J. B. "Das Gegenüber von Gemeinde und Welt nach dem ersten Petrusbrief." *ComVia* 3 (1960), 5-13.

Speyr, A. von. *Die katholischen Briefe.* 2 vols. Einsiedeln, 1961.

Speyr, A. *Kreuz und Hölle.* Einsiedeln, 1966.

Spicq, C. "Agape and Agapan in SS. Peter and Jude." *In Agape in the New Testament* 2. Ed. C. Spicq. St. Louis: Herder, 1963, ch. 5.

Spicq, C. "L'Épître (du Dim. après l'Ascension) (1 Pe. 4:7-11) Pierre, charité, justice . . . et fin des Temps." *AsSeign* 50 *(1966)*, 15-29.

Spicq, C. *Les Épîtres de Saint Pierre.* La Sainte Bible. Paris: Gabalda, 1966.

Spicq, C. "La Iª Petri et la témoignage évangelique de Saint Pierre." *ST* 20 (1966), 37-61.

Spicq, C. "La place ou le rôle des jeunes dans certaines communautés neotestamentaires." *RB* 76 (1969), 508-27.

Spitta, F. *Christi Predigt an die Geister (1 Petr. 3:19f): Ein Beitrag zur neutestamentliche Theologie.* Göttingen: Vandenhoeck & Ruprecht, 1890.

Spörri, T. *Der Gemeindegedanke im ersten Petrusbrief: Ein Beitrag zur Structur des urchristlichen Kirchenbegriffs.* NT Forschungen *2.2.* Gütersloh: C. Bertelsmann, 1925.

Staab, K. "Die griechischen Katenenkommentare zu den katholischen Briefen." *Bib* 5 (1924), 296-353.

Staffelbach, G. *Die Briefe der Apostel Jakobus und Judas, Petrus und Johannes: Eine Einführung.* Lucerne: Raeber, 1941.

Stählin, G. *Die Apostelgeschichte.* NTD 5. Göttingen: Vandenhoeck & Ruprecht, 1962.

Stanley, D. M. "Carmen que Christo Quasi Deo Dicere." *CBQ* 20 (1958), 173-91.

Stauffer, E. *New Testament Theology.* Trans. J. Marsh. London: SCM, 1955.

Stegmann, A. *Silvanus als Missionar und "Hagiograph."* Rottenburg: W. Bader, 1917.

Steiger, W. *Der erste Brief Petri mit Berücksichtigung des ganzen biblischen Lehrbegriffes ausgelegt.* Berlin: L. Oehmigke, 1832.

Steuernagel, V. "An Exiled Community as a Mission Community: A Study Based on 1 Peter 2:9, 10." *Evangelical Review of Theology* 10 (1986), 8-18.

Stibbs, A. M., and Walls, A. F. *The First Epistle General of Peter.* TC. London: Tyndale and Grand Rapids: Wm. B. Eerdmans, 1959.

Stoeckhardt, G. *Kommentar über den ersten Brief Petri.* N.P., 1912.

Stoeger, A. *Bauleute Gottes: Der 1. Petrusbrief als Grundlegung des Laienapostolats. Lebendiges Wort 3.* Munich: Pfeiffer, 1954.

Stolt, J. "Isagogiske problemer vedroerende 1 Petersbrev." *DanTTs* 44 (1981), 166-73.

Strack, H. L., and Billerbeck, P. *Kommentar zum Neuen Testament aus Talmud and Midrasch.* Munich: Beck, 1954, Vol. 3, pp. 762-68.

Stratchmann, H. "Die Stellung des Petrus in der Urkirche." *Zeitschrift für systematische Theologie* 20 (1943), 223-82.

Streeter, B. H. *The Primitive Church.* New York: Macmillan, 1929.

Strobel, A. "Macht Leiden von Sünde frei? Zur Problematik von 1 Petr. 4:1f." *TZ* 19 (1963), 412-25.

Strynkowski, J. J. *The Descent of Christ among the Dead.* Ph.D. dissertation, Pont. Univ. Gregorianae, 1972.

Stuhlmüller, C. "Baptism: New Life Through the Blood of Jesus." *Wor* 39 (1965), 207-17.

Sylva, D. "The Critical Exploration of 1 Peter." In *Perspectives on First Peter.* Ed. C. H. Talbert. Macon, GA: Mercer University Press, 1986, 17-36.

Sylva, D. "1 Peter Studies: The State of the Discipline." *BTS* 10 (1980), 155-63.

Sylva, D. "A 1 Peter Bibliography." *JETS* 25 (1982), 75-89.

Sylva, D. "Translating and Interpreting 1 Peter 3:2." *BibTr* 34 (1983), 144-47.

Synge, F. C. "1 Peter 3:18-21." *ExpT* 82 (1971), 311.

Talbert, C. H. "Once Again: The Plan of 1 Peter." In *Perspectives on First Peter.* Ed. C. H. Talbert. Macon, GA: Mercer University Press, 1986,141-51.

Taylor, V. *Jesus and His Sacrifice.* London, 1939.

Testuz, M. *Papyrus Bodmer VII-IX: L'Épître de Jude. Les Épîtres de Pierre. Les Psaumes 33 et 34.* Geneva, 1959.

Thiede, C. P. "Babylon, der andere Ort: Anmerkungen zu 1 Petr 5,13 und Apg 12,17." *Bib* 67 (1986), 532-38.

Thils, *G. L'enseignement de S. Pierre.* Études Bibliques. Paris: Gabalda, 1943.

Thomas, J. "Anfechtung und Vorfreude: Ein biblisches Thema nach Jakobus 1:2-18, im Zusammenhang mit Ps 126, Röm 5:3-5 and 1 Petr 1:5-7, formkritisch untersucht und parakletish ausgelegt." *KerD* 14 (1968), 183-206.

Thompson, J. A. "Exegetical Paper on 1 Peter 3:18-22." Pittsburgh-Xenia Seminary, 1938.

Thompson, J. W. " ''e Submissive to your Masters': A Study of 1 Pt 2:18-25.'' *ResQ* 9,2 (1966), 66-78.

Thompson, J. W., and Elliott, J. H. "Peter in the New Testament: Old Theme, New Views." *America* 130 (1974), 53-54.

Thornton, T. C. G. "I Peter, a Paschal Liturgy?" *JTS* 12 (1961), 14-26.

Thurston, R. W. "Interpreting First Peter." *JETS* 17 (1974), 171-82.

Trernpela, P. N. *Hypomnēma eis to epistolas tēs kainēs diathēkēs, tomos* III: *H pros Hebraious kai hai hepta katholikai.* Athens, 1956.

Trilling, W. "Zum Petrusamt im Neuen Testament. Traditionsgeschichtliche Überlegungen anhand von Matthäus,1. Petrus and Johannes." *ThQ* 151 (1971), 110-33.

Tripp, D. H. "Eper_t_ma (I Peter 3:21): A Liturgist's Note." *ExpT* 92 (1981), 267-70.

Turmel, J. *La descente du Christ aux enfers.* Paris: Bloud et cie, 1908.

Turner, N. *Grammatical Insights into the New Testament.* Edinburgh: T. and T. Clark, 1965.

Turner, N. *Vol. III: Syntax,* in Moulton, J. H. *A Grammar of New Testament Greek.* Vol. I: *Prolegomena.* Edinburgh: T. and T. Clark, 1963.

Unnik, W. C. van. "Christianity According to I Peter." *ExpT* 68 (1956-57), 79-83.

Unnik, W. C. van. "A Classical Parallel to I Peter ii.14 and 20." *NTS* 2 (1955-56), 198-202.

Unnik, W. C. van. "The Critique of Paganism in 1 Peter 1:18." In *Neotestamentica et Semitica. Festschrift for Matthew Black.* Eds. E. E. Ellis and M. Wilcox. Edinburgh: T. and T. Clark, 1969, 129-42.

Unnik, W. C. van. "Peter, First Epistle of." *IDB* 3. Nashville: Abingdon, 1962, 758-66.

Unnik, W. C. van. "The Redemption in 1 Peter 1:18-19 and the Problem of the First Epistle of Peter." In *Sparsa Collecta: The Collected Essays of W. C. van Unnik,* Part Two. *NovTSup* 30. Leiden: Brill, 1980, 3-82.

Unnik, W. C. van. "The Teaching of Good Works in I Peter." *NTS* 1 (1954-55), 92-110.

Unnik, W. C. van. "De verlossing 1 Petrus 1:18-19 en het problem van den eersten Petrusbrief." In *Mededeelingen der Nederlandsche Akademie van Wetenschappen, Afdeeling Letterkunde.* Nieuwe Reeks. Deel 5, Nr.1. Amsterdam, 1942, 1-106.

Usteri, J. M. "Hinabgefahren zur Hölle." *Eine Wiedererwagung der Schriftstellen: 1 Petr. 3:18-22 und Kap. 4, Vers 6.* Zürich: S. Höhr, 1886.

Usteri, J. M. *Wissenschaftlicher and praktischerKommentar über den ersten Petrusbrief.* Zürich: S. Höhr, 1887.

Vaccari, A. *LeLettere cattoliche.* La Sacra Biblia 9. Rome, 1958.

Vander Broek, Lyle. "Women and the Church: Approaching Difficult Passages [1 Peter 3:1-7; 1 Tim. 2:8-15; 1 Cor. 2:1-16]." *Reformed Review* 38 (1985), 225-31.

Vander Heeren, A. *De Katholieke Brieven vertaald en uitgelegd.* Beelen NT. Brügge: Beyaert, 1932.

Vanhoye, A. "La foi qui construit l'église: 1 Pt. 2:4-9." *AsSeign* 26 (1973), 12-17.

Van Kasteren. *De eerste brief van den apostel Petrus.* Hertogenbosch, 1911.

Van Nes, M. *De Brief an de Hebreen, de Brief van Jakobus, de eerst Brief van Petrus: Tekst en Uitleg.* Groningen: Wolters, 1931.

Vanni, U. "La promozione del regno come responsabilit'a sacerdotale dei cristiani secondo l'Apocalisse e la Prima Lettera di Pietro." *Greg* 68 (1987), 9-56.

Vikonato, G. "Las Resurezione del Morti." *Sap* 9 (1956), 131-50.

Villiers, J. L. de. "Joy in Suffering in 1 Peter." *Neot* 9 (1975), 64-86.

Vitti, A. "Descensus Christi ad inferos ex 1 Petri 3, 19-20; 4, 6. " *VerDom* 7 (1927), 111-18.

Vitti, A. "Eschatologia in Petri epistula prima." *VerDom* 11(1931), 298-306.

Volkl, R. *Christ and Welt nach dem Neuen Testament.* Würzburg: Echter Verlag, 1961.

Vogels, H. J. *Christi Abstieg ins Totenreich und das Läuterungsgericht an den Toten: Eine bibeltheologischdogmatische Untersuchung zum Glaubensartikel 'descendit ad inferos.'* FreibTSt 102. Freiburg: Herder, 1976.

Volkmar, G. "Über die katholischen Briefe und Henoch." *ZWT* 4 (1961), 422-36.

Volter, D. *Der erste Petrusbrief, seine Entstehung und Stellung in der Geschichte des Urchristentums.* Strassburg: Heitz & Mündel,1906.

Von Balthasar, H. U. *Theologie der drei Tage.* Zürich, 1969.

Wainwright, Geoffrey. "Praying for Kings: The Place of Human Rulers in the Divine Plan of Salvation." *ExAuditu* 2 (1986), 117-27.

Wand, J. W. C. *The General Epistles of St. Peter and St. Jude. WC.* London: Methuen, 1934.

Wand, J. W. C. "The Lessons of First Peter: A Survey of Recent Interpretation." *Interp* (1955), 387-99.

Webb, R. L. *The Apocalyptic Perspective of First Peter.* Unpublished Th.M. thesis, Regent College, Vancouver, B.C., Canada, 1986.

Weiss, B. *Die katholischen Briefe: Textkritische Untersuchungen und Textherstellung.* Leipzig, 1892.

Weiss, B. *Das Neue Testament nach D. Martin Luthers berishtigen Übersetzung mit fortlangender Erläuterung versehen* [Part 2]. 2nd ed. Leipzig, 1907.

Weiss, B. *Der petrinische Lehrbegriff.* Berlin, 1855.

Wengst, K. *Christologische Formeln und Lieder des Urchristentums.* Gütersloh: Mohr, 1972.

Wexels, W. A. *Aaben erklaering til mine Medkristne om min Anskülse og Bekjendfelse angaaende Christi Nedfahrt till Helvede og Muligheden of en Omvendelse efter oden.* N.p.: Christiania, 1845.

Whelan, J. B. "The Priesthood of the Laity." *DocLif* 15 (1965), 539-46.

White, J. *When the Spirit Comes with Power.* Downers Grove, IL: Inter-Varsity Press, 1988.

Wibbing, S. *Die Tugend- und Lästerkataloge im Neuen Testament.* BZNW 25. Berlin: A. Töpelmann, 1959.

Wichmann, W. *Die Leidenstheologie: Eine Form der Leidensdeutung im Spätjudentum.* Stuttgart: W. Kohlhammer, 1930.

Wiesinger, A. *Der erste Brief des Apostels Petrus.* OBK 6. Königsberg, 1856.

Wifstrand, A. "Stylistic Problems in the Epistles of James and Peter." *ST* 1 (1948), 170-82.

Willemze, J. *De tweede brief van Petrus. De brieven van Johannes. De brief van Judas.* 2nd ed. Groningen: Wolters, 1924.

Willis, L. "The Form of the Sermon in Hellenistic Judaism and Early Christianity." *HTR* (1984), 277-99.

Willmering, H. "The First Epistle of St. Peter." In A *Catholic Commentary on Holy Scripture.* Eds. B. Orchard *et al.* London, 1953.

Winberry, C. L. "Ethical Issues in 1 Peter." *Theological Educator* 13 (1982), 63-71.

Winberry, C. L. "Introduction to the First Letter of Peter." *SWJT* 25 (1982), 3-16.

Windisch, *H. Die katholischen Briefe.* 3rd ed., rev. by H. Preisker. HNT 15. Tübingen: J. C. B. Mohr, 1951.

Windisch, H. *Taufe and Sünde im ältesten Christentum bis auf Origenes: Ein Beitrag zur altchristlichen Dogmengeschichte.* Tübingen, 1908.

Wohlenberg, *G. Der erste und der zweite Petrusbrief und der Judasbrief* 3rd ed. ZKNT 15. Leipzig: Deichert, 1923.

Wolff, C. "Christ und Welt im 1. Petrusbrief." *TLit* 100 (1975), 333-42.

Wordsworth, *C. The General Epistles, Book of Revelation, and Indices. The New Testament of our Lord and Saviour Jesus Christ in the Original Greek with Introduction and Notes.* 3rd ed. London, 1864.

Wrede, W. "Miscellen, 3: Bemerkungen zu Harnacks Hypothese über die Addresse des 1. Petrusbriefs." *ZNW* 1 (1900), 75-85.

Yoder, J. H. *The Politics of Jesus.* Grand Rapids: Wm. B. Eerdmans, 1972.

Zampini, S. *Pietro e le sue Epistole.* Milan: Hoepli, 1922.

Zezschwitz, C. A. G. von. *Petri Apostole de Christi ad inferas descensu sententia ex loco nobilissimo. 1 ep. 3, 19 erata, exacta et epistolae argumentum.* Lipsiae: Ackermanni et Glaseri, 1857.

La Primera Epístola
de Pedro

LA PRIMERA EPÍSTOLA DE PEDRO

Made in the USA
Middletown, DE
07 December 2022

17326250R00323